现代海上通信与信息技术

王福斋　陈褒丹　编著

西安电子科技大学出版社

内 容 简 介

随着现代通信与信息技术的进步，海上通信与信息技术已向着立体化、宽带化、信息化、智能化方向发展。本书是作者近年来从事我国海上通信与信息技术、海上安全通信技术研究与规划相关教学与科研工作的成果结晶。全书共8章，内容包括现代海上通信与信息技术概述、海上无线电通信技术基础、海上窄带无线通信、海上卫星通信与导航系统、海上宽带网络通信、海上遇险与安全通信、海上交通信息技术、船舶电磁兼容。

本书可作为高等院校涉海通信专业研究生或高年级本科生的教材，也可供从事海上通信与信息技术研发、生产和应用的研究生和科技人员参考。

图书在版编目(CIP)数据

现代海上通信与信息技术 / 王福斋，陈褒丹编著. —西安：西安电子科技大学出版社，2021.1

ISBN 978-7-5606-5928-2

Ⅰ. ①现… Ⅱ. ①王… ②陈… Ⅲ. ①航海通信—高等学校—教材 Ⅳ. ①U675.7

中国版本图书馆 CIP 数据核字(2020)第 222151 号

策划编辑 戚文艳
责任编辑 戚文艳
出版发行 西安电子科技大学出版社(西安市太白南路 2 号)
电　　话 (029)88242885 88201467 邮 编 710071
网　　址 www.xduph.com 电子邮箱 xdupfxb001@163.com
经　　销 新华书店
印刷单位 陕西日报社
版　　次 2021年1月第1版 2021年1月第1次印刷
开　　本 787毫米×1092毫米 1/16 印张 16.5
字　　数 386千字
印　　数 1～2000册
定　　价 42.00元
ISBN 978-7-5606-5928-2 / U
XDUP 6230001-1

序

自1948年以来，在香农(Shannon)信息理论的指导下，通信理论与技术得到了迅猛的发展，特别是陆地通信发生了日新月异的变化。相比之下，由于海洋环境复杂多变，技术实现难度大，海洋通信的发展明显滞后于陆地通信。近年来，随着我国海事活动日趋频繁和海洋经济的迅猛发展，尤其是我国政府提出的“一带一路”倡仪得到了沿线国家的积极响应，大力推进新一代海洋通信技术与系统的研发已成为学术界和工业界一个备受关注的热点课题。为了保障“一带一路”倡仪的顺利实施，确保“21世纪海上丝绸之路”相关海域能够实现无缝、高效和可靠的通信覆盖，不仅需要在理论研究和技术上加大研发力度，而且海洋通信领域的人才培养任务也迫在眉睫。因此，本书的编写具有重要的理论意义和应用价值。

本书共分8章，基本涵盖了海上通信的基本理论与技术，特别是第5、6、7章分别介绍了宽带通信新技术在海上通信领域的应用，海岸电台、应急无线电示位标、救生艇(筏)无线电设备、海事业务以及遇险、紧急与安全通信等海事应急通信系统，海事信息管理系统VTS、AIS、LRIT及海洋遥感卫星的技术原理及应用等内容。本书是编者在多年从事海洋通信技术与海事安全研究基础上整理编撰而成的，有自己的独到见解，是一本内容比较全面的书籍。

本书可作为高等院校相关专业的教学用书，也可以供从事海洋通信研发的科技工作者参考借鉴。

推荐专家签名：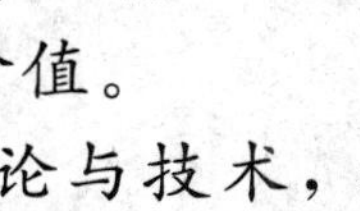

前　言

随着无线电通信技术的发明和应用，海上无线电通信技术成为保证海上航行安全的重要手段，是海上安全和救助的最基本要素之一，贯穿船舶航行遇险救助全过程，涉及海上航行安全的各环节。

早期的海上无线电通信系统存在许多局限性和缺陷，很难适应现代海上作业需要。随着现代通信与信息技术的发展，甚高频无线电话、中高频单边带无线电话、中高频窄带印字电报、海事卫星通信系统和搜救卫星报警测位系统等无线电通信、卫星通信和计算机信息技术逐步应用于海上通信与信息系统，使海上通信与信息技术向着立体化、宽带化、信息化、智能化方向发展。

本书共8章。第1章简要介绍了现代海上通信与信息技术的发展，并以此为基础引申出本书相关内容；第2章介绍了无线电通信技术基础、无线电波传播特性、频率规划与管理，重点对模拟通信、数字通信、窄带通信、宽带通信进行阐述；第3章介绍了海上窄带无线通信系统技术；第4章介绍了海上卫星通信、导航系统以及搜救卫星系统；第5章介绍了目前迅速发展起来的宽带网络通信新技术在海上通信领域的应用；第6章介绍了海上遇险、紧急与安全通信等海事应急通信系统，包括海岸电台、应急无线电示位标、救生艇(筏)无线电设备等；第7章介绍了海上交通信息技术；第8章介绍了船舶与海岸电台的无线电系统的电磁兼容技术。

全书由王福斋、陈褒丹共同撰写，并由王福斋和陈褒丹负责统稿。具体分工：王福斋主要撰写第1、6、7、8章；陈褒丹主要撰写第2、3、4、5章。本书的编写得到海南大学任佳、王咸鹏、李晖、崔亚妮、胡正、韦飞燕、齐荑彭、汪炼和王天龙的支持与帮助，特在此表示感谢。

本书是编者在多年从事海上通信与信息技术规划与研究的基础上整理而成的，其撰写和出版得到国家国际科技合作专项(2015DFR10510)、国家自然科学基金项目(61440048、61562018)和海南省重点研发计划项目(ZDYF2019006)的资助。

限于编者水平有限，书中难免存在疏漏和不足之处，请读者不吝指正。

编　者

2020年7月

目　　录

第1章　现代海上通信与信息技术概述

1.1　海上通信与信息技术的发展

无线电通信技术在航海领域应用之前，海上的船舶只能靠声光信号，如闪动灯光、悬挂旗帜、鸣汽笛甚至施放信鸽来与其他船舶或地面进行通信。近距离的通信可选择摇铃、敲锣、鸣汽笛、吹口哨或号角等，以及借助声、光的不同排列来传递特定的信息。

1895年，俄国物理学家波波夫和意大利物理学家马可尼分别成功地进行了无线电通信试验。无线电通信一经问世，很快就被用于海上船舶之间以及海上与陆地之间的通信，海上无线电通信成为海上的“保护神”。

1900年波罗的海上的一群渔民遇险，他们用无线电报机发出了求救信号，信号被附近的“椰马克”号破冰船接收到，从而使渔民得救。1909年浓雾中的“共和”号与“佛罗里达”号相撞，“共和”号发出了无线电遇险信号，被航行在该海域的“波罗的”号所截获，使相撞的两艘船上1700条生命得救……一个多世纪以来，类似的事例不胜枚举，这些都是海上无线电通信这个“保护神”的丰功伟绩。

1912年“泰坦尼克”号首航，在“泰坦尼克”号上装备有当时先进的昂贵的马可尼公司制造的无线电报机。1912年4月14日23时45分，“泰坦尼克”号在加拿大纽芬兰岛以南约200公里的大西洋海域与冰山相撞，凌晨0点5分，船长下令放下救生艇，并下达了发送求救信号的命令，0点15分，发出了当时的“CQD MGY”格式的遇险信号，后经助理报务员提醒，又改发新的国际遇难信号SOS。当“泰坦尼克”号下沉之际，发报员一遍又一遍地发出求救信号，可惜，周围海域的船舶没有收到求救信号。离“泰坦尼克”号最近的只有十几海里(1海里＝1.852千米)的“加利福尼亚”号上的报务员因睡觉未能收到发出的求救信息，而远在美国纽约的业余无线电爱好者接收到此求救信号，并果断地通过无线电广播向全世界通报这一举世震惊的消息，这才启动了“远水救不了近火”式的大营救。大西洋上航行的很多船舶收到了求救电报，距离500海里的姊妹船“奥林匹克”号、距离49海里的“圣殿山”号、距离80海里的“卡帕西亚”号、距离243海里的“波罗的”号邮轮、距离135海里的“法兰克福”号、距离170海里的“弗吉尼亚”号……它们都加速赶向出事地点施援。在“泰坦尼克”号发出求救信息约4小时后，“卡帕西亚”号最先发现了第一艘救生艇，救援工作一直持续到早上8点30分，最终仅救出705条生命，其余的1503人遇难。

“泰坦尼克”号海难事故让人们认识到了无线电通信在海上航行的重要性，越来越多的船舶装备了无线电报设备，并实行全天候24小时无线电监听。1913年在伦敦召开的第二次国际无线电信会议(国际电联ITU前身)，启动了海上安全通信国际协商，海上无线电通信成为航海业必须装备的重要技术手段。

百年过去了，国际海事组织已经逐渐淘汰了摩尔斯电码“SOS”呼救系统，引入新的海上通信与信息系统：全球海上遇险安全系统(Global Maritime Distress and Safety System，GMDSS)，该系统主要包括全球遇险报警系统和全球卫星通信系统。一旦船舶遭遇突发海事，只需按下“遇险”按钮，遇险报警系统即开始工作，所有关于海难发生、位置及识别标志等信息将自动以每4分钟一次的频率重复发射，直至给予接收并反馈遇险呼叫才会终止。一旦人员落水或船舶沉没，自浮应急无线电示位标就会自动启动，将导航信息迅速发出；救生设备上的雷达应答器，也不停地对船载、机载雷达发出响应，以便引导搜救力量迅速营救。GMDSS系统有效报警距离可达200海里～800海里(n mile)，并且信息承载量大，可以在第一时间将搜救需要的数据发送给救援机构，不论遇难船舶处在哪一海区，都能在最短的时间内进行搜寻救助，因此GMDSS系统被称为海上航行船舶新的海上生命线、“保护神”。

20世纪以来，通信技术从电缆到光缆、从有线到无线、从模拟到数字、从电报话音通信到宽带多媒体网络通信、从地面系统到全球卫星系统，发生了日新月异的变革。然而，由于海洋环境恶劣、各种因素复杂多变、海上施工十分困难等原因，海上通信与信息技术的发展明显滞后于陆地的通信与信息技术。

图1.1所示为目前广泛应用的海上通信与信息系统，该系统包括地面通信与信息系统、海洋卫星通信和岸基公共移动通信网，它们共同构成一个基本实现海洋全覆盖的通信网络。该系统能够保障近海、远海和远洋的船舶—海岸、船舶—船舶的日常通信，为海洋运输、油气勘探开采、海洋环境监测、海洋渔业、海水养殖和海洋科考等领域提供了相对可靠、准确、及时和安全的通信基础设施。

海上通信与信息系统包括最早服务于海洋的几种通信方式，如表1.1所示。1996年，根据国际海事组织(International Maritime Organization，IMO)要求，我国交通运输部统一更新并改造各海岸电台的通信设施，以满足“全球海上遇险安全系统(GMDSS)”对通信业务的需要，其中，航行警告电传系统(Navigational Telex，NAVTEX，也称奈伏泰斯系统或航行警告播发系统)、中高频(Middle Frequency/High Frequency，MF/HF)系统和甚高频(Very High Frequency，VHF)系统属于GMDSS规范配置的地面无线通信系统。1999年，GMDSS系统在世界各航运国家全面启用，为了确保海上航行安全，查找海难事故原因，IMO决定增补配置通用船舶自动识别系统(Automatic Identification System，AIS)，也称船舶自动识别系统。在规范海上信息与通信系统的正常运行方面，我国分别制定了《奈伏泰斯系统技术要求(GB/T 18766－2009)》《全球海上遇险安全系统(GMDSS)船用无线电通信设备技术要求(GB 15304－94)》和《船载自动识别系统(AIS)技术要求(GB/T 20068—2006)》。

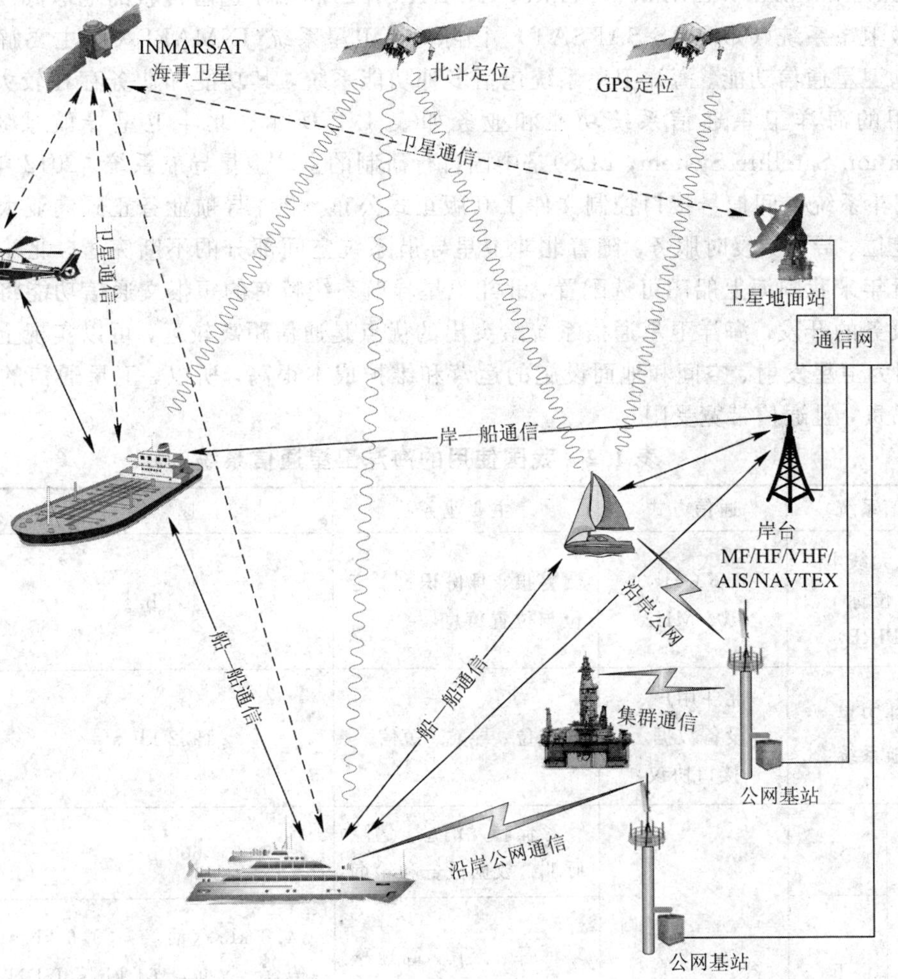

图 1.1　海洋通信与信息系统

表 1.1　我国常见的海上信息与通信系统

	通信频段	业务	传输速率	通信距离
奈伏泰斯系统（NAVTEX）	MF 518 kHz	窄带直接印字电报	50 b/s	250 海里～400 海里
中高频系统（MF/HF）	MF/HF 1650 kHz～27 500 kHz	话音通信，窄带直接印字电报，数字选择性呼叫	—	短途/长途
甚高频系统（VHF）	VHF 156.0 MHz～174.0 MHz	话音通信，数字选择性呼叫	1.2 kb/s	视距
船舶自动识别系统（AIS）	VHF 156.025 MHz～162.025 MHz	船舶识别，监控	9.6 kb/s	视距

根据 GMDSS 规范配置的卫星系统包括用于保障通信的地球静止同步轨道的国际海事

卫星(International Maritime Satellite，INMARSAT)和用于遇险搜救的地球低极轨道的国际搜救卫星系统(COSPAS-SARSAT)。国际海事卫星系统(INMARSAT)主要解决海上全球移动卫星通信功能。海洋卫星系统包括多种功能系统，其功能和业务存在较大差异，我国使用的海洋卫星通信系统功能和业务如表 1.2 所示。北斗卫星导航系统(BeiDou Navigation Satellite System，BDS)是中国自行研制的全球卫星导航系统。2012 年 12 月 27 日，北斗系统空间信号接口控制文件 1.0 版正式公布，北斗导航业务正式向亚太地区提供无源定位、导航、授时服务。随着北斗卫星导航系统空间部分的不断完善，北斗终端设备成为近年来我国海上船舶可选配置，北斗卫星导航系统特有的短报文通信功能将支持各种新型服务的开发。海洋卫星通信系统最突出的优点是通信距离较远，可以实现全球海洋覆盖。因为卫星发射、空间和地面设施的运营和维护成本很高，所以，卫星通信的应用成本较为昂贵，且通信带宽受限。

表 1.2　我国使用的海洋卫星通信系统

<table>
<tr><th colspan="2">通信系统</th><th>通信方式</th><th>主要业务</th><th>速　率</th><th>通信距离</th></tr>
<tr><td colspan="2">紧急无线电示位标(EPIRB)</td><td>1.6 GHz/406 MHz</td><td>警报、身份识别、定位与位置信息</td><td>400 b/s</td><td>长途</td></tr>
<tr><td colspan="2">北斗卫星导航系统</td><td>北斗用户、设备数据、接口协议</td><td>定位、导航、短信</td><td>19.2 kb/s</td><td>长途</td></tr>
<tr><td rowspan="4">海事卫星系统</td><td>C</td><td rowspan="4">数据通信、话音通信、宽带通信</td><td>存储转发消息、遇险呼叫、数据报告和轮询</td><td>600 b/s</td><td rowspan="4">长途</td></tr>
<tr><td>F</td><td>话音、传真、高速率数据、音频</td><td>4.8 kb/s(话音)、9.6 kb/s(传真、数据)、64 kb/s(ISDN 数据服务)</td></tr>
<tr><td>Mini-M</td><td>话音、传真、数据</td><td>4.8 kb/s(话音)，2.4 kb/s(传真)，2.4 kb/s(数据)</td></tr>
<tr><td>FB</td><td>话音、传真、宽带数据、音频和 SMS</td><td>4 kb/s(话音)，3.1 kHz(音频通道 G3 传真)，标准 IP 与流 IP，160 符号/SMS</td></tr>
</table>

相对陆地通信而言，海洋通信技术尚处在较低层次的应用阶段，只能基本满足海事活动的常规通信需求。依据海事活动的区域和从事的业务种类，尽管用户可以选择不同的通信系统，但是，各种系统的性能优点和缺点相差很大，各有千秋，如表 1.3 所示。最突出的问题是没有一种通信方式，可以实现稳定的全海洋覆盖、传输距离不受限制、确保流畅的宽带接入、较低的设备成本和使用资费。而且，现有各种通信系统之间相互孤立，缺乏统一的协调管理机制，不能保障整个海洋通信系统合理、高效地运行。

表 1.3　目前海上通信系统的性能比较

通信系统		优点	缺点
地面无线通信系统	中频(MF)、高频(HF)	中、长距离通信，免费	窄带通信，不稳定
	甚高频(VHF)	设备便宜，免费	窄带通信，不稳定，近海视距
海事卫星通信系统		广覆盖，宽带	设备耗费高，使用费用高
岸基移动通信公网		宽带	仅适用于近海岸，收费

1.2　现代海上通信与信息系统

1.2.1　概述

通信与信息系统(Communication and Information System)是现代信息社会的主要支柱，是现代高新技术的重要组成部分，是国家国民经济的神经系统和命脉。海上通信与信息系统是海上船舶和海上作业的重要组成部分，同样是海上船舶和海上作业人员的神经系统和生命线。

通信(Communication)指人与人或人与自然之间通过某种行为或媒介进行的信息交流与传递。海上通信就是海上目标(船舶、信标台、油气开采平台站等)与海上目标之间、海上目标与海岸无线电台(Coast Radio Station，CRS，简称岸台)或通信基站(Base Transceiver Station，BTS，简称岸站)之间、岸与岸之间或海、岸与飞机之间，通过海事卫星或其他手段进行的信息传递。在无线电频段上，早期的海上通信以长波、超短波和短波为主，这三种频段根据其不同的传播特性，被分别应用于不同的场景。其中长波的地面传播性能好，因此主要完成船舶和岸之间的通信。短波因其具有通过电离层反射传播的特性，传播距离较远，主要用于远距离海上目标与岸之间的通信。超短波亦称甚高频，其频率较高，只能用于视距传播，主要用于近海沿岸通信。

然而，海洋大部分区域地面无线电通信是无法覆盖到的。卫星通信技术的快速发展使得卫星通信很快在海上通信领域得到了广泛的应用，进而出现了专门用于海上通信的国际海事卫星系统，该系统提供了电话、电报、数据传输，海上遇险呼救以及紧急、安全通信(以电报和语言方式为主)等业务。

无线电通信一开始是以简单的摩尔斯电码电报作为主要通信手段的，随着通信技术的进步，人类传输的信息逐步从简单的电码、符号发展到文本、声音、图像的传输。随着计算机技术、信息技术的迅速发展，无线电通信传输的不仅仅只是符号、文本和声音了，更多的是经过信息处理的各种各样的多媒体信息和自动化智能化信息，因此由计算机硬件、计算机软件、网络交换、通信、信息资源、信息用户和管理体制构成了以处理信息流为目的的系统，即信息系统(Information System)。

同样，现代海上通信也不仅限于传统意义上的通信，而成为综合的海上通信与信息系统。海上通信与信息系统又分为两大系统，即地面系统和卫星系统。其系统组成及分类如图 1.2 所示。

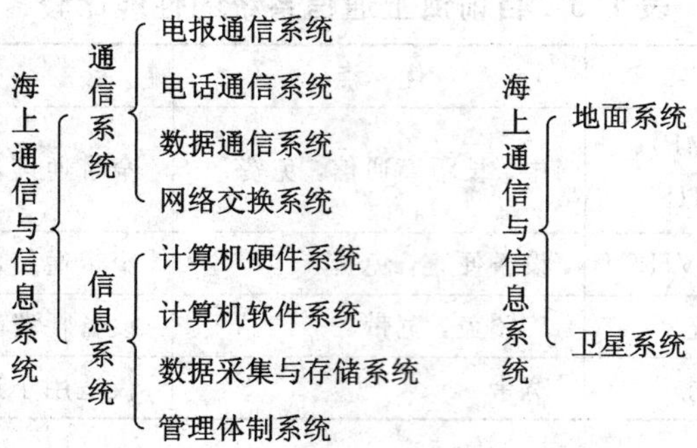

图 1.2　海上通信与信息系统的组成及分类

1.2.2　全球海上遇险安全系统(GMDSS)

传统的海上无线电通信系统由遇险船舶向附近航行船舶发出报警信号，以求取得救助。由于缺乏有效的远距离通信覆盖，而且遇险报警的接收主要依靠人工值班守听，因此报警的成功率很低，往往会延误甚至丧失对遇险船舶援救的时机，对海上安全十分不利。

为了最大限度保障海上人身和财产的安全，国际海事组织(IMO)一直致力于海上无线电通信系统的改善和发展，在国际海事组织(IMO)的领导下，1979 年 4 月在汉堡召开了国际海上搜寻救助会议，讨论并制定了《1979 年国际海上搜寻救助公约》(International Convention on Maritime Search and Rescue，1979)(简称 SAR 公约)，我国于 1985 年 6 月 24 日核准了该公约。在 IMO 等有关国际组织共同协调和努力下，1986 年 12 月定名的"全球海上遇险安全系统(Global Maritime Distress and Safety System，GMDSS)"，在 1988 年 11 月通过的《1974 年 SOLAS 公约 1988 年修正案》中以法律形式得到通过。GMDSS 于 1992 年 2 月 1 日起开始实施，经过 7 年的过渡期，已于 1999 年 2 月 1 日起完全实施。

GMDSS 系统是国际海事组织(IMO)为 SAR 公约精心设计的海上通信与信息系统。GMDSS 系统凭借天地一体化"立体"通信链路，将航行船舶、卫星和岸上搜救机构连成一体，确保船舶对海岸电台(岸站)、船舶对船舶、岸对船舶的全海域遇险报警。

GMDSS 的基本概念就在于一旦船舶遇险，能够立即向岸上搜救机构及附近航行船舶通报遇险信息，岸上有关搜救机构以及遇险船舶和遇险人员附近的其他船舶，能迅速接收到遇险事件的报警，并能够以最短的时间延迟进行协同搜救活动。GMDSS 还提供卫星和地面的紧急和安全通信并播发海上安全信息(包括航行警告、气象警告、气象预报及其他紧急安全信息)。换言之，无论船舶航行在哪个海区，都能够可靠地完成对本船和航行在同一海区的其他船舶的安全具有重要意义的通信功能及日常的业务通信。

GMDSS 符合 1974 年国际海上人命安全公约(即 SOLAS 公约)的 1988 年修改生效的新 IV 章和国际电联(ITU)1987 年世界无线电行政大会修改的《无线电规则》的规定，具有下面所述的功能(如图 1.3 所示)。

1. 遇险报警

遇险报警是指遇险者迅速并成功地把遇险事件提供给可能予以救助的单位。遇险报警包括三个方向：船到岸的遇险报警、岸到船的遇险报警、船到船的遇险报警。其中船对岸的遇险报警是主要的。

(1) 船到岸的遇险报警。船到岸的遇险报警是指遇险船舶向搜救协调中心(Rescue Coordination Center，RCC)和在它附近航行的其他船舶迅速而有效地通报遇险信息。这些信息包括遇险船舶的9位数字水上识别号码(MID)、位置、遇险性质和其他有助于搜救的信息。搜救协调中心(RCC)收到遇险报警后，即将此报警传送给有关搜救机构和遇险船舶现场附近的船舶，及时采取救助措施。由于GMDSS设备提供了可靠的遇险报警，遇险报警的成功率高，信息传送时间短，使救助成功的可能性大大增加。

GMDSS 功能
- 遇险报警
  - 船到岸
  - 岸到船
  - 船到船
- 搜救协调通信
- 救助现场通信
- 示位寻位
- 海上安全信息播发
- 日常业务通信
- 驾驶台至驾驶台的通信

图 1.3　GMDSS系统功能

(2) 岸到船的遇险报警。岸到船的遇险报警是指陆上有关的搜救协调中心(RCC)通过海岸电台或卫星地面站向遇险船舶附近的航行船舶播发或转发的海上遇险报警，以便及时向遇险船舶提供救助。

(3) 船到船的遇险报警。船到船的遇险报警是指遇险船舶向附近航行船舶的遇险报警，以取得相互援救。

2. 搜救协调通信

搜救协调通信是指收到遇险报警后搜救协调中心(RCC)通过岸台或岸站与遇险船舶及参与救助的船舶、飞机以及陆上其他的搜救中心之间进行的有关搜救协作的直接通信。搜救协调通信的双方进行遇险船舶遇险信息与安全信息的交换，具有双向通信功能与“报警”功能。

3. 救助现场通信

救助现场通信是指在实施救助的现场，参与救助的船舶之间、船舶与飞机之间的相互通信。它包括救助指挥船与其他船、遇险船与救生艇、指挥船与救助飞机之间的现场通信。通常，这种通信的距离比较近。

4. 示位寻位

示位是指遇险船舶、遇难救生艇和遇难人员所发出的一种无线电信号，便于救助船舶和飞机去寻找遇难的船舶、遇难救生艇和遇难人员。寻位是靠搜救应答器(SART)和救助船或飞机上的雷达来完成的。

5. 海上安全信息播发

海上安全信息播发是指为了船舶航行安全，GMDSS系统向航行船舶播发发布航行警告、气象预报和其他各种紧急信息。

6. 日常业务通信

日常业务通信是指GMDSS系统要求船舶配备的通信设备除了能进行遇险、紧急和安全通信外，还能向船舶提供有关船舶航行和业务的通信，以及公众通信业务，即船舶与岸上管理部门之间进行管理、调度等方面的通信以及船舶与船东、用户等之间的通信。

7. 驾驶台至驾驶台的通信

驾驶台至驾驶台的通信通常指船舶与船舶的驾驶台之间进行的有关航行安全的通信。

驾驶台之间的通信传递有关航行安全等避让信息，属于海上船舶交通管理服务方面的通信，这种通信在狭长的水道和繁忙航道航行中是非常重要的。

1.2.3 GMDSS 系统组成

新的 GMDSS 系统有效地提高了遇险救助的成功率。GMDSS 符合 1974 年国际海上人命安全公约(即 SOLAS 公约)的 1988 年修改生效的新Ⅳ章和国际电联(ITU)1987 年世界无线电行政大会修改的《无线电规则》的规定，具有船到岸的遇险报警、岸到船遇险报警、船到船的遇险报警等功能。为了使 GMDSS 系统具有上述功能，GMDSS 系统使用的通信系统由地面系统和卫星系统两大系统组成(见图 1.4)。

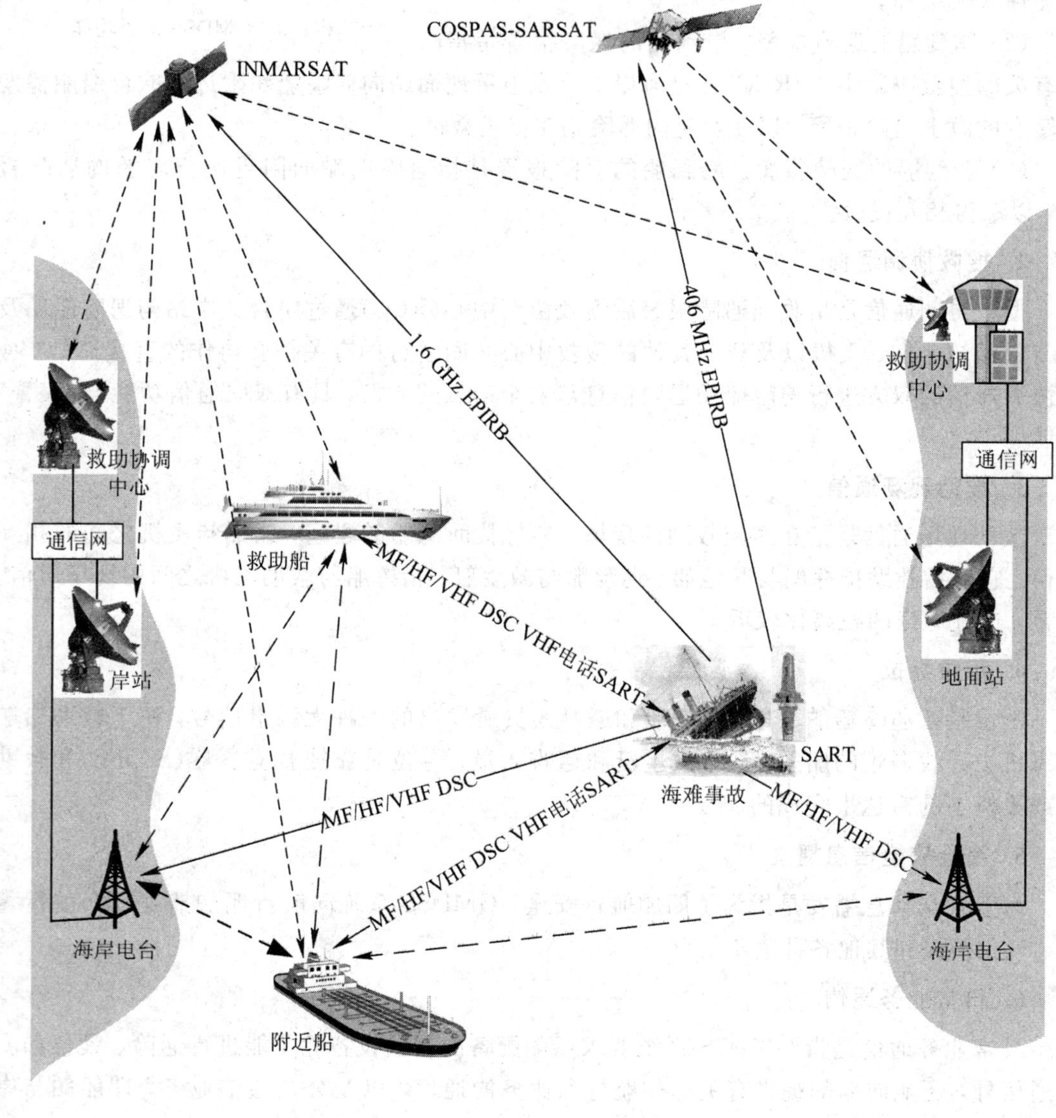

图 1.4 GMDSS 系统基本组成

地面系统按技术功能可分为：中高频(MF/HF)、甚高频(VHF)、数字选择性呼叫系统(Digital Selective Calling，DSC)、窄带直接印字电报系统(Narrow Band Direct Printing，

NBDP)、航行警告播发系统(NAVTEX)、搜救雷达应答器(Search and Rescue Radar Transponder，SART)和船舶交通管理系统(Vessel Traffic Service，VTS)。

卫星系统可分为国际海事卫星通信系统和国际低轨搜救卫星系统两大系统，而国际海事卫星通信系统又包括不断发展的A系统、B系统、C系统、M系统、Mini-M系统、INMARSAT Fleet系统和INMARSAT C系统中的信息广播业务——增强群呼系统(Enhanced Group Call，EGC)；国际低轨搜救卫星系统包括卫星星座系统、航空紧急示位发射机(Emergency Locator Transmitter，ELT)、船用紧急无线电示位标(Emergency Position Indicating Radio Beacon，EPIRB)、个人紧急示位标(Personal Location Beacon，PLB)。

GMDSS系统基本组成如图1.5所示。

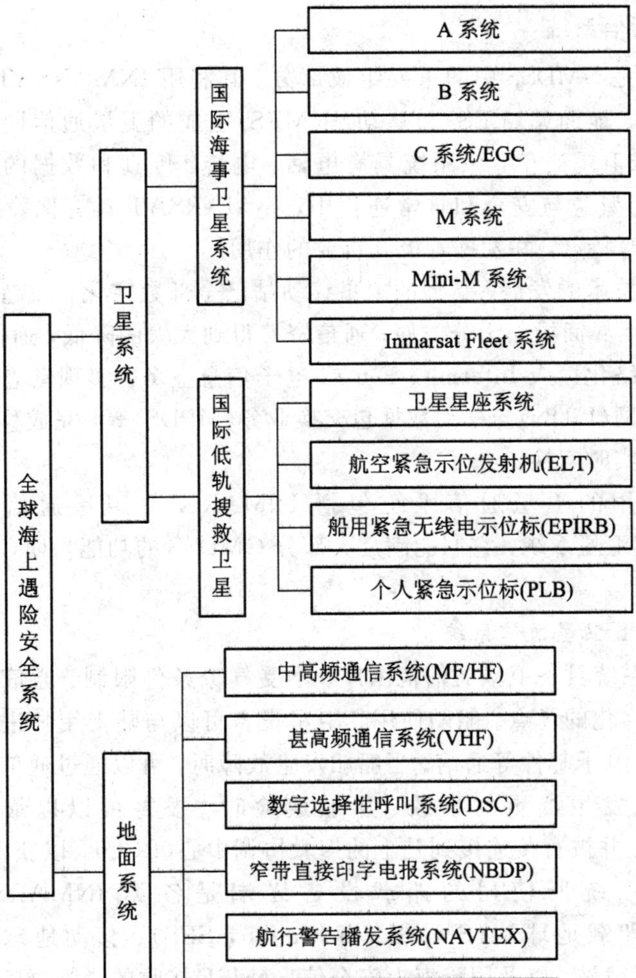

图1.5 全球海上遇险安全系统(GMDSS)组成

1. 地面无线电通信系统

地面无线电通信系统按频段可分为中频(MF)、高频(HF)和甚高频(VHF)三个子系统。遇险通信方式将不再使用人工摩尔斯电报，而使用VHF无线电话和单边带(SSB)的无线电话、数字选择性呼叫(DSC)和窄带直接印字电报(NBDP)等技术。船舶上使用的GMDSS设备是：甚高频(VHF)设备(带DSC)和救生艇筏使用的双向甚高频无线电话设备(TWO-WAY VHF)、MF SSB或MF/SSB设备(带DSC和/或NBDP)。

地面无线电通信的518 kHz用于航行警告电传系统(NAVTEX系统)，船舶使用518 kHz NAVTEX接收设备，用于海上安全信息(Maritime Safety Information，MSI)的接收。GMDSS的示位功能由船上装载的9 GHz搜救雷达应答器(SART)与进行救助作业的船舶或飞机上装备的9 GHz雷达共同完成。

2. 海事卫星通信系统

海事卫星通信是GMDSS中的重要组成部分。其利用INMARSAT的静止轨道卫星、网络协调站(NCS)、地面站(LES)和移动站(MES)组成的卫星通信网络，可实现南北纬70°范围之间的全球卫星通信，该系统具有电话、电传、传真和数据的双向通信功能。在GMDSS遇险报警、紧急与安全和日常通信中，INMARSAT具有保障海上通信的快速及时、可靠和保密性等特点，并发挥着极其重要的作用。

随着卫星通信技术的发展，新型的卫星移动站已全部数字化，并趋于小型化和配有计算机终端，人机对话界面操作十分方便；通信资费得到大大的降低，通信业务也不断发展，可以实现宽带化网络化接入Internet、E-mail电子信息业务，实现动态图像的传输；可以实现综合业务数据网(ISDN)与移动数据包交换业务(MPDS)等，完成移动端与陆上办公中心之间的数据流的实时交换。

GMDSS所使用的卫星通信系统包括INMARSAT卫星通信系统和COSPAS-SARSAT低极轨道卫星系统，它们能满足大部分GMDSS的功能，对GMDSS具有特殊的重要性。

1) INMARSAT卫星通信系统

INMARSAT系统具备卫星通信范围广、不受气象条件限制、通信质量高、设备操作简单、通信业务多样化的优点。船舶使用其卫星设备可以与陆上用户进行高质量、可靠的电话、传真、电传、电子邮件等通信。当船舶发生故障时，可以通过通信获得岸上专家的指导和帮助，以避免发生严重的事故。船舶遇险时，报警可以以最高优先等级进入INMARSAT系统，并被直接连接到陆上的搜救协调中心(RCC)，以获得及时的援助。

INMARSAT系统所使用的船载设备终端是各类INMARSAT船站，包括INMARSAT卫星船载地球站(Ship Earth Station，SES)、移动地球站(Mobile Earth Station，MES)和机载站，以及用于海上安全信息(MSI)接收的增强群呼(Enhanced Group Call，EGC)接收设备。

2) 海事定位寻址系统

海事定位寻址系统包括定位系统和寻位的搜救雷达应答器(SART)等。目前船舶常用的定位系统为COSPAS-SARSAT定位系统。

COSPAS-SARSAT系统使用低极轨道卫星为船舶提供全球的船到岸(RCC)遇险报

警，系统由卫星、船用紧急无线电示位标(EPIRB)、区域用户终端(Local User Terminal，LUT)和任务控制中心(MCC)组成，其工作频率为406 MHz。该系统所使用的卫星是低高度极轨道卫星，目前使用四颗低高度极轨道卫星，为全球包括两极区域在内，提供通过极轨道卫星进行的船对岸遇险报警的功能。船舶配备的紧急无线电示位标(EPIRB)，在船舶遇险时可人工或自动启动(当船舶下沉到水下2 m～4 m时，在水的压力下，静水压力释放器打开，EPIRB自浮到水面并自动开启)发出包括本船识别码在内的遇险报警信息，当极轨道卫星通过时，由卫星转发器接收处理和中继后，实时或存储转发到地面上的区域用户终端(现也称地面站)，然后通过陆上公众交换网或专用线路通知任务控制中心和有关的搜救协调中心(RCC)，完成船对岸的遇险报警。

在GMDSS中，搜救雷达应答器(SART)是对遇险船舶或其救生艇筏进行寻位的主要手段。便携式SART可在船上使用，或在救生艇筏上使用。SART的工作频率为9 GHz，属于寻位设备，是救生艇筏或幸存者使用的主要设备，该设备一方面可为搜救援助单位用来确定遇险事件的位置，另一方面向幸存者表明搜救援助单位已驶近其遇险的地点，可给幸存者带来极大的信心。当发生海难事故时，搜救雷达应答器人工开启，应答器进入待命状态，当应答器接收到进行搜索与营救工作的船舶或飞机上的9 GHz波段雷达发来的扫描信号后，应答器通过天线发出信号，该信号被9 GHz雷达接收后，在其显示器的荧光屏上显示出由一系列光点组成的信号。根据这独特的信号，搜救者可判断出遇险船舶或救生艇或遇险幸存者所在的位置并进行营救。船舶或飞机上装备的9 GHz波段雷达无需做任何改造即可接收到SART的信号。

3) 海上安全信息播发系统

海上安全信息播发系统系统用于及时有效地向船舶提供有关航行警告、气象警告、搜救信息、气象预报及其他紧急的海上安全信息，以保证船舶航行的安全。在GMDSS实施前，船上报务员必须每天按规定时间抄收由摩尔斯报传输的航行警告和气象警告等海上安全信息资料。由此可见，过去的通信系统受到专业的严格限制，只能由报务员完成，且报务员的劳动强度很大，常有漏抄、错抄的现象发生。GMDSS实施后，播发海上航行安全信息系统包括两个分系统，即奈伏泰斯系统(NAVTEX)和增强群呼系统(EGC)。

奈伏泰斯系统(NAVTEX)是近距离广播通信系统，工作频率为518 kHz，用英语以窄带前向纠错工作方式定时向船舶播发400海里范围以内沿岸的海上安全信息。船上装有NAVTEX接收机，可自动接收和处理NAVTEX播发台发射的本航行区域内的海上安全信息。

增强群呼系统(EGC)具有和NAVTEX系统相同的功能。增强群呼系统(EGC)通过INMARSAT海事卫星向固定海域、临时划定区域的船舶群或所有船舶提供全球统一的自动海上安全信息卫星广播业务，它弥补了奈伏泰斯系统(NAVTEX)的空白，保证了奈伏泰斯系统(NAVTEX)岸台覆盖不到的远海域、没有能力建立奈伏泰斯系统(NAVTEX)业务或由于船舶密度太低而不开放奈伏泰斯系统(NAVTEX)业务的沿海水域，均能接收到海上安全信息。只要船舶配备了具有增强群呼系统(EGC)接收功能的移动站或EGC接收机，即可以接收全球任何海区的海上安全信息。增强群呼系统(EGC)分安全网(Safety Net)业务和船队网(Fleet Net)业务。安全网业务向船舶广播海上安全信息(Maritime Safety Information，MSI)，船队网业务向船舶提供公众消息和商业服务信息。

1.2.4 GMDSS 系统海区的划分

在 GMDSS 系统中，根据岸台使用的各频段无线电波的覆盖范围划分了四个海区，如图 1.6 所示。

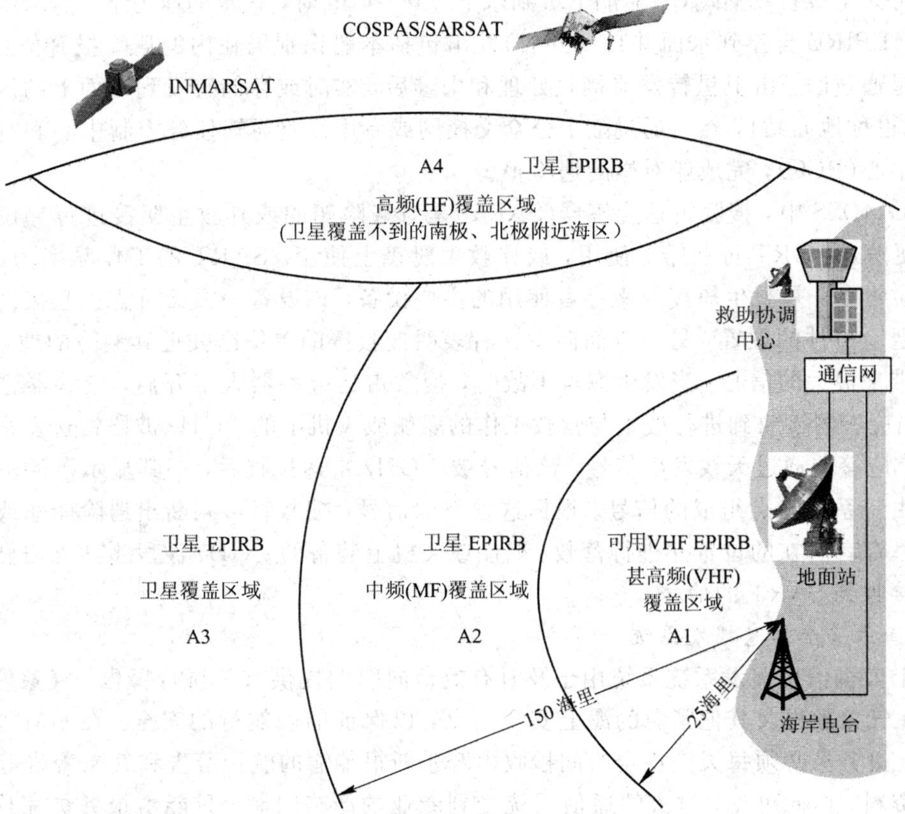

图 1.6 全球海上遇险和安全系统 GMDSS 海区划分

根据 GMDSS 系统的法规要求，我国根据《1993 年协议书》的《1977 年国际渔船安全公约》规定：海上无线电设备的配备是根据船舶航行的海区来确定的，而不是根据船舶的总吨位来确定的。这是因为 GMDSS 系统使用的不同通信系统在地理覆盖和所提供的业务等方面都有一定的局限性，因此海上无线电通信主要根据船舶航行的区域来确定无线电设备的配备。海上通信系统中国际海事组织(IMO)明确规定了四个海区，对在 A1、A2、A3、A4 不同海区航行的船舶，安全通信设备的配备均有不同要求。

A1 海区：至少在一个甚高频(VHF)海岸电台的无线电话覆盖范围之内，并且在此海区可实现船岸甚高频(VHF)数字选择呼叫(DSC)报警。此海区从甚高频(VHF)海岸电台位置向海上可延至约 25 海里的海域范围作为报警区域。

A2 海区：在至少一个中频(MF)海岸电台的无线电覆盖范围之内，在此海区可实现船岸中频(MF)数字选择呼叫(DSC)报警。此海区设定为离岸约 150 海里的范围，但不包括任何指定的 A1 海区。

A3 海区：在国际海事卫星 INMARSAT 系统静止轨道卫星覆盖范围内，即地球南北纬度为 70°以内的区域范围，但不包括指定的 A1 海区和 A2 海区。此海区可连续进行船岸报警。

A4 海区：除 A1、A2 和 A3 海区以外的区域，即地球南北纬度为 70°以外的南极北极附近的海区。此海区 INMARSAT 通信卫星系统无法覆盖到，只能使用高频(HF)无线电通信设备进行报警。

A3、A4 海区的船对船报警用甚高频(VHF)数字选择呼叫(DSC)和中频(MF)数字选择呼叫(DSC)，船对岸报警用卫星船站或高频(HF)数字选择呼叫(DSC)。

另外，在 A1、A2、A3、A4 海区，船对岸报警发射可用卫星频道船用紧急无线电示位标(EPIRB)，A1 海区也可用甚高频(VHF)船用紧急无线电示位标(EPIRB)。

1.2.5 船舶无线电设备配置要求

为了适应 GMDSS 的要求，国际海事组织(IMO)于 1988 年对 SOLAS 公约进行了修正，按照 SOLAS 公约第Ⅳ章《无线电通信》的要求，全球海上遇险安全系统(GMDSS)将于 1999 年 2 月 1 日起实施。我国也相应发布了非国际航行船舶的无线电通信设备配备的规定。

根据 SOLAS 公约修正案，GMDSS 规则适用于所有超过 300 总吨位的货船和在国际航线上航行的所有客船。GMDSS 的宗旨是，根据船舶航行的海区，强制船舶配备该海区要求的无线电设备，而不是根据船舶的吨位来配备其无线电设备。GMDSS 对船舶配置的海上无线电设备的基本要求简表如表 1.4 所示。

表 1.4　船舶按海区配备无线电设备要求

<table>
<tr><th rowspan="3">用途</th><th rowspan="3">设备</th><th rowspan="3">频段
频率</th><th colspan="5">船舶按海区配备无线电设备要求</th></tr>
<tr><th rowspan="2">A1</th><th rowspan="2">A1＋A2</th><th colspan="2">A1＋A2＋A3</th><th rowspan="2">A1＋A2＋
A3＋A4</th></tr>
<tr><th>方案 1</th><th>方案 2</th></tr>
<tr><td rowspan="4">电台</td><td>甚高频电台</td><td>VHF</td><td>1</td><td>1</td><td>1</td><td>1</td><td>1</td></tr>
<tr><td>中频电台</td><td>MF</td><td></td><td>1</td><td>1</td><td></td><td></td></tr>
<tr><td>组合电台</td><td>MF/HF</td><td></td><td></td><td></td><td>1</td><td>1</td></tr>
<tr><td>卫星船站</td><td>1.6 GHz</td><td></td><td></td><td>1</td><td></td><td></td></tr>
<tr><td rowspan="3">自动遇险报警</td><td>卫星 EPIRB</td><td>1.6 GHz</td><td rowspan="3">任选一种</td><td rowspan="3">任选一种</td><td rowspan="3">任选一种</td><td rowspan="3">任选一种</td><td></td></tr>
<tr><td>卫星 EPIRB</td><td>406 MHz</td><td>1</td></tr>
<tr><td>甚高频 EPIRB</td><td>VHF</td><td></td></tr>
<tr><td rowspan="2">安全信息接收</td><td>NAVTEX 接收</td><td>518 kHz</td><td>1</td><td>1</td><td>1</td><td>1</td><td>1</td></tr>
<tr><td>卫星 EGC</td><td>1.6 GHz</td><td></td><td></td><td>1</td><td>1</td><td></td></tr>
<tr><td>定位装置</td><td>雷达应答器 SART</td><td>9 GHz</td><td>2</td><td>2</td><td>2</td><td>2</td><td>2</td></tr>
<tr><td>救生艇筏通信</td><td>救生艇筏
双工甚高频电话
TWO-WAY VHF</td><td>VHF</td><td>2</td><td colspan="4">客船和 500 总吨位及以上的货船配 3 台；船长为 20 m 及以上但小于 500 总吨位的船舶至少配 2 台</td></tr>
</table>

注：本表仅为简表，具体配备要求详见公约、规范为准。

1. GMDSS 船用设备要求

1) A1 海区船用设备要求

A1 海区要求船舶配备以下设备:

(1) 甚高频(VHF)无线电话装置。

(2) 在 CH70 频道(Channel,CH)上具有数字选择呼叫(DSC)功能的甚高频(VHF)。

(3) 甚高频(VHF)数字选择呼叫(DSC)值守接收机(Watch Receiver,WR)。

(4) 两台搜救雷达应答器(SART)。

(5) NAVTEX 接收机。

(6) 如果超出 NAVTEX 覆盖区域,需配备增强群呼(EGC)设备和打印机。

(7) 漂浮式卫星频道船用紧急无线电示位标(EPIRB),或能在甚高频(VHF)的 CH70 频道上发送数字选择呼叫(DSC)遇险报警的甚高频(VHF)紧急无线电示位标(EPIRB)。

(8) 截至 1999 年 2 月 1 日,要求配备的 2182 kHz 值班接收机。

2) A2 海区船用设备要求

A2 海区要求船舶配备以下设备:

(1) 甚高频(VHF)无线电话装置。

(2) 在 CH70 频道上具有 DSC 功能的甚高频(VHF)。

(3) 甚高频(VHF)的 DSC 值班接收机。

(4) 两台搜救雷达应答器(SART)。

(5) NAVTEX 接收机。

(6) 如果超出 NAVTEX 覆盖的区域,需配备增强群呼(EGC)设备和打印机。

(7) 漂浮式卫星频道船用紧急无线电示位标(EPIRB)。

(8) 截至 1999 年 2 月 1 日,要求配备的 2182 kHz 值班接收机加上自动信号发生装置。

(9) 带有数字选择呼叫(DSC)的中频(MF)无线电话设备。

(10) 专用在 2187.5 kHz 频率上的 MF 值班接收机。

(11) 中频(MF)DSC 编码/译码器(这可与上述第(9)和(10)项组合在一起)。

3) A3 海区船用设备要求

A3 海区要求船舶配备以下设备:

(1) 甚高频(VHF)无线电话装置。

(2) 在 CH70 频道上具有 DSC 功能的甚高频(VHF)。

(3) 甚高频(VHF)的 DSC 值班接收机。

(4) 两台搜救雷达应答器(SART)。

(5) NAVTEX 接收机。

(6) 如果超出 NAVTEX 覆盖的区域,需配备增强群呼(EGC)设备和打印机。

(7) 406 MHz 漂浮式卫星频道船用紧急无线电示位标(EPIRB)。

(8) 截至 1999 年 2 月 1 日,要求配备的 2182 kHz 值班接收机加上自动信号发生装置。

(9) 带有 DSC 的中频(MF)无线电话设备。

(10) 专用在 2187.5 kHz 频率上的 MF 值班接收机。

(11) 中频(MF)DSC 编码/译码器(这可与上述第(9)和(10)项组合在一起)。

(12) 国际海事卫星移动地球站(INMARSAT MES),或用(13)项设备代替。

(13) 中频/高频(MF/HF)加上 DSC 扫描值班接收机及窄带直接印字电报(NBDP)。

4) A4 海区船用设备要求

A4 海区要求配备以下设备:

(1) 甚高频(VHF)无线电话装置。

(2) 在 CH70 频道上具有 DSC 功能的甚高频(VHF)。

(3) 甚高频(VHF)的 DSC 值班接收机。

(4) 两台搜救雷达应答器(SART)。

(5) NAVTEX 接收机。

(6) 406 MHz 漂浮式卫星频道船用紧急无线电示位标(EPIRB)。

(7) 截至 1999 年 2 月 1 日,要求配备的 2182 kHz 值班接收机加上自动信号发生装置。

(8) 带有 DSC 的中频(MF)无线电话设备。

(9) 窄带直接印字电报(NBDP)。

(10) 中频/高频(MF/HF)数字选择呼叫(DSC)扫描值班接收机。

2. GMDSS 附加要求

(1) 甚高频(VHF)无线电话设备应能够在 CH70 频道上发送和接收数字选择呼叫(DSC),应能够在 CH6、CH13 和 CH16 频道上发送和接收无线电话。

(2) CH70 频道数字选择呼叫(DSC)值班接收机可与上述设备分开或组合在一起。

(3) 只航行在 A1 海区的船舶可配备在 CH70 频道上发送数字选择呼叫(DSC)遇险报警的甚高频(VHF)、使用 9 GHz 进行寻位的雷达应答器(SART)和船用紧急无线电示位标(EPIRB)。

(4) 中频(MF)无线电设备必须在 2187.5 kHz 上发送和接收数字选择呼叫(DSC)报警,并能够在 2182 kHz 上发送和接收无线电话通信。

(5) 专用在 2187.5 kHz 频率上的数字选择呼叫(DSC)值班接收机,可与上述第(4)条的数字选择呼叫(DSC)设备分开或组合在一起。

(6) 中频/高频(MF/HF)无线电设备应在 1605 kHz~27 500 kHz 频带内所有遇险和安全频率上,能够发送和接收数字选择呼叫(DSC)、无线电话(RT)和窄带直接印字电报(NBDP)。

(7) MF/HF 的数字选择呼叫(DSC)值班接收机应在 2187.5 kHz、8414.5 kHz 和至少一个 HF 的数字选择呼叫(DSC)频率(4207.5 kHz、6312 kHz、12 577 kHz 或 16 804.5 kHz)上进行接收。

(8) 在 1997 年 2 月 1 日前建造的并航行在 A2、A3 和 A4 海区的船舶,只要在驾驶台上对甚高频(VHF)的 CH16 频道能够保持连续的守听,可以免除配备甚高频(VHF)的 CH70 频道数字选择呼叫(DSC)值班接收机。

(9) 1992 年 2 月 1 日以后建造的船舶,必须配备两台 9 GHz 的雷达应答器,配备三部用于救生艇筏上的双向甚高频无线电话设备(TWO-WAY VHF)。

(10) 截至 1993 年 8 月 1 日,所有船舶必须配备卫星频道船用紧急无线电示位标(EPIRB)和 NAVTEX 接收机。

(11) 截至 1995 年 2 月 1 日,所有在 1992 年 2 月 1 日以前建造的船舶,必须配备两台 9 GHz 的雷达应答器,配备三部用于救生艇筏上的双向甚高频无线电话设备(TWO-WAY

VHF)。

(12) 在 1995 年 2 月 1 日以后建造的所有船舶，必须完全符合 GMDSS 的要求。

(13) 截至 1995 年 2 月 1 日，所有船舶都应至少配备一台工作在 9 GHz 上的雷达。

(14) 截至 1999 年 2 月 1 日，所有船舶都应符合 GMDSS 的要求。

1.3 现代海上通信与信息技术的发展趋势

近年来，随着现代通信与信息技术的发展，大数据、云计算、物联网、移动互联、人工智能、数据挖掘等新一代信息技术飞速发展，通信技术、计算机技术、信息技术、网络技术的相互融合，使通信与信息技术向全球化、网络化、IP 化发展，电话、手机、电视机、计算机趋于融合，电信行业、计算机行业、媒体行业趋于融合。海上作为对通信与信息具有高度依赖性的特殊领域，正在向数字化、宽带化、网络化、智能化和天地一体化方向迅速发展。当前世界上一些发达国家已大力推广网络化、云计算、物联网、大数据等先进通信与信息技术在海上的应用，实现了海上通信与信息系统数据资源智能化管理和协同处理，形成了天地一体化立体多层次、多元化的通信与信息系统。

1. 数字化与网络化

随着现代互联网技术的发展，互联网全球化让网络的触角遍及全球的每一个角落，对世界各个国家和地区的社会生活产生了深刻而巨大的影响，海上船舶也应作为移动互联网的一个终端实现全球漫游，这就要求海上船舶的通信与信息系统能与陆地上的各类网络实现网络化 IP 连接，而重要的技术就是通过网络协议解决好网络接口问题，以实现不受地域、不受网络种类等限制的跨地域、跨网络的互联互通。

海上通信的数字化、IP 化、网络化也在迅速发展，海上高频(HF)通信将朝着自动化、高速化、宽频化、数字化、智能化、小型化和多功能、多用途的方向发展，以解决短波通信中存在的频带窄、传输速率低、相互干扰严重、信道状况不稳定等弱点，最大限度地发挥短波通信的潜在能力，大幅度提高海上高频(HF)通信的潜力、地位和价值。

随着全球海事数据服务需求的迅速增长，在甚高频(VHF)通信频段还开发了新的甚高频数据交换系统(VDE)，虽然甚高频(VHF)通信的数字数据传输应用还没有得到海事界的广泛应用，但国际电联已向甚高频(VHF)海上移动通信频带内的甚高频(VHF)数据交换系统提出了新建议 ITU - RM 2092 - 2，此建议中提到甚高频(VHF)数据交换系统集成了甚高频数据交换(VDE)、特殊应用报文(ASM)和甚高频(VHF)海上移动频带船舶自动识别系统(AIS)，并针对性地提供了 ASM 和 VDE 的技术特性。VDE 与现有 AIS 系统相比可提供双向通信且有更高的数据传输速率，而且支持海事数据包括气象数据和交通信息的分发。

海上通信的数字化、IP 化、网络化发展将形成天地一体化海上综合通信与信息网络系统。

2. 宽带化

人类的通信技术由早期的窄带通信的摩尔斯电码电报，到文本通信，到话音通信，再到宽带的多媒体通信发展，传输的信息量越来越大，人们对信息量的需求也越来越大，海上通信必将进入宽带化，海上通信技术必将与多媒体计算机技术相结合，以实现计算机多媒体网络通信的全部功能。海上通信技术的宽带化，将给海上航运领域带来不可估量的深远影响，海上通信技术的宽带化、多媒体化将给海上航运领域的运行、作业、管理、海上安全、海事管理、船员个人生活方式带来彻底的改变，海上航行的船舶可以像陆地一样享受数字化信息技术带来的革命性改变，信息化管理系统、信息化办公系统、电话视频会议、个人通信、新闻、电视、娱乐等多媒体大信息量的网络化交流可以随时随地在海上进行。

3. 智能化

船舶自动识别系统(AIS)并不是高速和大容量数据通信的理想选择，然而 AIS 是一个已证实的海事数据系统、船舶装备和岸上基础设施。未来的 AIS 渠道计划应至少考虑以下几点：

(1) 安全航行的频道。在美洲、亚洲和太平洋区域，AIS 1 和 AIS 2 只被分配给 AIS 使用，但在欧洲和非洲区域，它们仍然与陆地移动和固定服务共享服务。考虑未来的目标应该是申请独家全球分配 AIS 1 和 AIS 2 频率在海上移动服务。

(2) AIS 的卫星探测渠道。AIS 是 GMDSS 的一部分。处理遇险报警、紧急和安全通信应由地面和卫星通信进行，因此，需要专用的海事频率。

AIS 的卫星探测是一种从地球到卫星的单向系统，但在 GMDSS 中，确认从卫星到地球的双向系统是必不可少的。

一些现有的海洋通信技术，如 AIS 系统可自动执行数据通信，而不需要船舶的船员对通信过程进行干预。在 AIS 的具体情况下，机组人员在每次航行开始时设定一定的航次参数，并随时改变航行状态，通信过程是自动的。其他现有的海洋通信技术(如甚高频语音通信)，要求船舶的船员调整通信设备，在甚高频(VHF)语音的情况下这涉及到决定和选择合适的通信信道。

一个理想的电子导航通信系统将自动运行，根据船舶的位置选择最佳的通信技术、通道和特征，以及交换的数据类型。这一自动程序将按照船员的值班规则和需要进行管理，需考虑避免延迟的问题，例如与其他船舶交换安全及航行数据，或从岸上的电子系统接收信息。

4. 天地一体化

近期，中国航天科技集团有限公司、中国电信集团有限公司等国内企业相继宣布，准备联合构建我国的全球移动卫星通信网络，计划经过两期建设提供覆盖全球的宽带移动卫星通信服务。我国要成为海洋强国，要组建海上丝绸之路，国家必须尽快构建自主可控的全球移动卫星通信网络，海上通信将融合中高频(MF/HF)通信、甚高频(VHF)通信、卫星通信及数字化宽带化技术，组成天地一体化多网整合的海上综合通信与信息系统。

本章小结

本章简要回顾了海上无线通信技术的发展历史，对现代海上无线通信与信息技术进行了简要概述，然后简要介绍了现代海上通信与信息系统以及全球海上遇险安全系统的组成、结构、作用、功能、要求和相关海上无线电规则海事条约等，最后介绍了海上通信与信息技术的发展现状与发展趋势。

习题与思考题

1.1　图示说明我国海上通信与信息系统的构成及其实现的功能。

1.2　简述我国常见的海上信息与通信系统种类及其区别。

1.3　简述我国常用的海洋卫星通信系统有哪些及其区别。

1.4　简述全球海上遇险安全系统(GMDSS)的基本含义及其组成和功能。

1.5　GMDSS划分为哪几个分系统？各分系统船用的无线电设备主要有哪些？

1.6　GMDSS的海区是如何划分的？如何理解海区的概念？海区划分的目的是什么？

1.7　GMDSS系统要求的船舶配置主要包括哪些设备？目前远洋船舶主要应配置哪些无线电设备？

1.8　在各海区航行的船舶一旦遇险应采用什么通信手段实现船至船、船至岸的遇险报警？

1.9　岸台或岸站在GMDSS中的作用主要有哪些？

1.10　针对现代海上通信与信息技术的发展趋势，简要阐述一下你的观点。

第2章 海上无线电通信技术基础

2.1 无线电波

2.1.1 概述

1820年，丹麦物理学家奥斯特发现了电生磁，1873年，英国物理学家J.C.麦克斯韦在其《电学和磁学论》一书中，总结和发展了19世纪前期对电磁现象的研究成果，从理论上证明了电磁过程在空间是以相当于光的速度传播的，光的本质是电磁波，从而建立了电磁理论。1887年德国物理学家H.R.赫兹在实验中发现了电磁波，验证了麦克斯韦的电磁理论。交变电流在周围空间会产生交变磁场，交变的磁场又产生交变电场，变化的电场和磁场相互产生，形成了交变的电磁场，并能脱离其产生的波源向远处传播，这种传播具有波的性质，这种在空间以一定速度传播的交变电磁场就是电磁波。电磁理论的建立和电磁波的发现，为无线电通信的产生创造了条件。

1901年12月12日伽利尔摩·马可尼(1874—1937年)成功完成了第一次横跨大西洋的无线电通信，1909年马可尼因发明无线电报，布劳恩(1850—1918年)因对无线电报的改进，以及他们对发展无线电通信所作出的贡献，分享了1909年度诺贝尔物理学奖。

无线电波是指在自由空间(包括空气和真空)传播的射频频段的电磁波。无线电波的波长越短、频率越高，相同时间内传输的信息就越多。无线电波可以用波长这个参数描述，无线电波的波长是指交变电磁场变化一次，电波所传播的路程。因此，无线电波的频率 f、波长 λ 和传播速度 c 有如下关系：

$$\lambda = \frac{c}{f} \tag{2-1}$$

式中，c 为无线电波传播速度，其数值与光速相同，为 3×10^8 m/s。

由于无线电波的传播速度 c 是常数，因此无线电波的频率越低，其波长越长；反之，频率越高，其波长越短。

无线电波在空间中的传播方式有直射、反射、折射、穿透、绕射(衍射)和散射。

无线电波由天线辐射出去后，向各方向传播，有的沿地表面传播；有的射向天空，靠电离层反射传播；有的像光线一样在空间直线传播。对应上述三种传播方式，无线电波有地波、天波和空间波之分。

2.1.2 国际无线电规则与管理

1. 无线电频谱

电磁频谱(Electromagnetic Spectrum)是指电磁波按照频率或波长分段排列所形成的结构谱系，电磁频谱是有限的自然资源。电磁频谱是目前人类唯一理想的无线信息传输媒介，属于国家所有，与土地、森林、矿藏等资源一样，既是一种稀缺的自然资源，也是决定国家发展和战争胜负的重要战略资源，而现代信息化建设和现代信息化社会的高速发展，带来了对无线电业务与应用的海量需求，加剧了电磁频谱资源的供需矛盾，可用频率十分紧缺。

理论上，电磁频谱是覆盖0至无穷大赫兹(Hz)的一种特殊自然资源。按照频率由低到高的顺序，包括无线电波、红外线、可见光、紫外线、X射线、γ射线和宇宙射线等，如图2.1所示。

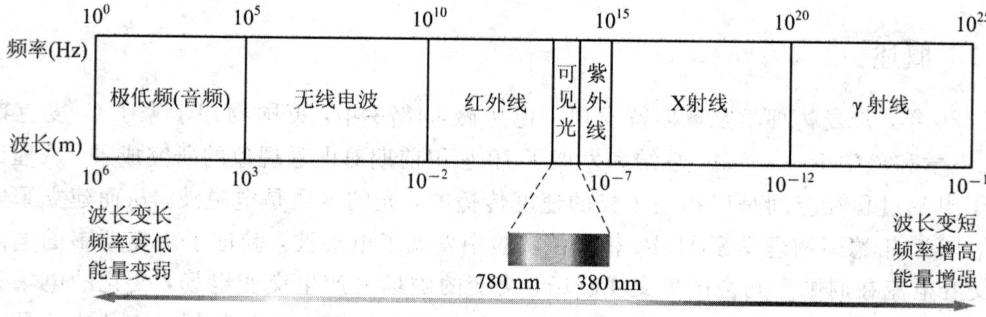

图2.1 电磁波频谱

表2.1 无线电频段划分

频段	频率范围	波段	波长范围	应用
极低频(ELF)	3 Hz～30 Hz	极长波	100 m～10 Mm	潜艇通信、音频
超低频(SLF)	30 Hz～300 Hz	超长波	10 m～1 Mm	交流电、音频
特低频(ULF)	300 Hz～3000 Hz	特长波	1000 m～100 km	矿场通信、音频
甚低频(VLF)	3 kHz～30 kHz	甚长波	100 m～10 km	音频、超声波探测
低频(LF)	30 kHz～300 kHz	长波	10 m～1 km	广播、信标、通信
中频(MF)	300 kHz～3000 kHz	中波	100 m～1000 m	广播、信标、通信

续表

频段	频率范围	波段		波长范围	应用
高频（HF）	3 MHz～30 MHz	短波		10 m～100 m	广播、通信
甚高频（VHF）	30 MHz～300 MHz	超短波		1 m～10 m	广播、电视、通信
特高频（UHF）	300 MHz～3000 MHz	微波	分米波	1 dm～10 Mm	电视、通信
超高频（SHF）	3 GHz～30 GHz		厘米波	1 cm～10 m	通信、雷达、卫星通信
极高频（EHF）	30 GHz～300 GHz		毫米波	1 mm～10 m	天文、遥感、控测
至高频（THF）	300 GHz～3000 GHz		亚毫米波	0.1 mm～10 m	研究中

注：频率范围含上限，不含下限；波长范围含下限，不含上限。

按电磁波传播特性，根据国际电信联盟《无线电规则》，无线电波定义为频率在3000 GHz以下，不用人工波导而在空间传播的电磁波，即频率介于3 Hz～3000 GHz之间的电磁波称为无线电波，也称为射频电波，或简称为射频、射电。无线电波按其特性划分频段，如表2.1所示。

按目前的人类技术水平可利用的频率范围，通常所指的无线电波的频谱范围为30 kHz～300 GHz，低于这一频率范围为音频信号的范围，其传输信息和辐射效率不高；高于这一频率范围的300 GHz～3000 GHz的太赫兹辐射和更高频率分别为红外线、可见光波、紫外线、X射线、伽玛射线和宇宙射线的范围，其特性和目前应用的无线电技术已经不同，所以无线电频谱只占电磁频谱的一小部分。目前受人类技术水平的限制，可供人类开发和利用的无线电频谱只占资源总量的68%。

2. 无线电频谱的特性

无线电频谱是一种特殊的自然资源。由于它不仅具有一般资源的共同特性，还具有一般自然资源所没有的如下特性：

(1) 有限性。无线电频谱是全人类共享的有限自然资源，尽管无线电频谱可以根据空间、时间和频率的三维要素进行复用，但就某一频段或频率而言，在一定区域、一定时间和一定条件下利用也是有限的。

(2) 非耗竭性与固有的传播特性。无线电频谱能被利用，但不会耗竭；传播不受行政区域限制，传播既无省界又无国界。

(3) 不可替代性。无线电频谱所承载的许多应用，如移动通信、广播电视、航空导航、空间探测等等，是其他资源无法替代的，具有资源的唯一性。

(4) 易受污染性。无线电频谱容易受到自然噪声和人为噪声的干扰，使无线电频谱的有效利用受到影响，而且对无线电的应用造成严重危害。

3. 无线电管理

鉴于上述无线电频谱的特殊特性，随着无线通信的蓬勃发展，频谱资源越来越紧缺。如果无线电频谱使用混乱，互相干扰，人们就都无法进行正常通信。为了顺利实现国际电报通信，1865 年 5 月 17 日，法、德、俄、意、奥等 20 个欧洲国家的代表在巴黎签订了《国际电报公约》，国际电报联盟(International Telegraph Union)在巴黎宣告成立。随着电话与无线电的应用与发展，ITU 的职权不断扩大。1906 年，德、英、法、美、日等 27 个国家的代表在柏林签订了《国际无线电报公约》。1932 年，70 多个国家的代表在西班牙马德里召开会议，将《国际电报公约》与《国际无线电报公约》合并，制定《国际电信公约》，并决定自 1934 年 1 月 1 日起正式改称为“国际电信联盟”(International Telecommunication Union，ITU)。1947 年，国际电信联盟(ITU)成为联合国主管信息通信技术事务的一个专门机构，也是联合国机构中历史最长的一个国际组织，简称“国际电联”或“ITU”。

为了加强对无线电频谱这种宝贵的、有限的自然资源管理和有效地利用，从便于无线电频谱的规划、管理以及设备的研制生产和使用出发，通常对无线电频谱按业务进行频段和频率的划分、分配和指配。按规定把某一频段供某一种或多种地面或空间业务在规定条件下使用，称为“频率划分”。为此，国际电联(ITU)专门制定了国际《无线电规则》，实际上这是一个各个国家都要遵守的国际上通用的无线电法规，各个国家也都据此制定了自己国家的无线电法或相关的详细管理规定，同时为各类无线电业务划分了频率或频段。ITU 还专门建立了国际频率划分表，把世界划分为三个区域，第一区域包括欧洲、非洲和部分亚洲国家，第二区域包括南、北美洲，第三区域包括大部分亚洲国家和大洋洲。我国为第三区域。使用无线电频率的无线电业务基本上分为两大类。即无线电通信业务和射电天文业务。无线电通信业务又可分为地面业务及空间业务、航空和水上安全业务等总共为 37 种业务。无线电频率划分表为各类无线电业务划分了频率或频段，例如我国把 279 MHz～281 MHz 划分给移动业务，用于开放全国联网无线寻呼业务等。我国的频率划分表是 1983 年制定的，随着无线电事业的发展，这些年来频率的划分和使用都发生了相当大的变化，现正在积极组织修订。

为实现合理、有效利用无线电频谱资源和卫星轨道资源，国家通过专门机关对研究、开发、使用这些资源所实施的行为、活动和全过程称为无线电频谱管理，也称无线电管理。无线电管理是指国家对无线电频谱资源和台站设备进行科学管理的一项政府职能，国家依靠各级无线电管理机构，运用行政、法律、经济和技术四种手段进行依法行政。

2.1.3 无线电波的传播特性

无线电波是在自由空间传播的射频频段的电磁波，从无线电波的特性来看，如同光波一样，无线电波可以反射、折射、绕射和散射传播。由于不同频段的无线电波特性不同，有些无线电波能够在地球表面传播，有些能够在空间直线传播，有些能够从大气层上空反射传播，有些甚至能够穿透大气层，飞向遥远的宇宙空间。无论无线电波是在地球表面传播的或在空间直线传播的，其传播途径至少有一部分是在大气对流层中，因此，必然要受到大气对流层这一传输介质的影响。此外，当电波在低空大气层中传播时，还可能受到地表面自然的或人为的障碍物影响，将会引起无线电波的反射、折射、绕射和散射现象。

1. 地波传播

地波传播是指无线电波沿地球表面传播，又称绕射传播或地表面波传播，如图 2.2 所示。

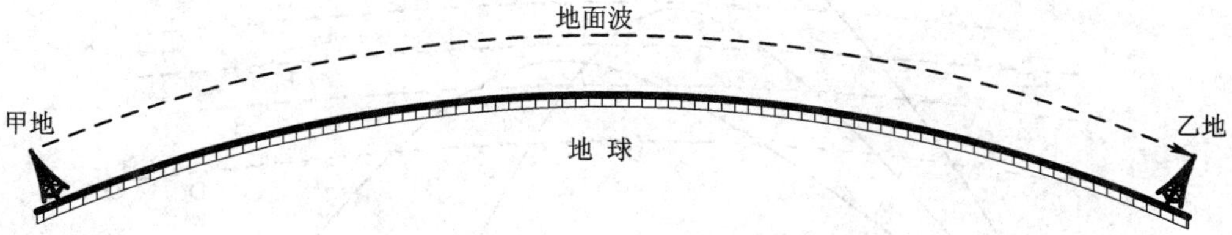

图 2.2 地波的传播

因为地表面呈球形，所以地波实际上是靠绕射传播的。如果地表面有小山或建筑物，只要无线电波的波长大于或接近于这些障碍物的几何尺寸，就能顺利绕过障碍物，而且波长大于障碍物的几何尺寸越多，绕射作用就越强。另外，地表面实际上是有一定导电能力的导体，无线电波在其表面上传播时，在地面将产生感应电流而不断被地面电阻所吸收损耗。因此，地波沿地面传播时会受到衰减，而且波长越短，这种衰减越大。这是因为波长越短，其频率越高，它所产生的感应电流由于趋肤效应更趋于地表面流动，地面电阻增大，损耗也增大。显然，地面的导电性能越好，地波损耗越小。

可见，地波传播主要应用于长、中波段。短波段及其以上各波段的无线电波一方面由于很难绕过地球曲面，另一方面由于衰减大，基本上是不靠地波传播的。地波传播的距离比较近，一般为几百公里。若在导电率较高的海面或湿土上传播，因衰减小，距离可达 1000 km 以上。然而，由于土壤的电性能参数、地形和地物随时间的变化一般不大，也不受气候条件的影响，因而地波传播稳定可靠。

2. 天波传播

天波传播是指无线电波向天空辐射并经电离层反射回到地面的传播方式，也称为电离层传播。

电离层(Ionosphere)是地球大气的一个电离区域，是指距离地面 60 km～450 km 包含有大量的自由电子和离子。大气电离主要是由于大气中的中性气体受到太阳高能辐射以及宇宙线的激励作用而电离所造成的。电离层中不同高度的空间，其电离作用也不同，而且在某几个高度上，电离作用较邻近空间大。这样的电离作用区在白天至少有四个，从低到高依次分为 D 层、E 层和 F 层等，其中 F 层还可分为 F_1层和 F_2层。到了晚上，太阳光不照射，电离的气体逐渐复合，D 层和 F_1层消失，E 层和 F_2层的电离程度减弱，高度也降低了。

无线电波经过电离层介质界面就会有反射、折射和吸收，反射、折射和吸收是共同存在的，三者哪个居多，与介质的性质、无线电波的本身的频率高低有关。而对频率在 3 MHz～30 MHz 的高频无线电波(即短波)电离层上折射、吸收的很少，主要为反射。无线电波被电离层反射到地面，地面又把无线电波反射到电离层，然后再被电离层反射到地面，这样经过多跳反射，无线电波可以传播 10 000 km 以上。

经电离层反射一次的叫单跳传播；反射两次的叫双跳传播，以此类推。单跳传播的最大传播距离可达 4000 km。图 2.3 给出了电离层传播过程的概念图。天波传播的特性主要取决于电离层。

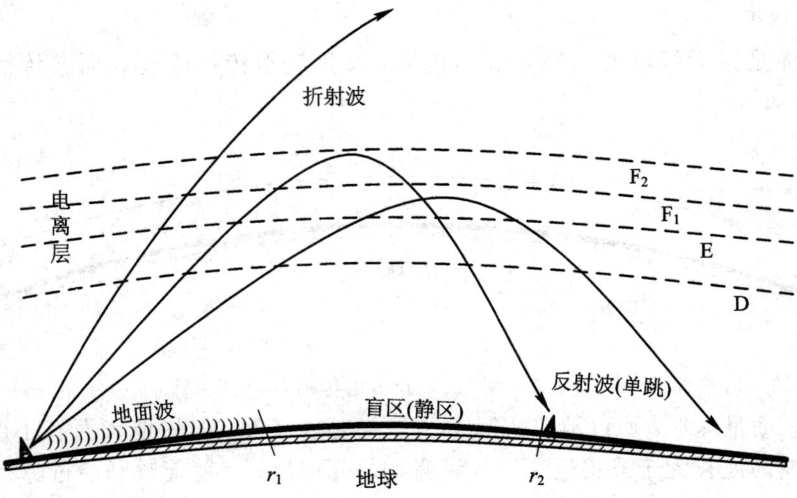

图 2.3　电离层传播过程

无线电波进入电离层时，会发生两种现象，一是电波要损失能量，二是电波要折射。电波在电离层中的能量损失与电离层的电离程度和电波波长有关。一般来说，电离层电离程度越大，波长越长，耗损能量也越大，反之越小。因此，对短波无线电波的能量损耗比较小，通常采用天波进行远距离通信。长波不宜于用天波进行传播，中波也只能在晚间靠天波传播。

无线电波在电离层的折射是指无线电波进入电离层后，它的行进路线会逐渐弯曲。无线电波因受到弯曲，有时在未穿过电离层之前就调转了方向而返回地面。由于这种不断折射的结果与反射相似，所以又称为电离层反射。但有时因折射不大，路线的弯曲不够，结果电波还是穿过电离层射向宇宙空间，不再返回地面。一般来说，无线电波频率越高，折射越小，直到不能返回地面。通常把能被电离层反射回地面的无线电波的最高频率称为最高可用频率(MUF)。最高可用频率与电离层电离程度以及电波射向电离层的仰角有关。仰角越小，电波越不容易穿过电离层，最高可用频率越高。最高可用频率一般在 50 MHz 以内。因此，超短波即甚高频(VHF)及以上频率的无线电波射向电离层后不能反射返回地面，所以不能靠天波传播。

由于无线电波从发射点到接收点的传播并非只经过一条路径，往往是既有地波又有天波，且天波也因反射的电离层不同和反射的次数不同，传播的路径也不同。因此到达接收地的电波场强是各条路径来的电波的矢量和，这就是所谓的多径效应。由于电波传播路径长短不同，因此到接收点的时间延迟和相位不同，我们把两条路径时延数值之差称为多径时差。由于电离层是变化的，而且又不是理想平整的反射面，因此很容易产生漫射现象。接收点接收到的信号是许多漫射波的相互叠加。因各漫射波的传播路径不同，且随电离层反射高度而变动，故各条路径来的信号不能保持固定的相位差，使叠加后信号的幅度产生变化，这种现象称为衰落。这种现象同时也会使接收点的接收信号产生波形的失真。

电离层的主要电离源是太阳的紫外线和微粒辐射，电离源的任何改变都要影响电离层，从而影响天波的传播。由于太阳照射的情况，昼夜 24 小时都不一样，不同季节和年份也不同，因此电离层高度和密度是随时间、年份而变化的。不同地点上空的电离层状况也是不同的。所以利用天波传播进行通信，选择无线电波工作频率是很重要的。最佳工作频率的确定不仅与年、月、日、时有关，而且与通信距离有关。由此可见，工作频率对无线电通信是十分重要的。

天波传播的最大优点是通信距离远。利用电离层与地面的多次反射，电波传播距离还可以大幅度增加。天波传播的最大缺点是不稳定，原因在于电离层的高度和电离程度受季节、时间、地理位置的影响较大，所以造成了传播的不稳定。天波传播的另一个缺点是存在静区，也就是存在着实际上不能进行无线通信的区域。因为在这个区域内地波因遭受严重衰减传播不到，而天波又因最大入射角的限制而反射不到。

3. 空间波传播

无线电波具有与光波同样的直线传播特性，按这种方式传播就称为空间波传播，又称为直接波或视距传播。按无线电收、发射天线所处的空间位置不同，空间波传播又可分为三类：

第一类，是指地面上的视距传播，例如，中继通信、电视、广播、船舶之间相互通信以及地面上的移动通信等；

第二类，是指地面与空中目标(如飞机、通信卫星等)之间的视距传播；

第三类，是指空间飞行体之间的视距传播，例如飞机间、宇宙飞行器间的电波传播等。

由于地球近似于球体，空间波在地面附近是传不远的，它不能超过视线距离，因此空间波传播又称为视距传播。它表示接收和发送两端点处在直视范围内，能互相“看得见”，以这一传播方式工作的是微波和超短波。当收、发天线都架设在地面上时，由于地面球形弯曲的阻挡作用，视距传播的距离一般只有几十 km。为了加大传播的距离，收发天线架设越高越好，但一般传播距离不超过 100 km。为了满足远距离传输的要求，常采用接力的办法，建立中继通信线路。即每隔一定距离(约 40 km～50 km)设置一个中继站，该中继站接收上一站来的信号，经处理后又转发到下一站，使通信距离大幅度增加。

空间波不仅能在地上传播，而且还能完成地面—空间视距传播。使传播距离不受视距的限制，卫星通信就属此例。从电波传播的角度来考虑，传播途径要经过大气层，宜选用从 1 GHz～10 GHz 的频率范围。频率低于 1 GHz 时，宇宙的干扰噪声增大，电离层不良影响也增大；频率高于 10 GHz 时，低层大气中的氧分子和水分子的吸收衰减增大，降雨的影响增大，大气噪声也增大。根据实测，4 GHz～6 GHz 是大气层最好的无线电波窗口，在此频段内大气以及宇宙间存在的不良影响最小。

综上所述，无线电波的传播特性不仅与大地结构和高空电离层状态有关，还与它的波长有关。虽然从天线辐射出去的无线电波往往是以多种方式传播的，但是总有一种方式是主要的。一般地，对于不同波段的无线电波，主要传播方式也是不相同的。或者说，波段的划分是以无线电波的主要传播方式为依据的。

2.1.4 海上无线电波的传播模型

无线电波在传播过程中会造成能量损耗，在确定无线通信系统的实际通信距离覆盖范围和无线电干扰影响范围时，传播损耗是一个关键参数。无线通信系统若不进行科学的频率指配和严格的系统设计与场强预测就会使系统之间产生严重的干扰而不能正常工作。为了保证无线电通信用户的通信质量，确保无线电波发射的业务覆盖范围服务区和电波传播的可靠程度，必须仔细地计算从接收天线到发射天线之间的电波传播损耗。

理论上，在自由空间，无线电波直线传播的损耗大小与传播距离的平方和所用频率的平方成正比。但在实际应用中，还要考虑在传播路径上存在的各种各样的影响，如高空电离层影响、高山湖泊、海洋、地面建筑、植被以及地球曲面的影响等。在研究电波传播特性时，通常用数学模型来描述这些传播损耗特性。

1. 自由空间传播模型

电磁波在真空中的传播称为自由空间传播，其介质是各向同性且均匀的，此时只考虑能量扩散引起的传播损耗。通常可以把大气看成近似真空的均匀介质，电磁波沿直线传播，不发生发射、折射、绕射和散射等现象，可以等效为自由空间传播，它只与波长(频率)和距离有关。例如，微波视距通信、卫星通信、空间波通信都可以看成是自由空间传播。

若电磁波在发射点处以球面波辐射，则接收点处的功率 P_r 满足弗里斯(Fris)自由空间公式，即

$$P_r = \frac{P_r G_t G_r}{\left(\frac{4\pi d}{\lambda}\right)^2} \tag{2-2}$$

式中，P_t 为发射点处的发射功率；G_t、G_r 分别为发射天线和接收天线的增益；λ 为工作波长；d 为发射端与接收端的距离。

增益或衰减通常用分贝(dB)表示，则传播损耗为有效发射功率与接收功率之间的差值，即

$$L = 10\lg\frac{P_t}{P_r} = -10\lg\left(\frac{G_t G_r \lambda^2}{(4\pi d)^2}\right) \quad \text{(dB)} \tag{2-3}$$

当 $G_t G_r = 1$，即天线具有单位增益时，有

$$L = -20\lg\left(\frac{\lambda}{4\pi d}\right) \quad \text{(dB)} \tag{2-4}$$

又 $\lambda = c/f$，$c = 3\times10^8$ m/s，则式(2-4)可写为

$$L = -20\lg\left(\frac{c}{4\pi d f}\right) = 32.44 + 20\lg f + 20\lg d \quad \text{(dB)} \tag{2-5}$$

由式(2-5)可见，距离增加，则传输损耗增大；频率越高，则损耗越大。

实际应用中，由于移动通信系统分布于很不规则的地区，电磁波的传播环境非常复杂，在估算传播路径损耗时，必须对不同的频段使用不同的电波传播模型，室内和室外电波传播环境也有很大的不同，因此选用的模型也有很大的差异。

室外传播模型主要考虑各种地形、植被、建筑物分布等的影响，主要有 Longley-Rice 模型、Okumura 模型、Hata 模型等。室内无线信道模型具有不同的特征，会受到天线安装位置、建筑物的布局和材料、建筑物内门窗开关状态等因素的影响。通常，室内信道分为视距(LOS)和阻挡(OBS)两种，常用的室内模型有对数距离路径损耗模型、衰减因子模型等。

2. 室外传播模型

1) Longley-Rice 模型

Longley-Rice 模型是预测不同种类地形中点对点通信信号的模型，适用频率为

400 MHz～100 GHz。Longley-Rice 模型可以做成一个计算机程序，用以计算电波传播通过不规则地形、频率在 20 MHz～10 GHz 之间的大尺度中值传输损耗。对于给定的传播路径，计算机程序以传输频率、路径长度、极性(垂直极性、水平极性)、天线高度、表面绕射、地球有效半径、地面导电性和气候等作为输入。程序运行也依赖特定路径的参数，如天线水平线距离、水平倾斜角、倾斜交叉水平距离、地形不规则性和其他特定输入。

Longley-Rice 模型有两种适用方式：一种是点到点预测方式，若可以获取详细的地形、地貌数据，就能很容易地确定特定路径参数；另一种是区域预测方式，若不能获取地形、地貌数据，则用 Longley-Rice 方法估计特定路径参数。

此外，该模型还有很多改进修正方法。

2) Okumura 模型(奥村模型)

最著名的统计模型是 Okumura 模型，它是 Okumura 以其在日本的大量测试数据为基础统计出的以曲线图表示的传播模型。Okumura 模型广泛用于城区信号的预测，适用频率为 150 MHz～1920 MHz，适用距离为 1 km～100 km，要求基站的天线高度为 30 m～1000 m。传播路径损耗的中值 L_{50} 为

$$L_{50} = L_F + A_{mu}(f, d) - G(h_{te}) - G(h_{re}) - G_{AREA} \tag{2-6}$$

式中，L_F 为自由空间传播损耗；A_{mu} 为相对于自由空间的衰减；G_{AREA} 为环境增益因子；$G(h_{te})$ 和 $G(h_{re})$ 分别表示基站天线和移动台天线的高度增益因子，相应的公式为

$$G(h_{te}) = 20\lg\left(\frac{h_{te}}{200}\right) \quad 30\ \text{m} < h_{te} < 1000\ \text{m} \tag{2-7}$$

$$G(h_{re}) = \begin{cases} 10\lg\left(\dfrac{h_{re}}{3}\right) & h_{re} \leqslant 3\ \text{m} \\ 20\lg\left(\dfrac{h_{re}}{3}\right) & 3\ \text{m} < h_{re} < 10\ \text{m} \end{cases} \tag{2-8}$$

Okumura 模型完全建立在测试数据基础上，在进行场强预测时需要查对各种图表，并且在很多情况下，要通过外推曲线来获得测试范围以外的值。该模型不适用于地形变化太剧烈的地区。

3) Hata 模型

将 Okumura 模型中曲线表示的数据归纳为公式就是 Hata 模型，该模型以市区传输损耗为标准，其他地区在此基础上进行修改，适用频率为 150 MHz～1920 MHz。传播路径损耗的中值 L_{50} 为

$$L_{50} = 69.55 + 26.16\lg f_c - 13.82\lg h_{re} - a(h_{re}) + (44.9 - 6.55\lg h_{re})\lg d \tag{2-9}$$

式中，f_c 为载波频率；d 为收发天线间的距离(单位：km)；$a(h_{re})$ 为移动台天线的校正因子。

2.1.5 无线电通信链路通信质量模型

通信的任务是传递信息，因此传输信息的有效性和可靠性是通信系统最主要的质量指标。有效性是指在给定信道内能传输信息内容的多少；而可靠性是指接收信号的正确程度。这两者是相互矛盾而又相互联系的，通常也是可以互换的。

模拟通信系统的有效性可用有效传输频带来衡量。同样的消息用不同的调制方式，则需要不同的频带宽度。可靠性用接收端最终输出信噪比来度量，如通常电话通信要求输出

信噪比为 20 dB～40 dB，而电视则要求 40 dB 以上。不同调制方式在同样信道信噪比下所得到的最终解调后的信噪比是不同的。如调频信号抗干扰性能比调幅好，但调频信号所需传输带宽却宽于调幅。

对于数字通信系统，有效性可用信息传输速度来衡量。二进制数字消息的信息速率用 b/s(比特/秒)作为单位，比特(bit)是信息量单位，当二进制数字 0、1 取值等概率时，传送一个二进制数字其信息量就等于 1 bit。信息速率常被称为比特率，如比特率为 1200 b/s，意味着每秒传送 1200 个二进制脉冲。显然，当信息一定时，信息速率愈高，有效性愈好。为了提高有效性，可以采用多进制传输，多进制每个码元携带的信息量超过 1 bit。若码元速率为 R_s，信息速率为 R_b，每个码元有 N 种可能采用的符号，则它们之间的关系为

$$R_b = R_s \mathrm{lb} N \quad (\mathrm{b/s}) \tag{2-10}$$

或

$$R_s = \frac{R_b}{\mathrm{lb} N} \quad (\mathrm{baud}) \tag{2-11}$$

码元速率的单位为波特(baud)，记作 B，常称为波特率。若每秒传送 1200 个码元，则码元速率为 1200 B；若采用四进制数字消息，每个码元携带 2 比特信息，则信息速率为 2400 b/s。

数字通信系统的可靠性可用错误率来衡量。误比特率定义为

$$P_b = \frac{\text{错误比特数}}{\text{传输总比特数}} \tag{2-12}$$

误码元率

$$P_s = \frac{\text{错误码元数}}{\text{传输总码元数}} \tag{2-13}$$

有时误比特率也称为误信率，误码元率称为误符号率。

显然，在二进制中有

$$P_b = P_s \tag{2-14}$$

不同信号对错误率的要求不同。如传输数字电话时，误比特率通常要求为 10^{-3}～10^{-6}，而传输计算机信息时常常要求很高。当信道不能满足要求时，必须加检(纠)错措施。

2.2 无线电系统

2.2.1 概述

无线电系统包括通信、导航、定位、测向、雷达、遥控、遥测、广播、电视等各种利用无线电波进行工作的系统，但不包括可辐射电磁波的工业、科研、医疗设备、电气化运输系统、高压电力线及其他电器装置等。其概念图如图 2.4 所示。

利用无线电波的辐射和传播，经过空间传送信息的通信方式称为无线电通信(Radio Communication)，也称为无线通信(Wireless Communication)。通信的目的是传输信息，进行信息的时空转移。任何通信的作用都是把一地(发送端，也称为信源)的消息传递到另一地或多个目的地(接收端，也称为信宿)。因而，通信系统可由图 2.5 加以概括。这里，信息源(也称发送端)的作用是把各种可能的消息转换成原始电信号，为了使这个原始信号适

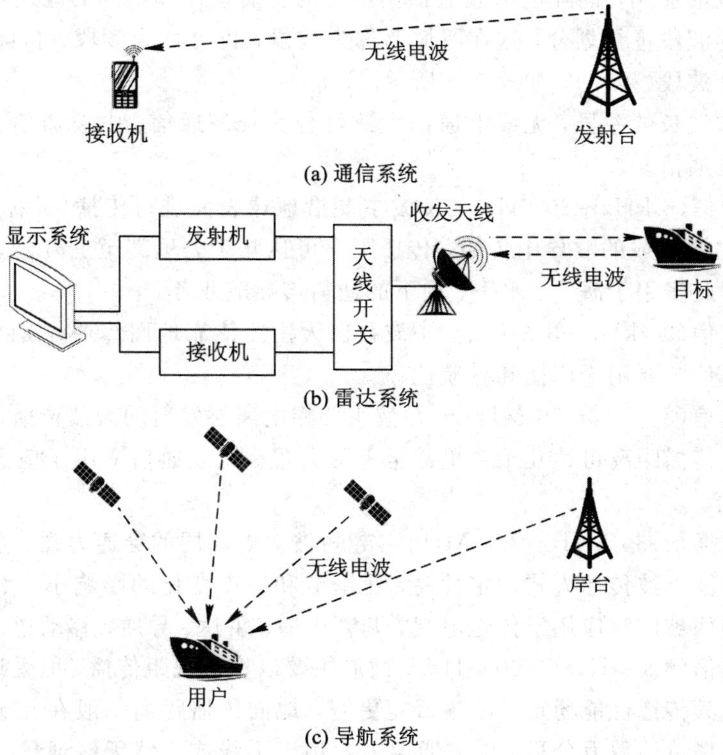

图 2.4 无线电系统概念图

合在信道中传输，由发送设备对原始信号完成某种变换，然后再送入信道。

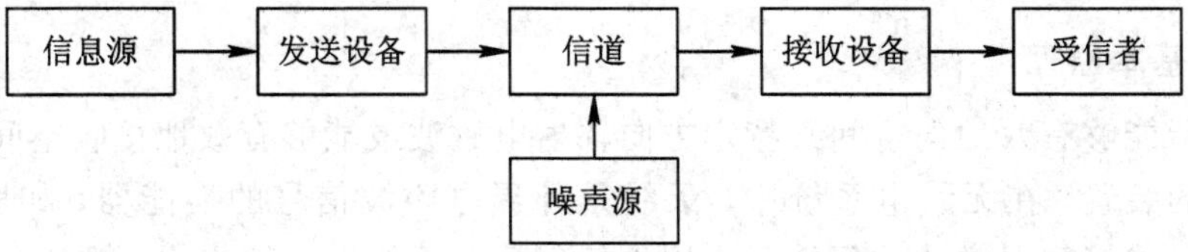

图 2.5 通信系统的模型

在无线通信中，由发射机将原始信号变换成带有信息的高频信号，然后由天线转换成电磁波，在空间传播中，空间就是信道。可见，信道是指信号传输的通道。在接收端，接收设备的功能与发送设备相反，它将从接收信号中恢复出相应的原始信号，而受信者(也称信宿或接收端)将恢复的原始信号转换成相应的消息。图 2.5 中的噪声源，是信道中的噪声以及分散在通信系统及其他各处的噪声的集中表示。图 2.5 通信系统的模型概括地反映了通信系统的共性。通常，根据我们的研究对象及所关心的问题不同将会出现不同形式的通信系统模型。

无线电通信的最大魅力在于，借助无线电波具有的波动传递信息的功能，人们可以省去铺设导线的麻烦，实现更加自由、更加快捷、无障碍的信息交流和沟通。

2.2.2 无线电系统的分类

无线电系统的频率不同，其电磁波传播特性和应用技术各不相同。为了充分发挥不同频率的无线电波的应用，国际电信联盟根据不同的传播特性和不同的应用，对整个无线电频谱按一段段的波段进行划分，这在习惯上称为波段，也可称为频段。目前可利用的无线电波段分为9个波段(频段)，如表2.1所示。

根据频率和波长的差异，无线电通信大致可分为长波通信、中波通信、短波通信、超短波通信和微波通信。

(1) 长波通信(3 kHz～30 kHz)。长波主要沿地球表面进行传播(又称地波)，也可在地面与电离层之间形成的波导中传播，传播距离可达几千公里甚至上万公里。长波能穿透海水和土壤，因此多用于海上、水下、地下的通信与导航业务。

(2) 中波通信(30 kHz～3 MHz)。中波在白天主要依靠地面传播，夜间可由电离层反射传播。中波通信主要用于广播和导航业务。

(3) 短波通信(3 MHz～30 MHz)。短波主要靠电离层发射的天波传播，可经电离层一次或几次反射，传播距离可达几千公里甚至上万公里。短波通信适用于应急、抗灾通信和远距离越洋通信。

(4) 超短波通信(30 MHz～300 MHz)。超短波对电离层的穿透力强，主要以直线视距方式传播，比短波天波传播方式稳定性高，受季节和昼夜变化的影响小。由于超短波通信的频带较宽，因而被广泛应用于传送电视、调频广播、雷达、导航、移动通信等业务。

(5) 微波通信(300 MHz～300 GHz)。微波主要以直线视距传播，但受地形、地物以及雨雪雾影响大。其传播性能稳定，传输带宽更宽，地面传播距离一般在几十公里。能穿透电离层，对空传播可达数万公里。微波通信主要用于干线或支线无线通信、移动通信和卫星通信。

2.2.3 天线

1. 天线基本原理

天线是指能够有效地向空间某特定方向辐射电磁波或能够有效地接收空间某特定方向来的电磁波的装置，在无线电系统中，天线是外界电磁波信号的换能器，如图2.6所示，天线作为辐射或接收电磁波的部件而应用于任何一个无线电系统之中。常用的无线电系统有广播、通信、遥测、遥控以及雷达导航等，都是利用电磁波来传递信号的，而电磁波的发射和接收都通过天线来完成的，天线是无线电系统的重要组成部分。天线的作用是将发射机送来的高频电流(或导波)有效地转换为电磁波并传送到特定的空间区域，或者将特定的空间区域发送过来的电磁波有效地转换为高频电流而进入接收机。前者称为发射天线，后者称为接收天线，这取决于无线电系统的功能要求，天线本身同时兼备发射和接收的功能。天线的辐射原理如图2.7所示，导线载有交变电流时，就可以形成电磁波的辐射，辐射的能力与导线的长短和形状有关，当导线的长度增大到可与波长相比拟时，导线上的电流就大大增加，因而就能形成较强的辐射。通常将能产生显著辐射的直导线称为振子。天线辐射和接收电磁波，发射时，天线把高频电流转换为电磁波；接收时天线把电磁波转换为高频电流。两部分长度相等而中心断开并接以馈电的导线，可用作发射和接收天线，这样构成的天线叫做对称天线，也称对称振子，或偶极天线。总长度为半个波长的对称振子，叫做半波振子，也叫做半波偶极天线，半波振子天线是最基本的单元天线，如图2.8所示，其应用最广泛，很多复杂天线都是由它组成的。

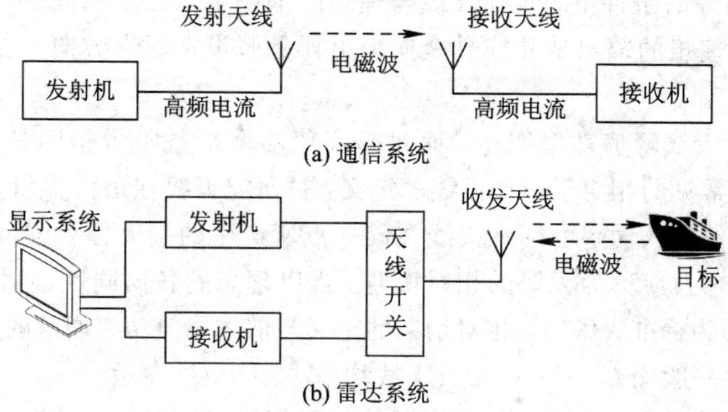

图 2.6　无线电系统中的天线概念图

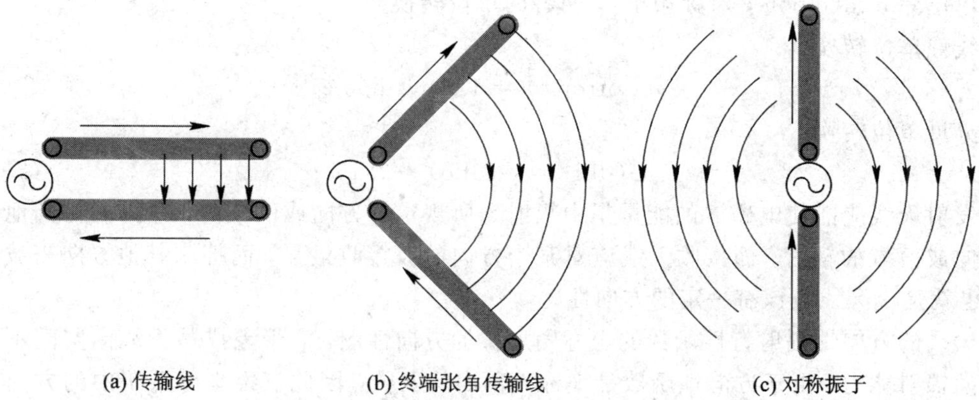

图 2.7　天线的辐射原理

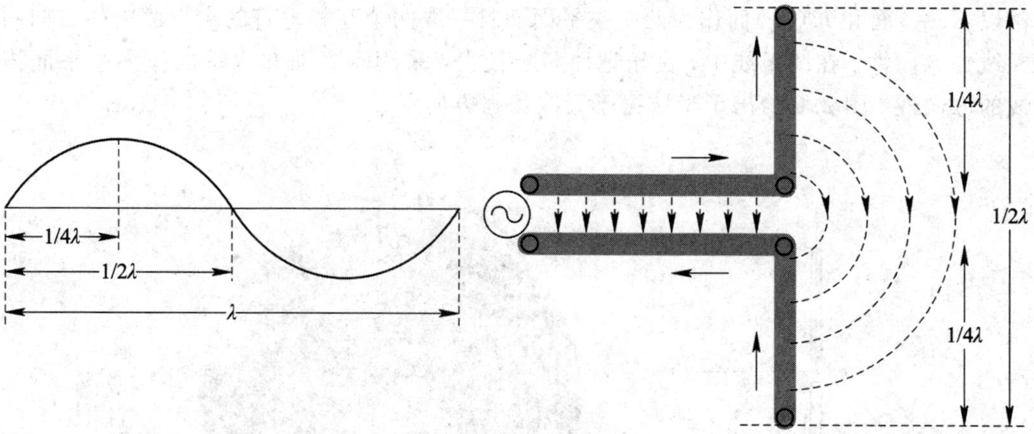

图 2.8　半波振子天线

2. 天线基础知识

1）天线的增益与方向特性

增益是天线系统的最重要参数之一，天线是无源器件，不能产生能量，天线增益是将能量有效集中向某特定方向辐射或接受电磁波的能力。天线增益是一个相对值，天线增益是指在输入功率相等的条件下，实际天线与理想的辐射单元在空间同一点处所产生的信号的功率密度之比，理想的辐射单元或称全向辐射器是假设在所有方向上都辐射等功率的一种理想辐射器。

天线增益是指天线峰值功率增益，而对非峰值功率增益常常指明是某方向上的增益。天线增益有一个更常见的相对于标准天线的定义：被研究天线在最大辐射方向的辐射强度与被研究天线具有同等输入功率的标准天线在同一点所产生的最大辐射强度之比。准确地说，这种定义下的天线增益应称为天线的相对增益。当以理想的各向同性辐射器(或称点源辐射器、无方向性天线)为标准天线时，相对增益的定义与前述峰值功率增益的定义是等价的。

发射天线增益一般用 G_t 表示，接收天线增益一般用 G_r 表示。

天线增益的线性单位为倍数，以各向同性辐射器为标准天线的增益称绝对增益或无方向性增益，其分贝单位为 dB 或 dBi(isotropic，各向同性)；以半波振子天线为标准天线的分贝单位为 dBd(dipole，对称振子)，两者的单位转换如下。

线性单位转换：

$$G(\text{isotropic}) = 1.64G(\text{dipole}) \tag{2-15}$$

分贝单位转换：

$$G(\text{dBi}) = G(\text{dBd}) + 2.15 \tag{2-16}$$

发射天线应能使电磁波的能量集中辐射到所规定的方向或区域内，并抑制对其他不需要方向或区域的辐射。而接收天线应对某个方向的波接收最强，而抑制其他方向来波的干扰。也就是说天线应该有一定的方向性。

天线的方向性辐射特性函数的坐标图形称为方向性图，它形象描写天线向空间不同方向上的辐射能力。由于方向性函数是坐标 θ 和 φ 的函数，因此三维坐标系统中的方向性图为立体图。天线辐射特性有：场强、功率密度、相位及极化等，为方便应用场强方向图及功率方向图，常采用两个互相垂直的主平面内的方向图，也称为平面方向图。面型天线中，通常以 E(平)面和 H(平)面作为两个主平面而且只取两个互相垂直的主平面内的方向图描述天线的方向性。在线天线中，由于地面影响较大，采用垂直面和水平面作为主平面描述天线的方向性。图 2.9 给出了半波振子天线场强方向图。

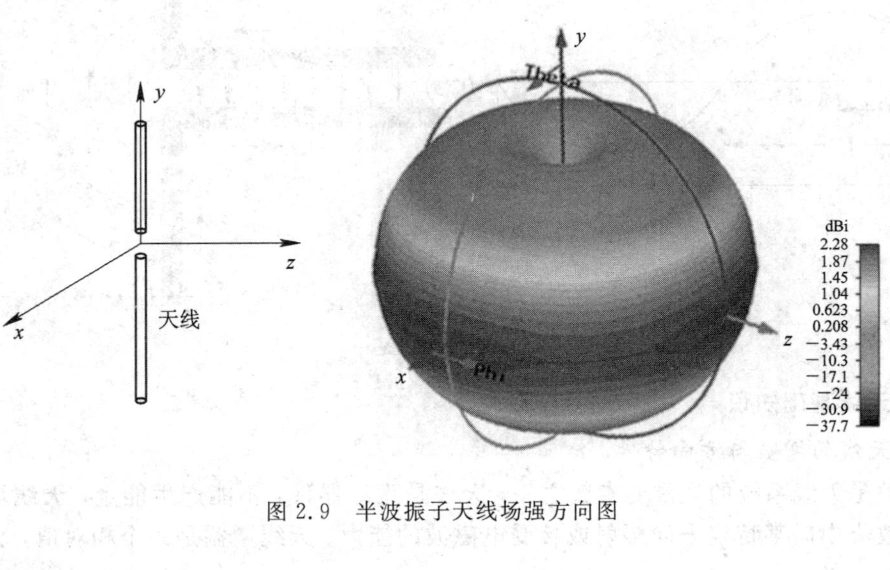

图 2.9　半波振子天线场强方向图

E 面方向图是通过天线中心，由最大辐射方向与该方向上电场 E 构成的平面上，辐射场强与角度的关系图形。H 面方向图是通过天线中心，由最大辐射方向与该方向上辐射磁场 H 的方向所确定的平面上辐射场强与角度的关系图形，图 2.10 为半波振子天线两个互相垂直的主平面方向图。

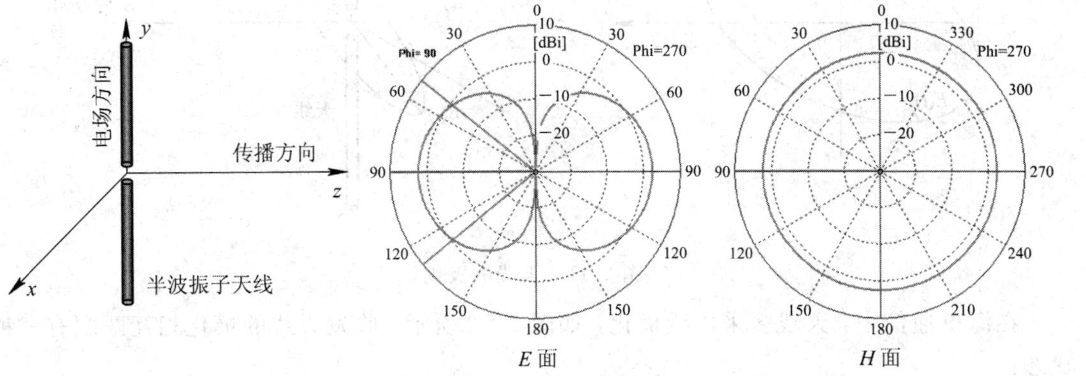

图 2.10　半波振子天线两个主平面场强方向图

天线方向图常用辐射参数描述：主瓣宽度、副瓣电平、前后比、交叉极化鉴别率；增益；上旁瓣抑制；下零点填充；波束下倾角等。

（1）主瓣宽度。主瓣轴线两侧的两个半功率点的矢径之间的夹角，称为主瓣宽度，主瓣宽度愈小，说明天线辐射的能量愈集中，定向性愈好。半波振子天线的主瓣宽度为 90°；

（2）副瓣电平。最大副瓣的功率密度 S_1 和主瓣功率密度 S_0 之比的对数值(dB)称为副瓣电平，表示为

$$\mathrm{SLL} = 10\lg\left(\frac{S_1}{S_0}\right) \tag{2-17}$$

（3）前后比。主瓣功率密度 S_0 与后瓣功率密度 S_b 之比的对数值(dB)称为前后比，表示为

$$\mathrm{FB} = 10\lg\left(\frac{S_0}{S_b}\right) \tag{2-18}$$

2）天线的极化特性

天线辐射电磁波，其电场或磁场是一个复矢量，具有幅度信息和相位信息，在电磁波的传播过程中，电场强度矢量在空间的取向也在不断变化，这种变化采用极化的概念来表征，是描述电磁波场强矢量空间指向的一个辐射特性，当没有特别说明时，通常以电场矢量的空间指向作为电磁波的极化方向，而且是指在该天线的最大辐射方向上的电场矢量。

一般情况下，电场强度矢量 $\boldsymbol{E}$ 的末端在空间运动的轨迹是一个椭圆，如图 2.11 所示，这种天线的极化被定义为椭圆极化。随着时间 t 的增加，电场矢量 $E(t)$ 的椭圆轨迹沿逆时针旋转时，称为右旋椭圆极化，反之，称为左旋椭圆极化。椭圆极化在特殊情况下可以转化为线极化和圆极化。当电场矢量在 xy 轴的振幅 E_{x0} 和 E_{y0} 相等且相位 φ_x 和 φ_y 相差 $\pm\pi/2$ 时，椭圆轨迹演变为圆，此时我们称为圆极化，相应地也有右旋和左旋之分。当相位 φ_x 和 φ_y 相差 $n\pi$ 时，椭圆轨迹演变为一条线，此时称为线极化。当线极化方向与地面平行时，称为水平线极化；当线极化方向与地面垂直时，称为垂直线极化。

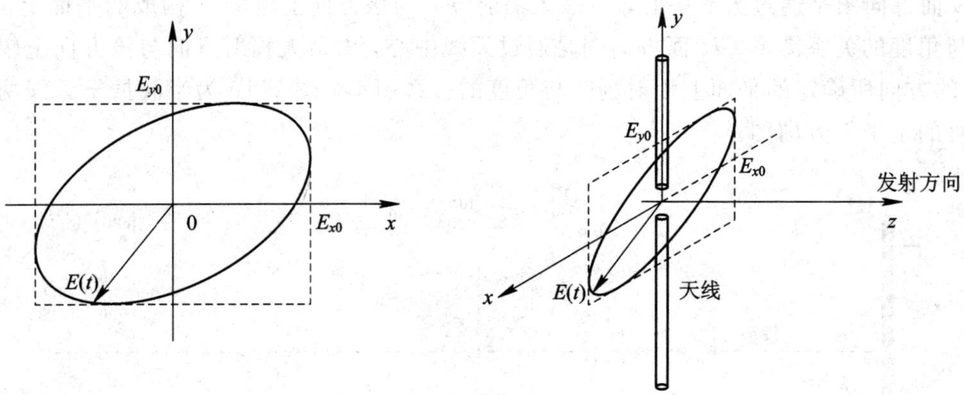

图 2.11 天线的极化

在海事通信中，天线多采用线极化，如图 2.12 所示，收发天线的极化相互匹配有三种状态：

(1) 匹配。收发天线处于相同极化状态，极化相互匹配，接收效率最高；

(2) 正交。收发天线处于正交极化状态，这种正交极化在理论上导致收发天线相互隔离，不能接收信号；

(3) 失配。收发天线相互倾斜放置，收发天线极化处于失配状态，此时接收效率降低。

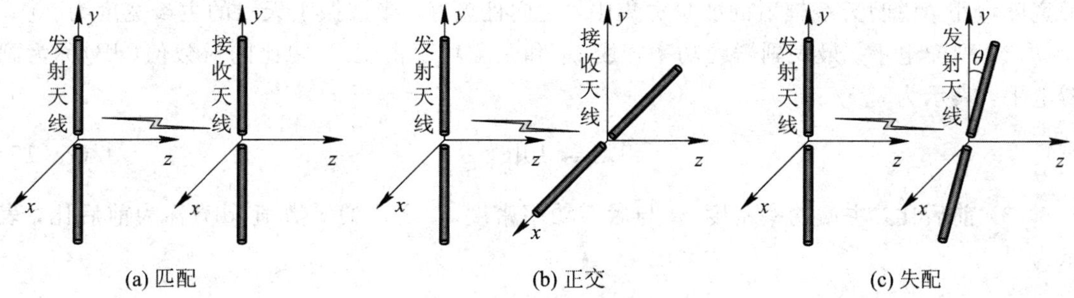

图 2.12 收发天线极化相互匹配状态

3) 天线的输入阻抗

天线和馈线的连接端为天线的馈电端，也称为天线的输入端，天线的馈电点两端感应的信号电压与信号电流之比，称为天线的输入阻抗，表示为

$$Z_{\text{in}} = \frac{U_{\text{in}}}{I_{\text{in}}} = R_{\text{in}} + \text{j}X_{\text{in}} \tag{2-19}$$

式中，R_{in}为输入电阻，X_{in}为输入电抗。

天线的输入阻抗与天线的结构和工作波长有关，天线的匹配就是要求消除天线的输入阻抗中的电抗分量，使电阻分量尽可能地接近馈线的特性阻抗，这时馈电端没有功率反射，馈线上没有形成驻波。匹配的优劣一般用四个参数来衡量即反射系数，行波系数，驻波比和回波损耗，四个参数之间有固定的数值关系，使用哪一个都可以。常用的是驻波比和回波损耗。海事通信天线的输入阻抗为 50 Ω。

4）驻波比、反射系数、回波损耗

电压驻波比（Voltage Standing Wave Ratio，VSWR）是用来衡量天线与馈线匹配的程度，定义为馈线上的电压最大值与电压最小值之比，当馈线和天线匹配时，信号能量全部被负载吸收，馈线上只有入射波，没有反射波，馈线上传输的是行波，馈线上各处的电压幅度相等，馈线上任意一点的阻抗都等于它的特性阻抗。当天线和馈线不匹配时，也就是天线输入阻抗不等于馈线特性阻抗时，负载就不能全部将馈线上传输的信号能量吸收，而只能吸收部分能量，入射波的一部分能量反射回来形成反射波。反射波与入射波叠加，在相位相同的地方振幅相加最大，形成波腹；而在相位相反的地方振幅相减为最小，形成波谷，这种合成波称为驻波，如图 2.13 所示。

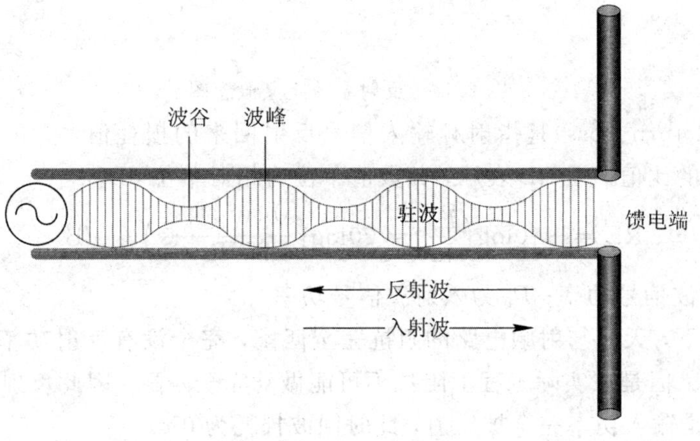

图 2.13　驻波

驻波波峰电压与波谷电压幅度之比称为驻波系数，也称为电压驻波比（VSWR），简写为 S。

$$\mathrm{VSWR} = \frac{|U|_{\max}}{|U|_{\min}} \tag{2-20}$$

式中，$|U|_{\max}$为驻波波腹电压幅度最大值，$|U|_{\min}$为驻波波节电压辐度最小值，为使用方便常把 VSWR 简写为 S。

反射系数（Reflection Coefficient）为反射波信号电压（电流）幅度与入射波信号电压（电流）幅度的比值，概念如图 2.14 所示，用 Γ 表示，它是一个复数，其值范围 $0\leqslant|\Gamma|\leqslant1$。

$$\Gamma = \frac{U_{\mathrm{re}}}{U_{\mathrm{in}}} = \frac{Z_{\mathrm{o}} - Z_L}{Z_{\mathrm{o}} + Z_L} \tag{2-21}$$

式中：Γ 为反射系数，U_{re} 为反射波电压，U_{in} 为入射波电压，Z_{o} 为输出阻抗，Z_L 为负载阻抗。

电压驻波比（VSWR）与反射系数 Γ 的关系为

$$\mathrm{VSWR} = \frac{1+|\Gamma|}{1-|\Gamma|} \tag{2-22}$$

天线端口输入阻抗和馈线特性阻抗越接近，反射系数越小，驻波比越接近于 1，匹配也就越好。当天线端口没有反射时，就是理想匹配，驻波比为 1；当天线端口全反射时，驻波比为无穷大。在工程上常用驻波比作为天线测量的重要指标，要求驻波比的值不超过 1.5。

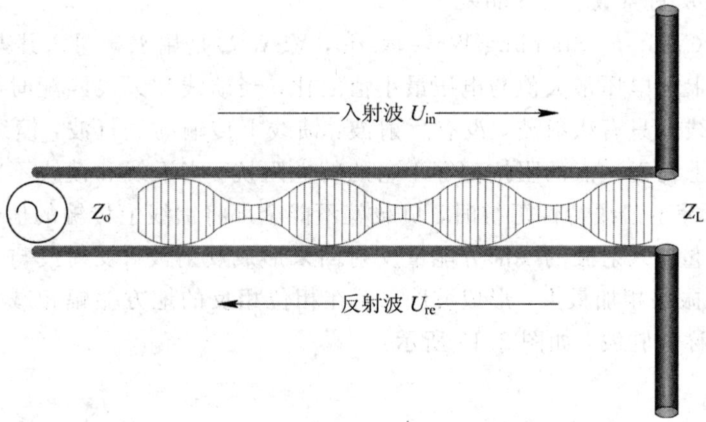

图 2.14　反射系数定义概念图

回波损耗(Return Loss)是指射频输入信号反射回来的损耗值，为反射波信号功率与入射波信号功率的比值，用 RL 表示，其数值单位为相对单位 dB。

$$\mathrm{RL} = -10\log\left(\frac{P_r}{P_f}\right) = 20\log\left(\frac{\mathrm{VSWR}+1}{\mathrm{VSWR}-1}\right) \quad (\mathrm{dB}) \tag{2-23}$$

式中：P_r 为反射波信号功率；P_f 为入射波信号功率。

在理想情况下，天线与射频电路的阻抗完全匹配，完全没有反射功率，这时的回波损耗为无穷大(dB)。但是在实际工程上阻抗不可能做到完全匹配，因此反射功率是一定存在的。最差的情况是输入功率完全被反射，此时回波损耗为 0 dB。

5）天线的带宽

发射天线或接收天线，它们是在一定的频率范围内工作的，天线的带宽定义为天线某项性能参数符合规定标准的频率范围，在带宽频率范围内，天线的性能参数(比如：增益、输入阻抗、极化、方向图、波束宽度、旁瓣电平、波束指向、辐射效率等等)均在容许的范围内。天线的带宽有绝对带宽 B 和相对带宽 B_r。

绝对带宽 B 为高端频率 f_H 与低端频率 f_L 的绝对差值：

$$B = f_H - f_L \tag{2-24}$$

相对带宽 B_r 为高端频率与低端频率的绝对差值与中心频率的百分比：

$$B_r = \frac{f_H - f_L}{f_o} = \frac{2\times(f_H - f_L)}{f_H + f_L} \tag{2-25}$$

相对带宽只有百分之几的为窄频带天线；相对带宽达百分之几十的为宽频带天线；绝对带宽可达几个倍频程的为超宽频带天线。

6）天线其他技术指标

(1) 前后比。前后比是指天线的后向 180°±30°以内的副瓣电平与最大波束之差，用正值表示。天线的前后比越大指向性越好，一般指向性天线的前后比在 18 dB～45 dB 左右。

(2) 端口隔离度。多端口天线(如双极化天线、双频段天线)收发共用时端口之间的隔离度应大于 30 dB。

(3) 功率容量。功率容量是指平均功率容量。天线系统包括匹配、平衡、移相等其他耦合装置所承受的功率是有限的。

(4) 风载荷。天线通常安装在船上桅杆或铁塔上，海上航行风速较大，要求天线在一定风速条件下能正常工作，且在一定风速条件下不损坏。

(5) 雷电防护。天线防雷电能力。

(6) 工作温度和湿度。天线的工作环境温度和湿度的要求。

(7) 防护能力。海上工作的天线必须具备一定防护能力或外加防护罩，达到能防海水、防潮、防盐雾、防霉菌等。

(8) 天线接口标准。船上工作的天线为了改善射频连接的可靠性，天线接口均采用工业标准设计以达到避免灰尘、海水、水雾等杂质进入生成氧化物影响天线指标。不同厂家天线的接口标准是不同的。

(9) 天线尺寸和重量。天线的外形尺寸和重量。

7) 天线的种类

天线的种类很多，按工作波长可分为长波天线、中波天线、短波天线、超短波天线和微波天线等；按工作带宽可分为宽带天线、窄带天线；按辐射或接收方向性可分为定向天线和全向天线；按极化形式可分为圆极化、线极化、单极化和双极化天线等；按用途可分为通信天线、广播天线、雷达天线等；按辐射元的类型可分为线天线和面天线；线天线是由半径远小于波长的金属导线构成的，主要用于长波、中波和短波波段；面天线是由尺寸大于波长的金属或介质面构成的，主要用于微波波段。超短波波段则两者兼用。

天线在不同场合、不同地形、不同用途有很多种类和型号，就不一一详述了，将在后面章节中具体分析。

3. 馈线

连接天线和发射机输出(或接收机输入)端的导线称为传输线或称为馈线。馈线的主要任务是有效地传输信号能量，将发射机发出的信号功率以最小的损耗传送到发射天线的输入端，或将天线接收到的信号以最小的损耗传送到接收机输入端，同时本身不产生杂散干扰信号，也就是要求传输线必须屏蔽。馈线的形式随频率的不同可分为双导线传输线、同轴线传输线、波导或微带线等。由于馈线系统和天线的联系十分紧密，有时把天线和馈线看成是一个系统，称为天馈线系统。

2.3 模拟通信与数字通信

为了传递消息，各种消息需要转换成电信号，而且消息与电信号之间必须建立单一的对应关系，否则在接收端就无法恢复出原来的消息。通常，消息被寄放在电信号的某一参量上。如果电信号的参量携带着离散消息，则该参量必将是离散取值的。这样的信号称为数字信号，例如电传机输出的信号就是数字信号。如果电信号的参量对应于模拟消息而连续取值，则称这样的信号为模拟信号。例如，普通话筒输出的信号就是模拟信号。按照信道中传输的是模拟信号还是数字信号，可以相应地把通信系统分成两类：模拟通信系统和数字通信系统。

2.3.1 模拟通信

模拟通信系统包含两种重要变换。首先，发送端的连续消息要变换成原始电信号，接收端则要把原始电信号变换成连续消息。由于原始电信号所具有的频率成分比较低，一般不能直接作为传输信号在信道中传输。因此，模拟通信系统里要有第二种重要变换：将原始电信号转换成其频带适合信道传输的信号，并在接收端进行相反的变换。这种变换在通信术语中被称为调制和解调。经过调制后的信号称为已调信号，它应有两个基本特性：一是携带有消息，二是适合在信道中传输。通常，我们将发送端调制前和接收端解调后的信号称为基带信号。所以原始电信号是一种基带信号，而已调信号就不是基带信号了。模拟通信系统的模型如图 2.15 所示。

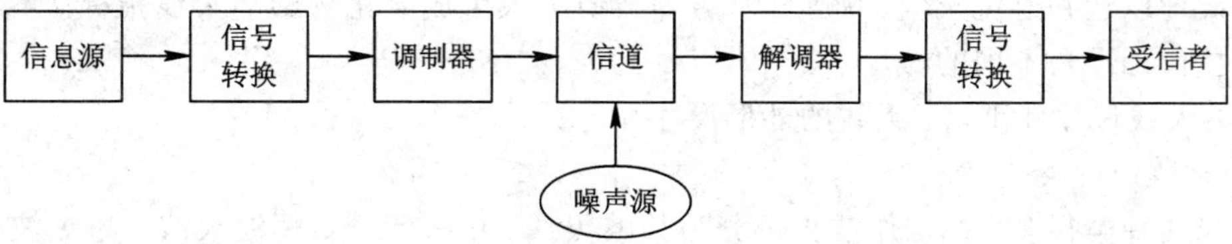

图 2.15　模拟通信系统的模型

2.3.2　数字通信

实际的数字通信系统的组成，因不同的用途而异，但综合各种数字通信系统可以用图 2.17 所示的模型表示。图中信源是送出待传输信号的装置，可分为模拟信源(如电话机、电视摄像机)输出连续幅度的信号；离散信源(如电传机、计算机)输出离散的符号序列。信源编码是把连续消息变换成数字信号。信道编码的功能是在它的输入数字序列中加入多余码元，以利于在接收端正确识别信号，降低错误率，提高抗干扰能力。调制器的功能是将信道编码器的输出变成适合信道传输的波形，通常此波形为一振幅、频率或相位受调制的正弦波。在接收端，图 2.16 中各方框的功能和发送端的相应部分恰恰相反，解调器将接收波形变成数字信号序列，并由信道译码器译码，在信道译码器中可以发现或纠正信号在传输中引入的错误。信源译码器则将其输入变换为信源送出的原始信号。需要指出的是，由于数字通信传输的是一个接一个按节拍传送的数字信号，因而接收端必须有一个与发送端相同的节拍，不然，会因收发步调不一致而造成混乱，使接收性能变差。因此，数字通信中必须有一个收发同步的问题。

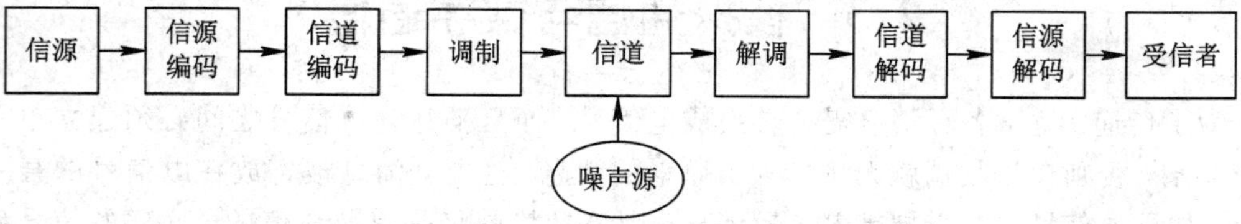

图 2.16　数字通信系统的模型

2.4　窄带通信与宽带通信

2.4.1　概述

窄带通信与宽带通信在不同场合的定义各不相同，不同的应用场合，使用不同的定义划分方法，“窄”和“宽”也是一个相对概念，并无严格数字界限，只是相对而言的。随着人类信息处理、传输技术的进步，这个相对的数字也在发生变化。

目前主要有按信号频率的宽度和按传输信息的速率两种划分方法。

1. 按信号频率的宽度划分

按信号频率的宽度来划分窄带通信与宽带通信的定义也有多种，比较普遍的一种定义是：当需要传输的信源信号的频率带宽 B 远大于载波 f_c 的中心频率时，为宽带通信；反之，为窄带通信。

其他定义与本书内容无太大关系，就不一一在这里详述。

2. 按传输信息的速率划分

按传输信息的速率来划分的，是指窄带业务通信系统和宽带业务通信系统。

窄带业务通信系统和宽带业务通信系统是相对而言的，一般来说，对于传输速率低于 2 Mb/s 的通信业务统称窄带业务，如话音通信(电话)、话音广播、电传、电报等业务，从传输的信息角度来说，就是只能传输文本和音频类信息的通信系统。

而对于传输速率高于 2 Mb/s 的通信业务称宽带业务，如电视电话会议、视频传输、电视广播、多媒体通信、宽带互联网等称为宽带通信业务，从传输的信息角度来说，就是能传输视频图像类等多媒体信息的通信系统。

美国联邦通讯委员会(Federal Communications Commission，FCC)2010 年 7 月 24 日为“宽带”这个词语下了一个定义，FCC 认为宽带意味着下载速率为 4 Mb/s，上行速率为 1 Mb/s，可以实现视频等多媒体传输应用，并同时保持基础的 Web 浏览和 E-Mail 特性，即网络特性。

国际电信联盟报告 ITU - R M. 2033 定义：窄带(Narrowband)是指数据传输速度在 100 kb/s 以下的通信服务；宽带(Broadband)是指数据传输速度在 1 Mb/s 以上，典型传输速度在 1 Mb/s～100 Mb/s 之间。还有 Wideband(也译为：中宽带)是指数据传输速度比窄带高，范围在窄带(Narrowband)与宽带(Broadband)之间，通常可达几百 kb/s。宽带(Broadband)与中宽带(Wideband)的区别是，“3G 是 Wideband 技术，4G 是 Broadband 技术”。

而随着现代信息处理技术的进步，目前传输速率只要达到 256 kb/s 就可以满足传输视频图像等多媒体信息的传输需求，因此世界经济合作与发展组织(OECD)规定：任何传输速率在 256 kb/s 以上的可称为宽带。

综合以上的划分原则，以需要传输的信源信息类型来划分有较好的概括性，即：传输文本、声音信息类的通信业务系统称为窄带通信系统；而传输视频图像等多媒体信息类的通信业务系统则称为宽带通信系统。

本书后面将以此划分方法为主进行论述。

2.4.2 海上窄带通信向宽带通信的发展

海上窄带无线通信技术为最早应用的无线电技术，从最古老的电报发展到现在的海上通信主要均为电报、传真、电话、报警信息、安全信息、定位信息等窄带信息传输的窄带通信，主要通信技术包括：中高频(MF/HF)通信、甚高频(VHF)通信和各种现代数字信息通信技术，如表 2.2 所示。

表 2.2 海上窄带通信技术和宽带通信技术

通信分类	传输信息	通信技术
窄带通信	话音电话	中频(MF)单边带通信
		高频(HF)单边带通信
		甚高频(VHF)通信
		海事卫星通信
	报警信息	卫星-EPIRB
		卫星-EPIRB
		甚高频 EPIRB
	安全信息	NAVTEX 接收
		卫星 EGC
	定位信息	雷达应答器 SART
宽带通信	多媒体信息	Mesh 网络
		Ad hoc 网络
		WiMax 网络
		LTE 网络
		INMASAT-F 系统
		INMASAT-FleetBroadband 海上宽带

传统的海上窄带通信是基于符号、文本、语音和窄带低速率数据传输的通信系统，在海上航行指挥调度方面发挥着重要作用。在海事业务应用方面，船岸管理信息化使得船岸无线数据业务通信量激增，包括视频监控业务、互联网业务、多媒体业务、调度业务、视频会议业务和定位安全信息等。另外海洋渔业、海洋油气勘探、海洋环境监测等行业也有大量的信息传输需求。公网通信应用方面，海运是货运和客运的一种重要方式，船舶除了在近海区域可以接收到陆地通信运营商的无线信号外，大多时间只有价格昂贵且带宽有限的卫星通信可以覆盖远海海域。若海上无线宽带网络能延伸覆盖到近海以外，不仅可以满足旅客和船员们闲暇时上网娱乐休闲，还可以使其随时通过公众网络保持联络。随着多方面对宽带移动通信需求的日益强烈，当前海上窄带通信系统已经无法满足现代海上航行作业的多种需求。

随着现代通信与信息技术的迅速发展，很多先进技术，比如现代调制技术、多载波技术、多进多出天线技术(Multi Input Multi Output，MIMO)、海上自组织网、Mesh 网络技术、INMASAT-F 卫星系统及 INMASAT-FleetBroadband 海事宽带卫星和高通量卫星通信技术等的应用，为构建天地一体化多网融合海上宽带网络通信系统提供了可能。

本章小结

本章介绍了无线电通信技术方面的基础知识。首先介绍了一些无线电通信系统的模型，该模型反映了通信系统的共性。然后根据频率和波长的差异将无线电通信分为了长波通信、中波通信、短波通信、超短波通信和微波通信。其次，介绍了无线电频谱的规划和传播特性，包括地波传播、天波传播和空间波传播，还介绍了海上无线电传播模型和通信质量模型。最后对模拟通信系统与数字通信系统，窄带通信系统和宽带通信系统作了分类介绍。

习题与思考题

2.1 无线电通信系统的组成结构是什么？各部分的主要功能是什么？

2.2 简述无线电系统的分类，以及其传播特性和主要应用场景。

2.3 某数字通信系统每秒传播 2000 码元，如果传输的码元

(1) 为二进制码元时，该通信系统的码元速率和信息速率各是多少？

(2) 为十六进制码元时，该通信系统的码元速率和信息速率各是多少？

2.4 什么是天线的互易性、方向性和极化，天线的实质是什么？

2.5 设在相距 2 km 的两个通信站之间进行通信，每个站均以半波振子为天线，工作频率为 400 MHz。若一个站的反射频率为 100 MHz，则另一个站的匹配负载的功率是多少？

2.6 无线电波有哪几种传播方式，各种传播方式的传播特性是什么？

2.7 请画出模拟通信系统方框图。

2.8 请画出数字通信系统方框图。

2.9 窄带通信系统和宽带通信系统的定义有哪些？

2.10 海上窄带无线通信系统和宽带无线通信系统有哪些？

第3章 海上窄带无线通信

3.1 甚高频(VHF)无线电通信

3.1.1 甚高频(VHF)通信系统

甚高频(VHF)通信是海上无线电通信的重要组成部分。海上甚高频(VHF)无线电通信是指采用甚高频(VHF)专用频段进行船舶间、船舶内部、船岸间或经岸台与陆上通信转接的船与岸上用户间的无线电通信。广泛应用于船舶避让、海事管理、港口生产调度、船舶内部管理、遇险搜救以及安全信息播发等方面，是完成水上交通现场通信的主要手段。甚高频(VHF)通信对于保障船舶航行安全的重要作用是其他方式的通信无法取代的。甚高频(VHF)通信设备是国际海事组织(IMO)全球海上遇险和安全系统(GMDSS)和我国船检法规明确各类船舶必须配置的通信装备，是国际电联(ITU)《无线电规则》规定的适用于水上移动业务的一种通信方式，任何不同国籍的船舶，只要遵循相关国际规定，就能在船与船、船与岸之间快捷沟通。

甚高频(VHF)通信系统由海岸/港口 VHF 电台和船舶 VHF 电台组成，可用来实现船岸间或船舶间近距离通信，同时通过海岸/港口 VHF 电台的转接还可实现船舶电台与陆地公众网用户间的通信。甚高频(VHF)通信的工作频段是 156 MHz～174 MHz，属于甚高频(VHF)频段。

GMDSS 要求所有总吨位在 300 总吨及其以上的船舶，不管它航行在 A1、A2、A3 或 A4 中哪一海区都必须配备甚高频(VHF)设备。甚高频(VHF)设备提供的 GMDSS 功能是：船对船的遇险报警、(A1 海区)船对岸和岸对船的遇险报警；现场通信；驾驶台与驾驶台之间的通信。

海上甚高频(VHF)电台能使用话音和数字选择性呼叫 DSC(Digital Selective Calling，DSC)进行下列种类的呼叫：

(1) 遇险、紧急和安全通信；

(2) 船舶操纵所要求的；

(3) 公共业务通信。

海上甚高频(VHF)电台能使用话音进行下列种类的通信：

(1) 遇险、紧急和安全通信；

(2) 船舶操纵所要求的；

(3) 公共业务通信。

随着甚高频(VHF)对讲机的普遍使用，给安全航行、海事管理、海难救助和港口生产的通信联络带来极大方便。但是目前甚高频(VHF)频道的使用比较混乱，一些驾驶员对甚高频(VHF)频道的使用知识了解甚少，抢占专用频道现象严重，往往使得正常的甚高频(VHF)通信不能有效地进行；更多的是不了解某一港口特定的甚高频(VHF)通信规定，如半双功、双功的选择，高功率、低功率的选择，国际模式、美国模式的选择等；甚至有的驾驶员在甚高频(VHF)通信频道上聊天、播放音乐、广播等，长时间占用频道，该现象在港口及其附近水域尤为严重；还有为数不少的事故是因船舶驾驶值班人员没有对甚高频(VHF)电台保持有效的守听而发生的。现在不论在 VHF CH16 频道(国际遇险、安全、通信频道)上，还是港口主管机关、VTS 专用频道上，甚高频(VHF)异常繁忙已经成为中国港口、中国沿海的一大特色。港口主管机关应加强这方面的管理力度，对于利用甚高频(VHF)工作频道进行无关通话、恶意扰乱通话环境的当事方，可利用 DF 测向或 AIS 网络功能进行查证。一经查实，根据有关规定依法进行处罚并及时对外公布，以起到警示作用，避免类似现象愈演愈烈。

1. 海上甚高频(VHF)通信的特点

1) 海上甚高频(VHF)通信的覆盖范围和功率

甚高频(VHF)无线电波主要靠空间波传播，传播范围为视距范围，如图 3.1 所示。甚高频(VHF)的视距通信距离可以由下式修正公式计算：

$$d = 4.12(\sqrt{h_1} + \sqrt{h_2}) \quad \text{km} \tag{3-1}$$

式中，h_1 和 h_2 是天线的高度，单位是米(m)。或

$$d = 1.23(\sqrt{h_1} + \sqrt{h_2}) \quad \text{n mile} \tag{3-2}$$

式中，h_1 和 h_2 是天线的高度，单位是英尺(1 英尺=0.3048 m)。

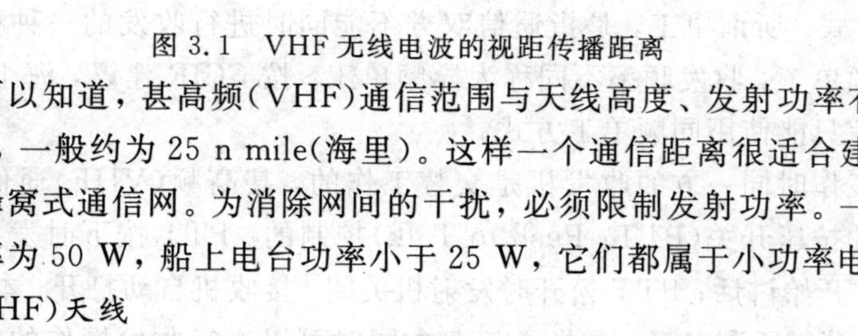

图 3.1 VHF 无线电波的视距传播距离

由上面分析可以知道，甚高频(VHF)通信范围与天线高度、发射功率有关，最大限于 100 n mile(海里)，一般约为 25 n mile(海里)。这样一个通信距离很适合建立以海岸电台为中心的近距离蜂窝式通信网。为消除网间的干扰，必须限制发射功率。一般情况下海岸电台额定发射功率为 50 W，船上电台功率小于 25 W，它们都属于小功率电台。

2) 甚高频(VHF)天线

甚高频(VHF)是 156 MHz～174 MHz 频率范围的无线电信号，它的波长一般小于 2 m。船舶甚高频(VHF)电台的发射与接收无线的尺寸可以做得很小(如 1 m 鞭状天线)，天线易于架设。

3) 海上甚高频(VHF)通信调制方式

海上甚高频(VHF)通信一般采用频率调制方式(FM)，虽然 FM 信号占据的带宽较大，但抗干扰能力强，适宜海上甚高频(VHF)通信使用。

(1) FM 调制的抗干扰性能。FM 调制的抗干扰性能优于 AM，在相同信噪比要求、相同发射功率情况下，FM 调制方式的通信距离较大。或者说，在同样通信距离内，FM 制发射机的发射功率可以大大降低。所以，海上甚高频(VHF)通信的工作功率较小。

(2) 甚高频(VHF)接收机的静噪电路。虽然调频波具有强的抗干扰能力，但这是在接收机的输入信噪比较大时获得的。当输入信噪比低于一定值(称为“门限”)时，接收机的输出信噪比明显下降，这种现象称为门限效应。调频波的门限效应与调频指数 m_f 有关，m_f 越小，门限越低(即输入信噪比低)。因此为提高调频接收机接收微弱信号的能力，m_f 不能取大。但是 m_f 的减小会使抗干扰性能下降。m_f 的大小与音频调制信号的幅度有关，所以通过对音频调制信号在调频前的限幅，来控制和选取适当的 m_f。

当输入信噪比低于一定值时，扬声器中会出现信噪比恶化现象，即很强的噪声。为保持船舶工作环境的安宁，这时应切断扬声器的输出，等输入信噪比达到门限以上时再恢复输出。为此需要在接收机解调之后设置静噪电路。

(3) 占用频带宽。调频信号占用频率带宽大，使无线电波波段利用率下降，这是调频制的缺点。由于甚高频(VHF)波段较宽，用于海上甚高频(VHF)通信的频率带宽为 174 MHz－156 MHz ＝18 MHz，能满足对海上话音通信容量的需要。

2. 海上甚高频(VHF)通信的工作模式

1) 海上甚高频(VHF)通信的工作种类

GMDSS 的船用无线电通信设备要求，海上甚高频(VHF)收发机可以连接送受话器(Handset)、DSC，以及 NBDP 终端设备，要求连接的终端设备是送受话器和 DSC。海上甚高频(VHF)的通信种类主要有：

(1) 调频(调相)单路无线电话，用 G3E 或 F3E 表示；

(2) 利用副载波调制的单路调频(调相)自动接收报，(即 DSC、NBDP 使用的)用 G2B 或 F2B 表示。

2) 海上甚高频(VHF)通信的工作方式

海上甚高频(VHF)通信可以分为单工和双工两种工作方式：

(1) 单工方式。所谓单工，是指通信双方不能同时进行收发的一种操作方式。收发频率相同称为同频单工，收发频率不同称为异频单工。按 CCIR 建议，海上甚高频(VHF)通信中船舶间通信只能使用同频单工方式。

单工方式工作时同一方的收发机是交替工作的，甚高频(VHF)通信中的单工操作是由送受话器上的按压开关(PTT：Push to Talk)控制的。PTT 按下时发射机工作，接收机自动关闭，本方开始讲话；PTT 松开时发射机关闭，接收机自动打开，本方收听对方讲话。

(2) 双工方式。所谓双工，是指通信双方同时可以进行收发操作的一种通信方式。双方使用接收/发射两个频率应是：甲方的发射频率为乙方的接收频率，而乙方的发射频率则为甲方的接收频率，收与发的频率间相隔一定的值。信息的传递在两个方向上可以同时进行。

海上甚高频(VHF)通信中船与岸台间通过岸台转接到公众通信网上用户时的通信只

能使用双工方式。但即使在这种情况下，出于节约能源、减少不必要的辐射等设计上的考虑，船方仍然是按下 PTT 开关时打开发射机，松开时关闭发射机，只是接收机一直处于接收状态。所以严格地说此时的工作方式只是准双工。

船与岸台间为港口工作或船舶动态业务而进行的通信，可以使用同频单工方式，也可以使用异频准双工方式(此时船方的发射机工作仍由 PTT 开关控制)。如果岸台使用船台设备，船与岸台间只能使用同频单工方式进行通信。

3. 海上甚高频(VHF)通信频率

CCIR 指配给海上甚高频(VHF)通信用的频段为 156 MHz～174 MHz。该频段以 25 kHz 的间隔划分为 59 个频道(Channel，CH)。其中编号 CH1～CH28、CH60～CH88 共 57 个为国际频道，用于海上通信。高于 88 频道则用于其他通信，如港口的气象播发或私人通信。59 个频道中，单频频道有 26 个，双频频道有 33 个。收发的频率间隔为 46 MHz。

甚高频(VHF)通信信道中，CH70 专用于 DSC 的呼叫，CH16 专用于无线电话遇险与安全的呼叫和通信。CH6 也可用于船台与从事海上搜救作业的飞机电台间的通信，但船台必须避免对 CH6 上这类通信以及结冰季节对飞机电台、破冰船和救助船之间的通信产生有害干扰。CH13 指定为船舶之间用作航行安全通信的频道，也可用于船舶动态和港口操作业务，但要遵守主管部门的规定。为了保护 CH16 免受干扰，与它相邻的 CH75 和 CH76 为保护或阻塞信道，仅限于有关航行的通信，且应采取一些措施(如输出功率限定为 1 W 以下)避免对 CH16 的有害干扰。邻近 CH75 和 CH76 的 CH15 和 CH17 也可用于船上通信，但强制在小功率(辐射功率限定在 1 W 或以下)状态下工作。但在某些水域内使用，则应遵守主管部门的规定。CH9、CH72 和 CH73 可以指定供轻型飞机、直升机与船舶或参与海上作业通信的海岸电台间的通信。除 CH6、CH13、CH15、CH16、CH17、CH70、CH75 和 CH76 外，原则上其他频道均可用于高速数据、传真或 NBDP 通信。不过 NBDP 通信的最好频道是 CH28。在欧洲地区和加拿大，CH10、CH67 和 CH73 也可用于从事搜救和本地区防污染作业的船台、飞机电台与相关岸台间的通信。船舶自动识别系统 AIS1 和 AIS2 频道用于提供海上作业船舶的自动识别和监视系统的工作频率。CH18、CH82 至 CH86 也可作为单频信道工作，但必须遵守有利害关系和受影响的主管机关间的特别协议。

4. 海上甚高频(VHF)通信系统组成

海上甚高频(VHF)通信系统不论是岸台或船载台均应包括发射机、接收机和天线。船载台的收、发机合在一起，岸台的收发机可以分设。

图 3.2 给出了甚高频(VHF)无线电台的一般组成方框图，它包括双工器、发射机、接收机、控制单元、DSC 单元(可以带有打印机)、电源单元以及作为控制器、遥控器的面板单元、显示单元及外围设备(扬声器、送话器、键盘)等。

甚高频(VHF)无线电台设备在单工(单频)工作时，收、发使用同一频率同一天线。通过送受话器上的按压开关控制继电器实现收、发的转换。按下送受话器按压开关，使发射机工作，并将天线接到发射机。释放按压开关，使发射机电源切断，接通接收机电源，并将天线接至接收机。

双工工作时，收发使用同一天线、收发信机同时工作。为抑制发射机对接收机的干扰，

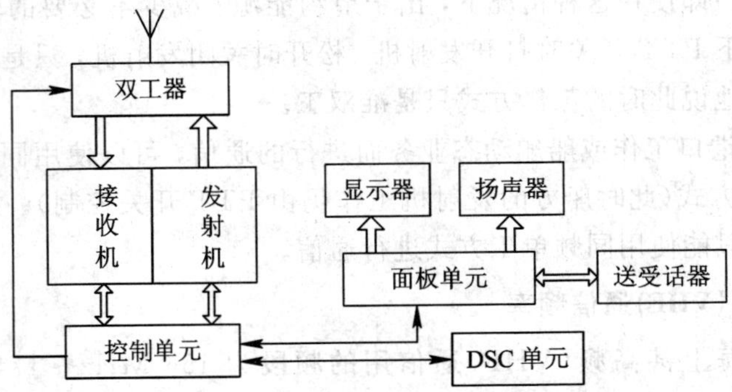

图 3.2　船舶甚高频(VHF)设备无线电台的组成

特别是保护接收机不被发射机损坏，必须使收、发相互隔离。因此收、发不能同频工作，而且要有一定的频率间隔。海上甚高频(VHF)调频无线电台设备双工时的收发频率规定相差 4.6 MHz，并采用双工器(双工滤波器)进行收、发的隔离。

面板单元主要由单片机和音频(AF)电路组成。显示器和键盘由单片机控制，实现人机接口。所有控制均由 CPU 读键盘信息完成，并通过通信接口送往控制单元。从控制单元来的各种数据、状态或控制信息，经通信接口由 CPU 接收处理后被显示或控制有关外围电路。AF 电路放大来自送话器的话音信号，并送往控制单元。控制单元接收的接收信号经它放大后送往送受话器或扬声器。

控制单元由 CPU 和 AF 电路组成。控制单元的 CPU 电路与面板单元(遥控器)中的 CPU 电路，利用通信接口进行串行通信。控制单元中的 CPU 收到面板单元(遥控器)的键盘信息后即控制接收机、发射机、双工器和其他单元。DSC 单元也由控制单元通过通信接口互相传递信息。接有 DSC 值守接收机(Watch Keeping Receiver，WKR)时，控制单元的 CPU 控制 DSC WKR 的自检功能和其他功能。AF 电路的基本功能是：将接收机单元的话音信号送到(主单元或遥控器的)面板单元；把来自送话器，并经面板单元送来的话音信号，由 AF 电路放大，送到发射机；把来自接收机单元的 FSK 信号传送到 DSC 单元，将 DSC 单元送来的 FSK 信号传输到发射机单元。接有 DSC WKR 时，音频电路自动从 DSC WKR 上获取 FSK 信号并送到 DSC 单元。主单元接收机除 CH70 信道外，都独立于 DSC 单元，因此不管主单元各信道是否正在通信，DSC WKR 都可以在 CH70 信道上连续守听。

DSC 单元由 CPU 电路和调解器电路组成。该 CPU 有两个串行通信口。其中一个用于与控制单元内的 CPU 进行通信，另一个则用于从全球定位系统(Global Positioning System，GPS)接收机或其他定位设备获取位置信息。

GMDSS 对海上甚高频(VHF)通信设备的组成要求：

(1) 一套包括天线在内的收、发信机。

(2) 一个作为设备组成部分的控制单元，或一个或多个独立的控制单元。

(3) 一个带有按键式发射开关送话器，它可与受话器一起构成手持送受话器。

(4) 一个内置或外接扬声器。

(5) 一台构成设备组成部分的或独立的 DSC 设备。

(6) 一个能在 CH70 信道上连续守听的 DSC 装置。

GMDSS 对海上甚高频(VHF)通信设备的功能要求：

(1) 整个电台应有一个电源总开关，而且设备的电源供应状态应有显示；收发转换由“PTT”控制实现；接收机应有人工音量调整开关或旋钮，并设有静噪控制。

(2) 发射机载波输出应有显示。

(3) 电台工作频道号应在显示器上显示出来，键盘各按键和显示器应能在夜光背景下可见。CH16、CH70 的选择应有单独的专门按键，并用与其他键不同的颜色表示。

(4) 设备的控制应便于驾驶员的操作。若装有附加控制器，则驾驶台控制器有优先权。若装有一个以上的控制器，则任何时刻只能有一个控制器起控制作用，并且起控制作用的控制器的标志在别的控制器上应有显示。

(5) 只要键入需要的频道号就可实现频率的选择，频率的改变只能由频道选择控制键实现。

(6) 遇险报警只能通过精心设计的报警按钮来实现，该按钮应有明显标志，并具有防止误报警措施。遇险报警的启动至少需要两个独立的步骤。遇险报警的发送状态应有显示，并且遇险报警可随时中断和启动。

(7) 接收机输出负载可以是扬声器或送受话器，音频输出应有足够的能量以便获得所需的信噪比。扬声器的输出通路可关闭，单工发射时接收机将被哑控。

GMDSS 对海上甚高频(VHF)通信设备的性能要求：

(1) 信道切换时间小于 5 s，收发转换时间小于 0.3 s。

(2) 电台工作期间，不会因天线的开路或短路而损坏。

(3) 要求电台能在开机 1 min 内工作。

(4) 具有 DSC 和双值守功能。

(5) 信道切换期间不能发射，收发控制不会引发无用辐射。

(6) 发射类型为 G3E 或 G2B，信道间隔为 25 kHz，必要带宽为 16 kHz，应采用每倍频程 6 dB 的预/去加重技术。

(7) 甚高频(VHF)设备应由船舶主电源供电，并能使用备用电源来工作。

5. 海上甚高频(VHF)发射机

海上甚高频(VHF)发射机的作用是将所要传递的基带信号(话音信号、DSC 终端送来的 2FSK 信号)经调频、倍频，将频谱搬移到发射频率，再通过放大，达到额定功率，然后馈送到天线，由天线将已调高频信号发射出去。

1) 海上甚高频 VHF 发射机的组成原理

海上甚高频(VHF)发射机按调频信号产生的不同，分有下面三种基本类型。

(1) 间接调频方式。间接调频发射机的框图如图 3.3 所示。音频信号经变换网络(积分电路)后调相，得到调频信号。调频信号经倍频，以达到所需的调频指数(m_f)和发射载波频率。

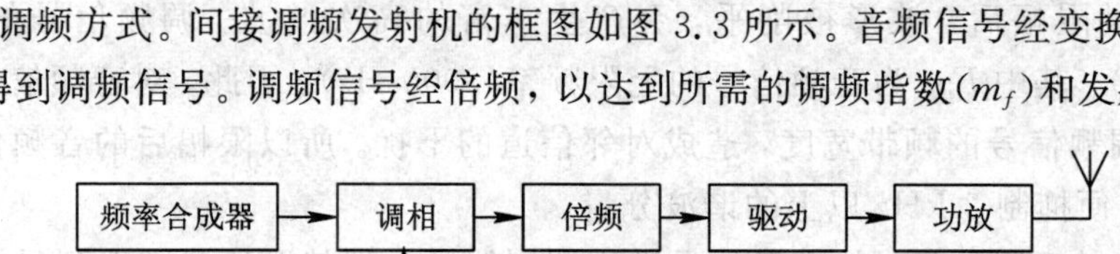

图 3.3　间接调频发射机的框图

(2) 直接调频方式。直接调频发射机的框图如图 3.4 所示。小型便携式设备可以通过直接更换晶体，实现频道的变换。当信道数较多时，则采用频率合成器实现频道的变换。

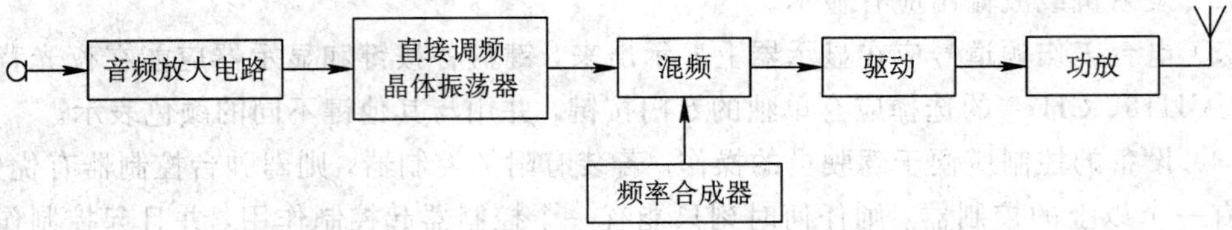

图 3.4　直接调频发射机的框图

(3) 锁相调频方式。锁相调频发射机的框图如图 3.5 所示。实际上，它仍是直接调频方式。调频是利用处理后的音频信号直接调制压控振荡器(VCO)实现的，环路的作用只是用来改变载波频率，即信道。此方式不仅可获得较大频偏的 FM 信号，而且载波频率稳定度又很高。

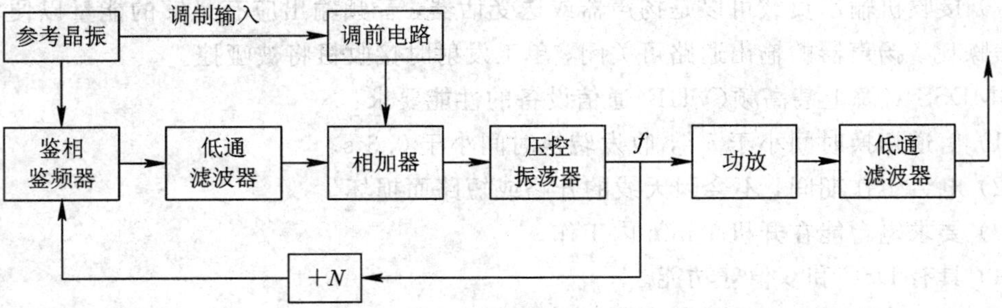

图 3.5　锁相调频发射机的框图

2) VHF 发射机中音频电路原理与要求

调频信号解调后的噪声功率谱呈抛物线分布：频率越高，噪声越大。为了改善话音高频分量的信噪比，在发射端调频之前，预加重电路(最简单的是时间常数远小于 0.3 ms 的微分电路)对话音信号(300 Hz～3000 Hz)按每倍频程提高 6 dB 作预加重处理。在接收端，解调之后接有相应的每倍频程－6 dB 的去加重电路(最简单的是时间常数为 3 ms 的积分电路)。这样，既保证了调制信号没有失真，又可以提高接收的信噪比。

海上甚高频(VHF)通信规定最大频偏 $\Delta f_m = 5$ kHz。调频时，频偏正比于调制信号的幅度。为了使频偏不超过规定的最大频偏值，必须在调频前对音频信号的幅度进行限幅。但是信号通过限幅后，波形被削平，会产生丰富的高次谐波。调频信号的频带宽度为 $2(\Delta f_m + F_{max})$，其中 F_{max} 为音频信号的上限频率(3000 Hz)。因此，对音频信号的幅度进行限幅会展宽调频信号的频带宽度，造成对邻信道的干扰。所以限幅后的音频信号要通过低通滤波器，以便抑制 3 kHz 以上的谐波分量。

通过话音处理电路后，将话音信号送到调制器输入端就会使载频得到足够的频偏而又不会超过允许的最大频偏值，因此，这部分电路也称为瞬时频偏控制(IDC)电路。

综上所述，甚高频(VHF)发射机中的音频电路应包括预加重电路、话音放大器、限幅器和低通滤波器等部分。

3) VHF 发射机的主要技术要求

(1) 频率误差。VHF 发射机输出信号载波频率的实测值与指配值之差，称为频率误差。海上甚高频(VHF)发射机的频率误差要小于 1.5 kHz。

(2) 载波输出功率。海上甚高频 VHF 发射机的输出功率以载波功率来衡量。载波功率是指，在无调制时，发射机在工作频率上一个射频周期中供给标准负载的平均功率。海上 VHF 发射机的额定载波输出功率应在 6 W～25 W 之间，并应能减少到小于或等于 1 W。VHF 海岸电台的输出功率通常在 50 W 以内。

(3) 频率偏差。频率偏差是指调频振荡的瞬时频率的最大值(或最小值)与中心频率间的差值，通常在正常工作条件下所限定的频率偏差称为最大频偏。海上 VHF 调频的最大频偏为＋5 kHz。

(4) 电波辐射方式采用垂直极化波。

(5) 调制音频信号的频率带宽限于 3000 Hz 以下。

(6) 发射机辐射带宽。发射机辐射带宽是指总辐射能量 99％的带宽，即信号频谱处于带宽以外的部分只占总能量的 1％，而且高于带宽上、下限的部分各占 0.5％。如果频道间隔为 25 kHz，最大允许频偏为±5 kHz，最高调制频率为 3 kHz，此时最大辐射带宽为 16 kHz。这就是国际上通用的 $16F_3$ 制。

(7) 发射机的无用辐射必须小于 0.25 μW，机箱辐射功率必须小于 25 μW。

6. 海上甚高频(VHF)接收机

海上甚高频(VHF)接收机是一种超外差式接收机，为了提高抗干扰性能，通常采用两次变频的高中频方案。

1) 甚高频(VHF)接收机的两次变频原理

甚高频(VHF)接收机(见图 3.6)普遍采用两次变频方案。第一中频(Intermediate Frequency，IF)选用 21.4 MHz，有利于提高接收机对中频(IF)和像频的抑制比。第二中频(IF)选取 455 kHz，以保证邻道选择性。这样选择使工作频率与第一中频频率之比为 7 倍以上，第一中频与第二中频之比大于 40。这样，由混频器产生的组合频率干扰就很小。

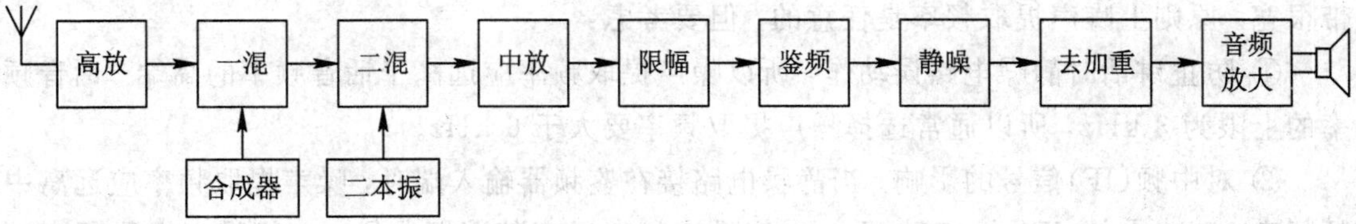

图 3.6　VHF 接收机方框图

高放(高频放大器)增益大小由接收机要求的灵敏度和抗干扰性能而定。接收机的灵敏度主要取决于高放前端的噪声。高放增益大，一混(第一混频器)的输入信号电平就高，相对来讲，混频器噪声的影响就小。高放增益大时，干扰在高放、混频器的电平也会很高，由非线性失真引起的干扰影响就严重。相反，高放增益小，后级电平会降低，干扰电平也相应降低，非线性失真就减小。一般高放增益约为 10 dB 左右，整机主要增益由中放级承担，而中放级的增益又根据解调器输入信号的要求来确定。由于 VHF 波段无线信号的传播不存在衰落现象，所以接收机不需要设置 AGC 电路。

随着大规模线性集成电路的发展，两次混频接收机的大部分中放和解调电路都已经集成化，只需少量外接元件就能达到足够良好的性能。

为了抑制无输入信号时调频解调输出的噪声，通常接收机都设有静噪电路。当输入信号达到一定电平后，静噪电路才允许解调信号输出。

2）甚高频(VHF)接收机的静噪电路原理与要求

静噪电路是在接收机没有接收到信号或者所接收信号电平很微弱，处于门限电平以下引起接收机输出信噪比急剧下降时，自动将低频放大器闭锁，从而使接收机的噪声不能在扬声器中发出“沙沙声”，保持了工作环境的安静。当接收到信号而且信号电平超过门限电平时，静噪电路又能自动地使低频放大器解锁并立即工作，使信号进入低频放大器并被放大，进而使扬声器发出接收信号。

(1) 静噪电路的要求。

① 静噪灵敏度要高：当接收信号消失时，静噪电路应立即工作使接收机闭锁。当收到信号后，能立即解除闭锁。

② 要防止误动作：在接收机收到脉冲式强干扰信号时，静噪电路不能工作。

③ 静噪电路的接入对接收机其他电路不应有影响，不能降低接收机的灵敏度。

(2) 静噪电路的组成。

静噪电路的组成方框图如图 3.7 所示，它由噪声提取电路、噪声放大器、噪声检波器、直流放大器、静噪开关等部分组成。

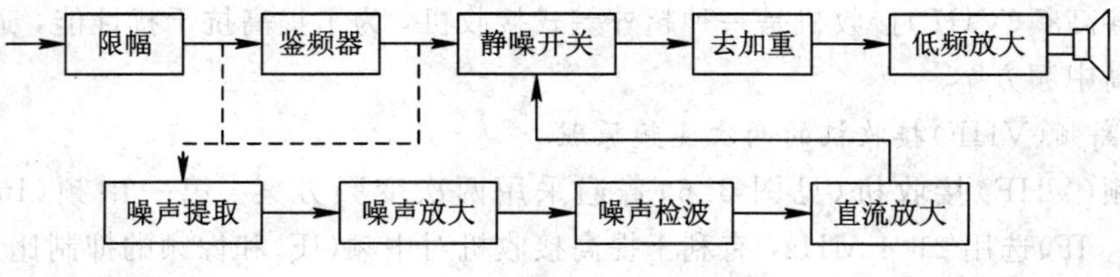

图 3.7　静噪电路组成框图

噪声提取电路通常是一个选频放大器，用于提取噪声。噪声具有随机特性，占有的频带很宽。原则上噪声提取频率是任意的，但要考虑：

① 防止讲话时静噪电路误动作，所以噪声提取频率应远高于话音频率的高端。话音频率的上限为 3 kHz，所以通常选择噪声提取频率要大于 6 kHz。

② 对中频(IF)信号的影响。当静噪电路接在鉴频器输入端时，噪声提取频率应远离中频频率。第二中频(IF)为 455 kHz，为使噪声频率远离其谐振曲线，一般噪声提取频率可以为第二中频(IF)的 1/10。例如噪声提取频率选为 50 kHz。

③ 噪声检波器普遍采用均值检波器。为了防止误动作，检波器的滤波元件的时间常数应取得足够大。为了提高静噪电路的灵敏度，检波器常用倍压检波电路。

④ 静噪电路的接入，没有严格的限制。它可以接在鉴频器之前，也可以接在鉴频器之后。

3）双值守原理与要求

船舶在很多海域或港口需要在一个以上信道上保持守听(接收)，特别是 SOLAS 公约规定应该在 CH16 上保持连续守听。因此，海上 VHF 设备的双信道守听功能是必需的。

所谓“双值守”，是指接收机可以接收两个或两个以上的信道。这可以靠自动扫描来实现。在同时守听的两个或两个以上的信道中，信道的地位是不相同的，分为优先信道和附加信道。当启动双值守功能(即开始自动扫描)时，一旦在优先信道上检测到信号就停止扫描，并在优先信道接收。即使在附加信道上有信号，但扫描优先信道的时间一到仍切换到优先信道上来。只有当优先信道上无信号时，才能周期性地守听附加信道。优先信道和附加信道应可选，如优先信道不允许选择，则一定是 CH16。

双值守的功能和性能要求如下：

(1) 双值守功能可人工开启或关闭。即使已开启双值守功能，只要拿下送受话器，该功能将自动关闭；而挂上送受话器，该功能又能自动恢复到启动状态。

(2) 扫描功能开启时，发射是禁止的。扫描功能关闭后，接收机自动转到附加信道上。

(3) VHF 设备应具有单键控制(如按钮)以确保能快速地切换到优先信道工作。

(4) 双值守功能开启期间，所有被扫描信道号应能同时显示出来，并且在 VHF 设备的操作位置，作为工作信道的所选定的附加信道号应能清楚地显示出来。

(5) 扫描功能开启时，每次在优先信道上的驻留时间大于 2 s。如在优先信道上收到信号则一直维持在该信道上的守听，直到该信号结束。如在附加信道上收到信号，对优先信道的检测不停止(但此时对附加信道的中断接收时间应小于 150 ms)，在附加信道上每次停留时间大于 850 ms。优先信道上无信号时，以正常的扫描周期依次扫描优先信道和附加信道。例如，扫描周期为 1 s：0.1 s 扫描优先信道(CH16)，0.9 s 扫描附加信道。

(6) 对收到信号的信道，此信道号应有显示。

满足 GMDSS 要求的 VHF 设备，双守听功能的实现主要靠软件来完成。用户只需在面板上完成双守听的操作，控制微机在软件控制下实现双守听。

4) 甚高频(VHF)接收机的主要技术要求

(1) 具有遇险、紧急与安全，船舶业务和常规业务呼叫与话音通信功能。

(2) 信道切换时间小于 5 s，收发转换时间小于 0.3 s。

(3) 海上甚高频(VHF)接收机的灵敏度应优于 1 μV。

(4) 选择性：VHF 接收机的选择性有单信号选择性和多信号选择性。所以它也有(单信号选择性的)邻道选择性、镜像抑制比、中频(IF)抑制比以及(多信号选择性的)阻塞干扰抑制等。

(5) 具有数字选择呼叫和双值守功能。

(6) 海上甚高频(VHF)的最大频偏为±5 kHz。

(7) 海上甚高频(VHF)的容许频率误差为 10×10^{-6}。

(8) 开机 1 mins 内工作。

3.1.2 海上甚高频(VHF)话音通信

甚高频(VHF)156 MHz～174 MHz 之间的频段为水上移动业务的甚高频(VHF)话音通信使用。甚高频(VHF)话音通信也称甚高频(VHF)无线电话，用作船岸电台间或船舶电台间的近距离无线通信，可进行港口营运业务，引航业务，船舶动态业务和船舶间导航、避让的航行安全业务，其发射类别为 G3E。船舶电台的载波功率不得超过 25 W，且可降低为 1 W。

1. 海上甚高频无线电话使用规定

为保障船舶航行安全，提高运输效率，凡航行于我国沿海、内海以及有条件的内河船舶均应安装甚高频(VHF)无线电话，使用 CH6 频道(156.300 MHz)，作为船舶间的导航、避让等必要的通信工具，以弥补声号和雷达观测的不足。

1) 使用和管理

(1) 各轮应将甚高频无线电话安装在驾驶台，由船长或值班驾驶员使用。

(2) 船舶在公海上航行，应在 CH16 频道(156.800 MHz)守听或呼叫，沟通联络后应改至 CH6 频道上通话。

(3) 船舶在进出港口、相互对遇、横交或追越时，均应在 CH6 频道上播发或交换船位、航向、航速及双方操作的意图，以辅助声号和弥补雷达的观测不足。

(4) 通话简明扼要，严守国家机密。在 CH6 频道上只允许讲与避让和导航有关的用语。严禁进行其他内容的通话，如发现违反者，应予劝阻，并将其内容记入工作日志，及时上报。

(5) 使用人员在每次通话时应将通话内容，包括有关导航、避让、抛锚、避风或防台商定的要点及时间、地点、关系的船名或单位等记录在无线电话工作日志内，以备考查。

2) 呼叫与回答

在 VHF 频带中，船与船之间和船与岸之间的呼叫通常应在 CH16 频道上进行。但是，岸台对船台的呼叫可在工作频道或在主管部门指定的双工频道上进行。除遇险、紧急或安全通信应使用 VHF 的 CH16 频道外，船舶电台对岸台的呼叫，只要可能，就应在工作频道或由主管部门指定的双工频道上进行。

当电台在 CH16 频道上听到呼叫时，除非呼叫台指明要求在另一频道上回答，该电台应使用同一频道进行回答。

开放公众通信业务的海岸电台，当在双工频道上使用无线电话或数字选择性呼叫来呼叫船台时，船台应在岸台呼叫频道相应的频道上使用无线电话予以回答。同样，岸台应在与船台呼叫频道相应的频道上回答船台的呼叫。

3) 通话

岸台与船台在 CH16 频道上或在双工频道的呼叫频道上已建立起通信联络时，双方应转到另一个工作频道上进行通话。呼叫电台最好用频道标志符，表明准备用于进行无线电话通信的频道。

船台之间在 CH16 频道上已建立起通信联络时，双方应转到另一个工作频道上进行通话。最好用频道标志符，表明准备用于进行无线电话通信的频道。

但是，岸台对其覆盖范围内的船舶电台发送重要的海上安全信息，若发送时间不超过 1 min，则可不需要转到工作频道上发送。

4) 适用范围

(1) 雾航避让。

① 船舶遇雾航行，在启用雷达的同时，应开启甚高频无线电话，在海上航行时守听 VHF CH16 频道；进出港口时使用 VHF CH6 频道守听附近船舶动态，必要时应播发自己的船舶动态。

② 从雷达显示器发现来船回波时，首先应判明来船的动向，是否与本船有碰撞危险，如有碰撞危险时，可按通话程序识别来船和洽商避让办法和措施。为引起来船注意，可以

每隔 5 分钟或更短的时间间隔播发自己的船位、航向和航速等信息。

③ 当雷达荧光屏上出现两个或两个以上的回波且与本船可能有碰撞的危险时，应特别注意互相识别。当识别无误时，再交换情况，按先急后缓的顺序分别协商避让的措施。

(2) 进出港口。

① 凡在港区航行的船舶，均应启用甚高频无线电话 CH6 频道，守听邻近船舶动态。如有急事需与有关单位联系时，可改至有关话台开放的频道上进行呼叫，待工作完毕后即改回 CH6 频道上守听，直到驶离港口航道或锚泊为止。

② 当发现对遇来船没有按规定靠航道的一侧航行或意图不明时，不论声号是否听到，仍应使用 VHF 无线电话进行联系，商定避让办法。

③ 船舶在港区航道上，发现灯浮熄灭、移位或有障碍物，无论是否影响本船航行安全，均应报告港监或通告其他船舶注意。

(3) 防台联系。

① 船舶在港湾锚地避风抗台时，当风力达到 6 级以上时，除加强与当地港口联系外，应在 VHF CH6 频道上守听，注意周围附近船舶动向。

② 一旦发现本船或他船走锚、移位需要救援时，应立即与当地港监及有关船舶取得联系，以便及早得到援助。

5) 通话程序

呼叫格式：

被呼船名，两次；

我是＊＊＊船，两次；

本船船位(在海上用经纬度，在内河或港区用航标真方位或地名)，两次；

航向和航速，两次；

观察到目标方位询问对方意图或通告本船意图，两次；

请回答。

回答格式：

被呼船名，两次；

我是＊＊＊船，两次；

听到你了，两次；

本船船位(在海上用经纬度，在内河或港区用航标真方位或地名)，两次；

航向和航速，两次；

行驶意图和要求对方注意事项，两次；

请回答。

结束联络格式：

被呼船名，两次；

我是＊＊＊船，两次；

谢谢你的合作，再见。

如果不知道对方船名，可按下列顺序呼叫：

我是＊＊＊船，两次；

本船船位(在海上用经纬度，在内河或港区用航标真方位或地名)，两次；

航向和航速，两次；

观察到目标方位，两次；

行驶意图和要求对方注意事项，两次；

请回答或告知你船船名，两次。

6）通话中的注意事项

（1）船舶进出港口或在港口防台时，应加强与港口联系，按时守听有关岸台的通话表。

（2）联络时应注意先与本船附近水域的船舶通话，听到有两条以上船舶同时呼叫时，应先回答最近或有碰撞危险的船舶。

（3）当不能肯定所听到的呼叫是对本船时，暂不应回答，但应立即播发自己的船位、航向、航速及船名。

（4）船舶间在近距离通话时，应使用小功率发送，以压缩听程，减少干扰。

2. 海上甚高频（VHF）无线电话国际遇险和安全频率

CH16 频道（156.800 MHz）是甚高频无线电话的国际遇险和安全频率，用于遇险、紧急和安全通信，同时还可用于人工呼叫和回答，以及海岸电台发送通话表的引语和重要简短的航行信息。

在 156.7625 MHz～156.8375 MHz 频带内，禁止对 CH16 频道的传输产生有害干扰的一切发射。为便于接收遇险呼叫和遇险通信，在 CH16 频道上的所有发射应保持在最低限度，并且不超过 1 min，在此频道上发送之前，应守听一段时间，以确信没有遇险通信正在进行。

3.1.3 甚高频数字选择性呼叫和安全信息播发系统

1. 甚高频数字选择性呼叫（DSC）

1）呼叫频率与方式

在 A1 海区的数字选择性呼叫（DSC）是在甚高频（VHF）频段上发送的。国际电联在 VHF 频段指配 CH70 频率（156.525 MHz）用于遇险和安全数字选择性呼叫。

目前，一般 DSC 控制器都与电子定位设备（如 GPS 等）相连接，从而获得实时的船位信息，并且可自动遥控收发信机。在遇险呼叫时，可以自动地将甚高频（VHF）发信机转换到设定的 DSC 遇险报警频率上，并按设定的报警方式进行遇险报警。同时，DSC 值班接收机可以自动接收 DSC 遇险报警，不需要人工值守，并可以在信号不良和强噪声干扰的条件下工作，从而大大提高了遇险报警的成功率。甚高频（VHF）DSC 通常采用单频呼叫尝试模式（Single Frequency Call Attempt），即在指配的频率上连续发送 5 次 DSC 遇险呼叫。

2）遇险呼叫过程

甚高频（VHF）DSC 遇险呼叫过程主要包括 DSC 遇险报警发送、岸台遇险报警确认、船台对遇险报警的确认、岸台遇险报警转发、遇险转发确认等。

（1）遇险报警发送。

当船舶或人处于危险状态，急需得到援助时，在船长或船舶负责人命令和指示下可发送遇险报警。

船舶 DSC 遇险报警发送步骤如下：

① 发信机调到 DSC 遇险报警频率上。

② DSC 设备上输入或选择如下内容：

· 遇险性质；

· 遇险船最新船位(若接定位仪，如 GPS 接收机，自动更新)；
· 遇险船位对应的 UTC 时间(由定位仪自动更新)；
· 后续的遇险通信方式(电话或电传)。

③ 发送 DSC 遇险报警。

④ 待 DSC 遇险确认，同时在无线电话遇险和安全频率上准备随后的遇险通信。

(2) 岸台遇险报警确认。

在 VHF CH70 上收到 DSC 遇险报警的岸台应尽快通知有关 RCC，并给予确认。

发送 DSC 遇险确认的步骤如下：

① 将发信机调到收到遇险报警的频率上。

② 按 DSC 设备说明书，输入或选择下列信息(有些设备是自动注入)：

· "遇险确认"；
· 遇险船的 MMSI 码；
· 遇险性质；
· 遇险船位；
· 遇险船位对应的时间(UTC)；
· 后续遇险通信方式。

③ 发送遇险确认。

④ 将收发信机调到 VHF/CH16 以便进行无线电话遇险通信。

(3) 船台对遇险报警的确认。

用 DSC 对遇险报警给予确认，通常由岸台给出。航行在一个或几个岸台的覆盖区域内的船台，一旦收到 DSC 遇险报警应间隔一定时间发送遇险确认，以便让岸台有时间首先确认该 DSC 遇险报警。若没有别的电台收到此 DSC 遇险报警，而该 DSC 遇险报警仍在继续发送，且遇险船舶无疑就在附近，船台应该用 DSC 对此进行遇险确认以终止该报警，还应用任何可行手段通知适当的岸台、岸站或 RCC。

一般地，收到另一船的 DSC 遇险报警的船台应该将收发信机调到 VHF CH16 上，用无线电话对遇险报警予以确认，并接收后续的遇险通信。

(4) 岸台遇险报警转发。

岸台转发遇险报警应满足以下条件：

① 岸台通过别的途径得知某船遇险，RCC 要求转发其报警。

② 岸台负责人认为有必要提供进一步的帮助(此情况下，应与适当的 RCC 密切合作)。

在上述情况下，岸台可以用"全呼"或"海域呼叫"方式进行岸台对船台的遇险转发。岸台转发遇险报警步骤如下：

① 将发射机调到 DSC 遇险频率上(VHF/CH70)。

② 按 DSC 设备说明书，输入或选择下列信息(有些设备是自动注入的)：

· "全呼"或"海域呼叫"；
· 如为"海域呼叫"，则需输入指定海域范围；
· 遇险转发；
· 遇险船的 MMSI 码(若已知)；
· 遇险性质；

· 遇险船位；

· 后续通信方式(电话或电传)。

③ 发送遇险转发。

④ 在 VHF CH16 上收听船台的确认。

(5) 遇险转发确认。

岸台收到来自船台的遇险转发后，应尽快地将此“遇险转发”转至 RCC。RCC 收到遇险转发后，应尽快地由合适的岸台以 DSC 遇险转发确认方式向转发的船台进行确认。若遇险转发来自岸台，通常别的岸台不需采取进一步的行动。

3) 通信要求

(1) 一般规定。遇险通信包括与遇险船舶要求立即救援有关的所有信息，包括搜救通信和现场通信。遇险通信应尽可能地在遇险与安全通信频率上进行。用甚高频(VHF)无线电话方式进行遇险通信时，各个呼叫前应冠有遇险信号 MAYDAY。

(2) 遇险后续通信。甚高频(VHF)DSC 遇险通信采用无线电话进行，应使用英语发送，如遇语言困难，也可使用 IMO 出版的国际标准水上词汇和国际信号代码。但如只需国内船台、岸台援助时，也可使用中文发送。

① 遇险报告格式。遇险船舶收到 DSC 遇险确认后，应在适当的 VHF 无线电话遇险和安全频率上发送遇险报告。遇险报告的格式如下：

MAYDAY；

This is(如语言困难，可用 DE，读作 DELTA ECHO)或(我是)；

船名、呼号和 MMSI 码或其他识别；

船位(DSC 遇险报警中无船位信息)；

遇险性质和需要的援助；

任何有助于救助的其他信息。

② 无线电话赴援报告格式 。在 VHF 频段上收到 DSC 遇险报警并给予确认的船台，可用无线电话在 VHF CH16 上发出赴援报告，格式如下：

MAYDAY；

遇险船的船名、呼号或 MMSI 码或其他识别，三次；

This is 或 DE(我是)；

赴援船的船名、呼号或 MMSI 码或其他识别，三次；

MAYDAY；

赴援时的位置；

现在行驶的最高速度；

估计抵达遇险现场的时间；

其他有关事项；

署名；

OVER。

当岸台对 DSC 遇险报警确认后，应 RCC 或 RCC 指定的电台的要求，上述电话也可发给 RCC 或 RCC 指定的电台。

③ 遇险通信管制与终止通告。遇险通信的管制是指 RCC 不但负责管制搜救行动，还负责协调有关遇险事件的遇险通信，也可指定另一电台来协调遇险通信。

协调遇险通信的 RCC、协调搜救作业的单位或有关岸台，可以对干扰该遇险通信的电台强制静默。这个指示可根据情况发给所有电台或只发给一特定电台，在无线电话中，使用 SEELONCE MAYDAY 信号，读作法语的 Silence maider。

④ 正常通信恢复。若遇险通信在用作遇险通信的频率上已停止，控制搜救作业的 RCC 应开始在该遇险通信频率上发送表示遇险通信已结束的通知。

甚高频(VHF)无线电话通信方式恢复正常通信的通知格式如下：

MAYDAY；

Hello All Stations 或 CQ(读作 CHARLIE QUEBEC)，三次；

This is(语言困难时用 DE，读作 DELTA ECHO)；

发送该通知的电台名称、呼号或其他识别，三次；

交发该通知的时间；

遇险移动台的名称和呼号；

SEELONCE FEENEE，读作法语的 Silence fini。

⑤ 现场通信。现场通信是指在搜救现场遇险移动单位与援助的移动单位之间，以及援助的移动单位之间进行的通信。现场通信由现场指挥员(OSC)或海面搜索协调员(CSS)负责控制，且选择或指定现场通信所使用的通信频率。在现场通信中，现场通信频率一经确定，则要求参加现场通信的所有移动单位，都应在选定的该频率上保持连续的无线电话或电传值守。通常现场通信使用单工通信，以便所有现场移动电台都可接收到涉及遇险事件的有关信息。

利用无线电话进行现场通信时，最好使用遇险频段 VHF CH16，并且用单工发射。

船舶与航空器之间现场通信除了使用 VHF CH16 频段外，还可使用 VHF CH6 频段。

2. 安全信息播发

海上安全信息的播发是 GMDSS 不可分割的一部分，为了保证海上航行安全，及时有效地由岸上向航行船舶提供有关海上航行安全信息是十分重要的。

海上安全信息是指在船与船之间，岸台(岸站)与船舶之间传输的与安全有关的信息，包括：搜救信息、航行警告、气象警告(台风警告和热带风暴)、气象预报、冰况报告等。

目前，海上安全信息主要通过奈伏泰斯(NAVTEX)、无线电话(SSB/VHF)和 INMARSAT-C 增强群呼(ENHANCED GROUP CALLING 缩写 EGC)等方式来播发。其中甚高频(VHF)主要采用无线电话语音广播方式播发，普遍用于港口当局为船舶提供航行安全、气象、监管等服务。

水上无线电话语音广播是指由一个电台采用 VHF 水上专用频道向海上用户发送有关海上安全信息的业务。目前我国在 VHF 上的无线电话语音广播业务暂时还没有统一的标准和规定，各岸台按当地海事部门的要求，或根据实际情况制定各自的播发格式及时间表，并报主管部门批准后开通此业务。现以大连海岸电台播发无线电话安全信息为例，播发格式如下。

※引语部分：

引语 1(09：20、18：20)

各轮注意；(两次)

这里是大连话台；(两次)

即将播发气象报告；（两次）

（此部分反复播放 1 分钟）

引语 2(12：20、15：20)

各轮注意；（两次）

这里是大连话台；（两次）

即将播发气象警告；（两次）

（此部分反复播放 1 分钟）

※内容部分：

各轮注意；（两次）

这里是大连话台；（两次）

下面开始播发气象报(警)告；（两次）

气象报(警)告内容；

……（结束）

下面以记录语速重新播发一遍：

气象报(警)告内容；

……

气象报(警)告播发完毕，下次播发时间 HH：MM：SS.

3.2 海上中高频(MF/HF)无线电通信

3.2.1 中高频(MF/HF)通信系统

中高频(MF/HF)无线电通信诞生超过百年历史，20 世纪六七十年代，中高频(MF/HF)电台已经广泛应用于远洋航海通信，即使是在今天，中高频(MF/HF)无线电通信在海洋通信方面依然有着非常重要的地位。2016 年，南海航海保障中心广州通信中心广州海岸电台中高频(MF/HF)通信次数达到 45 415 次，通话总时长为 171 822 分钟，对于漂泊于大海的船员来说，中高频(MF/HF)通信是他们生命安全的有力保障。

按无线电频谱和波段划分，中高频(MF/HF)无线电通信的频率范围如表 3.1 所示，其中 1600 kHz～27.5 MHz 用于海上通信。

表 3.1　中高频(MF/HF)无线电频率范围

频段名称	频段范围 （含上限，不含下限）	波段名称	波长范围 （含上限，不含下限）
中频(MF)	300 kHz～3000 kHz	中波	1000 m～100 m
高频(HF)	3 MHz～30 MHz	短波	100 m～10 m

海上中高频(MF/HF)通信系统是由中高频(MF/HF)海岸电台和中高频(MF/HF)船舶电台组成的，可实现船岸间、船舶间中、远距离的通信，并通过岸台转接实现船台与陆地公众电话网和电传网用户之间的通信，也可借助专用终端与陆地数据通信网用户进行通信。频率规划如表 3.2 所示。中高频(MF/HF)电台提供的 GMDSS 功能有：遇险报警、搜

救协调通信、现场通信、海上安全信息的播发和日常(船舶之间、船舶与陆上用户之间的电话、电传)通信等。

表 3.2 海上中高频(MF/HF)无线电频率划分 kHz

频段	无线电话	窄带直接印字电报终端(NBDP)
中频(MF)	2182.0	2174.5
高频(HF)	4125.0 6215.0 8291.0 12 290.0 16 420.0	4177.5 6268.0 8376.5 12 520.0 16 695.0

海上中高频(MF/HF)电台满足以下要求:

(1) 使用话音和数字选择性呼叫(DSC)进行下列种类的呼叫:

① 遇险、紧急和安全通信;

② 船舶操纵所要求;

③ 日常通信业务。

(2) 使用话音和 NBDP 进行下列种类的通信:

① 遇险、紧急和安全通信;

② 船舶操纵所要求的通信;

③ 日常通信。

1. 海上中高频(MF/HF)的传播特性

海上中高频(MF/HF)通信的频率为 1600 kHz~27.5 MHz,即中波和短波波段。

海上中频(MF)通信的频率为 1600 kHz~4 MHz,如第 2 章所述,中频(MF)即中波波段主要靠地波传播,也可以由电离层反射传播。地波传播一般为几百公里,沿地面传播时,因中波波长(100 m~1 km)较短,当遇到的山峰的高度接近甚至大于中波波长时,会产生明显的阻挡作用,使传播损耗率增大,场强减小。传播距离也减小。若在导电率较高的开阔海面或湿土上传播,传播距离可达 1000 km 以上。海上中频(MF)通信具有下面几个特点:

(1) 既可以沿地面绕射传播也可由电离层反射传播。

(2) 采用垂直极化方式传播。

(3) 波长越长,损耗越小;波长越小,损耗越大。

(4) 白天,中波完全由地波传播所决定,夜间由中波经由电离层反射可传播到千里之外,天波和地波相互干涉存在多径传播,有衰落现象,容易形成交叉调制。

海上高频(HF)通信的频率为 4 MHz~27.5 MHz,高频即短波波段主要靠电离层反射传播,还可以采用水平极化方式地面空间波传播。

海上中高频(MF/HF)通信具有下面几个特点:

(1) 地波传播衰减很快,传播距离不远;主要靠天波传播,天波传播距离远。

(2) 电离层传播优点是吸收少。频率越高,电离层吸收越小。

(3) 由于短波靠电离层反射,而电离层结构和成分随时空而异,因此它受电离层变化的影响比较大。例如，工作频率要随时间而变，最大可用频率(MUF)即电波能被电离层反射回地面的最高频率，由于白天电离层电子浓度大，有较高的MUF；夜间电离层电子浓度减小，MUF则相应较低。

(4) 受太阳光耀斑爆发影响较大。这种情况会引发电离层的骚扰和电离层的暴乱使通信质量大大下降，甚至中断。

(5) 有衰落现象。电离层反射时，到达接收点的多径效应会形成接收信号的衰落，这在短波通信中较为明显。

(6) 静区(又称盲区)指的是围绕发射机的一个环形区域。短波波段的地波受到很大衰减，不能达到寂静区，而电离层天波由于从电离层反射时存在着最大反射频率，因而只能反射到寂静区以外的地点。当发射频率一定时，在距离短波发射机较近和较远地区能收到信号，但中间地带可能存在有一个环形区，既收不到地波信号，也收不到天波信号，该区称为寂静区。对地波而言，寂静区距发射台太远，信号衰减太大无法接收到。对天波而言，因距离近要求电波入射仰角大，电波可能穿出电离层而无法反射，使该区收不到天波信号，从而形成一个天波和地波均不能到达的寂静区，如图2.3所示。

2. 海上通信中高频天线

中高频天线民用较少，而在海上通信中又起着非常重要的作用，因此在这里对目前海上通信的中高频天线做一简单介绍。

1) 鞭状天线

鞭状天线一般用于高频通信，是最早也是最常见的高频通信天线。如图2.7所示，在信号源的激励下，电荷在两个振子间产生电谐振荡，交变电流的振荡引起电磁波辐射，如果水平的振子由地面代替，垂直的振子用鞭状天线代替，这就形成了鞭状天线。鞭状天线最佳高度是波长的一半，因此鞭状天线多应用于波长较小的短波即高频通信。天线长度越长，地网接地电阻越低，天线的发射效率越高。短波鞭状天线结构简图如图3.8所示。

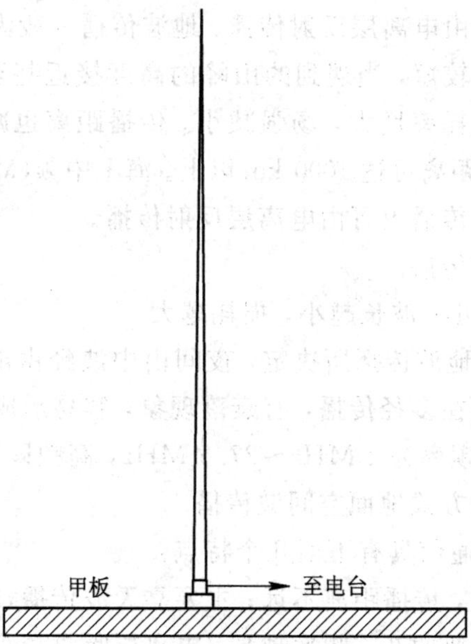

图3.8 短波鞭状天线结构简图

短波鞭状天线的水平方向辐射图为全方向，垂直辐射图如苹果状，天线的顶部向上的辐射强度几乎为零。

短波鞭状天线的高频电磁波的传播方式主要为地面波和天波传播，地面波传播较为稳定，但衰减较大，且由于地球曲面阻挡，视距地面波最远可传播约为 20 km～30 km。天波传播衰减较小，但受电离层影响较大，不太稳定，受时间季节影响较大。从鞭状天线的方向图可以看出，鞭天线辐射的功率主要集中在低仰角上，而电离层的高度约为 300 km 左右，因此天线发射的电磁波经电离层反射到达地面，能满足最低辐射场强从电离层第一次反射落地的最短距离约为 100 km，地面波传播最大距离约 20 km 与天波跳距之间约 100 km 的距离内，天波和地面波均到达不了，成为通信盲区(也称静区)，因此约 20 km～100 km 为短波鞭状天线的辐射盲区，如图 3.9 所示。

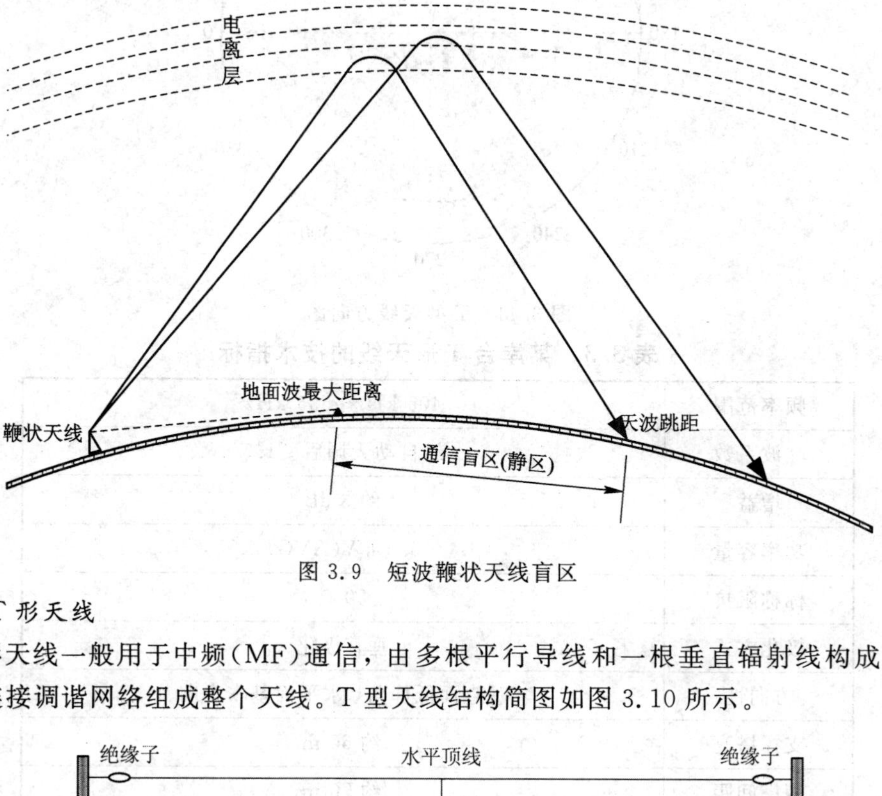

图 3.9　短波鞭状天线盲区

2) T 形天线

T 形天线一般用于中频(MF)通信，由多根平行导线和一根垂直辐射线构成天线面，天线面连接调谐网络组成整个天线。T 型天线结构简图如图 3.10 所示。

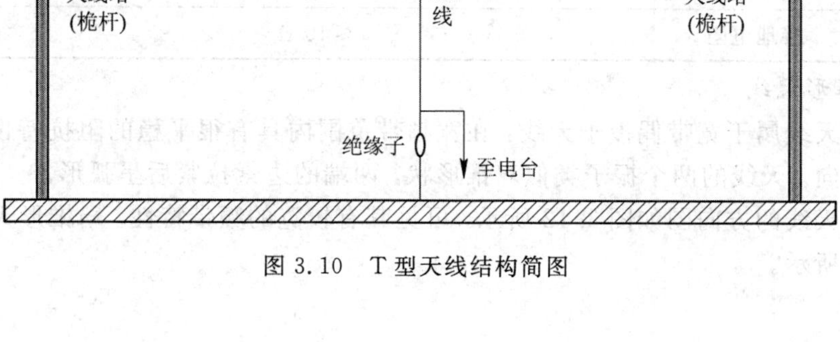

图 3.10　T 型天线结构简图

T形天线属中波发射天线，主要靠地面波传播，由于一般中波天线相对尺寸较小，其辐射电阻较小，因此辐射效率较低，一般要铺设一定长度的地网。其目的是为了提高T形天线的效率。

T形天线的水平面基本为全向辐射，垂直方向图如图3.11所示。T形天线的技术指标如表3.3所示。

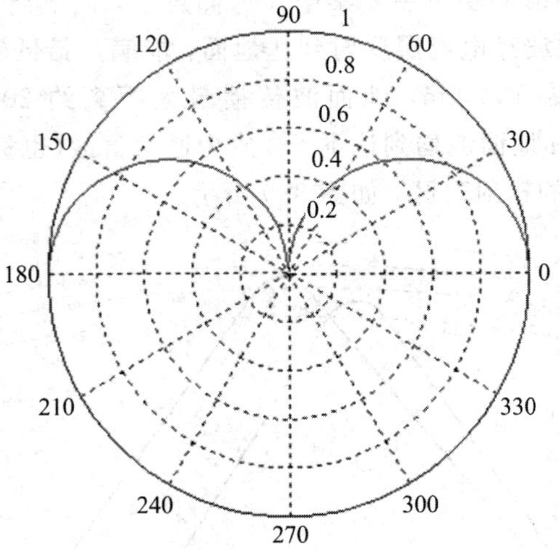

图3.11　T型天线方向图

表3.3　某岸台T形天线的技术指标

频率范围	405 kHz～535 kHz
驻波系数	经自动天调后≤1.5
增益	约3 dB
功率容量	5.5 kW(AVG)
标称阻抗	50 Ω
极化方式	垂直极化
方向性	垂直面低仰角，水平面基本全向
支撑塔高	约60 m
两塔间距	约70 m
抗风能力	10级风正常工作，12级风不被破坏
温度范围	−25℃～+50℃
接地电阻	≤10 Ω

3）扇锥形天线

扇锥形天线属于宽带偶极子天线，在宽频带范围内具有很平稳的阻抗特性，水平面方向图基本全向。天线的两个振子类似双锥形状，两端的边索拉紧后呈弧形。

扇锥形天线的方向图如图3.12所示，可见其有较宽的频带特性。扇锥形天线的技术指标如表3.4所示。

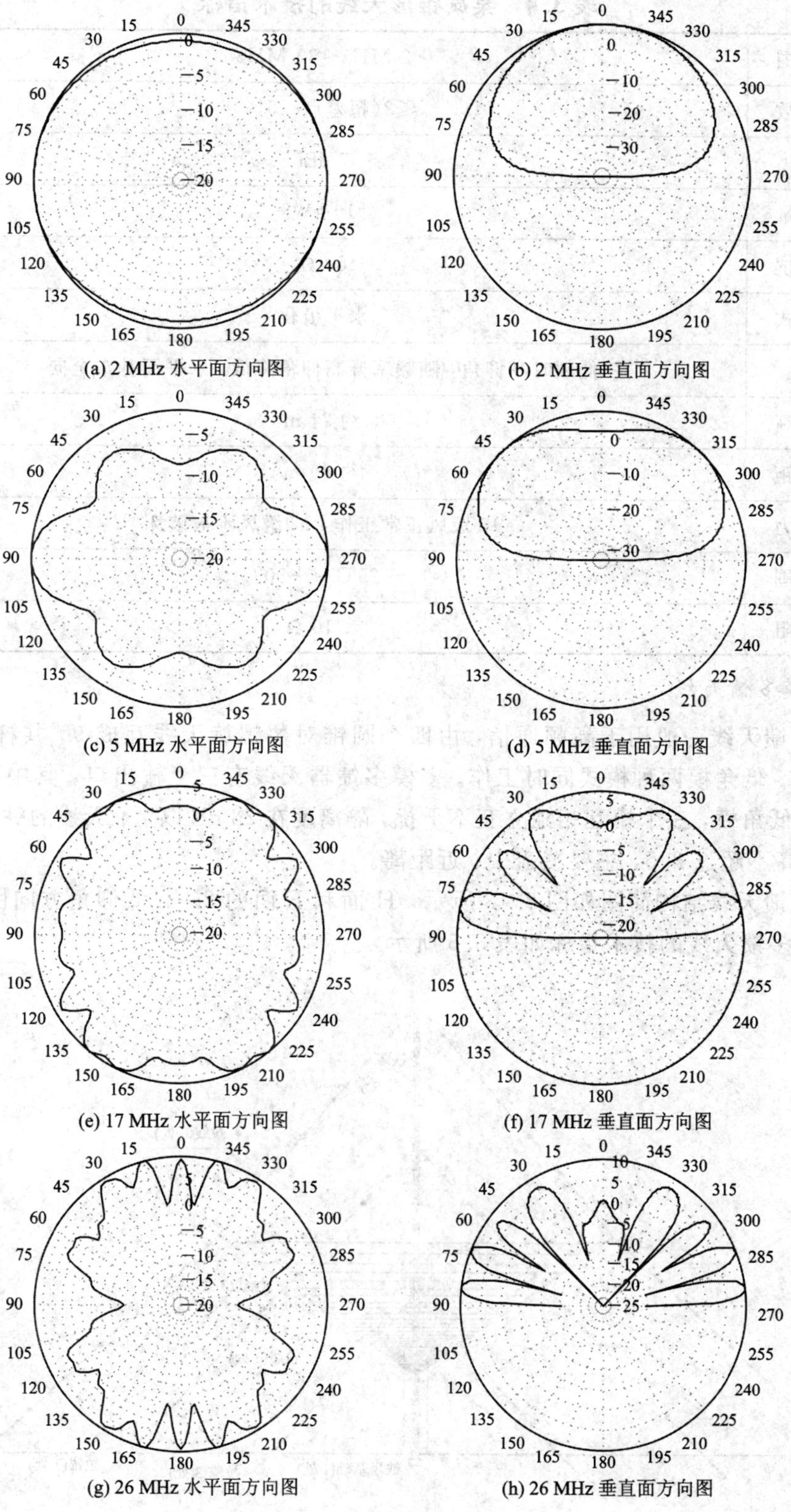

(a) 2 MHz 水平面方向图　(b) 2 MHz 垂直面方向图

(c) 5 MHz 水平面方向图　(d) 5 MHz 垂直面方向图

(e) 17 MHz 水平面方向图　(f) 17 MHz 垂直面方向图

(g) 26 MHz 水平面方向图　(h) 26 MHz 垂直面方向图

图 3.12　扇锥形天线方向图

表 3.4　某扇锥形天线的技术指标

频率范围	2 MHz～30 MHz
驻波系数	≤2(超差点<5%)
增益	7 dBi
功率容量	10 kW
标称阻抗	50 Ω
极化方式	水平极化
方向性	低频时高仰角，随频率升高仰角降低，水平面基本全向
支撑塔高	约 24 m
两塔间距	约 80 m
抗风能力	10 级风正常工作，12 级风不被破坏
温度范围	－25℃～＋50℃
接地电阻	≤10 Ω

4）多模多馈天线

多模多馈天线一般用于高频通信，由四个圆锥对数螺旋天线互成 90°共杆架设而成，可以高角模、低角模两种模式同时工作。多模多馈器天线有三个输出口，其中两个为高角模，一个为低角模，三个模互相独立互不干扰，隔离度在 23 dB 以上；天线的驻波系数一般小于 2，最高不超过 2.5，主要覆盖中、近距离。

多模多馈天线结构简图如图 3.13 所示，H 面和 E 面的 25 m 低仰角方向图如图 3.14 所示。多模多馈天线的技术指标如表 3.5 所示。

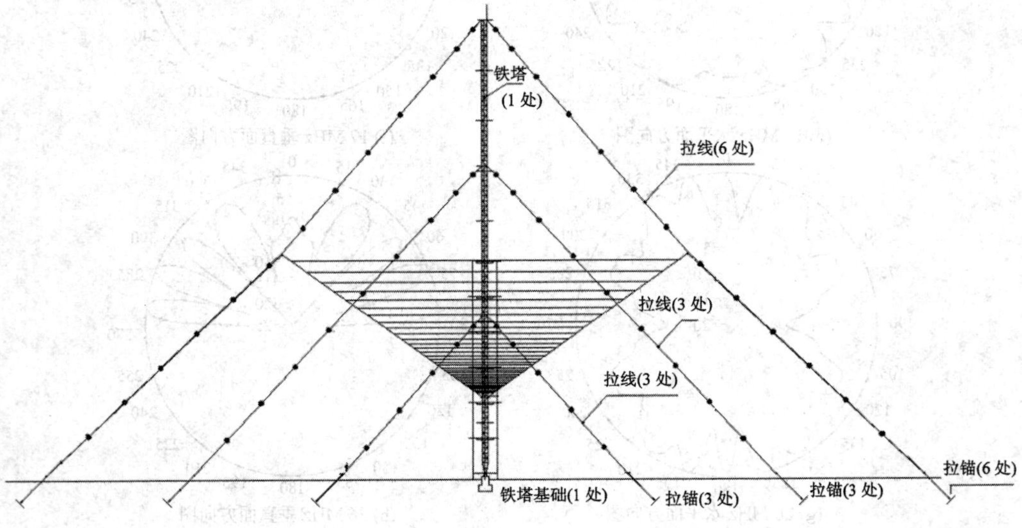

图 3.13　多模多馈天线结构简图

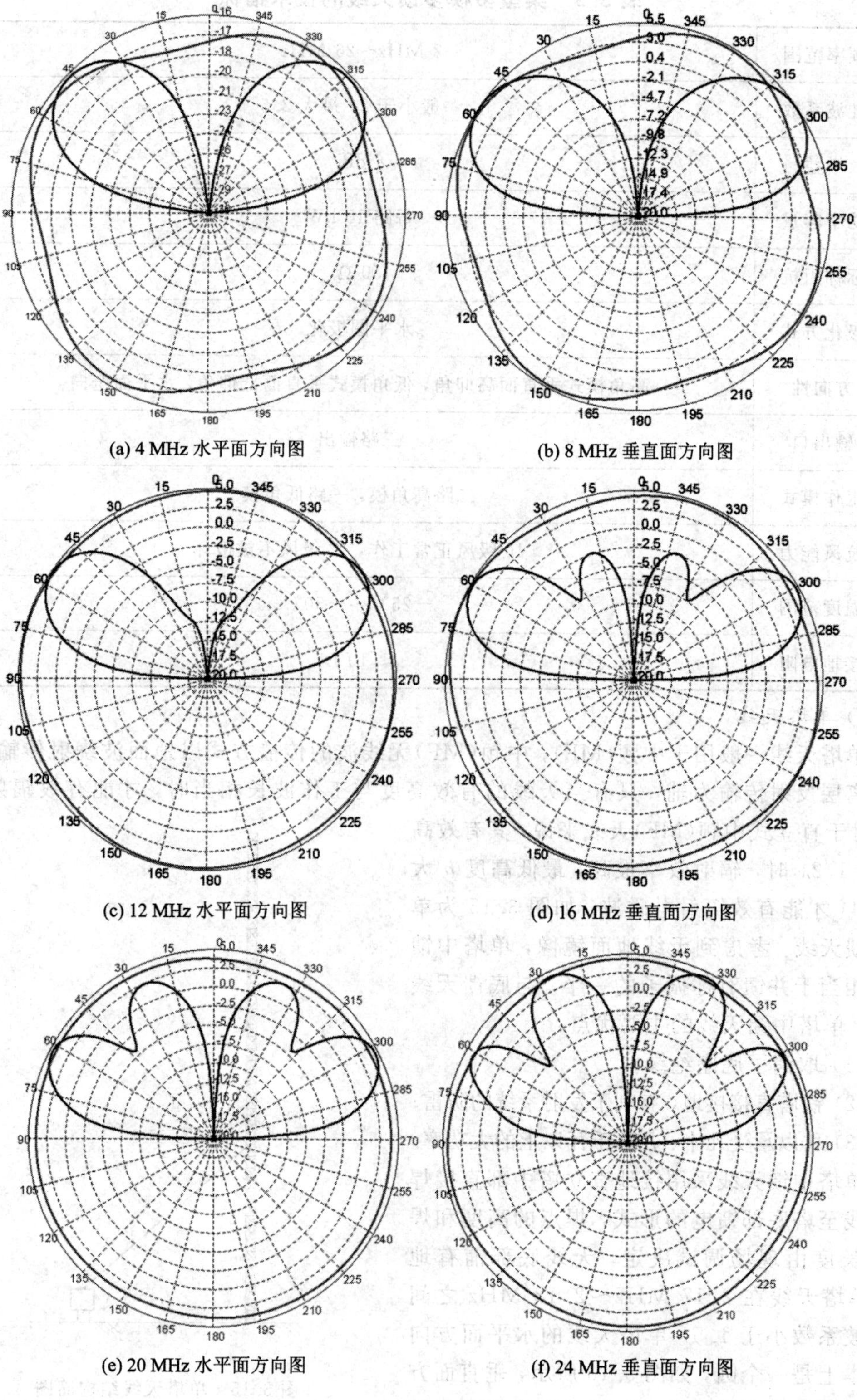

(a) 4 MHz 水平面方向图　(b) 8 MHz 垂直面方向图

(c) 12 MHz 水平面方向图　(d) 16 MHz 垂直面方向图

(e) 20 MHz 水平面方向图　(f) 24 MHz 垂直面方向图

图 3.14　多模多馈天线方向图

表 3.5　某型多模多馈天线的技术指标

频率范围	2 MHz～26 MHz
驻波系数	一般小于 2，最大 2.5
增益	6 dBi
功率容量	每路 10 kW
标称阻抗	50 Ω
极化方式	水平圆极化
方向性	高角模式垂直面高仰角，低角模式垂直面低仰角，水平面全向
输出口	三路输出
工作模式	二路高角模，一路低角模
抗风能力	10 级风正常工作，12 级风不被破坏
温度范围	－25℃～＋50℃
接地电阻	≤10 Ω

5）单塔天线

单塔天线一般用于中频(MF)，中频(MF)无线波的传播方式以地面波绕射传输为主，以电离层反射传输为辅，只有当天线的有效高度与工作波长相当时，才能有效辐射电磁波。对于直立式中频(MF)天线来说，其有效高度 $h=1/2\lambda$ 时，辐射效率最高，最低高度 h 大于 $1/4\lambda$ 才能有效辐射电磁波。如图 3.15 为单塔中馈天线，考虑到天线地面镜像，单塔中馈天线相当于并馈对称振子的一半。与底馈天线相比，单塔中馈天线的主要优点：

(1) 取消了底座绝缘；

(2) 铁塔直接接地，有利于发射系统的防雷；

(3) 可以承受几十、几百千瓦以上的大功率。

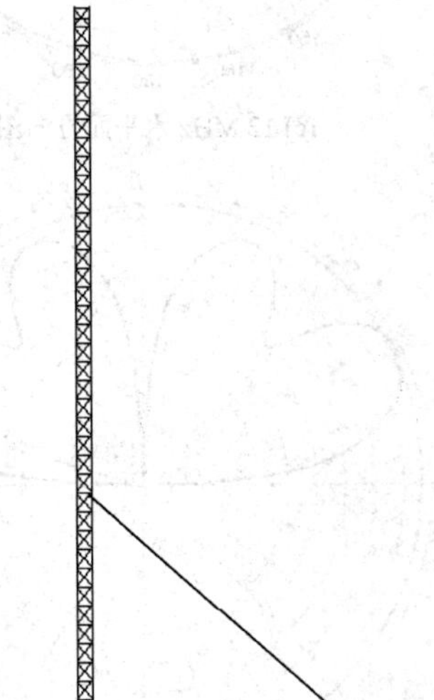

图 3.15　单塔天线结构简图

单塔中馈天线采用接地直立塔中部直接焊接连线至塔底部馈电的形式，焊点的高度和焊线的长度由现场调试决定，天线底部铺有地网。单塔天线在 2.17 MHz～2.18 MHz 之间的驻波系数小于 1.5。单塔天线的水平面方向图基本上是一个圆，如图 3.16 所示，垂直面方向图与天线的高度有关。单塔天线的技术指标如表 3.6 所示。

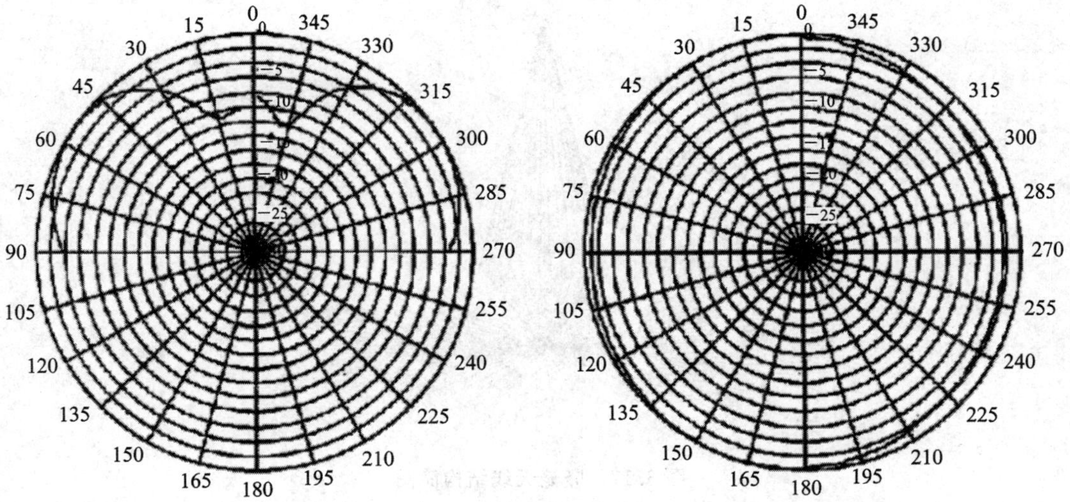

(a) 水平面方向图

(b) 垂直面方向图

图 3.16　单塔天线方向图

表 3.6　某型单塔天线的技术指标

频率范围	2.17 MHz～2.19 MHz
驻波系数	≤2
增益	4 dBi
功率容量	10 kW
标称阻抗	50 Ω
极化方式	垂直极化
方向性	垂直面低仰角，水平面基本全向
抗风能力	10 级风正常工作，12 级风不被破坏
温度范围	−25℃～+50℃
接地电阻	≤10 Ω

6）竖笼天线

竖笼天线是一种垂直接地天线，属于单极天线的变形，通过加粗振子，使天线的特性阻抗在需要的带宽内变化平稳，展宽带宽。

竖笼天线属于垂直极化的宽带单极天线，结构简图如图 3.17 所示，原理上和常用的鞭天线类似。天线振子垂直地面架设，在天线体和大地之间馈电，天线的辐射由天线体本身及大地的表面电流共同作用产生，为了提高天线的辐射能力，一般以天线为中心铺设圆形地网。天线的高度一般取最低工作频率的 $1/4\lambda$。该天线在宽频带内有较好的阻抗特性，方向图如图 3.18 所示，水平面为全向辐射，垂直面为低仰角辐射，适合中远距离天波通信和近距离地波通信。竖笼天线的技术指标如表 3.7 所示。

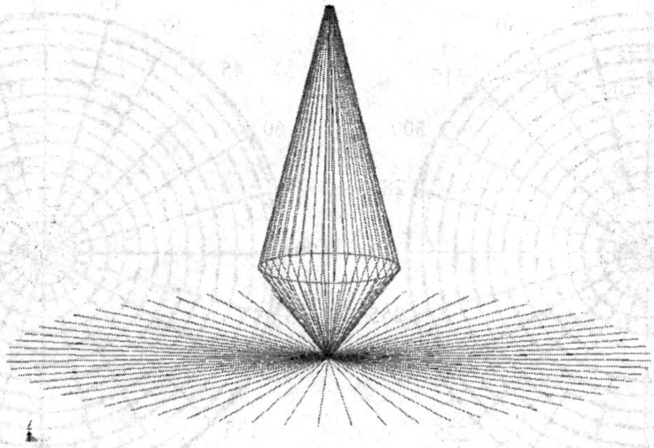

图 3.17　竖笼天线结构简图

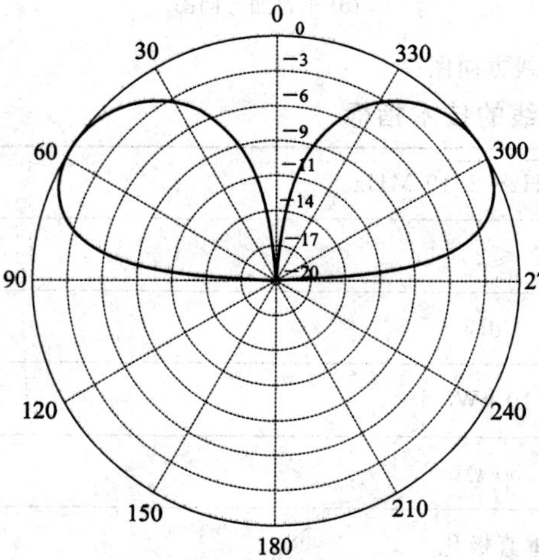

(a) 5 MHz 垂直面方向图

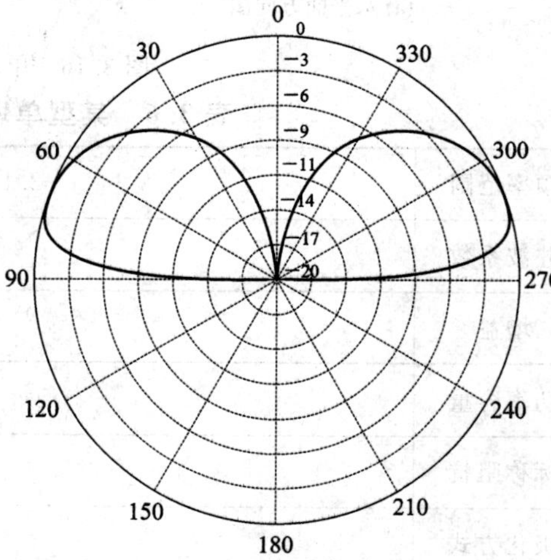

(b) 10 MHz 垂直面方向图

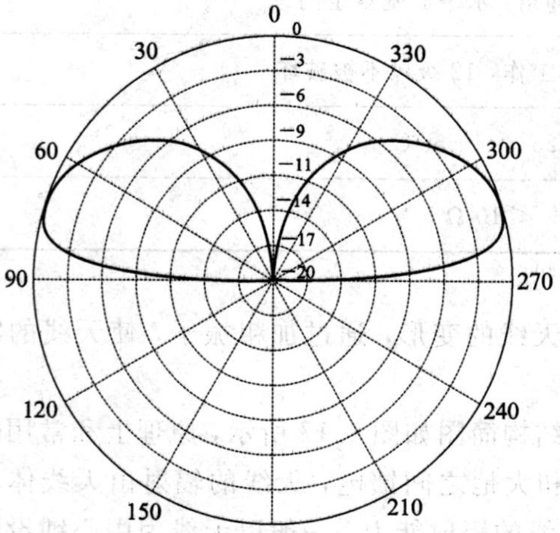

(c) 15 MHz 垂直面方向图

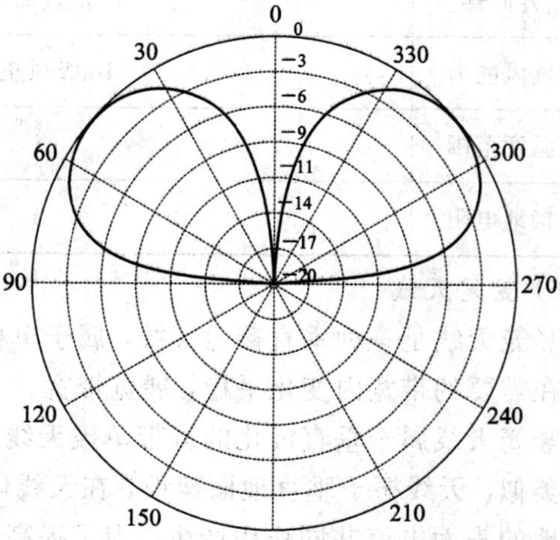

(d) 20 MHz 垂直面方向图

图 3.18　竖笼天线方向图

表 3.7　某型竖笼天线的技术指标

频率范围	2 MHz～30 MHz
驻波系数	≤2
增益	4 dBi
功率容量	10 kW
标称阻抗	50 Ω
极化方式	水平极化
方向性	垂直面低仰角，水平面基本全向
抗风能力	10 级风正常工作，12 级风不被破坏
温度范围	－30℃～＋60℃
接地电阻	≤4 Ω

7）飞鱼形对数周期天线

飞鱼形对数周期天线为高频宽带天线，天线结构简图如图 3.19 所示。飞鱼形对数周期天线的天线幕垂直放置，振子与地面构成一定的倾角，高频端冲向地面，利用地面的反射，实现波束赋形的目的，使天线波束形成指向性，兼顾中近距离的方向指向性，也能同时满足中远距离通信方向盘性的要求。天线的方向图如图 3.20 所示。飞鱼形对数周期天线的技术指标如表 3.8 所示。

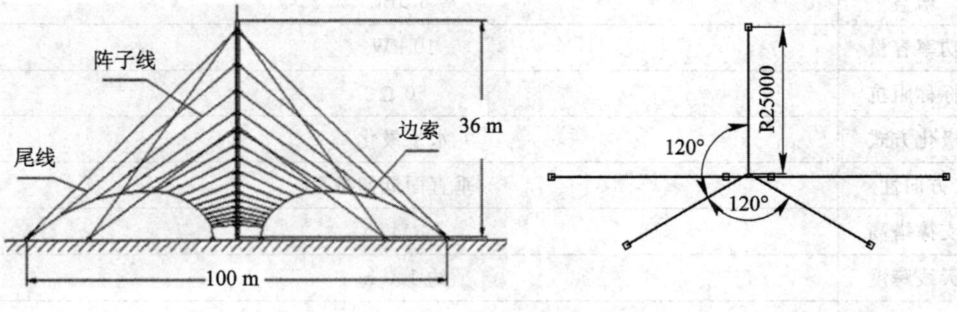

图 3.19　飞鱼形对数周期天线结构简图

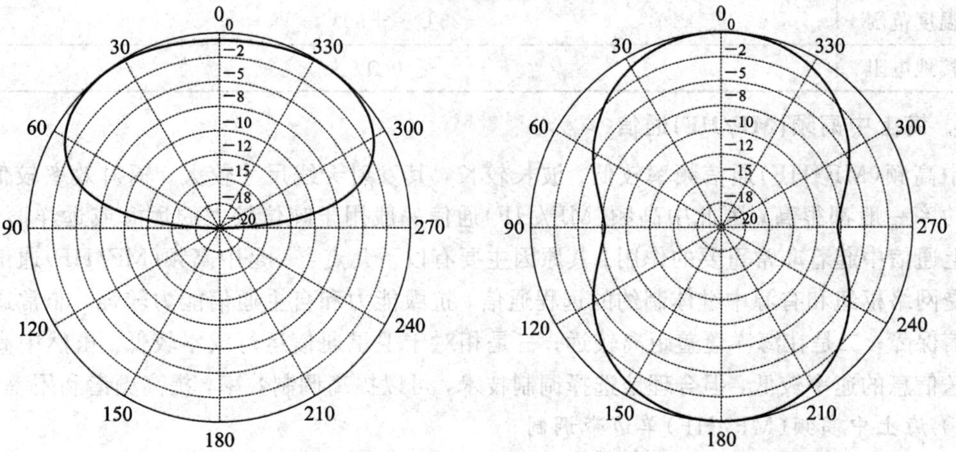

(a) 2 MHz 垂直面水平面方向图

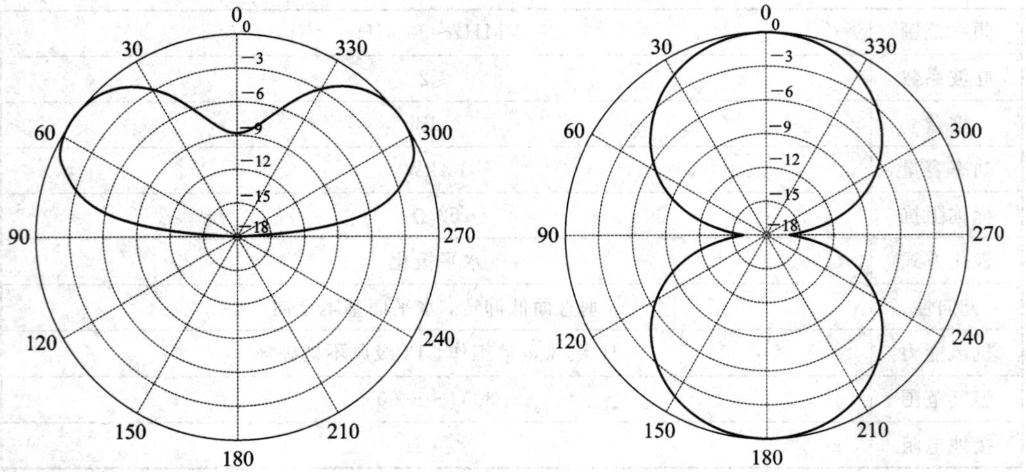

(b) 20 MHz 垂直面水平面方向图

图 3.20 飞鱼形对数周期天线方向图

表 3.8 某型飞鱼形对数周期的技术指标

频率范围	2 MHz～26 MHz
驻波系数	≤2.0(超差点＜5％)
增益	6 dBi
功率容量	10 kW
标称阻抗	50 Ω
极化方式	水平极化
方向性	垂直面低仰角
支撑塔高	约 44 m
天线跨度	约 100 m
抗风能力	10 级风正常工作，12 级风不被破坏
温度范围	－25℃～＋50℃
接地电阻	≤10 Ω

3. 海上中高频(MF/HF)通信

中高频(MF/HF)通信频率较低、波长较长，其发射天线尺寸较大、辐射效率较低，发射机功率一般都很高，因此中高频(MF/HF)通信一般用于吨位较大的远海或远洋商船上，在海上通信中起着非常重要的作用。其原因主要有以下几点：一是中高频(MF/HF)通信是唯一不受网络枢纽和有源中继体制约的远程通信，抗毁能力和自主通信能力较强，非常适合安全通信保障；二是在海洋覆盖距离较远；三是相对于卫星通信运行成本较低。虽然中高频通信传送信息的速率较低，但合理地选择调制技术，可以提高调制效率，提高频谱利用率。

1) 海上中高频(MF/HF)单边带调制

中高频(MF/HF)通信一般采用调幅方式，根据国际协议，中高频(MF/HF)通信必须使用单边带调幅(Single Side Band，SSB)方式以节省频谱资源，提高频谱利用率。只有中高频(MF/HF)广播电台的音频节目可以使用双边带调幅方式(AM)，所以海上中高频(MF/HF)通信规定采用单边带调制方式。

普通幅度调制(AM)是用调制信号去控制高频正弦载波的幅度，使其按调制信号的规律变化的过程，其调制模型如图 3.21 所示。

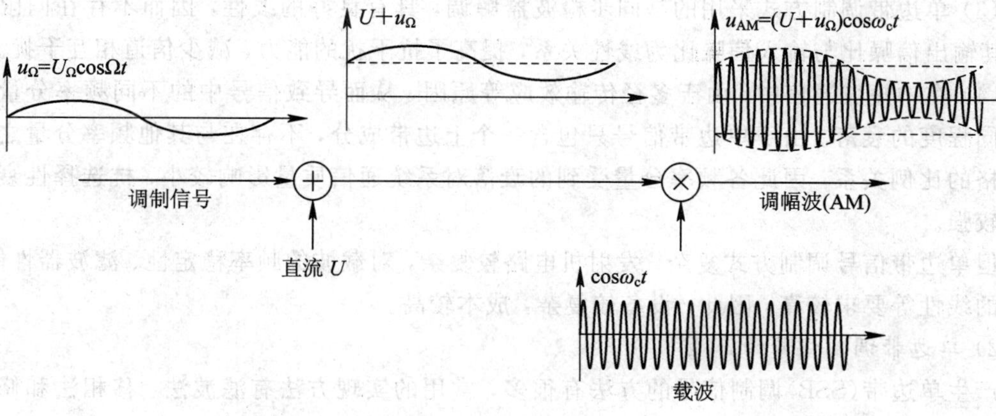

图 3.21 幅度调制(AM)

假设调制信号为单音频 $u_\Omega=U_\Omega\cos\Omega$，载波信号 $u_c=U\cos\omega_c t$，则调幅波为

$$u_{AM}=(U+u_\Omega)\cos\omega_c t=U\cos\omega_c t+\frac{1}{2}U_\Omega\cos(\omega_c+\Omega)t-\frac{1}{2}U_\Omega\cos(\omega_c-\Omega)t$$

可见，调幅波信号的幅度随调制信号变化而变化，调幅波信号中有三个分量，一个为原载波信号，不含有任何调制信号信息；另外两个为调幅信号的上边带和下边带，包含有相同的调制信号信息。

普通调幅波信号(AM)的频谱是由载波和上下两个边带组成的，为提高频谱利用率和降低发射功率，利用调幅波信号(AM)中的任一边带，抑制原载波和另一边带的通信方式为单边带(SSB)调幅方式，即滤除原载波和一个边带信号得到单边带调幅信号为

$$\frac{1}{2}U_\Omega\cos(\omega_c+\Omega)t \quad 或 \quad \frac{1}{2}U_\Omega\cos(\omega_c-\Omega)t$$

从上式看出，调制信号为单音频时单边带调幅信号是等幅波，其幅值与调制信号的幅值成正比，其频率随调制信号变化而变化，因此其携带调制信号信息。单边带(SSB)调幅信号的调制模型如图 3.22 所示。海上中高频(MF/HF)通信规定采用单边带调制，只发射上边带(Upper Side Band，USB)。

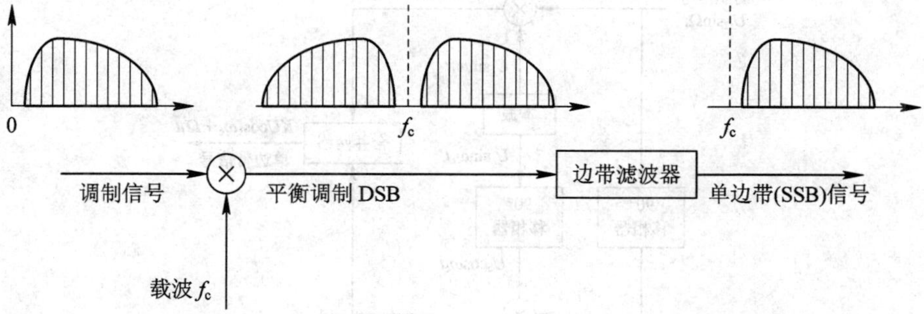

图 3.22 单边带(SSB)调制信号的调制模型

单边带调制通信的特点：

(1) 只发射上边带或下边带，节省了频谱占用，提高了频谱利用率。

(2) 抑制掉频谱成分中功率最大载波，只发射上边带或下边带，所以比双边带调幅节省了发射机功率约 3/4。

(3) 单边带调制方式采用的是同步检波器解调，具有良好的线性，因而不存在门限效应，其输出信噪比与输入信噪比为线性关系，提高了抗干扰的能力，减少信道相互干扰。

(4) 在中短波通信中，由于多径传输效应等原因，从而导致信号中的不同频率分量出现不同程度的衰落。由于单边带信号只包含一个上边带成分，不存在与其他频率分量之间的严格的比例关系，因此各频率分量受到的衰落对系统通信质量影响较小，抗选择性衰落能力较强。

但单边带信号调制方式复杂，发射机电路较复杂，对载波的频率稳定性、滤波器性能、电路的线性等要求较高，因此，设备较复杂，成本较高。

2) 单边带调制信号的产生

产生单边带(SSB)调制信号的方法有很多，常用的实现方法有滤波法、移相法和修正的移相滤波法。

(1) 滤波法。滤波法是最基本的方法，调制信号 F 与本振产生的载波 f_c 进行平衡调制，获得无载波的平衡调制双边带(DSB)信号，再经过高通边带滤波器滤波，选出其中的上边带信号，抑制掉下边带信号，这样就获得了所需要的上边频单边带信号，原理如图 3.22 所示。实际滤波器法单边带发射机原理如图 3.23 所示。提高单边带发射机的载波频率是不能采用倍频的方法获得的，因为经倍频后调制信号 F 的频率也跟着倍频，使得调制信号产生严重的失真，实际采用的方法是通过多级调制来获得更高的载波频率。

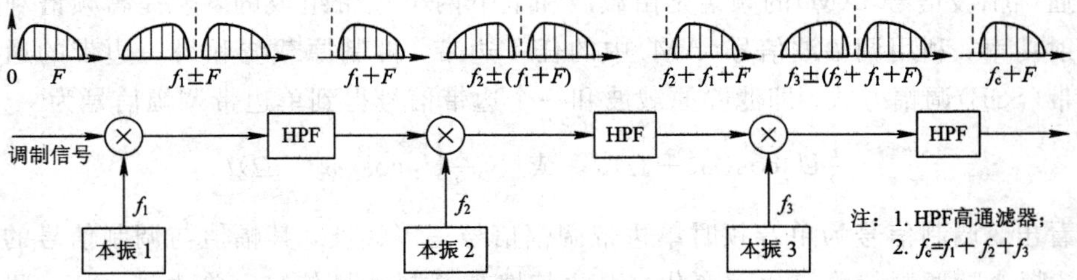

图 3.23　多级滤波法单边带调制

(2) 移相法。移相法单边带调制器原理方框图如图 3.24 所示。

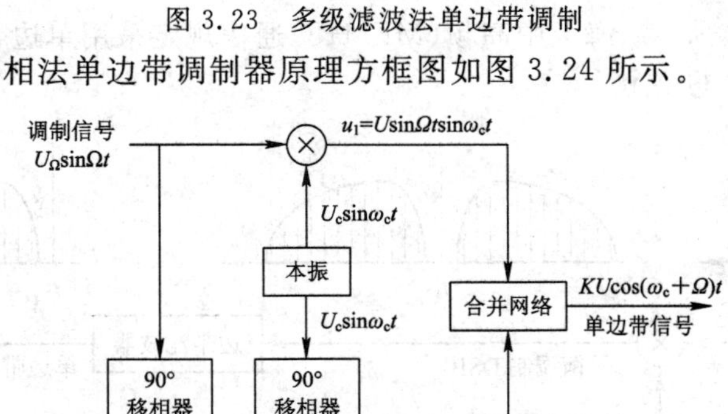

图 3.24　移相法单边带调制

(3) 修正的移相滤波法。修正的移相滤波法单边带调制器原理方框图如图 3.25 所示。

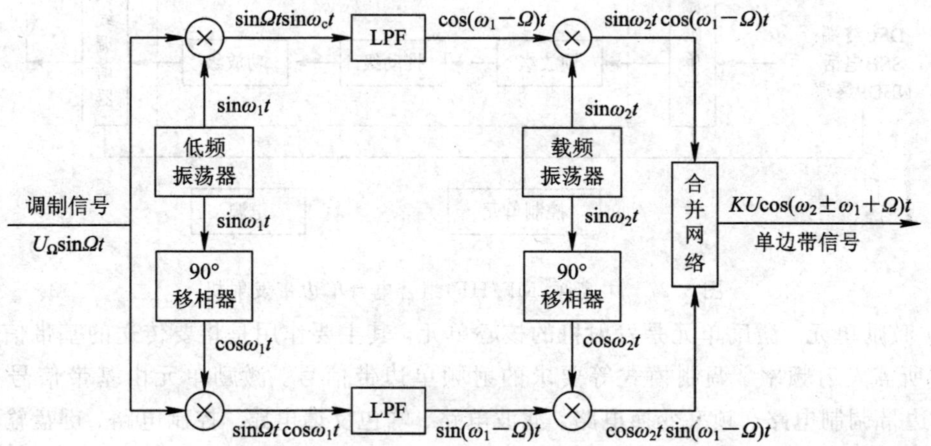

图 3.25　修正的移相滤波法单边带调制

4. 海上中高频(MF/HF)单边带组合电台

海上中高频(MF/HF)通信设备一般包含中频(MF)通信电台和高频通信电台，习惯称海上中高频(MF/HF)单边带组合电台，其组成方框图如图 3.26 所示。中高频(MF/HF)单边带组合电台由控制单元、收发单元、天调单元和电源四大部分组成，主机完成 SSB 电话操作，NBDP 终端、DSC 终端和 DSC 值守接收机终端通过控制台与主机连接。

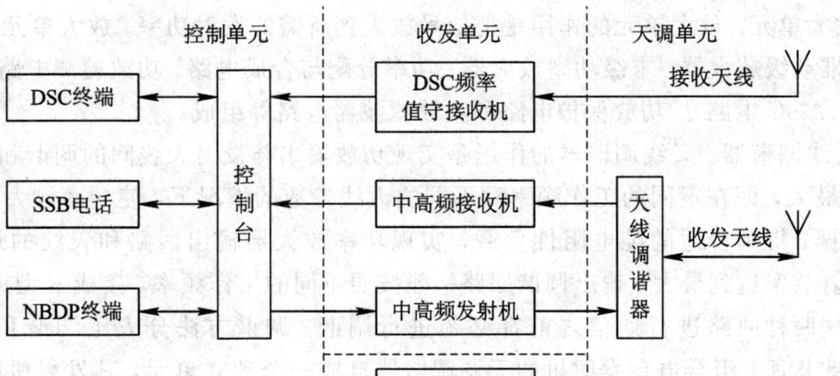

图 3.26　中高频(MF/HF)单边带组合电台

1) 中高频(MF/HF)单边带发射机

(1) 中高频单边带发射机组成原理。

中高频(MF/HF)组合电台单边带发射机的作用：把符合海事标准的音频信号或电报、数据等信号经过单边带调制在固定的中频(IF)上，再通过多级频率变换到规定的更高频的射频频率上，并经过功率放大后，最后输到负载天线，发送出单边带无线信号。

中高频(MF/HF)组合电台单边带发射机的组成如图 3.27 所示。

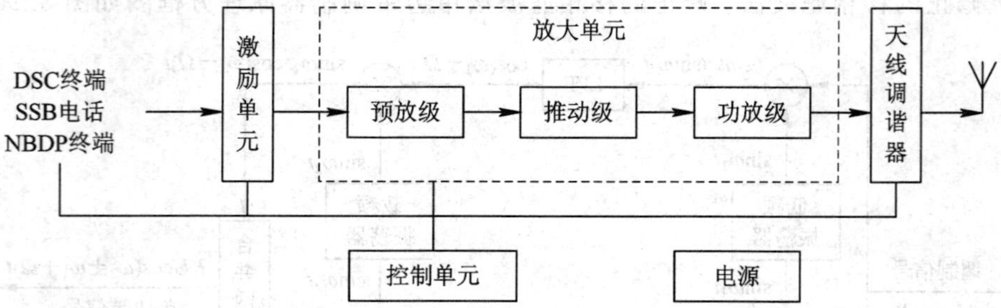

图 3.27　中高频(MF/HF)组合电台单边带发射机

① 激励单元。激励单元是发射机的核心单元，其主要作用是将要传送的基带信号变换为符合所需发射频率、调制模式等要求的射频单边带信号。激励单元由基带信号处理电路、单边带调制电路、频率变换电路、滤波电路、峰包反馈电路、控制电路、键盘输入及显示电路等组成。中高频组合电台发射机激励器一般采用三级滤波法单边带调制方案，三级滤波法原理如图 3.23 所示。输入的音频信号或要传送的基带信号首先由基带信号处理电路进行选择、压缩、限幅或变换，然后送到边带调制器，在这里将抑制掉大部分载频，再经边带滤波器滤除其中的一个边带，并进一步抑制载频，这就是第一次频率搬移。由于滤波器频率特性的影响，第一次搬频只能在低频率和低电平处完成。所以，单边带信号还要与从本振(频率合成器)来的第二、第三载频在乘法器(平衡调制器)中分别进行调制，实现频率搬移，最终产生带有要传输的信息的发射频率信号。采用三级滤波法单边带调制方案可以提高发射的质量，并使整机方案灵活。

② 放大单元。放大单元的作用是把信号放大到所需的发射功率。放大单元由预推动级放大器、推动级放大器、末级功率放大器、功率分配与合成电路、功放检测电路、自动电平控制电路(AGC 电路)、功放保护电路和功放滤波器电路等组成。

③ 天线调谐器。天线调谐器的作用是实现功放输出与发射天线间的调谐和匹配，实现功率输出最大，即在不同的工作频率和不同的天线参数的情况下，使功率放大器输出回路和天线谐振，得到合适的纯电阻性负载，实现功率放大器输出回路和天线的最佳阻抗匹配，使发射效率达到最大。输出调谐回路一般按照不同的工作频率，接成 π 型或倒 L 型匹配回路，这两种回路进行通信之前都必须进行调谐。调谐方法分人工调谐和自动调谐。GMDSS 要求海上组合电台发射机的天调调谐器自成一个独立单元，其发射机的调谐应采用微处理器控制下的自动调谐，在该单元电路中，由输出匹配电路、阻抗检测电路、匹配控制电路等组成。

④ 控制单元。控制单元的作用是控制各部分电路协调工作，并实现远端控制和监测发信机的工作状态。

⑤ 电源单元。电源单元的作用是向发射机各单元提供所需要的工作电压。一般电源必须由交流供电和直流不间断供电。

(2) 中高频单边带发射机性能要求。

海上组合电台(船台、岸台)单边带发射机的主要性能要求：

① 工作频段与指配频率：按国际海事组织(IMO)有关无线电通信、航行设备技术要求，海上中高频(MF/HF)组合单边带发射机应能在 1605 kHz～27 500 kHz 频带内的所有

频率上发射。

② 总失真和噪声：调制器、放大器和功率放大器的非线性引起的失真。功放工作于大信号，失真较大，互调失真主要取决于功放。

③ 输出功率：在进行话类发射时，高频输出功率以峰包功率来衡量；而在进行F1B或J2B发射时，高频输出功率则以平均功率来衡量。

④ 频率稳定度：频率变化率小于10 Hz(0.3 PPM)，频率稳定度分为长期(1天)和短期(1 h)两种，一般指短期稳定度。

2）中高频(MF/HF)单边带接收机

(1) 中高频单边带接收机组成原理。

海上中高频(MF/HF)组合电台单边带接收机(single side band (SSB) receive)的作用是，选择接收所需频率的高频单边带信号，对所接收的信号进行放大、处理、变换成低频音频信号或DSC信号或NBDP信号。

中高频(MF/HF)组合电台单边带接收机的组成如图3.28所示。

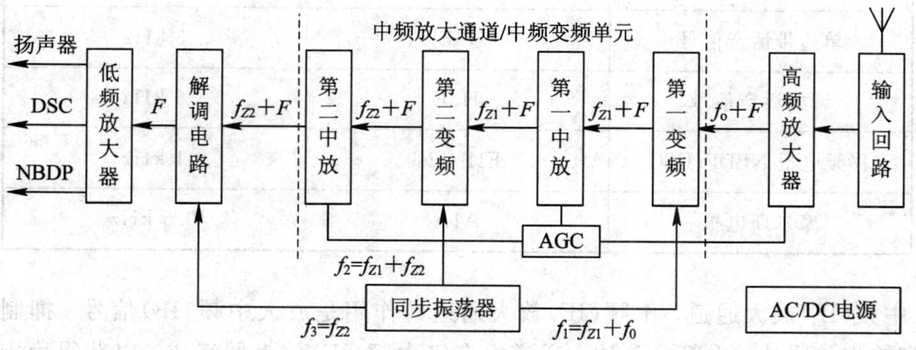

图3.28　中高频组合电台单边带接收机

① 输入回路。输入回路作用是保护接收机、选择输入信号。输入回路包括输入保护电路、输入选频调谐回路。输入保护电路作用是避免输入电路或第一级高频放大电路遭受雷电或附近(如船载大功率雷达、大功率电台等)大功率无线电波击毁，因此在天线输入端串联白炽灯保护器、电涌保护器、二极管保护器等综合保护电路，如图3.29所示。输入选频调谐回路的作用是选择有用信号，抑制各种干扰信号，其电路由各种滤波器和调谐电路组成。滤波器由滤除高频雷达波干扰信号的低通滤波器和选择接收各种频段的频段带通滤波器组成，而调谐电路的作用则是调谐所接收频点，选择所接收频点信号。

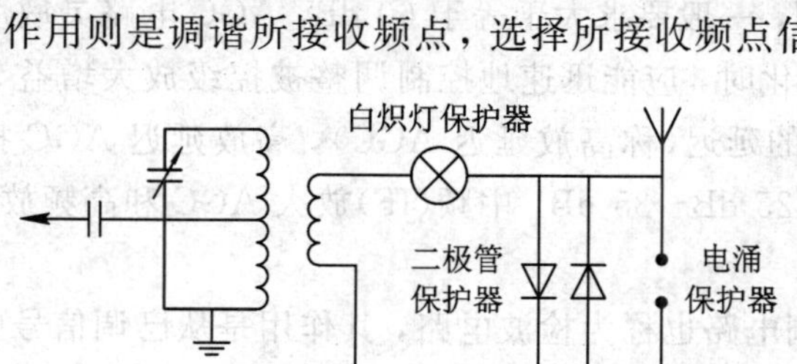

图3.29　中高频组合电台单边带接收机综合保护电路

② 中频(IF)变频单元。中频(IF)变频单元的作用是进行混频、滤波、降频，其组成电路由混频电路、低通滤波器、边带滤波器组成。海上中高频(MF/HF)组合电台单边带接收机一般采取两次变频，即双重超外差接收方式。超外差接收方式的优点是能获得固定中频(IF)，而固定中频(IF)不论接收哪个频点信号，中频(IF)放大电路的频率都是固定的。这样方便中频(IF)电路设计，不仅可以获得较高的放大增益，也能进行较好频率滤波特性设计，进行中频(IF)滤波以较好地抑制中频(IF)带外干扰，在增强选择性的同时，进一步抑制邻近频率的干扰。而边带滤波器可以根据需要选择某一边带的信号，抑制另一边带的信号。因为中高频组合电台单边带接收机有多种信号接收模式，因此需要中频(IF)带宽选择滤波电路根据不同接收模式的通信工作种类来选择不同种类信号的带宽滤波模式，海上中高频接收机通信工作种类选择带宽表如表 3.9 所示。

表 3.9　为海上中高频接收机通信工作种类选择带宽表

通信工作种类	种类代码	带　宽
单边带话音信号	J3E	3 kHz
调幅话音信号	H3E	6 kHz
移频电报 NBDP/DSC	F1B/J2B	1 kHz
摩尔斯电报	A1A	0.5 kHz

③ 中频(IF)放大通道。中频(IF)放大通道的作用是放大中频(IF)信号、抑制邻道干扰、提高输出信噪比。中频(IF)放大通道由多级中频(IF)放大器组成，以获得稳定的较高的放大增益和良好的放大线性。

④ 自动增益控制(AGC)电路。AGC 电路的作用是当接收机的输入信号电平强弱改变时，控制接收机的各级放大电路增益的自动改变，以保证各级放大电路不出现非线性失真且末级放大输出电压基本稳定在一定的范围内，确保接收机接收效果。AGC 电路一般由采样、放大、控制三个环节组成，根据输入信号的强弱进行采样放大，得到输出一个随输入信号强弱变化而变化的电流或电压，去控制高频放大器和中频(IF)放大器的增益。海上中高频接收机 AGC 采样要求从输出边带信号中提取，即边带激励式 AGC 电路。AGC 电路要达到一定的动态范围，一般要求大于等于 60 dB，AGC 电路灵敏度要高，能控制响应速度，即天线输入电平变化时，应能迅速地控制调整被控级放大增益，而且要求高频放大级的 AGC 电路要有一定的延迟(称高放延迟 AGC)，高放延迟 AGC 指的是电平延迟，一般要求比中放 AGC 延迟 25 dB～35 dB。中频(IF)放大 AGC 和高频放大延迟 AGC 电路的控制过程如图 3.30 所示。

⑤ 解调电路。解调电路也称为检波电路，其作用是从已调信号中解调恢复出原调制信号。因为中高频组合电台单边带接收机接收多种信号模式，所以需要根据不同的通信工作种类采用不同的解调方式，如表 3.10 所示。

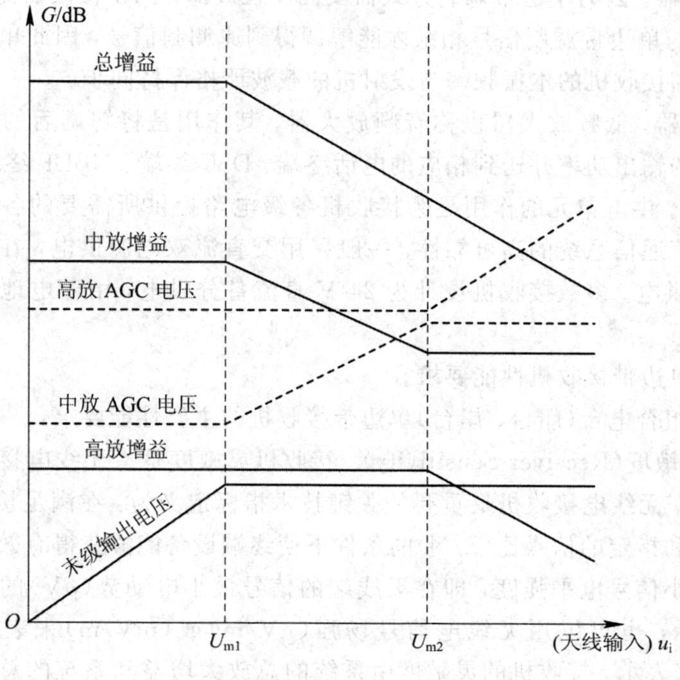

图 3.30　单边带接收机 AGC 电路的控制过程

表 3.10　海上中高频接收机通信工作种类调制解调方式表

通信工作种类	种类代码	解调方式
单边带话音信号	J3E	同步检波
调幅话音信号	H3E	包络检波
移频电报 NBDP/DSC	F1B/J2B	同步检波
双边带调幅电话	A3E	包络检波
摩尔斯电报	A1A	包络检波

若通信工作种类采用的是单边带调制方式，则解调电路为同步检波电路。解调与调制的实质一样，均是频谱搬移。调制是把基带信号的频谱搬到了载频位置，这一过程可以通过一个相乘器与载波相乘来实现。解调则是调制的反过程，即把在载波位置的已调制信号的频谱搬回到原调制信号的基带位置，因此同样可以用相乘器与载波相乘来实现。同步解调器的一般模型如图 3.31 所示。

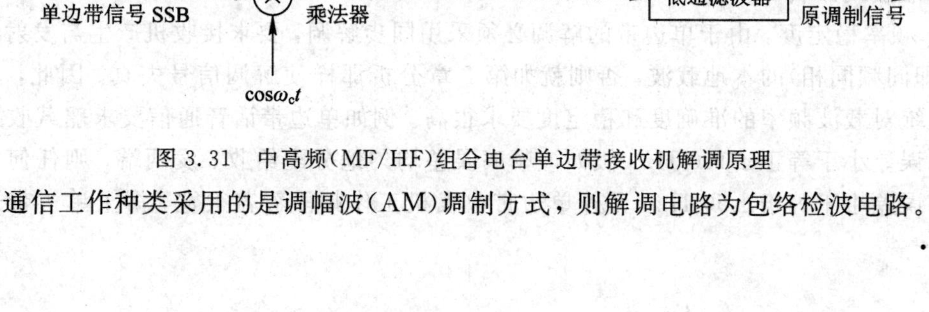

图 3.31　中高频(MF/HF)组合电台单边带接收机解调原理

若通信工作种类采用的是调幅波(AM)调制方式，则解调电路为包络检波电路。

⑥ 同步振荡器。因为单边带调制方式需要同步检波器，同步检波器需要与原载频同步的振荡频率信号与单边带调制信号相乘才能解调得到原调制信号，因此单边带接收机需要有同步振荡器，即接收机的本振频率与发射机的载波严格保持同步。

⑦ 低频放大器。低频放大器也称音频放大器，其作用是将解调后的低频信号进行放大，以达到额定的输出功率并送到相应的电话终端、DSC 终端、NBDP 终端。

⑧ 供电单元。供电单元的作用是为接收机各级电路提供所需要的各种稳定的低压和高压电源。为保障通信系统的高可靠性，一般采用交直流双电源供电，在没有交流供电时自动转换到直流供电。多数接收机设计为 24 V 直流备分供电，由蓄电池提供直流备份保障供电。

(2) 中高频单边带接收机性能要求。

海上中高频组合电台(船台、岸台)单边带接收机的主要性能要求：

① 接收机灵敏度(Receiver Sensitivity)。接收机灵敏度是指无线电接收机对微弱信号的有效接收能力。无线电接收机最重要的关键技术指标定义为：在满足接收机输出端得到额定的信号功率和指定的信噪比(S/N)的条件下使终端设备能够获得有效工作的接收天线所必须感应的最小信号电平强度，即在天线端的信号最小电动势(μV)的灵敏度可用信号电平(μV)来表示，也可以用无线电信号场强(μV/m)或(mV/m)来表示，也可用功率(dBμ)或(dBm)来表示。接收机的灵敏度由系统的总放大增益和系统的总噪声系数之比决定，总增益越大、总噪声系数越小，灵敏度越高，因此第一级高频放大电路的增益和噪声系数对接收灵敏度的影响就很大。

② 接收机选择性(Receiver Selectivity)。无线电接收机在众多信号频率中选出需要有用信号频率，并抑制不需干扰信号频率的能力称为选择性，即指选择信号、抑制干扰的能力。接收机的选择性技术指标有邻道选择性(Adjacent Channel Selectivity，ACS)和互调抑制能力。

邻道选择性(ACS)是用来衡量存在相邻信道信号时，接收机在其需要接收信道频率上接收有用信号的能力，定义为接收机滤波器在需要接收信道上的衰减与在相邻信道上的衰减的比值(dB)。ACS 越大，接收机选择性越好。

互调抑制是指当存在两个或两个以上与有用信号有特定频率关系的无用信号时，由于系统电路的非线性作用而产生的干扰(主要有阻塞、交调、互调、倒易混频等)，接收机接收有用信号，抑制干扰信号的能力(dB)；其中三阶互调对信号的干扰影响最严重，所以一般以三阶互调抑制能力表示接收机互调抑制能力。

③ 接收频率与通信模式。按国际海事组织(IMO)有关无线电通信、航行设备技术要求，海上中高频(MF/HF)组合单边带接收机的接收频率范围为 1605 kHz～27 500 kHz。接收通信模式如表 3.10 所示。

④ 频率稳定度。由于单边带的解调必须采用同步解调，要求接收机产生与发射机载波同步(即同频同相)的本地载波，否则就如第 2 章分析那样使解调信号失真。因此，单边带收发系统对载波频率的准确度和稳定度要求很高。例如单边带话音通信要求船载收发台的收发总误差小于等于±100 Hz。假如该频率误差均匀地分配给收、发两端，则任何一端要求频率误差小于等于±50 Hz。另外单边带收发机工作频段覆盖很宽，海上单边带通信要

求覆盖频段为1.6 MHz～27.5 MHz，因此只有使用频率合成器才能满足这方面要求，要求频率的变化小于等于10 Hz。

⑤ 音频输出功率：满足中高频(MF/HF)话音通信的音频输出给耳机或喇叭驱动的功率要求。

⑥ 总失真：满足中高频(MF/HF)话音通信的音频输出总谐波失真小于10%。

5. 海上中高频(MF/HF)通信的工作种类

海上中高频(MF/HF)组合电台要满足海上话音通信(电话)、电传、数据通信业务等的要求，按照国际电联(ITU)国际无线电规则建议，无线电规则规定通信工作种类(Communication Mode)可用5个符号表示，其中前3个符号是必须遵循的基本特征，后2个符号是可以选用的附加特征。基本特征由两个字母和中间夹一位数字组成，即字母＋数字＋字母，如表3.11所示。

表3.11 通信工作种类(Communication Mode)符号表示法

字母表示：载波调制方式	数字表示：调制信号的性质(信息的表现形式)	字母表示：信息类型
A—双边带调制(调幅)	1—不用副载波调制，含数字信息的单信道	A—人工接收的信息(电报)
H—全载波单边带调制	2—利用副载波调制，含数字信息的单信道	B—自动接收的信息(电传)
R—减幅载波单边带调制	3—模拟信息调制的单信道	C—传真
J—抑制载波单边带调制	7—双信道或多信息，含数字信息	D—数据传输
F—调频		E—无线电话、广播
G—调相		F—电视、视频
P—未调制的脉冲系列		
K—幅度调制的脉冲系列		

海上中高频(MF/HF)通信常用的工作种类如下：

1) 电话

电话即话音通信种类，海上中高频(MF/HF)组合电台的话音电话通信，使用四种通信模式：J3E(载波全抑制的单路单边带无线电话)、R3E(载波部分抑制的单边带无线电话)、H3E(全载波单边带无线电话)和A3E(双边带调幅电话)。

(1) J3E。

J3E为载波全抑制的单路单边带无线电话，字母J表示抑制载波单边带调制方式，3表示模拟信号的单信道(海上中高频单边带通信只使用一个边带而且为上边带进行通信，称为单信道)，E表示电话通信。

船舶之间主要应用此通信方式进行话音通话，载波功率峰包功率不大于40 dB(即载波基本不发射载频)。

这种发射类型具有单边带通信的全部优点，是中高频(MF/HF)单边带(SSB)无线电话的主要发射方式。

(2) R3E。

R3E 为载波部分抑制的单边带无线电话，字母 R 表示单边带信号中保留着减幅后的载波成分。其他字符的含义与上面相同。R3E 通常用于船与救助飞机之间的通信。

载波功率低于 18±2 dB(发射部分载波)，海岸电台多用此方式实现岸船通信。R3E 可以减少对频率稳定度的要求，便于与飞机协同，克服飞机运动的多普勒频移影响，也便于使用压缩扩张技术，控制接收机增益和频率。保留部分载波分量是为了使接收机可以从 R3E 信号中提取出载频分量，作为导频(标准频率)来控制接收机的本地载波频率振荡电路(本振)，使接收端与发送端同频同相，即同步，以减轻对收发两端频率稳定度的要求。

(3) H3E。

H3E 为全载波单边带无线电话，字母 H 的含义是指单边带全载波调制方式。所谓全载波，是指载波功率为边带峰包功率的 1/2 就可以了。它与调幅波相比虽然功率节省不多，但 H3E 类信号也能用一般调幅接收机接收，接收范围得到扩大。

H3E 在海上通信中主要用于遇险与安全通信，规定在 2182 kHz、4125 kHz、6215 kHz、8291 kHz、12 290 kHz、16 420 kHz 等频率上使用，使用调幅和单边带方式都能接收。

单边带电话三种通信工作种类 J3E、R3E、H3E 的信号频谱如图 3.32 所示。

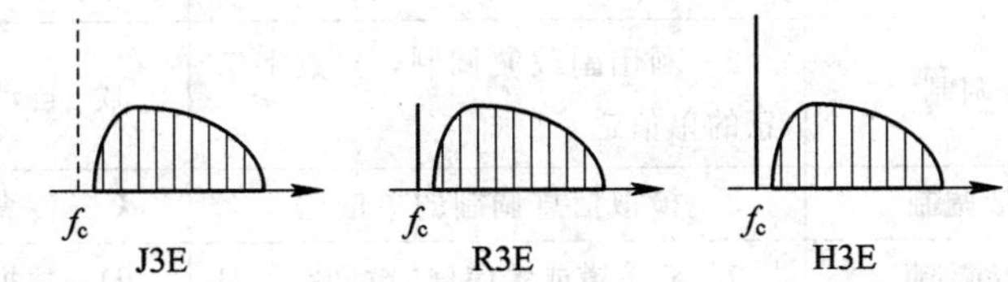

图 3.32　单边带电话三种通信工作种类信号频谱图

(4) A3E。

A3E 为双边带调幅电话。字母 A 表示双边带调制(调幅)方式，是用于语音传输的双边带调幅调制电话。最常见的调幅(AM)广播模式进行话音通信时，频谱占用较大，对收发设备的技术复杂性要求不高。其信号频谱如图 3.33 所示。

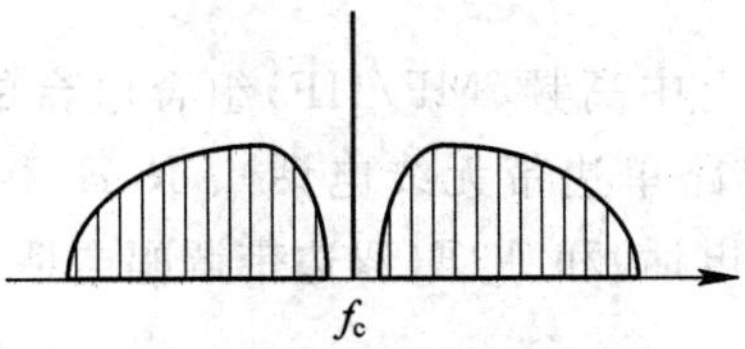

图 3.33　A3E 信号频谱图

2) 数字选择呼叫与电传

电传通信种类包括数字选择性呼叫与电传。海上中高频(MF/HF)组合电台的数字选择性呼叫与电传通信使用 F1B 或 J2B 两种通信种类进行数字选择性呼叫或电传通信。

随着海上无线电通信业务的需要和发展，通信需求和通信的信息量加大，传送的报文加长，对电文的差错率也提出了更高的要求。虽然海上中高频无线电通信采用了单边带调制，使中高频的信道容量增加，缓解了信道的拥挤，但由于无线电波传播的衰落现象严重制约了中高频无线电通信的应用，因此无法满足日益增长的海上无线电通信业务的需求。为此，国际海事组织(IMO)将无线电传(Telex Over Radio，TOR)技术，即窄带直接印字电报(Narrow Band Direct Printing Telegraph，NBDP)引入到中高频(MF/HF)无线电通信系统。窄带直接印字电报技术很好地克服了无线电波传播的衰落现象，提高了通信的可靠性。同时，利用岸上的电传通信网络，实现船舶与岸上主管部门之间的直接通信连接，满足全球海上遇险与安全系统(GMDSS)的通信要求。窄带直接印字电报设备作为满足GMDSS要求的主要终端设备之一，用于中高频(MF/HF)无线电通信系统。

数字选择性呼叫(DSC)设备是全球海上遇险与安全系统的地面无线电通信系统使用的重要终端设备。DSC设备与甚高频(VHF)、中高频(MF/HF)单边带通信系统相连接，提供完善的遇险报警功能，将从根本上改变船舶电台与海岸电台、船舶电台与船舶电台之间无线电的联系和通信线路的建立，使海上通信能直接进入陆上通信网。DSC设备具有完善的遇险呼叫功能，包括遇险报警(Distress Alert)、遇险确认(Distress Acknowledgement)和遇险转播(Distress Relay)。

(1) F1B。

F1B为调频数字无线电报，字母F表示调频方式，1表示不用副载波调制、含数字信息的单信道，B表示自动接收的信息电传通信。F1B直接用1785 Hz和1615 Hz两个频率正弦波来传递数码符号，采用无副载波调制方式。

(2) J2B。

J2B为抑制载波单边带数字无线电报，字母J表示抑制载波单边带调制，2表示利用副载波调制、含数字信息的单信道通信，B表示自动接收的信息电报通信。J2B通信将1785 Hz和1615 Hz作为副载波为1700 Hz、频移为±85 Hz的调制信号。

数字选择性呼叫与电传通信的两种通信工作种类F1B、J2B的信号频谱如图3.34所示。

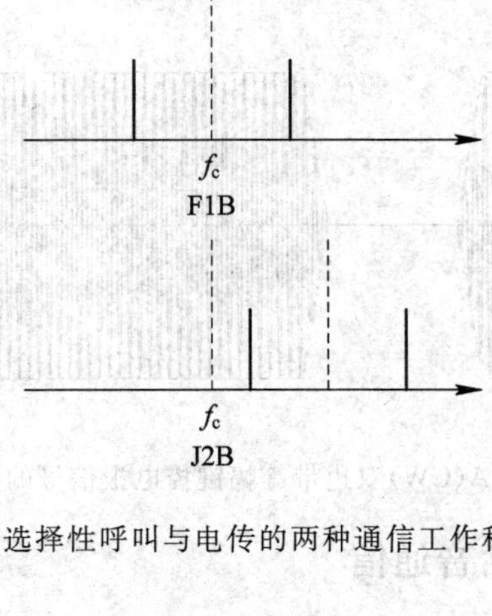

图3.34　数字选择性呼叫与电传的两种通信工作种类信号频谱图

3) 电报

电报(Telegraph)是最早的一种通信业务，电报采用的一种通信模式就是摩尔斯电码，为简单的火花式发射机，通过电火花放电的形式产生电磁脉冲，以电磁脉冲振荡阻尼波的形式发射，会产生大量无用频谱范围相当宽的干扰谐波，会对其他的通信造成干扰，1934年被国际电信联盟(ITU)禁止使用。而随之取代它的就是连续波(Continuous Wave，CW)电报。理想的连续波(CW)信号为单一频率的正弦波，因此其频谱单一，不会对其他通信业务造成干扰。

虽然现代海上通信领域中，电报的主要应用被全球海上遇险与安全系统(GMDSS)和更加先进的现代无线电通信系统所取代，但连续波(CW)电报模式依然作为一种非常重要和简单可靠的通信手段被保留下来，在海事、航空和业余无线电中保留，海军的信号灯也使用摩尔斯电码模式进行可见光通信。

因此，海上中高频(MF/HF)组合电台都要求保留 A1A(CW)双边带等幅键控电报通信模式。字母 A 表示双边带调制即调幅(AM)调制方式，1 表示不用副载波调制、含数字信息的单信道，A 表示人工接收的信息，即电报。

A1A(CW)双边带等幅键控电报是连续波(CW)正弦波信号开或关的一种调制方式，具有如下特点：

(1) 占用的频谱很窄。调频(FM)的频宽一般在 10 kHz 以上，调幅(AM)大于 6 kHz，单边带(SSB)大于 3 kHz，而 A1A(CW)双边带等幅键控电报通常为 100 Hz～400 Hz，可轻易分辨两个信号的不同。A1A(CW)是在有限频宽中容纳最多组信号的通信方法。

(2) 复杂噪声环境下抗干扰能力较强。由于 A1A(CW)声音单调，因而很容易在噪声之中突显出来。

(3) A1A(CW)传播距离较远。由于 A1A(CW)频宽最窄，若以相同的功率发送信号，则单位频宽内的功率密度与其他调制方式相比效率最高，因此信号传播距离较远。故 A1A(CW)可用较低的功率进行通信。

(4) 收发机的结构简单。A1A(CW)只要能分辨得出信号有无即可，即使频率不是非常稳定也没关系，发射机不需要调制，就像是一部正弦波信号发生器。而接收机只要有调谐、放大、滤波等功能即可，结构很简单，而且单一频率的(CW)信号滤波处理也简单。

A1A(CW)双边带等幅键控电报信号的时域波形图如图 3.35 所示，其频域图可简单理解为在时间上断断续续存在，主要频谱为单一频率。

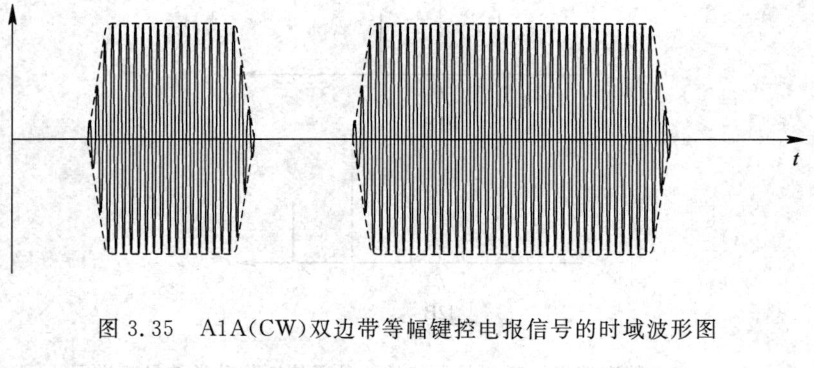

图 3.35　A1A(CW)双边带等幅键控电报信号的时域波形图

3.2.2　中高频(MF/HF)话音通信

海上常规无线电话音通信是指采用 MF、HF、VHF 水上专用频带进行船舶间、船与专用无线电话台间或经岸台和陆上通信话路转接的船与用户间的无线电话音通信。海上常规无线电话按业务种类可分为：航务无线电话、国内公众船舶无线电话和国际公众船舶无线电话。

交通系统各单位的船舶电台与江、海岸无线电话台或专用电话台间为保障船舶航行安全，调度指挥和运输生产进行的无线电话通信，均属航务无线电话。

国内用户经我国岸台和邮电部门国内电话网与我国船舶间进行的无线电话通信，均属国内公众船舶无线电话。

凡经我国船舶电台与外国船岸台之间、外国船舶电台与我国岸台之间以及我国船舶电台经由我国岸台与外国用户间进行的无线电话通信，均属国际公众船舶无线电话。

1. 海上中高频(MF/HF)无线电话音通信使用的频率

1) 1605 kHz～4000 kHz 频带

除了 2182 kHz 可使用 H3E 的发射种类外，在此频带内必须使用 J3E 的发射种类。每个海岸电台的正常工作方式应该在 ITU 的“海岸电台表”中标明。船舶电台其峰包功率不应超过 400 W。

(1) 2182 kHz 频率的使用。

2182 kHz 频率是无线电话的国际遇险和安全频率，可用于遇险、紧急和安全通信，在无线电话遇险频率 2182 kHz 上应使用 J3E 或 H3E 的发射种类。该频率还可用于人工呼叫和回答，以及海岸电台发送通话表的引语。为了顺利接收遇险呼叫和减小 2182 kHz 上的干扰，在 2182 kHz 上发送之前，应在该频率守听一段时间，以确信没有遇险通信正在进行。此外，为便于接收遇险呼叫，在 2182 kHz 上的发射应保持在最低程度。但此规定并不适用遇险通信。

(2) 无线电话人工呼叫和回答的频率。

船台呼叫岸台的频率应为岸台保持值守的工作频率或 2182 kHz；船台与船台间(含外国籍船)的呼叫频率应为 2182 kHz；岸台呼叫本国籍船台的频率可为工作频率或 2182 kHz。船台在2182 kHz 上被岸台呼叫时应当在同一频率上回答，呼叫电台指明其他频率除外；船台在工作频率上被岸台呼叫时，应当用相应的工作频率回答；岸台在 2182 kHz 上被呼叫时，应当在 2182 kHz 频率进行回答；岸台在工作频率上被呼叫，应当用工作频率回答。

(3) 无线电话的通话频率。

在 2182 kHz 或其他呼叫回答频率上沟通联络后，船岸电台应转换到海岸电台建议或双方协定的一个工作频率上交换无线电话业务。

2) 4000 kHz～27 500 kHz 之间的频带

此频带适用于船岸电台间的远距离通信，在此频带内必须使用 J3E 的发射种类。每个海岸电台应使用覆盖其服务区必需的最小功率，其峰包功率不应该超过 10 kW，并且其正常工作方式应该在 ITU 的“海岸电台表”中标明。船舶电台的峰包功率不应超过 1.5 kW。在 4000 kHz～27 500 kHz 频带中，用于船岸间无线电话双工操作的 ITU 频道有：401～429、601～608、801～837、1201～1241、1601～1656、1801～1815、2201～2253、2501～2510(单位：kHz)。

(1) 人工呼叫和回答使用的频率。

船台呼叫岸台应在岸台保持值守的工作频率或者使用表 3.2 所示的成对载波频率上进行无线电话呼叫和回答；频率的选择应考虑一天的时间和船舶的地理位置以及海岸电台的

值守时间。

4125 kHz、6215 kHz、12 290 kHz、16 420 kHz 为船舶无线电话遇险和安全频率，在上述诸频率上进行常规呼叫前应确信没有遇险和安全通信正在进行之中。

(2) 无线电话音通信。

在呼叫回答频率上沟通联络后，船岸电台应转换到海岸电台指配或双方协定的一个工作频率上交换无线电话业务，如表 3.12 所示。

表 3.12　无线电话业务频率划分

ITU 频道号	船台频率 (kHz)	岸台频率 (kHz)	ITU 频道号	船台频率 (kHz)	岸台频率 (kHz)
421	4125	4417	1621	16 420	17 302
606	6215	6516	1806	18 795	19 770
821	8255	8779	2221	22 060	22 756
1221	12 290	13137	2510	25 097	26 172

2. 海上无线电话音通信程序

1) 无线电话通信一般规定

如果可能，船舶电台应采用双工操作方式进行无线电话通信业务；开放无线电话公众通信业务的海岸电台，应在适当的频道上发送一个表明其正在进行工作的信号，但此信号不得干扰无线电话公众通信业务的正常进行。在人工操作的无线电话业务中，不允许连续地或重复地呼叫或发送识别信号。当只在两个电台之间进行无线电话通信时，不允许在两个或多个频率上同时发送相同的信息。

任何电台不得在呼叫间歇发送载波。但是，开放无线电话自动操作系统的电台，当经船舶电台请求建立无线电话通信时，可以发射标志信号；用于发信机调谐的信号发射持续时间不得超过 10 s。

为了便于无线电话通信，在进行无线电话通信时，可以使用业务缩语(Q 缩语)。当有必要拼写出某些表达用语、难拼的字、业务缩语或数字时，应使用国际"读音字母与数字代码"表。我国海上无线电话通信主要使用汉语和英语。

在进行无线电话发射之前，船台无线电员应采取预防措施以确认其发射不会干扰其他电台正在进行中的发射，如果可能会产生无线电干扰，该船台应稍等一会儿再发射。如果在采取上述的预防措施后，其发射仍然会干扰正在进行中的其他电台的发射，则在海岸电台或其中一个移动电台首次请求后，该船台应停止其无线电发射，而要求强制船台暂停发射的海岸电台或移动电台应指明等待的大约时间。

2) 无线电话人工呼叫与回答格式

(1) 无线电话人工呼叫格式。

① 国际无线电话呼叫格式：

被呼叫电台的呼号或名称或其他识别，不超过三次；

"THISIS"(或在语言困难时，使用 DE，读作 DELTAECHO)；

呼叫电台的呼号或名称或其他识别，不超过三次；

"OVER"。

② 国内无线电话呼叫格式：

被呼叫电台的名称，不超过三次；

“我是＊＊＊台”，不超过三次；

“听到没有，请回答”一次。

但是，在 VHF 频道上，当通信情况良好时，上述呼叫次数可适当减少。

(2) 无线电话回答格式。

① 国际无线电话回答格式：

呼叫电台的呼号或名称或其他识别，不超过三次；

“THISIS”(或在语言困难时，使用 DE，读作 DELTAECHO)；

被呼叫电台的呼号或名称或其他识别，不超过三次；

“OVER”。

② 国内无线电话回答格式：

呼叫电台的名称，不超过三次；

“我是＊＊＊台”，不超过三次；

“听到了，有事请讲”，一次；

但是，在 VHF 频道上，当通信情况良好时，上述呼叫回答次数可适当减少。

(3) 无线电话人工呼叫与回答的其他规定。

① 呼叫电台每次间隔 2 min 呼叫发送三次后，若被呼叫电台仍未回答，应停止呼叫，但可在 3 min 后重复呼叫。在呼叫间隙期，不得发送任何载波。

② 在与被呼叫岸台能进行可靠的 VHF 通信的区域内，只要呼叫的船舶电台确认海岸电台已结束其通话，该船舶电台即可重复呼叫。

③ 在船台与航空器电台进行无线电话通信中，在呼叫不通情况下，可在 5 min 后重复呼叫。只有当该呼叫不会干扰其他正进行中的通信时，才能在 2 min 内呼叫三次，并间歇 3 min 后才可重复呼叫。重呼前，应确信被呼台没有与另一电台进行通信，并不干扰其他正进行的通信。

④ 当一电台收到一个不能确定是对自己的呼叫时，应等到该呼叫重复并听清后再回答。而一电台收到一个对自己的呼叫，但不能确定呼叫台的电台识别时，该台应立即回答，并要求呼叫台重复其呼号、船名或其他识别。

⑤ 若被呼叫电台不能立即接收电话，在双方沟通联络时应告知对方稍等，若等待时间超过 10 min，应说明原因。

⑥ 当海岸电台同时收到几个船台呼叫时，应按照先急后缓以及清理最大可能的通信量的需要原则，予以安排通话的次序。

⑦ 无线电话通信双方在沟通后，呼叫台应再呼叫被呼台并表明希望采用的通话频率或频道。若被呼台同意呼叫台表明的通话频率或频道，被呼台应向呼叫台表明其已在工作频率或频道上准备好进行无线电话通信；若被呼台不同意呼叫台表明的通话频率或频道，被呼台应向呼叫台表明另一拟用的工作频率或频道。船岸之间通信，岸台最终决定拟定使用的工作频率或频道。双方通话频率或频道商定后，应将收发信机调到此频率或频道上准备交换信息。

3）通话表(TRAFFICLIST)

(1) 一般规定。

通话(报)表是指在地面通信系统中，由开放公众业务的海岸电台在其工作频率上按船舶电台呼号的字母顺序或按船名字母顺序定时地向船舶发布的一种广播(呼叫)。在实际可行的情况下，岸台应以通话表的形式进行呼叫。岸台发送通话表的时间、所用的频率和发射种类，应在ITU出版的《海岸电台表》中注明。其发送频率和时间，一般情况下不得任意更改、延迟或提前。若不能按时发送通话表，岸台应将其可能开始工作的大约时间，必要时连同将要使用的频率和发射种类通知各有关船台。

在海岸电台的工作时间内，通话表每次发送时间至少相隔2 h，但不得超过4 h。海岸电台播发通话表应呼叫船名；国际船舶应按船名字母顺序呼叫；国内船舶按用户挂号的先后次序呼叫，每个船名呼叫两遍。

陆上用户需以电话或其他方式向有关转接岸台提出与船台通话的申请，岸台收到此项申请后，即将此船名列入本台通话表中。

岸台至船台的呼叫挂号期限：

① 用户挂号期限可保持提出挂号的第二天当地时间8时为止。

② 用户提出通话，届时呼叫不到，岸台即在通话表中停止呼叫并通知原发话人。

船台在其业务时间内，应按通信主管部门的规定，收听有关岸台的通话表，当听到通话表中呼本船时，应尽快回答。

海岸电台叫完通话表后，应立即守听船台呼叫频道，待确信呼叫频道上没有船台呼叫时，才可移至工作频率上工作。

(2) 通话表格式。

① 在2182 kHz或156.800 MHz上应按下列格式发送通话表引语。

· 国际电话：

HELLOALLSHIPS"或"CQ"(读作CHARLIEQUEBEC)不超过三次(在VHF频道上可仅发一次)；

"THISIS"(如语言困难，可用DE，读作DELTAECHO)；

"...RADIO"不超过三次(在VHF频道上可仅发两次)；

"LISTENFORMYTRAFFICLISTON... kHz

或ONCHANNEL...)"。

· 国内电话：

"各台注意"，三次(在VHF频道上可仅发一次)；

"我是……台"，三次(在VHF频道上可仅发两次)；

"现在播发通话表"，一次；

"请到…… kHz(或……频道上)收听"。

上述引语在2182 kHz或156.800 MHz上发送时，任何情况下不得重复。

② 在呼叫频率上宣告通话表无事时的格式。

· 国际电话：

"HELLOALLSHIPS"或"CQ"(读作CHARLIEQUEBEC)不超过三次(在VHF频道上可仅发一次)；

"THISIS"(如语言困难，可用DE，读作DELTAECHO)；

"... RADIO"不超过三次(在 VHF 频道上可仅发两次);

"THEREISNOTHINGINMYTARFFICLIST";

"I'MKEEPINGWATCHON... kHz(或 ONCHANNEL...)"。

· 国内电话:

"各台注意",三次(在 VHF 频道上可仅发一次);

"我是……台",三次(在 VHF 频道上可仅发两次);

"这里无事",两次;

"有事请呼叫"。

③ 在工作频率上发送通话表格式。

· 国际电话:

"HELLOALLSHIPS"三次(在 VHF 上可仅发一次);

"THISIS";

"... RADIO",三次(在 VHF 上可仅发两次);

"MYTRAFFICLISTREADSASFOLLOWS..."。

· 国内电话:

"各台注意",三次(在 VHF 上可仅发一次);

"我是……台"三次(在 VHF 上可仅发两次);

"现在播发通话表";

"本台有电话到下列船舶……"。

④ 无线电话的发送。除遇险情况外,禁止在呼叫频率上进行无线电话通信。船岸台应从呼叫频率移至工作频率,通话前应进行呼叫,以便在工作频率上建立起联络,其格式如下:

· 国际无线电话:

被呼叫电台的呼号或名称或其他识别,一次;

"THISIS"(如语言困难可用 DE,读作:DELTAECHO);

呼叫电台的呼号或名称或其他识别,一次;

"OVER"。

· 国内无线电话:

被呼叫电台名称,一次;

"我是……台"(呼叫电台的名称),一次;

"听到没有,请回答",一次;

如果需转接到陆上用户,岸台应告知船台稍等,并尽快与陆上电话网络接通,如不能迅速接通,岸台应告知船台等待或另约时间。船台与陆上用户通话结束后,船台应主动再次呼叫岸台并告诉本次通话已完毕,同时可询问其本次通话的时间及资费情况。

船岸台双方工作完毕,国际无线电话用"OUT"(如语言困难时,可用 VA,读作 VICTORALFA)结束通话,国内无线电话应以"无事,再见"结束通话。

⑤ 利用无线电话发送无线电报。

· 发送次序。利用无线电话发送无线电报的格式应与用摩尔斯发送电报的标准格式相同,其发送应按下面次序进行:

线电报开始：发自……（船舶电台的名称）；

号数……（无线电报的流水号）；

字数……；

日期……；

时间……（交发无线电报的时间）；

备注……；

业务标识……（如有的话）；

收报人名址……；

电文……；

署名……；

无线电报结束，完毕。

· 处理方法。用无线电话发送无线电报的编号方法应与用摩尔斯报发送电报使用的编号方法相同。按照常规，船舶电台发送的各类无线电报应当逐日按流水编号，每天发给某个电台的第一份无线电报应为第一号。

在无线电报开始的流水号数，应在无线电话通信中接续使用，反之亦然。

每份无线电报，发报台应只发送一次。但是必要时，发报台可重复全部或部分无线电报。

当利用无线电话发送数字时，每个数字应分开读出，在发送每组数字或几组数字之前应冠以“INFIGURES”字样；用字母书写的数字，应按其书写的形式读出，并在发送每组数字或几组数字之前应冠以“INLETTERS”的字样。

· 利用无线电话发送无线电报的收妥承认。发报台只有在收到无线电报的收妥承认后，才可认为电报被发送出去。接收到发报台发送的一份或几份用无线电话发送的无线电报后，收报台应按下列格式给出无线电报的收妥承认：

发报电台的呼号或其他识别；

“THISIS”；（或在语言困难时 DE，读作 DELTAECHO）；

收报电台的呼号或其他识别；

“YOURNO... RECEIVED，OVER”（或在语言困难时，用 R，读作 ROMEO，K，读作 KILO）或“YOURNO... TONO... RECEIVED，OVER”（或在语言困难时，用 R，读作 ROMEO，K，读作 KILO）；

⑥ 无线电话通信的持续时间及通信管制。除遇险、紧急或安全通信外，在载波频率 2182 kHz 或在 VHF 的 CH16 频道上进行呼叫和发送通信准备的信号不得超过 1 min。

在海岸电台与船舶电台之间进行的无线电话通信中船舶电台应遵守海岸电台发出的有关发送次序和时间、频率的选择及工作持续时间和中止的所有指示。

在船舶电台之间进行的无线电话通信中，被呼叫的船舶电台管制通信工作，即管制频率的使用和通信的终止。但是如果海岸电台认为有必要干预时，船舶电台应遵守该海岸电台的指示。

3.2.3 中高频(MF/HF)DSC和安全信息播发系统

1. 数字选择性呼叫(DSC)

1）呼叫频率与方式

在 A2 海区及以外海域中远距离的数字选择性呼叫（DSC）是在中高频（MF/HF）频段

上发送的。国际电联指配的用于遇险和安全 DSC 呼叫的频率，在中高频(MF/HF)的 2 MHz、4 MHz、6 MHz、8 MHz、12 MHz、16 MHz 每一频段都有一个 DSC 呼叫频率，分别为 MF 2187.5 kHz，HF 4207.5 kHz、HF6312 kHz、HF8414.5 kHz、HF12577 kHz、HF16804.5 kHz。

通常，中高频(MF/HF)DSC 有两种方法进行遇险呼叫的发送：

(1) 单频呼叫尝试模式(Single frequency call attempt)。在 MF、HF 频带中的某一个频率上，连续发送 5 次 DSC 遇险呼叫。

(2) 多频呼叫尝试模式(Multiple frequency call attempt)。在 MF 和 HF 频带中的 6 个频率上轮流发送，连续发送 6 次 DSC 遇险呼叫。

2) 中频(MF)遇险呼叫过程

中频(MF)DSC 遇险呼叫过程与甚高频(VHF)DSC 遇险呼叫过程基本一致，也包括 DSC 遇险报警发送、岸台遇险报警确认、船台对遇险报警的确认、岸台遇险报警转发、遇险转发确认等。但是在通信频率、发送方式等方面存在差异。

(1) 遇险报警发送。船舶 DSC 遇险报警发送步骤如下：

① 将发信机调到 DSC 遇险报警频率上。

② 在 DSC 设备上输入或选择如下内容：

- 遇险性质；
- 遇险船最新船位(若接定位仪，如 GPS 接收机，自动更新)；
- 遇险船位对应的 UTC 时间(由定位仪自动更新)；
- 后续的遇险通信方式(电话或电传)。

③ 发送 DSC 遇险报警。

④ 等待 DSC 遇险确认，同时在无线电话遇险和安全频率上准备随后的遇险通信。

(2) 岸台遇险报警确认。在 MF 频段上收到 DSC 遇险报警的岸台，在收到 DSC 遇险报警的 1 min～2.75 min 内应给予确认。发送 DSC 遇险确认的步骤如下：

① 将发信机调到收到遇险报警的频率上。

② 按 DSC 设备说明书，输入或选择下列信息(有些设备是自动注入)：

- “遇险确认”；
- 遇险船的 MMSI 码；
- 遇险性质；
- 遇险船位；
- 遇险船位对应的时间(UTC)；
- 后续遇险通信方式。

③ 发送遇险确认。

④ 将收发信机调到 MF2182 kHz，以便进行无线电话遇险通信。若遇险呼叫中指明遇险通信采用无线电传，而岸台配有 NBDP 设备，则岸台应将收发信机调到 NBDP 遇险通信频率 2174.5 kHz 上，以便进行无线电传遇险通信。

(3) 船台对遇险报警的确认。用 DSC 对遇险报警给予确认，通常由岸台给出。航行在一个或几个岸台的覆盖区域内的船台，一旦收到 DSC 遇险报警应间隔一定时间发送遇险确认，以便让岸台有时间首先确认该 DSC 遇险报警。若没有别的电台收到此 DSC 遇险报警，而该DSC遇险报警在继续发送，且遇险船舶无疑就在附近，船台应该用DSC对此进行遇险确认以终止该报警，但船台还应用任何可行手段通知适当的岸台、岸站或RCC。

一般地，收到另一船的DSC遇险报警的船台应该将收发信机调到MF 2182 kHz上，用无线电话对遇险报警予以确认，并接收后续的遇险通信。

(4) 岸台遇险报警转发。

岸台转发遇险报警应满足以下条件：

① 岸台通过别的途径得知某船遇险，RCC要求转发其报警。

② 岸台负责人认为有必要提供进一步的帮助(此情况下，应与相关的RCC密切合作)。

在上述情况下，岸台可以用“全呼”或“海域呼叫”方式进行岸对船的遇险转发。岸台转发遇险报警步骤如下：

① 将发射机调到DSC遇险频率上(MF/2187.5 kHz)。

② 按DSC设备说明书，输入或选择下列信息(有些设备是自动注入的)：

- “全呼”或“海域呼叫”；
- 如为“海域呼叫”，则需输入指定海域范围；
- 遇险转发；
- 遇险船的MMSI码(若已知)；
- 遇险性质；
- 遇险船位；
- 遇险船位对应的时间(UTC)；
- 后续通信方式(电话或电传)。

③ 发送遇险转发。

④ 在MF/2182 kHz上收听船台的确认。

(5) 遇险转发确认。

岸台收到来自船台的遇险转发后，应尽快地将此“遇险转发”转至RCC上。RCC收到遇险转发后，应尽快地由合适的岸台以DSC遇险转发确认方式向转发的船台进行确认。若遇险转发来自岸台，通常别的岸台不需采取进一步的行动。

3) 高频(HF)遇险呼叫过程

高频(HF)DSC遇险呼叫过程主要包括遇险报警发送和遇险报警确认。

(1) 遇险报警发送。

在A3和A4海区，DSC船对岸报警是在HF频段上发射的，而对附近船的DSC报警是在MF和/或VHF频段上发射的。船舶选择HF频段发送DSC遇险报警考虑到实际季节和一天当中各时间段的HF电波的传播特性。通常在8414.5 kHz上发送DSC遇险报警在大多数情况下是首要的选择。在一个以上HF频段上发送DSC遇险报警会增加岸台成功接收其报警的概率。

在高频频段(HF)上发送DSC遇险报警的方式主要有以下两种：

① 在一个HF频率上发送DSC遇险报警，等待来自岸台的确认。如在3 min内没有收到确认，选择另一合适的HF频率再次发送该报警，即所谓用单频呼叫尝试报警。

② 连续或间隔很短时间在几个HF频率上发送DSC报警，各呼叫间不留等待确认的时间，即所谓用多频呼叫尝试报警。

船舶发送HF DSC遇险报警的步骤如下：

① 发信机调到选定的HF DSC遇险频率(4207.5 kHz、6312 kHz、8414.5 kHz、12 577 kHz、16 804.5 kHz上)。

② 编辑DSC遇险报警序列。

③ 发送DSC遇险报警。

船对船遇险报警通常在MF和/或VHF频段上进行。但是在特殊情况下，例如在热带区域，在HF频段上DSC遇险报警不但用于船对岸的遇险报警，而且也可用于船对船的遇险报警。在合适的DSC遇险频率上发送DSC遇险报警后，应在相应的遇险通信频率上准备进行遇险通信。如果采用多频呼叫尝试报警方式发送HF DSC遇险报警，若在某个HF DSC频率上成功地收到了来自岸台的确认，则应在与这个DSC遇险频率相应的无线电话或电传遇险通信频率上准备遇险通信；若在一个以上HF DSC频率上收到了来自岸台的确认，则可在与其中一个DSC遇险频率相应的无线电话或电传遇险通信频率上准备遇险通信。但是如果没有收到来自岸台的响应，则应依次选用别的频段进行。

(2) 遇险报警确认。

遇险船有时会在HF频段上以多频呼叫尝试方式发送DSC遇险报警。岸台收到HF DSC遇险报警后应在所有HF DSC遇险报警频率上发送DSC遇险确认，以便更可能地被遇险船和收到DSC报警的船收到此确认。通常遇险通信是在收到DSC报警频段上的合适的遇险和安全通信频率(无线电话或电传)上进行的。

4) 通信要求

(1) 一般规定。

遇险通信是指遇险船舶要求立即救援的所有信息，包括搜救通信和现场通信。遇险通信应尽可能地在遇险与安全通信频率上进行。

用无线电话方式进行遇险通信时，各个呼叫前应冠有遇险信号MAYDAY。用NBDP方式进行遇险通信，应使用CCIR建议的具有纠错能力的工作方式(FEC)，并在所有交换的电文前应至少冠有一个回车、一个换行、一个字母转换信号和遇险信号MAYDAY。

用NBDP方式进行的遇险通信应由遇险船舶建立，并使用广播(前向纠错)方式FEC。当ARQ方式优于FEC方式时，随后的遇险通信也可使用ARQ方式。

(2) 遇险后续通信。

中高频(MF/HF)DSC遇险通信可以用无线电话进行，也可用无线电传进行。无线电话遇险通信应使用英语发送，如遇语言困难，也可使用IMO出版的国际标准水上词汇和国际信号代码。但当只需国内船岸台援助时，也可使用中文发送。

① 遇险报告格式。遇险船舶收到DSC遇险确认后，应在适当的中高频(MF/HF)无线电话遇险和安全频率上发送遇险报告。遇险报告的格式如下：

MAYDAY；

This is(如语言困难，可用DE，读作DELTA ECHO)或(我是)；

船名、呼号和MMSI码或其他识别；

船位(若DSC遇险报警中无船位信息)；

遇险性质和需要的援助；

任何有助于救助的其他信息。

② NBDP遇险报告格式。遇险船舶收到DSC遇险确认后，若在DSC遇险报警中指明后续的遇险通信方式是NBDP，则通常在发送DSC遇险报警的同频段的NBDP遇险与安全通信频率上发送遇险报告。该遇险报告应采用FEC方式发送，此格式如下：

回车(至少一个)、换行和字母转换信号；

MAYDAY；

回车；

This is或DE；

船名、呼号和MMSI码或其他识别；

船位(若DSC遇险报警中无船位信息)；

遇险性质和需要的援助；

任何有助于救助的其他信息。

③ 无线电话赴援报告格式。在MF频段上收到DSC遇险报警并给予确认的船台，可用无线电话在2182 kHz上发出赴援报告，格式如下：

MAYDAY；

遇险船的船名、呼号或MMSI码或其他识别，三次；

This is或DE(我是)；

赴援船的船名、呼号或MMSI码或其他识别，三次；

MAYDAY；

赴援时的位置；

现在行驶的最高速度；

估计抵达遇险现场的时间；

其他有关事项；

署名；

OVER。

当岸台对DSC遇险报警确认后，应RCC或RCC指定的电台的要求，上述电话也可发给RCC或RCC指定的电台。

④ NBDP赴援报告的格式。在MF频段收到DSC遇险报警并给予确认的船台，若指明用NBDP作为遇险通信方式，可用FEC方式在2174.5 kHz上发出请求赴援信息，格式如下：

回车(至少一个)、换行和字母转换信号；

MAYDAY；

遇险船的船名、呼号和MMSI码或其他识别；

DE或This is；

赴援船的船名、呼号或MMSI码或其他识别；

回车；

MAYDAY；

赴援时的位置；

行驶的最高速度；

估计抵达遇险现场的时间；

其他有关事项；

署名。

当岸台对DSC遇险报警确认后，应RCC或RCC指定的电台的要求，上述电传也可发给 RCC 或 RCC 指定的电台。

⑤ 遇险通信管制与终止通告。遇险通信的管制是指 RCC 不但负责管制搜救行动，还负责协调有关遇险事件的遇险通信，也可指定另一电台来协调遇险通信。

协调遇险通信的 RCC、协调搜救作业的单位或有关岸台，可以对干扰该遇险通信的电台强制静默。这个指示可根据情况发给所有电台或只发给一特定电台。在无线电话中，使用 SEELONCE MAYDAY 信号，读作法语的 silence maider；在 NBDP 中，常用 FEC 方式并发送 SILENCE MAYDAY 信号，若使用 ARQ 方式更有利，也可使用 ARQ 方式。

⑥ 正常通信恢复。若遇险通信在用作遇险通信的频率上已停止，控制搜救作业的 RCC 应开始在该遇险通信频率上发送表示遇险通信已结束的通知。

使用无线电话通信时，恢复正常通信的通知格式如下：

MAYDAY；

Hello All Stations 或 CQ(读作 CHARLIE QUEBEC)，三次；

This is(语言困难时用 DE，读作 DELTA ECHO)；

发送该通知的电台名称、呼号或其他识别，三次；

交发该通知的时间；

遇险移动台的名称和呼号；

SEELONCE FEENEE，读作法语的 Silence fini。

使用 NBDP 通信时，恢复正常通信的通知电文格式如下：

回车(至少一个)、换行和字母转换信号；

MAYDAY；

回车；

CQ；

DE 或 This is；

发送该通知的电台名称、呼号或其他识别；

发该通知的时间(UTC)；

遇险移动台的名称和呼号；

SILENCE FINI。

⑦ 现场通信。中高频频段的现场通信，在利用无线电话进行现场通信时，最好使用遇险频率 2182 kHz，并且用单工发射。若使用无线电传(NBDP)方式，则 2174.5 kHz 可作为船对船的现场通信频率。在使用 NBDP 进行现场通信时，应采用 NBDP 的前向纠错方式(FEC)。

船舶与航空器之间现场通信除了使用 2182 kHz 外，还可使用 3023 kHz、4125 kHz、5680 kHz。

2. 安全信息播发

中高频(MF/HF)安全信息播发主要采用奈伏泰斯(NAVTEX)和无线电话(SSB)方式。

1) 奈伏泰斯(NAVTEX)业务

岸基的奈伏泰斯(NAVTEX)播发业务已经在世界许多沿岸海域被广泛使用，用以播发区域性的航行警告和其他安全信息。由船舶配备的 NAVTEX 接收机可定时自动打印出航行区域内所选岸台的有关海上安全信息。

按国际海事组织(IMO)规定，把世界21个航行区划分为NAVTEX服务区，每区所覆盖的海域分别设不超过24个NAVTEX播发台，各台以英文字母A，B，C…Z进行编码。各航行警告区的每个NAVTEX播发台分时工作，每个NAVTEX播发台每隔4小时播发一次报文信息，每次播发10分钟。我国沿海处于世界航行警告区第11区，共有7个播发台，分别是三亚(M)、湛江(Z)、广州(N)、福州(O)、上海(Q)、天津(T)和大连(R)。其中湛江台和天津台的播发时间重复，但由于它们各自覆盖的海域相隔较远，不会造成互相干扰，这两台只播发本国语言(中文)的业务，其他五台则播发中、英文业务。奈伏泰斯业务(NAVTEX)有国际和国内之分。国际奈伏泰斯业务是指通过窄带直接印字电报技术，使用英文在518 kHz频率上进行广播，并由所有船舶自动接收海上安全信息的业务。国内奈伏泰斯业务是指通过窄带直接印字电报技术，使用主管部门确定的518 kHz以外频率和语言进行广播，并由本国船舶自动接收海上安全信息的业务。我国规定国内奈伏泰斯业务使用中文在486 kHz频率上播发。

(1) 播发格式。

① 国际奈伏泰斯(英文518)格式：

ZCZC B1B2B3B4
ddhhmmUTC MMM YYYY(始发报文时间)
TXT
NNNN

其中，dd表示日(2字符)、hh表示小时(2字符)、mm表示分钟(2字符)、UTC表示报文始发时间采用世界标准时间、MMM表示月(3字符)、YYYY表示年(4字符)、NNNN表示电文结束符号。

下面以上海海岸电台播发英文航行警告为例：

ZCZC QA01
060240UTC AUG 2010
TXT
NNNN

② 国内奈伏泰斯(中文486)格式：

ZCZC B1B2B3B4
YYMMddhhmm(始发报文时间)
TXT
NNNN

始发报文时间采用北京时间。

下面以广州海岸电台播发中文航行警告为例：

ZCZC NA50
10—08—06 14：23
广州海岸电台
N/W GUANGZHOU NR030/0325 CK70 20 1500L
TXT
NNNN

(2) 播发规定。

每个NAVTEX播发台共用频率为518 kHz(或本国语言490 kHz，我国用486 kHz)，为避免干扰，经有关部门协调，在规定的广播时间用英语(或本国语言)进行奈伏泰斯业务广播。

① 有报文时的广播时间间隔应不超过 4 小时。

② 在规定的广播时间内，各类电文的播发次序与电文收到的次序相反，即后收到的先播发。

③ 销号电文只应播发一次，已被注销的电文在广播中应不再出现。

④ 航行警告只要仍处在有效期内，一般在规定的广播时间内应一直予以重复播发。

⑤ 气象预报一般每天播发两次。

⑥ 气象警告应立即播发，然后在下一个广播时间重播。

⑦ 搜救信息。奈伏泰斯广播不适用于遇险通信，但为了使航海人员警惕和了解遇险情况，最初的遇险电文可使用奈伏泰斯进行广播。

⑧ 现无电文。在无信息播发时，可以利用这一措施确认发信机在规定的广播时间内工作是否正常。

⑨ 报文应尽量少用缩语。若报文使用缩语，应严格按照国际上公认的用法。

⑩ 各岸台每次播发时间不得超过 10 分钟。单一电文过长，不能保证 10 分钟能播完，应该通知送播单位，对电文作精简的修改。多条电文累计超过 10 分钟的应删除旧电文。

(3) 播发优先标志。

① VITAL(极其重要)：只能在非常紧急的情况下使用。

② IMPORTANT(重要)：适用于大多数紧急信息。

③ ROUTINE(常规)：适用于所有在奈伏泰斯(NAVTEX)业务中播发的信息。

(4) 播发优先次序(第一次广播)。

① VITAL(极其重要)：立即播发，岸台要立即监听工作频率。若频率空闲，则应立即播发；若频率已被占用，则要确定是哪一个电台发射，然后要求该台中断其正在进行的发射，待频率空闲可立即播发。极其重要警告广播完毕后，原工作电台可恢复正常广播。

② IMPORTANT(重要)：岸台要立即监听工作频率。若该频率未被占用，则即可播发；若该频率已被占用，待该台发送完毕后可立即播发。

③ ROUTINE(常规)：在规定的下一个播发时间内播发。

(5) 协调。

我国的奈伏泰斯(NAVTEX)国家协调人为中华人民共和国海事局，而地区的协调人一般为各直属海事局的通航管理部门。

2) 水上无线电话广播业务

水上无线电话广播是指由一个电台采用 HF、MF、VHF 水上专用频道向多个电台发送有关海上安全信息的业务。现我国部分海岸电台已试验性开放了无线电话广播业务，但目前还没有统一的标准和规定，各岸台按当地海事部门的要求，或根据实际情况制定各自的播发格式及时间表，并报主管部门批准后开通此业务。

本章小结

海上中高频(MF/HF)通信系统是 GMDSS 使用的主要通信系统之一，它由中高频

(MF/HF)海岸电台和中高频(MF/HF)船舶电台组成，工作频率为1.6 MHz～27.5 MHz。中高频(MF/HF)电台提供的GMDSS功能有：遇险报警、搜救协调通信、现场通信、海上安全信息的播发和日常(船舶之间、船舶与陆上用户之间的电话、电传)通信等。

VHF通信是海上无线电通信的重要组成部分。VHF通信系统由海岸/港口VHF电台和船舶VHF电台组成，可用来实现船岸间或船舶间近距离通信，同时通过海岸/港口VHF电台的转接还可实现船舶电台与陆地公众网用户间的通信。VHF通信的工作频段为156 MHz～174 MHz，属于VHF频段。随着海上无线电通信业务的需要和发展，通信的信息量加大、传送的报文加长，对电文的差错率也提出了更高的要求。

虽然海上无线电通信采用了单边带SSB制，使中高频的信道容量增加，缓解了信道的拥挤，但由于无线电波传播的衰落现象严重制约了中高频无线电通信的应用，因而无法满足日益增长的海上无线电通信业务的需求。为此，IMO将无线电传(TOR：Telex Over Radio)技术，即窄带直接印字电报(Narrow Band Direct Printing Telegraph)引入到中高频(MF/HF)无线电通信系统。窄带直接印字电报技术很好地克服了无线电波传播的衰落现象，提高了通信的可靠性。同时，利用陆上的电传通信网络，实现船舶与陆上主管部门之间的直接通信连接。满足全球海上遇险与安全系统(GMDSS)的通信要求。窄带直接印字电报设备(Narrow Band Direct Printing Telegraph Equipment)简称NBDPTE，习惯上称为NBDP作为满足GMDSS要求的主要终端设备之一用于中高频(MF/HF)无线电通信系统。数字选择性呼叫(DSC)设备是全球海上遇险与安全系统(GMDSS)的地面无线电通信系统使用的重要终端设备。DSC设备与VHF、MF/HF SSB收发信设备相连接，提供完善的遇险报警功能，将从根本上改变船舶电台与海岸电台、船舶电台与船舶电台之间无线电的联系和通信线路的建立，使海上通信能直接进入陆上通信网。

海上常规无线电话通信是指采用MF、HF、VHF水上专用频带进行船舶间、船与专用无线电话台间或经岸台和陆上通信话路转接的船与用户间的无线电话通信。海上常规无线电话按业务种类可分为航务无线电话、国内公众船舶无线电话和国际公众船舶无线电话。

交通系统各单位的船舶电台与江、海岸无线电话台或专用电话台间为保障船舶航行安全，调度指挥和运输生产进行的无线电话通信，均属航务无线电话。

国内用户经我国岸台和邮电部门国内电话网与我国船舶间进行的无线电话通信，均属国内公众船舶无线电话。凡经我国船舶电台与外国船岸台之间、外国船舶电台与我国岸台间之间以及我国船舶电台经由我国岸台与外国用户间进行的无线电话通信，均属国际公众船舶无线电话。

习题与思考题

3.1 简述单边带调制(SSB)的特点。

3.2 单边带发射机中平衡调制器的作用是什么？

3.3 单边带接收机中AGC电路的作用是什么？

3.4 海事中高频(MF/HF)单边带发射机的作用是什么？

3.5 海上中高频(MF/HF)组合电台主要包括哪些通信终端设备？

3.6 什么是单边带(SSB)通信？与AM相比有哪些主要特点？单边带(SSB)无线电话包括哪三种工作模式？

3.7 海上中高频(MF/HF)通信设备，单边带(SSB)电话、NBDP、DSC通信各自采用什么通信种类？它们的符号含义是什么？

3.8 发射机键控电路的作用是什么？实际中如何控制？

3.9 实际中，各种单边带(SSB)是如何控制信号产生的？

3.10 自动天线调谐器的功能是什么？实际中如何实现？

3.11 SSB接收机AGC电压从哪提取？其作用、控制要求和控制方法是什么？

3.12 为什么单边带信号的解调需要同步检波器？它与包络检波器有何不同点和相同点？

3.13 船舶哪些通信设备需要由交直流双电源供电？

第4章　海上卫星通信与导航系统

4.1　概　述

目前地面无线电通信网只能覆盖地球上有限的表面积，主要为城市地区和部分沿海海域，许多陆地和海洋没有被覆盖，卫星移动通信系统凭借其独特的优势可以弥补这方面的不足。目前，全球海上卫星技术的应用主要分为卫星通信与卫星导航两大系统，如图4.1所示。

- 海上卫星通信与导航系统
  - 卫星通信系统
    - 国际海事卫星系统(INMARSAT)
    - 全球星(Global Star)系统
    - 轨道通信(Orbcomm)
    - 全球无线(Global Wireless)
    - 中圆轨道卫星ICO(Inmarsat-P)
    - 铱星通信系统(Iridum)
    - 甚小口径卫星系统(VSAT)
  - 卫星导航系统
    - 全球定位系统(GPS)
    - 北斗定位系统(BDS)
    - 伽利略(Galileo)系统
    - 格洛纳斯(Glonass)系统

图4.1　全球海上主要卫星通信系统与卫星导航系统

卫星通信系统是指利用人造地球卫星作为中继站来转发无线电波，从而实现两个或多个地球站之间的通信。随着信息社会的不断发展，卫星通信技术手段的应用越来越广泛，其价值也越来越突出，成为了我们日常生活工作中必不可少的重要组成部分，在政治、经济、文化等各个方面都具备着较强的表现价值，对于抢险救灾同样也能够发挥出较强的优势。卫星通信系统主要有铱星通信系统、全球星系统、国际海事卫星系统、甚小口径卫星系统(Very Small Aperture Terminal，VSAT)等。

卫星导航系统是以卫星作为导航台的星基无线电导航系统，为全球提供全天候、高精度的位置、速度和时间信息。卫星导航系统主要由卫星导航定位系统及其增强系统构成。目前，全球性的卫星导航系统有全球定位系统(Global Positioning System，GPS)、北斗卫星导航系统(DeiDou Navigation Satellite System，BDS)、格洛纳斯(Glonass)系统和伽利略(Galileo)系统等。

进入21世纪以来，为了适应信息技术的发展，提高卫星技术的发展水平以及空间系统的总体能力，各国或区域组织积极投资建设了各类卫星通信、导航系统，例如前面所提到的铱星通信系统、全球定位系统(GPS)、伽利略(Galileo)卫星导航系统、格洛纳斯(Glonass)导航定位系统等。同时，为了满足水上遇险报警和搜救的特殊需求，国际海事组织(IMO)推动了国际海事卫星系统(INMARSAT)和全球搜救卫星系统(COSPAS/SARSAT)的建设。近年来，我国各类卫星通信、导航系统也快速发展，包括北斗卫星导航系统(BDS)、甚小口径卫星通信系统(VSAT)、天通一号高通量卫星通信系统等相继投入运行，在各行业得到广泛应用。

随着卫星技术与空间技术的不断发展，各种基于卫星技术的通信、导航等应用已广泛地融入到人们的日常生活。本章主要介绍海上卫星通信与导航技术及其应用，主要包括卫星通信系统、卫星导航系统以及搜救卫星系统等技术。

4.2 卫星通信技术

传统的通信技术由于覆盖范围的限制，无法做到全球范围的覆盖，而人造地球通信卫星(简称通信卫星)可以作为在太空中的无线电波中继站和转发站实现全球覆盖，如图4.2所示，其相当于地面的微波接力向太空的延伸。

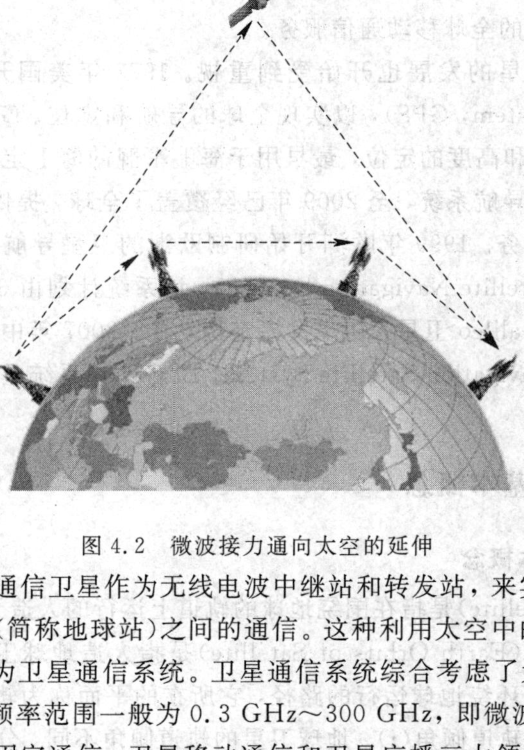

图4.2 微波接力通向太空的延伸

卫星通信是指利用通信卫星作为无线电波中继站和转发站，来实现两个或两个以上地球上的卫星通信地球站(简称地球站)之间的通信。这种利用太空中的通信卫星与地球站之间进行通信的系统，称为卫星通信系统。卫星通信系统综合考虑了无线电波在太空中的传输特性，其无线电波的频率范围一般为0.3 GHz～300 GHz，即微波频段。

卫星通信分为卫星固定通信、卫星移动通信和卫星广播三大领域。卫星通信的特点是覆盖范围广、频宽较宽、传输容量大、机动灵活、不受地理条件限制、通信距离远。其在海上和陆地移动通信、军事通信、广播电视和宽带互联网等领域得到广泛的应用，是远洋海上通信必不可少的通信方式之一。

4.2.1 卫星通信的发展现状

卫星通信发展的历史最早要追溯到 1945 年 10 月，英国空军雷达专家阿瑟克拉克(Arthur C Clarke)提出在全球无线通信中利用地球静止轨道同步卫星的设想，即使用“地球外的中继站”来实现全球通信。

目前，在轨的卫星通信系统有国际海事卫星通信系统(INMARSAT)、铱星通信系统(Iridium)、全球星系统(Global Star)、VSAT 卫星通信系统等。其中国际海事卫星通信系统(INMARSAT)发展应用较为广泛。1976 年政府间海事协商组织(现改名国际海事组织)经过一系列准备，于 9 月召开会议，通过了《国际海事卫星组织公约》和《国际海事卫星组织业务协定》。公约于 1979 年 7 月 16 日正式生效，同年 10 月 24～26 日在伦敦召开了国际海事卫星组织第一届全体大会，宣告国际海事卫星组织(INMARSAT)正式成立，它是一个提供全球范围内移动卫星通信的政府间合作机构。1982 年，国际海事卫星通信进入运行阶段，推出第一代 INMARSAT-A 移动卫星电话系统，向全球海上航行的船舶提供卫星电话通信服务。第一代海事卫星通信系统通信容量有限，而且只能提供电话、短信和数据等窄带通信业务。为了满足不断发展的全球海上移动通信的需求，国际海事卫星组织在 INMARSAT-A 的基础上先后发展了 INMARSAT-B 系统、INMARSAT-C 系统、INMARSAT-M 系统和 INMARSAT-F 系统，为全球海上、陆地和空中移动用户提供了包括宽带网络等多种业务的全球移动通信服务。

同时，导航定位卫星的发展也开始受到重视。1973 年美国开始研制全球定位系统(Global Positioning System，GPS)，以实现全球的导航和定位。GPS 利用 24 颗卫星进行全球范围的经度、纬度和高度的定位，最早用于海上军舰的海上定位。1993 年俄罗斯开始独自建立 Glonass 卫星导航系统，至 2009 年已经覆盖了全球，提供全球用户目标的坐标、运动速度等导航定位服务。1999 年欧洲开始研制欧洲的卫星导航系统——伽利略卫星导航定位系统(Galileo Satellite Navigation System)，该系统计划由 30 颗卫星组成，至 2014 年已经成功发射 6 颗 Galileo 卫星，初步发挥定位功能。2007 年中国开始自主研制北斗卫星导航系统(BeiDou Navigation Satellite System，BDS)，该系统是第三个成熟应用的卫星导航系统。

4.2.2 卫星通信的基本概念

1. 卫星轨道的基本概念

人造地球卫星(Satellite)是指在围绕地球的轨道上运行的人造天体。

人造地球卫星轨道(Earth Orbits of Satellite)是指人造地球卫星在空间运动的轨迹，即人造地球卫星在空间环绕地球运行的路径，它所在的平面称为轨道平面。卫星轨道平面与赤道平面的夹角称为轨道倾角(i)。地球卫星的轨道倾角不同，分类也不同，即卫星的称谓也不同。

星下点(Sub-Satellite Point)是地球中心与卫星的连线在地球表面上的交点，用地理经纬度表示。星下点的集合称为星下点轨迹(Track of Subsatellite Point)。

1）卫星轨道的分类

（1）按轨道倾角分类。

当卫星轨道倾角 $i=0$ 时，卫星轨道与地球赤道面重合，在轨卫星称为赤道卫星，一般为静止卫星，后面另有详述。当卫星轨道倾角 $i=90°$时，卫星轨道面穿过地球南北极，即与赤道面垂直，称为极轨道，在轨卫星称为极轨卫星。当卫星轨道倾角为 $0°<i<90°$时，卫星轨道面倾斜于赤道平面，称为倾斜轨道，在轨卫星称为倾斜轨道卫星。

（2）按轨道高度分类。

按卫星离地面最大高度 h_{max}的不同，可以分为近地轨道、中轨道和高轨道三种。

当卫星离地面最大高度 $h_{max}<5000$ km 时，称为近地轨道（Low Earth Orbit，LEO），也称为低轨道，在轨卫星称为近地轨道卫星，其运行周期一般小于 4 小时；当卫星离地面最大高度为 5000 km $<h_{max}<$20 000 km 时，称为中轨道（Medium Earth Orbit，MEO），在轨卫星称为中轨卫星，其运行周期一般大于 4 小时；当卫星离地面最大高度 $h_{max}>$20 000 km 时，称为高轨道（Highly Elliptical Orbit，HEO），在轨卫星称为高轨道卫星，运行周期大于 12 个小时。

（3）按卫星运转周期分类。

按卫星运转周期不同，卫星轨道可分为非同步轨道和同步轨道。

非同步轨道的轨道运转周期不等于一个恒星日（24 小时），在轨卫星称为非同步卫星。

同步轨道（Geosynchronous Orbit，GSO）的轨道运转周期等于地球的自转周期且方向亦与之一致，轨道高度约为 35 786 km，在轨卫星称为同步卫星。

轨道倾角 $i=0$ 的同步轨道称为地球静止轨道（Geostationary Earth Orbit，GEO），也称地球静止同步轨道，或简称静止轨道。特别指卫星或人造卫星垂直于地球赤道上方的正圆形地球同步轨道。地球静止同步轨道属于地球同步轨道的一种。地球静止同步轨道处于地球赤道平面内，运行方向与地球自转方向一致，绕地球一圈的时间与地球自转一周的时间相同，为 23 小时 56 分 04 秒，轨道半径为 42 164 km。由于在静止同步轨道运动的卫星的星下点轨迹是一个点，因此地表上的观察者在任意时辰始终可以在天空的同一个位置观察到卫星，从地面看卫星是"静止"不动的，称为地球静止同步轨道卫星，此时卫星轨道半径 R 为 42 164 km，地球赤道半径 r 为 6378 km，卫星距地面高度 h 为 35 786 km。

2）静止卫星的通信覆盖及传输时延

通信卫星大多在静止轨道上运动，从地球看静止轨道卫星（GEO）是相对静止不动的，因此可以作为由通信中继转发站组成的通信系统。利用静止同步轨道卫星（GEO）的通信称为同步卫星通信。同步卫星通信已成为主要的卫星通信方式。而不在地球同步轨道上运行的中轨道卫星（MEO）、近地轨道卫星（LEO）大多在移动卫星通信中应用。

静止轨道卫星（GEO）覆盖面积大，一颗静止轨道通信卫星大约能覆盖地球表面的 40%，在赤道平面上只要有 3 颗相隔 120°均匀分布的同步静止卫星，就可实现除南北两极以外的全球覆盖，如图 4.3 所示。

卫星通信传输时延（Transmission Delay）是指卫星在太空，电磁波的从地面传输到卫星，再由卫星传输回到地面的传输时间延迟。一条单跳的卫星通信线路由发送端到接收端的单程传输时延为

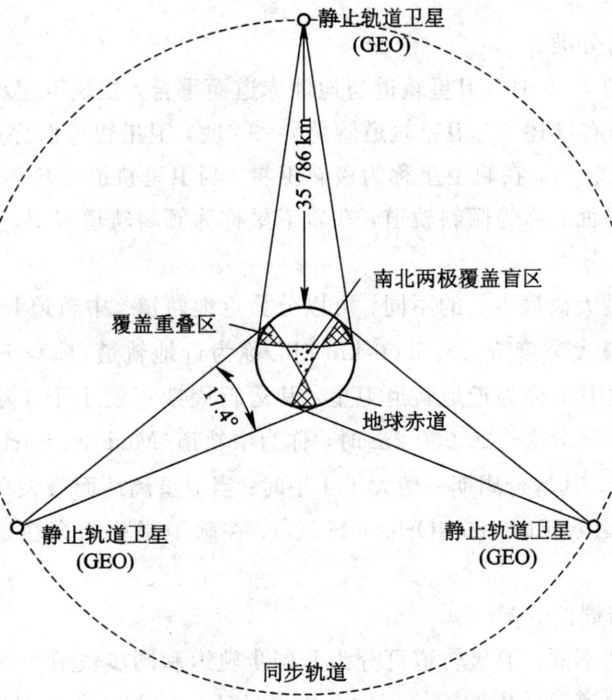

图 4.3　同步卫星通信覆盖

$$t = \frac{\text{上行传输路径} + \text{下行传输路径}}{C}$$

其中，C 为电磁波在自由空间的传播速度，即光速 C。

当卫星为地球静止同步轨道卫星时，空间传输的最小距离为卫星距地面高度(35 786 km)，最大距离为卫星到赤道平面切线点的距离(41 679.4 km)，一般取 40 000 km 的约值，则单程时延为 0.27 秒，双程约为 0.54 秒。

2. 卫星通信的方位角、仰角和极化角

地球站发射天线或接收天线对准地球静止轨道卫星的角坐标包括仰角(H)、方位角(A)。习惯上规定将水平时的仰角(H)记为 0°，方位角(A)正南为 0°，偏东为正，偏西为负。地球站发射天线或接收天线的角坐标计算公式如下：

方位角(A)：

$$A = \arctan\left[\frac{\tan(\phi_1 - \phi_2)}{\sin\theta}\right] \tag{4-1}$$

仰角(H)：

$$H = \arctan\frac{\cos\theta\cos(\phi_1 - \phi_2) - r/R}{\sqrt{1 - [\cos\theta\cos(\phi_1 - \phi_2)]^2}} \tag{4-2}$$

极化角(P)：

$$P = \arctan\left[\frac{\sin(\phi_1 - \phi_2)}{\tan\theta}\right] \tag{4-3}$$

式中，A 为天线的方位角，H 为天线的仰角，ϕ_1 为卫星星下点经度，ϕ_2 为地球站收发天线所在地的经度，θ 为所在地纬度，r 为地球赤道半径(6378 km)，R 为卫星同步轨道半径(42 164 km)。

极化角就是馈源相对于标准位置所旋转的角度，面向卫星方向顺时针为正，逆时针为负，理论上，正南偏东的卫星极化角为正，偏西的卫星极化角为负。单极化的馈源若将波导管平行于卫星同步带，就能接收卫星的水平极化波。

3. 卫星通信的特点

卫星通信与电缆通信、微波中继通信、光纤通信、无线电通信等传统的地面通信方式相比，有许多不同的特点。

1) 卫星通信的优点

(1) 覆盖区域大，传输距离远，而且传输距离与通信成本几乎无关。通信卫星作为在太空的中继转发站，在通信卫星覆盖范围内的任何地区都能进行通信。而一颗地球静止同步卫星(GEO)可覆盖地球近 1/3 的表面，因此，利用 3 颗适当分布的地球静止同步卫星(GEO)即可实现除两极以外的全球通信。

(2) 卫星通信受地球表面上各种自然灾害的影响较小，卫星通信的电波主要在自由空间传播，噪声小，通信质量好，可靠性高。

(3) 卫星通信机动灵活。卫星通信不受地理条件的限制，将卫星通信地球站建在边远地区、岛屿或移动的汽车、飞机和船舶上，就能实现卫星通信。

(4) 卫星通信可在微波频段工作，频率范围较宽，通信容量大。由于卫星通信采用了微波频段，因而每个卫星上可设置多个转发器，通信容量很大，可进行多业务通信服务。

(5) 卫星通信采用多址连接通信方式。卫星所覆盖区域内的所有地球站都能利用同一通信卫星进行相互间的多方向、多地点的多址连接通信，即多址连接。

2) 卫星通信的局限性

(1) 通信卫星使用寿命较短。

人造卫星的寿命取决于许多因素，包括卫星在轨寿命以及轨道调整和姿态修正等消耗的推进剂(携带的推进剂越多其在轨寿命越长)，日、月和地球等空间环境的影响，太空环境恶劣、宇宙射线辐射对卫星部件产生的影响，卫星部件无法维修等因素。这些因素造成通信卫星使用寿命较短，因此综合使用成本较高。

(2) 星蚀。

所有地球静止轨道卫星在每年春分和秋分前后各 23 天中，当星下点进入当地时间午夜前后，卫星、地球和太阳三点同处在一条直线上时，地球挡住了阳光，卫星进入地球的阴影区而造成星蚀，从而导致卫星上的太阳能电池无法正常工作，此时只能靠星载电池来维持工作。

(3) 日凌。

每年春分和秋分前后，当卫星星下点进入当地时间中午前后时，卫星处在太阳和地球中间，天线在对准卫星的同时也会对准太阳，会因接收到强大的太阳辐射电磁波热噪声而使通信无法进行，称为日凌中断。日凌对通信信号的干扰每次大约要延续 6 天，出现中断的时间长短与天线口径、工作频率有关。月亮也会引起类似问题，但因为其噪声比太阳小得多，所以不会造成中断。日凌如图 4.4 所示。

图 4.4　太阳辐射造成的日凌

(4) 雨衰。

电磁波进入雨层中由于雨滴的吸收和散射而引起的衰减称为降雨衰减，简称雨衰。不同频率的电磁波对于雨滴的穿透率和散射不同，因而造成的衰减也不同。当电磁波的波长远大于雨滴的直径时，主要是吸收引起的衰减；当电磁波的波长与雨滴的直径相同时，主要为散射引起的衰减。由于卫星通信使用频率较高，在微波频段，雨衰的大小与雨滴直径和电磁波波长的比值有着可比性关系，而雨滴的半径则与降雨率有关。当频率一定时，降雨量越大雨衰越大；当降雨量一定时，频率越高雨衰越大。

实测结果表明雨滴的直径约在 0.025 cm～0.3 cm。卫星通信 C 波段(4 GHz～8 GHz)的电磁波波长在 7.5 cm 左右，与雨滴半径相差较大，因此受降雨影响较小，一般衰减小于 2 dB。而卫星通信 Ku 波段(12 GHz～18 GHz)的电磁波的波长在 2.5 cm 左右，接近于雨滴的直径，故降雨对 Ku 波段的电磁波产生的影响比较明显，衰减最大可达 20 dB。

(5) 存在地球两极通信盲区。

如图 4.3 所示，地球静止轨道卫星(GEO)在地球两极地区无法覆盖到的地方称为通信盲区，而且在地球的高纬度地区通信信号覆盖效果也不好。

(6) 电磁波传播时延较大造成回波干扰。

同步通信卫星在距离地面 35 786 km 的太空时，由于卫星通信线路较长，从而导致了电磁波传输时延现象。这一现象，在卫星电话通信时，不仅会引起双方通话信号的重叠，更麻烦的是通话中发话者会被自己发出话音的回音所干扰。

4.2.3　卫星通信系统的组成与分类

1. 卫星通信系统的组成

卫星通信系统一般由空间分系统(即通信卫星)、跟踪遥测及指令分系统、监控管理分系统和卫星通信地球站分系统四个部分组成，如图 4.5 所示。

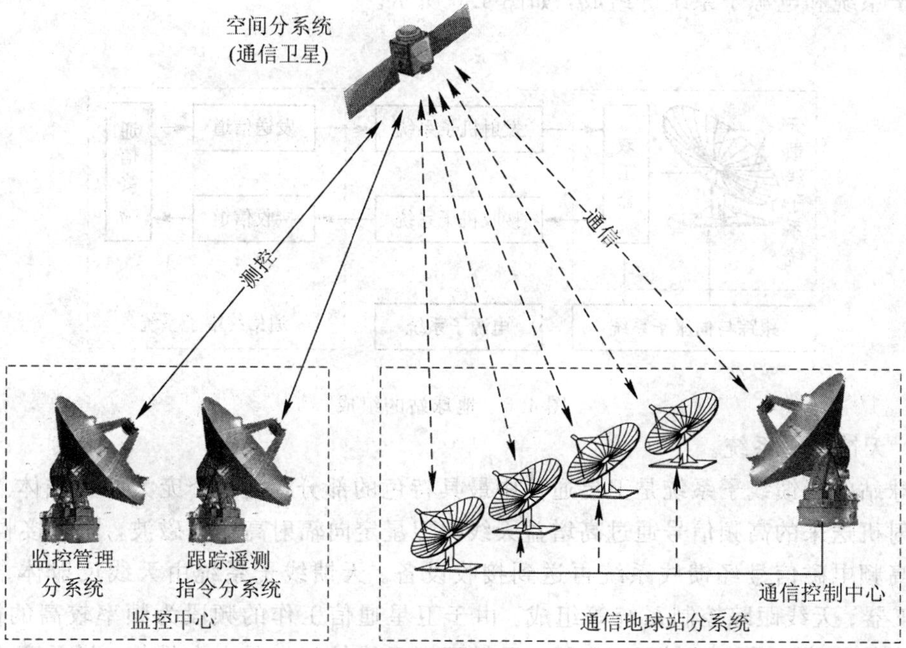

图 4.5　卫星通信系统的基本组成

1）空间分系统

空间分系统即通信卫星，是由一颗或多颗通信卫星组成的，在空中对发来的无线电通信信号起中继放大和转发作用。卫星星体包括有效载荷和空间平台两大子系统：有效载荷是通信卫星的主体，负责进行通信中继转发，主要由收发天线、一个或多个转发器、微波收发机等组成；空间平台是维持有效载荷正常工作的所有服务系统构成的组合体，包括星体上的遥测指令子系统、控制子系统和电源子系统等，主要由遥测指令装置、控制装置、能源装置等组成。

2）跟踪遥测与指令分系统

跟踪遥测与指令分系统（Tracking，Telemetry and Command Station，TT&C）又称为测控站，负责对卫星进行准确可靠的跟踪测量，控制卫星准确进入指定轨道上的指定位置。卫星正常运行后，还要对卫星进行轨道位置修正、位置保持和姿态保持等控制，以及测控卫星的通信系统和其他系统的工作状态等。

3）监控管理分系统

监控管理分系统又称为卫星控制中心（Satellite Control Center，SCC），负责对定点的卫星在业务开通前、后进行通信性能的监测和控制，监测和控制卫星转发器功率、卫星天线增益以及各地球站发射的功率、射频频率和带宽等基本参数，以保证通信系统正常工作。

4）通信地球站分系统

通信地球站分系统简称地球站，即无线电收、发站，是由通信业务控制中心（中心站）和多个分布在各个地方的地方站构成的地球站群。中心站负责整个卫星通信系统的业务调度和管理，对各个地方站进行监测、控制和通信业务转接。

地球站一般由天馈线子系统、发射机子系统、接收机子系统、跟踪与伺服子系统、通信终端子系统和电源子系统等组成，如图 4.6 所示。

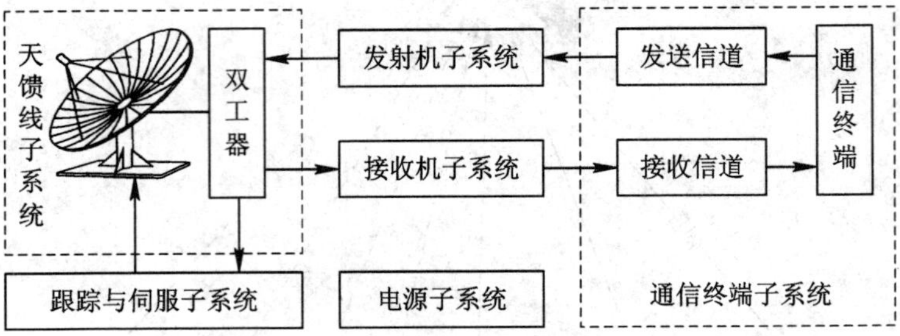

图 4.6　地球站的组成

（1）天馈线子系统。

地球站的天馈线子系统是卫星通信中最具特色的部分，是一个庞大的天线体。其作用是将发射机送来的高频信号通过高增益天线向卫星定向辐射高频电磁波，同时接收卫星转发来的高频电磁信号经馈线系统再送到接收设备。天馈线子系统由天线反射体、天线馈源、双工器、天线跟踪控制系统等组成。由于卫星通信工作的频段为频率较高的微波段，因而大多数地球站采用反射面型天线。反射面型天线的特点是方向性好，增益高，便于电磁波的远距离传输。反射面的分类方法很多，按反射面的数量可分为双反射面天线和单反射面天线；按馈电方式可分为正馈天线和偏馈天线；按频段可分为单频段天线和多频段天线；按反射面的形状可分为平板天线和抛物面天线等。

（2）发射机子系统。

发射机子系统简称发射机，其主要作用是将基带信号经处理、调制、变频、功率放大后，由天馈线子系统定向向卫星发射高频电磁波。发射机子系统由基带处理器、调制器、中频滤波器、上变频器、功率放大器等组成，如图 4.7 所示。

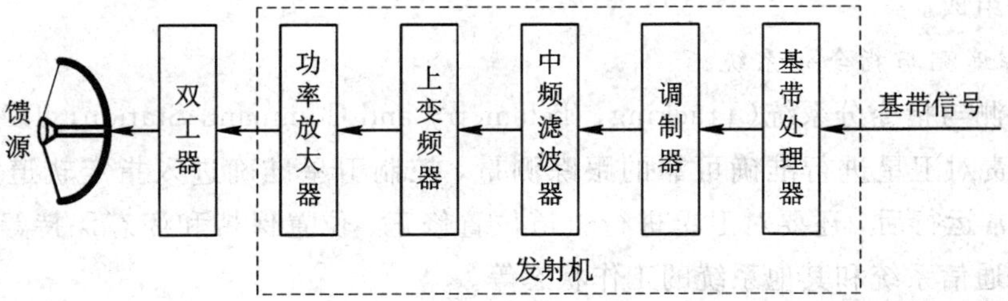

图 4.7　发射机子系统

（3）接收机子系统。

接收机子系统的主要作用是把天馈线子系统接收的卫星信号经放大、处理、解调、解码后得到基带信号。也有些系统将解调、解码部分作为另一个独立子系统不包括在接收机内。因太空中的卫星电磁波信号在抵达天线时已经相当微弱，且信号频率较高，如果由同轴电缆传输，频率越高电缆传输损耗越大，为了减少同轴电缆损耗，提高信噪比，一般在天线馈源口就已集成了低噪声放大器(Low Noise Amplifier，LNA)、降频器、本振、一级中频放大等电路，合称低噪声变频器(Low Noise Block，LNB)。接收机子系统主要由低噪声变频器(LNB)和接收机组成，如图 4.8 所示。

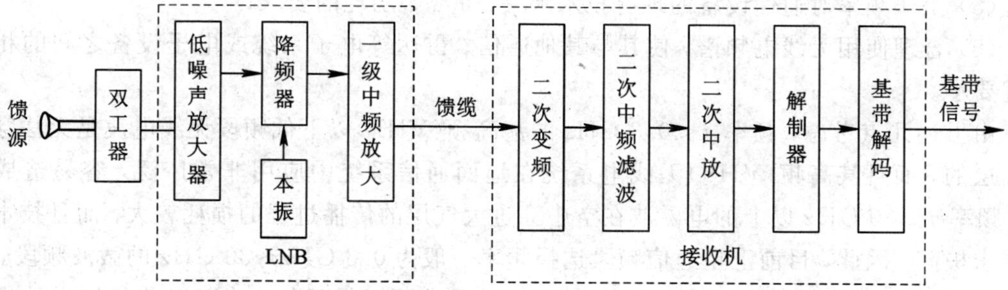

图 4.8 接收机子系统

(4) 通信终端子系统。

通信终端子系统是与用户进行信息收发、处理、变换的子系统。它可将接收机送来的信号处理、变换成用户需要的信息形式，或将用户发送的信号变换、处理成发射机能接受的形式。

(5) 跟踪与伺服子系统。

由于各种因素的影响，静止卫星会出现偏移，因此需要跟踪与伺服子系统，对天线系统进行跟踪与伺服控制来对准卫星。另外一种情况是将用户端作为移动目标，这就要求对天线系统进行跟踪与伺服控制来对准卫星。

(6) 电源子系统。

电源子系统为地球站各个子系统提供交流、直流电源，保障各个子系统连续不间断、稳定可靠地工作。

2. 卫星通信系统的分类

卫星通信系统有很多分类方法，可以按照卫星的运动状态、卫星的通信覆盖范围、卫星转发无线电信号的方式和能力、通信技术体制方式、基带信号种类、用户性质、通信业务种类以及卫星通信使用频段的不同来划分。

按地球站是否为固定，又可分为固定卫星站通信业务和移动卫星站通信业务。海上船舶、飞机、汽车等移动用户为移动卫星站通信业务。

4.2.4 卫星通信技术基础

1. 卫星通信的电波传播特性和工作频段

在无线电通信系统中，工作频率的选择十分重要，它将直接影响到整个无线电通信系统的传播特性、通信容量、通信质量、可靠性、发射功率、接收灵敏度、天线增益及通信系统设备的复杂程度和成本的高低等。卫星通信系统的工作频率的选择也一样，一般来说，在选择卫星通信的工作频率时，根据工作需要应从以下几个方面综合考虑：

(1) 电波传播特性，卫星通信的工作频段上的电磁波应能穿透电离层；

(2) 电波传播过程的损耗；

(3) 电波传播中外部噪声的影响；

(4) 可用频率范围要宽，工作频率与地面现有的无线电通信系统的兼容性要好，相互间的干扰要小；

(5) 工作频率对通信设备的现有技术水平、重量、功耗的要求；

(6) 合理使用无线电频谱，使其与其他通信、雷达等电子系统或电子设备之间的相互干扰要小。

由上述几点考虑，频率 $f<0.3$ GHz 的甚高频(VHF)以下低频段无线电波是无法穿透电离层的，而且甚高频(VHF)无线电系统在地面通信系统中应用非常广泛，容易造成干扰；频率 $f>30$ GHz 以上的电磁波在空中穿过大气层的传播过程的损耗较大，而且技术水平要求极高。因此，目前卫星通信频段选择频率一般为 0.3 GHz～30 GHz 的微波频段。微波频段具有很宽的频谱，频率高，波长短，天线尺寸可以做得较小，可以获得较大的通信容量，而且现有的微波传输通信技术设备稍加改造就可以利用。

微波频段可以根据波长长短分为分米波段、厘米波段和毫米波段。分米波段又称特高频(Ultra High Frequency，UHF)，频率为 0.3 GHz～3 GHz，波长为 10 cm～100 cm、厘米波段又称超高频(Super High Frequency，SHF)，频率为 3 GHz～30 GHz，波长为 1 cm～10 cm；毫米波段又称极高频(Extremely High Frequency，EHF)，频率为 30 GHz～300 GHz，波长为 1 mm～1 cm。

若将微波频段再进一步细分，其划分表详见表 4.1。

表 4.1 微波频段划分表

微波频段	频率范围/GHz	微波频段	频率范围/GHz	微波频段	频率范围/GHz
L	1～2	K	18～26	E	60～90
S	2～4	Ka	26～40	W	75～110
C	4～8	Q	33～50	D	110～170
X	8～12	U	40～60	G	140～220
Ku	12～18	V	50～75	Y	220～325

目前，卫星通信所用的频段大多是 C 频段和 Ku 频段，但由于卫星通信业务量的急剧增加，这两个频段乃至整个 1 GHz～10 GHz 的频段都显得过于拥挤，所以必须开发更高频率的频段。

随着技术水平的进步，新一代卫星通信已经开始使用频率更高的新频段，Ka 频段的频率范围是 26 GHz～40 GHz，带宽较宽，远大于 C 频段和 Ku 频段。采用 Ka 频段的通信卫星具有较高的带宽扩展能力和处理能力，频率更高的 Ka 频段系统可以实现卫星的点波束覆盖，1 颗 Ka 频段通信卫星提供的通信能力能够达到 1 颗 Ku 卫星通信能力的 4 倍以上，可提供多媒体数字传输、宽带网络、高清电视等新一代宽带卫星通信服务。

Ka 频段成功开发后，随着用户对更高的通信容量和更高的传输带宽的需求的迅速增长，将促使卫星通信系统向更高的频段发展，即 Q 频段(33 GHz～50 GHz)、V 频段(50 GHz～75 GHz)、W 频段(75 GHz～110 GHz)。Q、V、W 频段的可用带宽将更宽。美国联邦通信委员会(FCC)已经计划在 17 个应用领域使用 Q 频段和 V 频段。

2. 卫星通信链路

卫星通信系统的基本链路模型如图 4.9 所示，两个地球站通过通信卫星转发通信。卫星通信系统由发送端地球站(地球站 A)、通信卫星转发器、上行/下行无线传输路径和接收端地球站(地球站 B)组成。

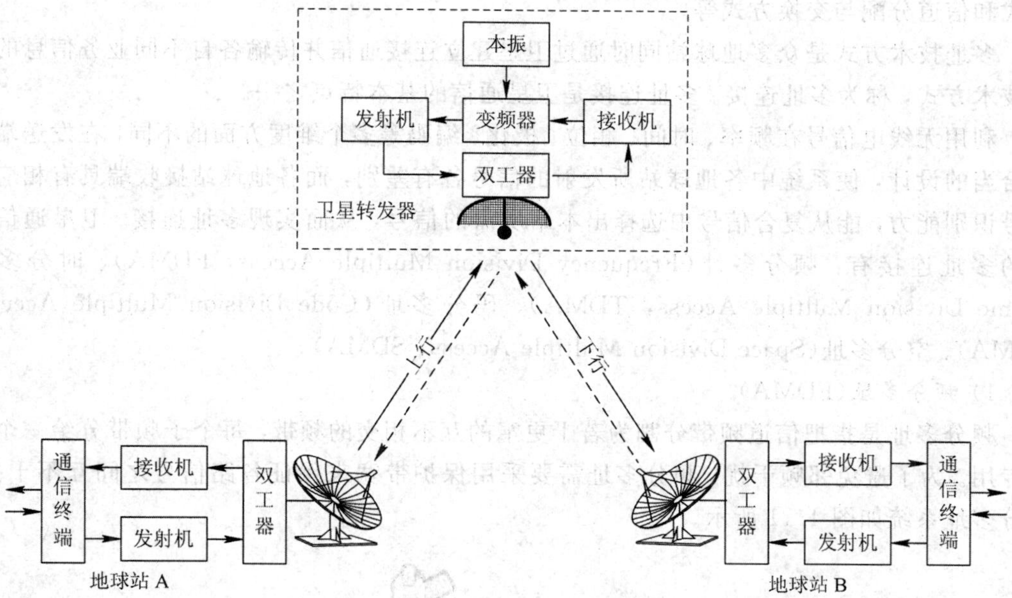

图 4.9 卫星通信系统的基本链路模型

卫星通信链路模式有单跳和多跳之分，也有单工、双工通信模式之分。卫星通信系统中，单跳单工通信链路模式是最基本的形式，如图 4.10(a)所示。当地球站接收机和发射机同时进行双向通信时，就是双工通信链路模式。双跳模式即发送信号要经过两次卫星转发才能被接收端接收。双跳模式有两种。一种是分别位于两个不同的卫星覆盖区之间的国际卫星通信，必须经过两个卫星共同覆盖区即共视区内的中继地球站，构成双跳的卫星接力通信链路，也称为双星双跳模式，这种模式传输时延较大，如图 4.10(b)所示为双工双跳模式。另一种是在同一卫星覆盖区内的星形网络中，边远的地球站需要经过中心站的中继转接，两次通过同一卫星的转发构成通信链路，也称为单星双跳模式，如图 4.10(c)所示。

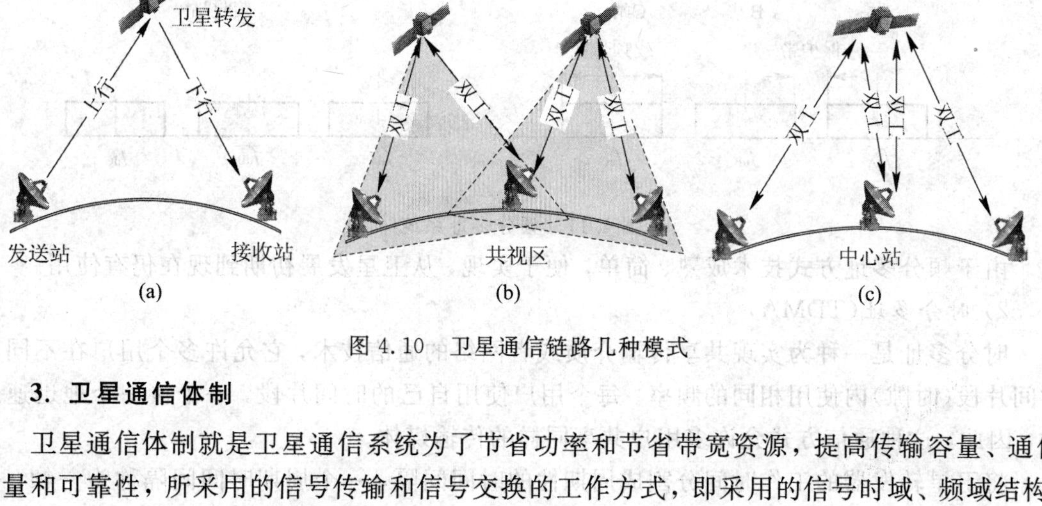

图 4.10 卫星通信链路几种模式

3. 卫星通信体制

卫星通信体制就是卫星通信系统为了节省功率和节省带宽资源，提高传输容量、通信质量和可靠性，所采用的信号传输和信号交换的工作方式，即采用的信号时域、频域结构，信号处理、变换方式和信号交换方式。卫星通信体制包括基带信号形式种类、信源编码方式、差错控制方式、基带信号传输方式、基带信号多路复用方式、信号调制方式、多址技术方式和信道分配与交换方式等。

多址技术方式是众多地球站同时通过卫星建立连接通信并传输各自不同业务信息的一种技术方式，称为多址连接。多址连接是卫星通信的基本特点之一。

利用无线电信号在频率、时间、相位、极化、编码等多个维度方面的不同，在发送端进行恰当的设计，使系统中各地球站所发射的信号各有差别，而各地球站接收端具有相应的信号识别能力，能从复合信号中选择出本站所需的信号，从而实现多址连接。卫星通信常用的多址连接有：频分多址（Frequency Division Multiple Access，FDMA）、时分多址（Time Division Multiple Access，TDMA）、码分多址（Code Division Multiple Access，CDMA）、空分多址（Space Division Multiple Access，SDMA）。

1）频分多址（FDMA）

频分多址是指把信道频带分割为若干更窄的互不相交的频带，每个子频带分给一个用户专用。为了避免邻频干扰，频分多址需要采用保护带宽来保证各路信号之间互不干扰。频分多址系统如图 4.11 所示。

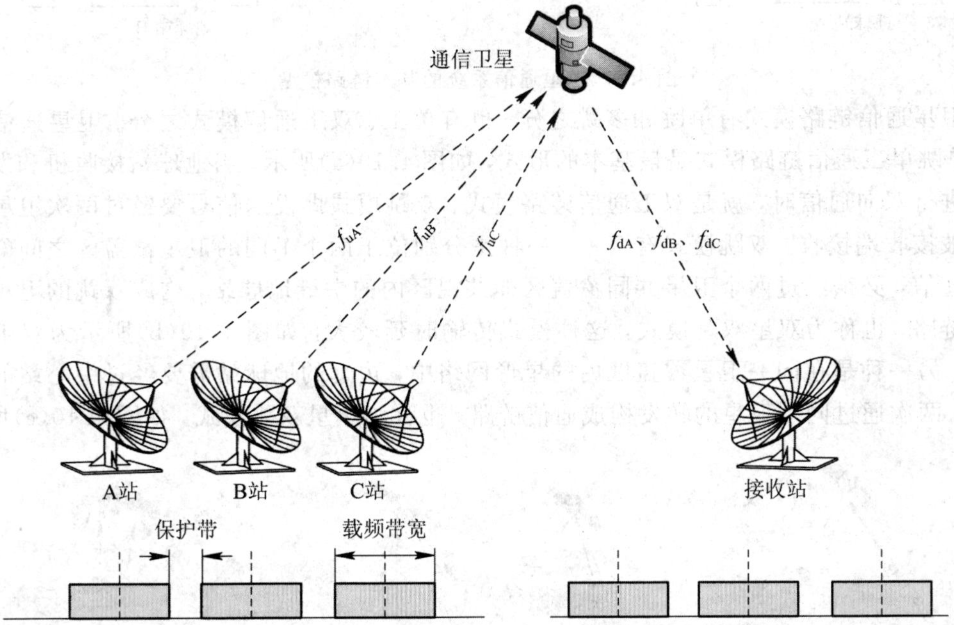

图 4.11　频分多址系统

由于频分多址方式技术成熟、简单，便于实现，从卫星发展初期到现在仍有使用。

2）时分多址（TDMA）

时分多址是一种为实现共享传输介质或者网络的通信技术，它允许多个用户在不同的时间片段(时隙)内使用相同的频率。每个用户使用自己的时间片段，一个接一个地迅速传输，因此，这种通信方式允许多用户共享同样的传输媒体。

将卫星转发器的工作时间分割成周期性的时间间隔，一个周期时间间隔称为一帧，一帧内又分为一个基准帧和若干个数据子帧，每个子帧占用一个互不重叠的时隙，每个时隙可用来传送一个分组。各站的基带信号低速连续输入并存储在缓冲器中，在分配的时隙中以高速突发形式的脉冲串调制载波后发向卫星。任何时候都只有一个站发出的信号通过转发器，转发器始终处于单载波工作状态。时分多址系统如图 4.12 所示。

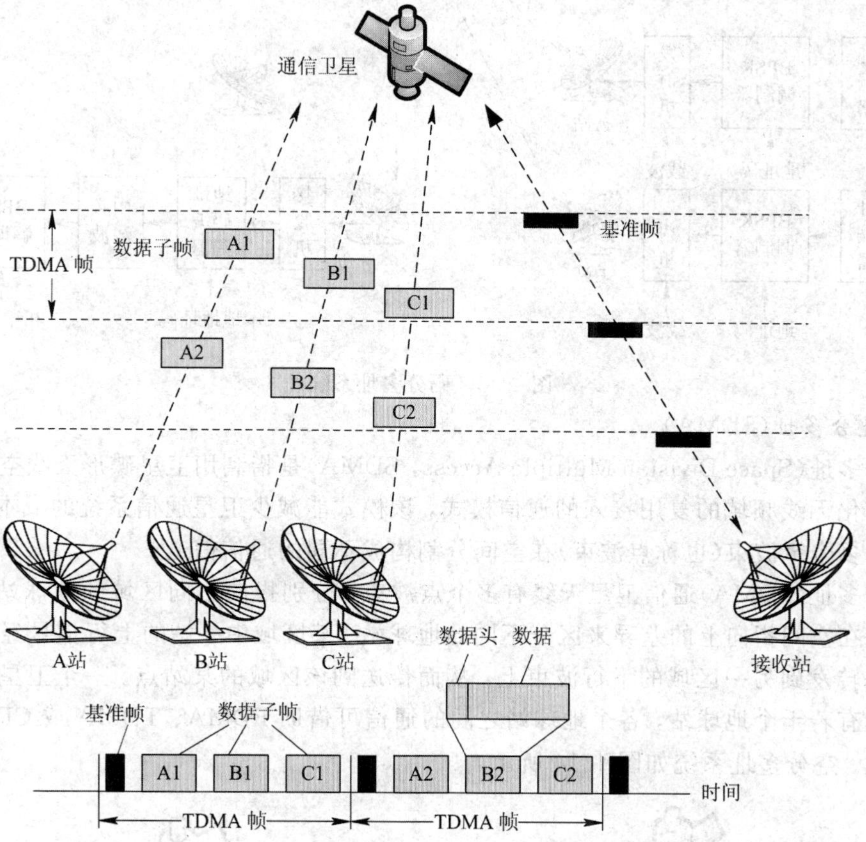

图 4.12　时分多址系统

目前，国际卫星通信系统已由传统的模拟频分多址(FDMA)方式为主的系统，逐步转向以数字时分多址(TDMA)为主的系统。数字时分多址(TDMA)卫星通信方式分为 120 Mb/s 的数字话音插空(Digital-Speech Interpolation，DSI)时分多址(TDMA/DSI)方式、不加话音插空(DNI)的时分多址(TDMA/DNI)以及星上交换的时分多址(SS-TDMA)。

3）码分多址(CDMA)

码分多址是指利用码序列相关性实现的多址通信模式。码分多址是以不同的地址码来区分地址的。每个用户配有不同的地址码，所发射的载波为同一载波，既受基带数字信号调制，又受地址码调制，接收时，只有确知其配给地址码的接收机，才能解调出相应的基带信号，而其他接收机因地址码不同，无法解调出信号。

不同的地球站占用同一频率和同一时间，可利用不同的随机码对信息进行编码来区分不同的地址。CDMA 系统采用了扩展频谱通信技术，具有抗干扰能力强、有较好的保密通信能力、可灵活调度传输资源等优点。它比较适合于容量小、分布广、有一定保密要求的系统使用。码分多址系统如图 4.13 所示。

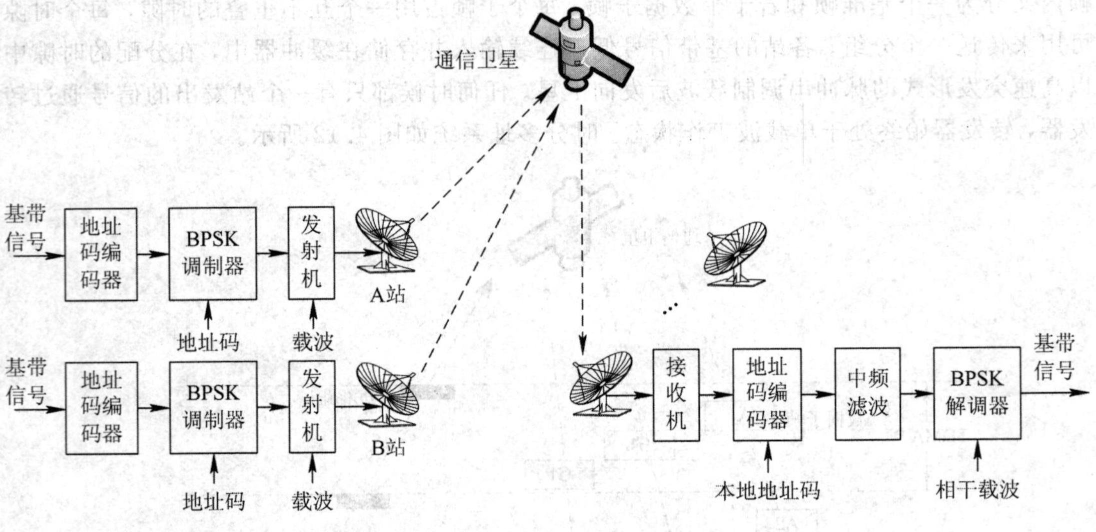

图 4.13 码分多址系统

4）空分多址(SDMA)

空分多址(Space Division Multiple Access，SDMA)是指利用卫星碟形天线空间上的方向性来优化无线频域的复用接入的通信模式，该模式能减少卫星通信系统的成本，可利用卫星天线多个窄波束(也称点波束)在空间分割构成不同的通信信道。

空分多址(SDMA)通信卫星天线有多个点波束，分别指向不同区域的地球站，利用电磁波波束在空间指向上的差异来区分不同的地球站。某区域中一站的上行信号经卫星上的转换设备转发到另一区域的下行波束上，从而传送到该区域的某站点。一个卫星点波束覆盖范围内有若干个地球站，各个地球站之间的通信可借助 FDMA、TDMA 或 CDMA 等方式来实现。空分多址系统如图 4.14 所示。

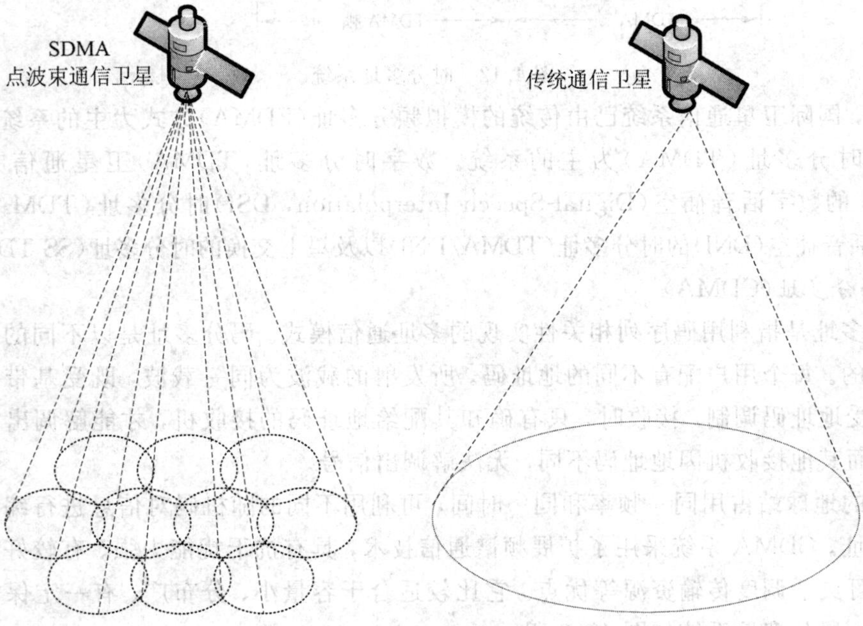

图 4.14 空分多址系统

4.3 卫星导航技术

4.3.1 卫星导航技术的产生和发展

导航技术就是解决如何引导飞机、船舶、车辆和人员从一个位置沿着选定的路线到达目的地的手段。随着空间科学技术的发展，利用人造地球卫星进行定位导航已经成为现实。卫星导航技术是以人造地球卫星作为空间位置和时间基准，通过卫星发射导航信号，为地球表面、海洋和空中的各类用户提供全时候、全天候的准确、连续的空间位置、速度和时间信息的技术。

目前，卫星导航技术不受天气条件、航行距离等因素限制，而且导航精度高，已基本取代了传统的无线电导航、惯性导航、天文导航和传统大地测量地形辅助导航等导航方法和技术，成为人类活动中普遍采用的导航定位技术。

1958 年，美国为解决深海航行和执行军事任务需要精确定位的问题，开始研制海军导航卫星系统(Transit，子午仪)。1960 年 4 月发射了世界第一颗子午仪导航卫星，从此开始取代了传统的无线电导航系统。子午仪导航卫星虽然将导航和定位技术推向了一个新的发展时代，但也存在着一些明显的不足。为了突破子午仪卫星导航系统的应用局限性，实现全天候、全球性和高精度的连续导航与定位，1973 年美国开始研制导航星系统(NAVSTAR)，也称全球定位系统((Global Positioning System，GPS)，1994 年 GPS 正式提供服务，该系统比子午仪系统有更高的定位精度。

1978 年，苏联开始研制格洛纳斯系统(Glonass，Global Navigation Satellite System)，该系统是继 GPS 之后的又一全球卫星导航定位系统，后由俄罗斯继续实施。1993 年，俄罗斯建立了全球卫星导航系统，该系统于 2007 年开始提供服务，到 2009 年已实现全球覆盖，为海上、陆地和空中目标提供位置坐标和运动速度等信息。

1992 年欧盟(EU，European Union)与欧空局(ESA，European Space Agency)合作研制和建立了新一代全球卫星导航定位系统(Galileo Satellite Navigation System)，也称伽利略系统，该系统计划由轨道高度为 23 616 km 的 30 颗卫星组成，2014 年第二批卫星发射成功，目前已有 6 颗正式卫星可以组成网络，初步发挥精确定位功能。

以上三个全球卫星导航定位系统习惯上称为 3G(GPS、GLONASS、Galileo)系统。

2000 年 10 月 31 日、2000 年 12 月 21 日和 2003 年 5 月 25 日，中国相继成功发射了 2 颗导航定位试验卫星和 1 颗备用卫星，自行组建了中国第一代中国北斗卫星导航系统(BeiDou Navigation Satellite System，BDS)，成为继美国、俄罗斯之后第三个拥有自主卫星导航定位系统的国家。2012 年，中国又建立了第二代卫星导航定位系统，具备卫星无线电测定服务(Radio Determination Satellite Service，RDSS)、有源定位和卫星无线电导航服务(Radio Navigation Satellite System，RNSS)、无源导航服务的功能。2020 年前后将完成 35 颗卫星组网，为全球用户提供服务。

全球卫星导航定位系统具有覆盖陆地、海洋和空中的全时候、全天候的全能性，能连续和实时地提供导航、定位和定时服务，因此，卫星导航技术已经在航空、航海、通信、人员跟踪、测绘、授时、车辆监控管理和汽车导航与信息服务等方面得到了广泛使用，而且由于船舶及飞行器的位置信息是开展海上遇险搜救工作的基础，卫星导航技术已逐渐成为现代海上交通安全的重要保障。

4.3.2 卫星导航系统的组成与分类

1. 卫星导航系统的组成

卫星导航系统是通过卫星提供全球或区域覆盖的星基无线电导航系统，为全球或区域的陆地、海上、空中各类用户提供全天候、高精度的位置、速度和时间导航信息。

以 GPS 全球定位系统为例，全球卫星导航系统一般由空间卫星系统、地面控制系统和用户定位终端三大部分组成，如图 4.15 所示。

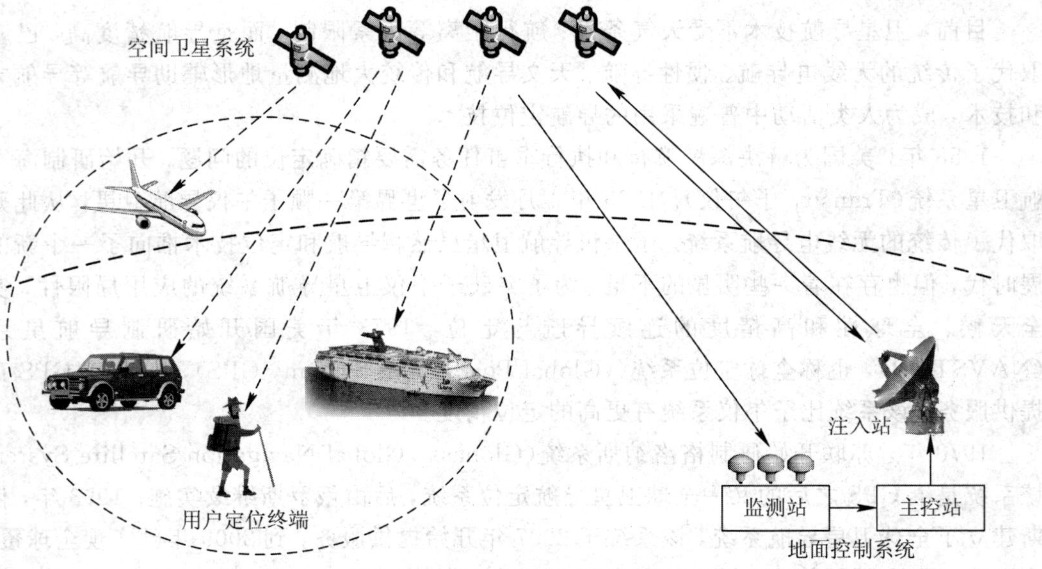

图 4.15 GPS 全球定位系统组成

1）空间卫星系统

空间卫星系统由若干颗导航卫星和备用卫星组成，导航卫星的作用是接收地面控制系统发送的时钟基准和导航定位等业务信息和控制指令，存储、处理生成导航信号，向地面发送导航信号。

2）地面控制系统

地面控制系统一般由 1 个主控站和若干个监测站、注入站组成，其主要的作用是建立和维持卫星导航系统的时间、空间坐标基准，接收导航卫星信号并向卫星注入各类导航信息和指令。监测站配有高精度的时钟和能够测量监测所负责区域的卫星的接收机，将测量得到的卫星数据经过处理后传送到主控站；主控站由各个监测站传送过来的各类数据，计算出卫星轨道、时钟等参数，将计算处理的导航数据发给注入站；注入站将这些导航数据和指令注入所负责区域的卫星。

3）用户定位终端

用户定位终端即用户定位接收机终端设备，其主要作用是接收导航卫星系统发射的导航信号，完成导航定位和导航电文解析，实现导航定位、授时等功能。

用户定位终端通常由天线、接收机(包括 LNA、滤波器、本振、下变频器)、数字信号处理器、微处理器和显示器(用户界面)等组成。其核心部分是导航接收机，接收导航卫星发来的微弱信号，从中解调并译出卫星轨道参数和定时信息等，同时测出导航参数，包括距离、距离差和距离变化率等信息，再由微处理器计算出用户二维坐标或三维坐标的位置坐标和速度矢量分量。用户定位终端按服务行业性质和使用环境的不同分为军用、民用、船载、机载、车载和单人背负终端等各种性能多种形式的用户终端。用户定位终端的组成结构如图 4.16 所示。

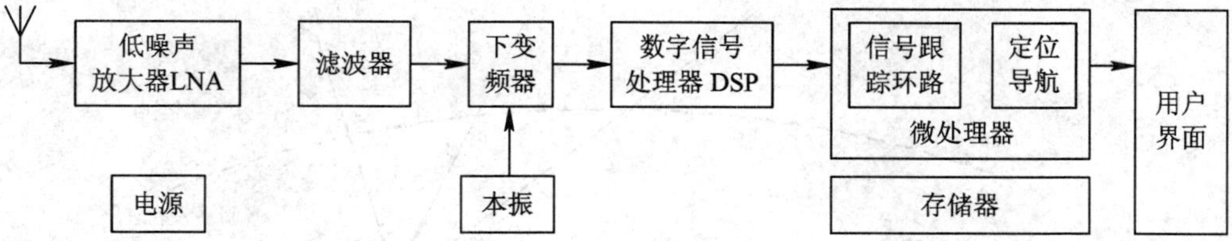

图 4.16　用户终端组成结构

2. 卫星导航系统的基本知识

以 GPS 全球定位系统为例，卫星导航系统的导航定位是导航台定位，导航卫星是系统在空间的导航台，导航卫星的位置是由卫星的轨道参量和星历确定的，是导航系统的位置基准点。卫星定位的一般方法是几何三球交会法，即分别以三颗导航卫星为球心，以用户终端接收机和导航卫星之间的距离为半径，三个这样的球面交会于一点，交会点就是用户终端接收机所处位置。如果用户到卫星 S_1 的真实距离为 R_1，到卫星 S_2 的真实距离为 R_2，到卫星 S_3 的真实距离为 R_3，那么用户的真实位置必定为以各个导航卫星为圆心、到相应卫星距离为半径的三个球面的交点上。

因此，用户定位终端接收机与三颗导航卫星之间的距离为

$$\begin{cases} R_1 = \sqrt{(x_1 - x)^2 + (y_1 - y)^2 + (z_1 - z)^2} \\ R_2 = \sqrt{(x_2 - x)^2 + (y_2 - y)^2 + (z_2 - z)^2} \\ R_3 = \sqrt{(x_3 - x)^2 + (y_3 - y)^2 + (z_3 - z)^2} \end{cases} \tag{4-4}$$

式中，R_1、R_2、R_3 为三颗导航卫星与用户终端之间的距离，(x_1, y, z_1)、(x_2, y_2, z_2)、(x_3, y_3, z_3)为三颗导航卫星位置的已知三维坐标量，x、y、z 为用户终端接收机位置的未知三维坐标量。

若能测量出距离三颗卫星的距离 R_1、R_2、R_3，则联立求解方程组便能解算出用户终端接收机的三维坐标 x、y、z，实现定位，如图 4.17 所示。

GPS 系统在卫星上和用户终端接收机中分别设置两个时钟，通过比对卫星时钟和用户终端接收机的时间差可测量出信号传播时间，从而确定用户终端接收机到导航卫星的距离。为了降低用户接收机的复杂程度，接收机仅配置频率稳定性一般的石英晶体振荡器作为时钟基准，用户终端接收机的时钟一般不可能十分准确，而且用户终端接收机的时钟与系统时钟是不同步的，因此用户接收机测量出的卫星信号在空间的传播时间是不准确的，计算得到的距离也不是用户接收机和卫星之间的真实距离，这种距离叫作伪距。

卫星导航系统采用统一的时间系统，地面控制系统和导航卫星均配备高精度的原子钟

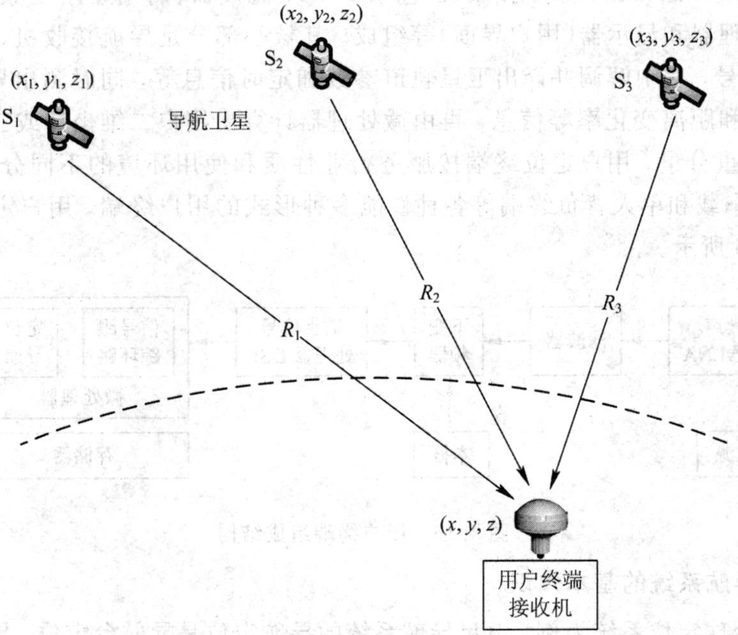

图 4.17　卫星导航定位原理

作为其时钟基准，卫星时间与系统时间保持同步，并且与系统时间的偏差是确定的、已知的。但为了降低用户终端接收机的复杂程度和成本，用户终端接收机仅配置精度稳定性一般的石英晶体振荡器作为时钟基准，与系统时间是不同步的，其偏差是未知的。因此，用户接收机钟差也是实现导航定位的一个待求的未知变量。假设在接收卫星信号的瞬间，用户终端接收机的时钟与卫星导航系统所用时钟的时间差为 Δt，则式(4-4)修正为

$$\begin{cases} R_1 = \sqrt{(x_1-x)^2+(y_1-y)^2+(z_1-z)^2}+c\cdot\Delta t \\ R_2 = \sqrt{(x_2-x)^2+(y_2-y)^2+(z_2-z)^2}+c\cdot\Delta t \\ R_3 = \sqrt{(x_3-x)^2+(y_3-y)^2+(z_3-z)^2}+c\cdot\Delta t \end{cases} \tag{4-5}$$

式中，c 是电磁波传播速度，Δt 是未知数。只要接收机能测出距四颗卫星的伪距，有 4 个未知数就需要有 4 个方程，联立解方程组，可解出 4 个未知量 x、y、z 和 δt，即能求出接收机的坐标位置和准确的时间，这也就是用户终端接收机至少同时观测到四颗以上导航卫星才能进行定位和授时的原因所在。

3. 卫星导航系统的种类

可以根据使用的导航卫星、采用的观测量及测量方法，将目前典型的卫星导航系统划分为：近地轨道卫星导航系统、双静止卫星导航系统和导航星测时与测距全球定位系统，这些系统均利用了不同的定位观测参量。

1) 近地轨道卫星(LEO)导航系统

近地轨道卫星(LEO)信号具有明显的多普勒频移效应，这种频移是由于卫星相对地面的高速运动而产生的。世界上第一个卫星定位系统就是采用近地轨道卫星(LEO)的多普勒频移实现的，它的实现对卫星导航技术产生了深远的影响。

采用近地轨道卫星(LEO)多普勒定位技术的系统有：子午仪系统(Transit)、国际搜索

卫星系统(COSPAS-SARSAT)、全球海洋卫星数据收集定位系统(ARGOS)、轨道数据通信系统(Orbcomm)。

2) 静止轨道卫星(GEO)导航系统

地球静止轨道卫星(GEO)的轨道高度高，对地面的覆盖特性比中轨道卫星(MEO)、近地轨道卫星(LEO)好，只需要少量的卫星就可以在需要固定的区域内建立定位所需要的稳定的多重覆盖，因此可用相对少得多的资源建设区域性的卫星导航系统。双静止卫星导航系统一般是区域性的卫星导航系统。该系统一般利用两颗地球静止同步卫星(GEO)完成信号的中继转发，定位计算由地面控制中心完成，用户定位终端需要发射信号，以无线电定位卫星(RDSS)有源定位的方式工作。

采用静止轨道卫星(GEO)的导航系统有：美国的GEOSTAR计划、欧洲的LOCSTAR系统、美国Qualcom公司的Omni TRACS移动定位服务系统、“北斗一号”系统。

3) 导航星测时与测距全球定位系统

导航星测时与测距全球定位系统(Navigation Satellite Timing and Ranging Global Position System)简称全球定位系统，不同于前面描述的近地轨道(LEO)和静止轨道卫星(GEO)定位系统，全球定位系统导航卫星采用高度为20 200 km的中高度轨道，一般利用24颗卫星组成对地多重覆盖星座结构，采用测距定位，具有全天候、全天时、全球性连续定位授时能力，能为各类用户提供精密的三维坐标、速度和时间导航。

全球定位系统是目前卫星导航技术的典型代表，采用全球定位系统相似的原理和星座结构的系统有：美国GPS系统、俄罗斯格洛纳斯系统(Glonass)、欧洲伽利略系统(Galileo)、北斗二代导航系统(BDS)。

4.4 海上卫星通信系统

4.4.1 海上卫星通信系统

卫星通信是指利用人造地球卫星作为中继站来转发无线电波，从而实现两个或多个地球站之间的通信，主要由卫星和地球站两部分组成，如图4.18所示。通信时，在发射地球站，用户发出的基带信号经过卫星通信设备处理变为射频信号(使用上行频率)后发送到卫星；卫星作为空中的一个中继站，由卫星转发器对卫星天线接收到的射频信号进行低噪声放大、变频、功率放大后再通过卫星天线发射到地面；在接收地球站，卫星发出的射频信号(使用下行频率)被接收，并经过处理后变为基带信号。

现代海上卫星通信系统主要有铱星(Iridium)系统、全球星(Global Star)系统、奥德赛系统、国际海事卫星(INMARSAT)系统、甚小型口径天线终端卫星通信(Very Small Aperture Terminal，VSAT)系统、天通一号、舒拉亚(Thuraya)卫星通信系统和北美移动卫星通信系统等。Thuraya系统在我国国内的应用起步较晚，应用规模较为有限，尚未与我国海上搜救部门建立常态化合作机制，也未纳入国际公约，不是船舶必备的卫星通信设备，且目前Thuraya-3卫星已运行10年，有关技术指标与INMARSAT和VSAT系统等相比没有明显优势。北美移动卫星通信系统是一个区域性通信系统，不覆盖我国水域。根据水上交通安全的实际应用情况，行业主要使用的卫星通信系统为铱星、全球星、

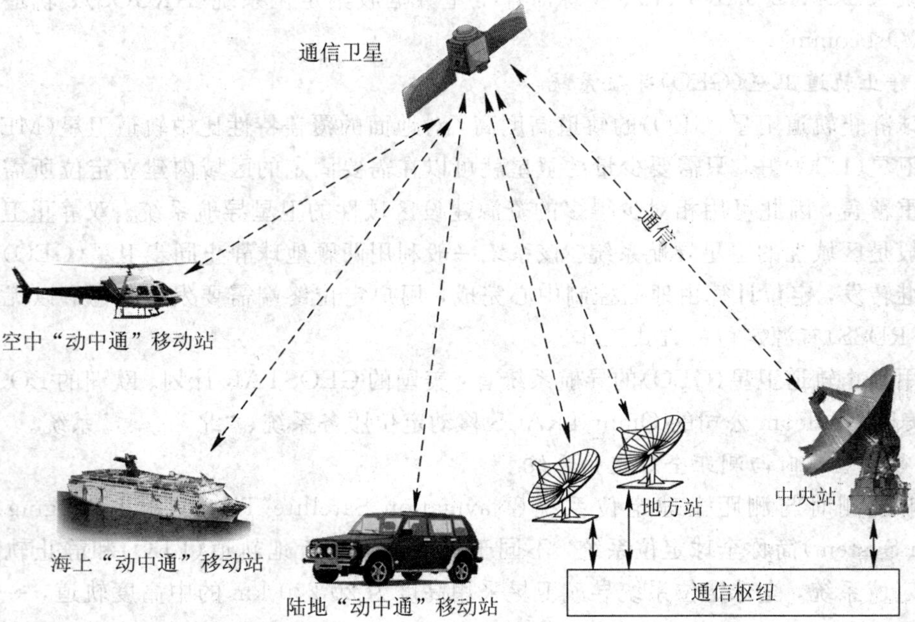

图 4.18 现代卫星通信系统

INMARSAT 及 VSAT 等四大卫星通信系统。

4.4.2 铱星(Iridium)系统

铱星(Iridium)是一种低轨道卫星通信系统，由卫星网络、地面网络、移动终端三部分组成，利用低轨道卫星容易获得目标的高分辨率图像。它的主要优势有两点：一是卫星轨道高度低、传输延时短、路径损耗小，有更高效的频率复用技术，由此通信质量得到大幅度提高；二是铱星系统不需要专门的地面接收站，每部移动电话都可以与卫星联络，这就使地球上落后的边远地区、海岛以及灾害现场等地方的通信方式变得更加便捷顺畅，是目前应用最广泛的卫星通信系统之一，在水上交通安全领域发挥了不可忽视的作用。

铱星(Iridium)系统是摩托罗拉公司(Motorola)于 1987 年提出的近地轨道(LEO)全球个人卫星移动通信系统，它与现有通信网相结合，可实现全球个人通信。铱星(Iridium)系统最显著的特点就是极地轨道和星际链路。它包含 66 颗环绕地球的低轨卫星网，组成六个轨道平面，它们分布在近地轨道(LEO)上距地球 780 km 的上空，以 27 070 km/h 的时速每 100 分钟围绕地球转一圈。星上转发器采用 TDMA/FDMA 混合技术和多波束天线技术，通过卫星之间网状的星际链路实现数据处理和交换，相当于将地面蜂窝网倒置在空中，通过卫星与卫星之间的接力来实现全球通信，并且解决了卫星网与地面蜂窝网之间的跨协议漫游问题。铱星系统是最先进的低轨卫星通信系统，能够实现全球(可包括南北极)“无缝隙”覆盖，为用户提供电话、传真、数据传输和寻呼等通信服务，成为地面固定电话网和移动电话网的有效延伸和补充，是迄今全球覆盖最广的卫星通信系统。

铱星系统的应用领域十分广阔，譬如在南美、非洲等人迹罕至且地面蜂窝网络短期内无法覆盖的地方，地面网络建设十分困难的东南亚，南太平洋等岛屿众多的地区，以及野外勘探、科学考察、航空、远洋、紧急搜索与救援、自然灾害现场等都具有非常高的应用价值。

第一代铱星系统由于卫星轨道低、抗遮蔽角能力弱(即仰角相对较低)，易被建筑物等遮挡，且设计上要求保证 2～3 颗可用卫星，有时会发生卫星交替切换和"等"卫星情况，影响通话质量或出现电话掉线等现象。铱星公司表示新一代铱星系统的建设成本及卫星重量将大大减轻，且传输速率也会有质的飞跃，为了满足客户涌现的各种需求，各种新型网络服务也会应运而生。

铱星(Iridium)系统分三部分，即空间段、地面段和用户段。空间段主要为星座系统。地面段主要包括系统控制中心(Sequence Control System，SCS)、关口站段(Gateway，GW)。用户段即用户通信终端。铱星(Iridium)系统示意图如图 4.19 所示。

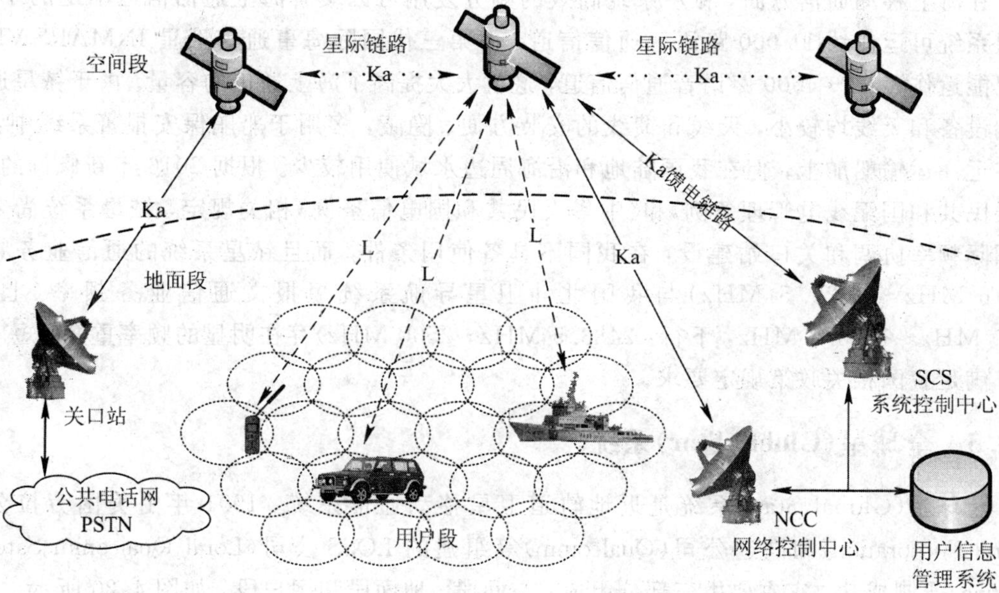

图 4.19 铱星系统

空间段由分布在 6 个极地圆轨道面的 72 颗星组成。铱星系统的星座设计能保证全球任何地区在任何时间至少有一颗卫星覆盖。铱星有三个 L 波段通信业务天线，用于与卫星手机终端连接通信，工作频率为 1616 MHz～1626.5 MHz；另有四个与地面关口站连接链路的 Ka 波段天线，称为馈电链路(Feed link)，其上行工作频率为 29.1 GHz～29.4 GHz，下行频率为 19.3 GHz～19.6 GHz；还有四个用于星际链路的 Ka 波段天线，其工作频率为 23.18 GHz～23.38 GHz。L 波段通信业务天线采用相控阵天线，形成对地覆盖 48 个波束(Spot-Beam)蜂窝结构覆盖区。每个波束平均覆盖直径约为 600 km，每个波束有 80 个信道，48 个波束覆盖区域直径约为 4700 km，一共有 3840 个信道，可以支持几万用户。

地面段的系统控制中心(SCS)的作用是提供卫星星座的运行、支持和控制，把卫星跟踪数据交付给关口站，利用寻呼终端控制器进行终端控制。系统控制中心(SCS)包括三部分：遥测跟踪控制(TT&C)、网络控制中心(NCC)和控制设备。系统控制中心(SCS)的作用是空间操作、网络操作和寻呼终端控制。系统控制中心(SCS)有两个接口，一个接口到关口站，另一个接口到卫星。

地面段的关口站(GW)的作用是提供铱星系统业务和支持铱星系统网络的地面设施。

它提供移动用户、漫游用户的支持和管理，通过公共电话网(Public Switched Telephone Networks，PSTN)提供铱星系统到其他电信网的连接。一个或多个关口站提供每一个铱星系统呼叫的建立、保持和拆除，支持寻呼信息的收集和交付。关口站由以下分系统组成：交换分系统(Switching sub-system，SSS)、地球终端(Earth terminal，ET)、地球终端控制器(Earth terminal controller，ETC)、消息发起控制器、关口站管理分系统。关口站有4个外部接口：关口站到卫星、关口站到国际交换中心、关口站到铱星商务支持系统、关口站到系统控制段。

用户段即用户通信终端设备，主要包括手持终端和寻呼机，将来也可能包括航空终端、太阳能电话单元、边远地区电话接入单元等。

在海上移动通信方面，铱星系统高效的频分复用可以缓解海上通信信道不足的矛盾。铱星系统可运作约11 000路语音通信信道，而第三代国际海事通信卫星INMARSAT系统仅能运作3000～4000路语音通信信道，这就大大提高了海上通信的容量。由于铱星通信终端设备和天线均较小，天线和馈线的安装方便、隐蔽，多用于船舶保安报警系统中，配置在远洋运输船舶上，但在我国陆地和沿海周边水域使用较少。根据2016年新修订的《中华人民共和国无线电管理条例》和《中华人民共和国电信条例》相关规定，铱星系统尚未完成国际频率协调和关口站建设，在我国不具备使用条件，而且铱星系统的通信业务频率(1616 MHz～1626.5 MHz)与我国北斗卫星导航系统短报文通信业务频率(上行：1610 MHz～1626.5 MHz，下行：2483.5 MHz～2500 MHz)存在明显的频率重叠，短期内难以满足我国相关政策规定要求。

4.4.3 全球星(Global Star)系统

全球星(Global Star)系统是近地轨道卫星移动通信系统，1991年由美国劳拉公司(Loral Corporation)和高通公司(Qualcomm)等组建的LQSS公司(Loral Qualcomm Satellite Service)研制成功，它主要由三部分组成：空间段、地面段和用户段，如图4.20所示。

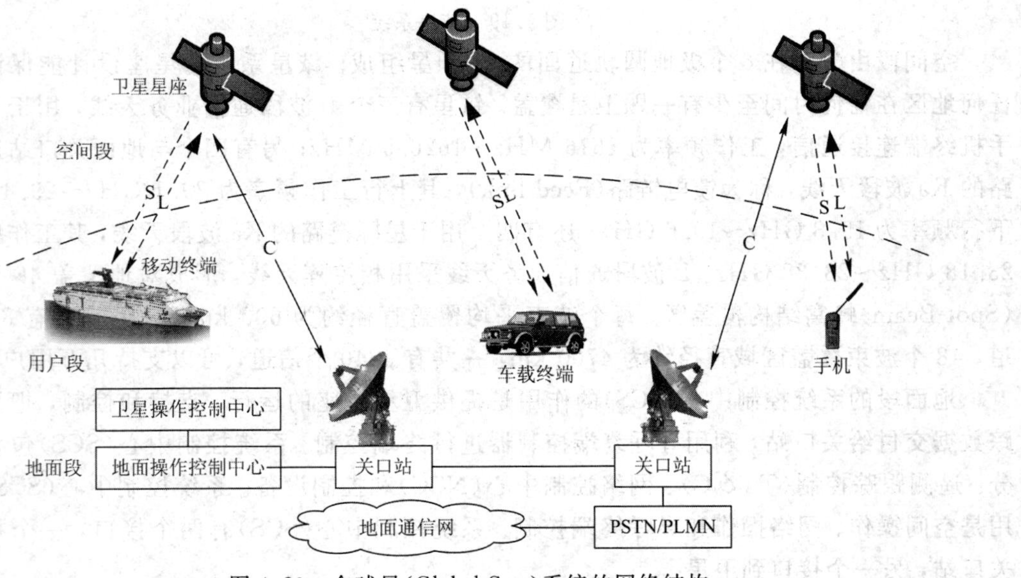

图4.20 全球星(Global Star)系统的网络结构

空间段由全球星系统卫星组成，即由48颗近地轨道卫星(LEO)和8颗备份星组成，分布于8个倾角为52°的非极地轨道平面上，每个轨道平面上有6颗卫星，另有1颗备用星，轨道高度约为1400 km，轨道周期为113分钟，传输和处理时延小于300 ms，因此用户察觉不到时延，波束覆盖范围较大，采用CDMA/FDD的多址连接方式，可支持较高的通信业务容量。卫星至用户终端的下行链路频段为S波段，频率为2483.5 MHz～2500 MHz，用户终端至卫星的上行链路工作频段为L波段，频率为1610 MHz～1626.5 MHz。卫星L波段和S波段天线均由16个波束组成，L波段和S波段的频道保护带间隔为1.23 MHz。卫星与地面全球星关的连接链路为C波段，关口站到卫星上行链路使用频率为5091 MHz～5250 MHz，卫星到关口站下行链路使用频率为6875 MHz～7055 MHz。全球星通信系统没有星际链路，无需星上处理交换，从而大大降低了系统投资费用，避免了许多技术风险。星体设计比较简单，使得系统必须建很多地面全球星关口站(Gateway，GW)，在全球需建100至150座。

地面段由全球星系统网络控制中心(Network Control Center，NCC)和关口站(GateWay，GW)组成。而全球星系统网络控制中心(NCC)又包括地面操作控制中心(GOCC)、卫星操作控制中心(SOCC)和发射控制设备(TCF)。GOCC和SOCC采用一主一备的方式负责管理全球星系统。其中GOCC负责管理全球星系统的地面单元，执行网络计划、分配信道使用资源，管理用户计费账单；SOCC负责管理和控制卫星发射的工作，监视卫星在轨道上的工作情况，控制卫星的轨道操作等。关口站是指设立在全球各地的地面站，关口站包括射频分系统、CDMA分系统、管理分系统和交换分系统等。每个关口站可同时与三颗卫星通信，负责把全球星通信网和地面通信网络(包括公共交换电话网(Public Switched Telephone Network，PSTN)和公共陆地移动网(Public Land Mobile Network，PLMN))连接起来，每一个用户终端可通过一颗或几颗卫星和关口站实现与全球任何地区的通信。

用户段是指使用全球星通信系统业务的各类用户通信终端设备。它提供话音、数据、短信息、传真和定位等通信业务，话音传输速率有2.4 kb/s/4.8 kb/s/9.6 kb/s三种，数据传输速率为7.2 kb/s。用户终端有手持终端、车载终端和固定终端等。用户段有三种模式：全球星单模，全球星/GSM双模、全球星/CDMA/AMPS三模。

全球星通信系统覆盖除南极北极外的几乎所有地区，为海上、陆地和空中用户提供全球通信，具有通信可靠、延迟小、使用方便、维护简单等特点，同时卫星系统与地面通信网联合组网，因此星上没有复杂的交换和处理能力，也不需星际交叉链路，由星体中继转接至地面网关交换局，利用地面设施完成呼叫建立、处理和选路，整体成本较低。

4.4.4 国际海事卫星(INMARSAT)系统

为满足海洋通信的需要，1979年成立了国际海事卫星组织(International Maritime Satellite Organization，INMARSAT)，国际海事卫星组织(INMARSAT)总部设在伦敦，现拥有美国、英国、日本、挪威等87个成员国，我国在1979年加入该组织，是其成员国之一。

国际海事卫星组织(INMARSAT)创立初期租用了美国的两颗海事卫星、欧空局的两颗欧洲海事通信卫星，以及两颗“国际通信卫星－V”上的专用于海事通信的转发器用于国际海事通信，1982年第一代国际海事卫星通信系统(INMARSAT)开始向大西洋、印度洋和太平洋及其附近水域开通通信服务。

第二代国际海事卫星通信系统(INMARSAT)始于20世纪90年代初期，由英国航宇公司承造6颗通信卫星，通信容量比第一代卫星大几倍。第二代星和第一代星一样为全球波束，由定位在太平洋、印度洋、大西洋东区和大西洋西区四个洋区上空的卫星为海上、空中、陆地移动用户提供数字话音、传真、低速数据等窄带通信服务。

第三代国际海事卫星通信系统(INMARSAT)始于90年代末期。国际海事卫星组织向美国通用电气航宇空间部订制第三代国际海事卫星，共生产6～9颗。第三代国际海事卫星比第二代卫星转发器功率大20倍，能够研制极小型、重量轻以及费用低的用户通信终端机。卫星将拥有更多点波束覆盖，对飞机、船舶以及地面行驶的移动车辆具有良好通信功能，主要提供话音、传真、ISDN、MPDS等多种综合数据通信业务。

第四代国际海事卫星于2005年至2008年间发射，共有3颗卫星，分别定位在亚洲和太平洋、欧洲和非洲、南北美洲区域上空，其容量为第三代的60倍，是迄今为止世界上能力最强的通信卫星，主要提供增强的数字移动通信服务、电路交换业务、数据交换业务以及手持终端等多种宽带通信业务。

第五代国际海事卫星通信系统(INMARSAT)始于2013年底。第五代卫星使用了更高频率的Ka波段，相较于前几代国际海事卫星使用的C波段和L波段，Ka波段频率资源更丰富，带宽更大，更能适应宽带通信等高清视频的传输需要。第五代卫星通信带宽达到5 GHz，并且采用多波束和频率复用技术，上、下行传输速率高达5 Mb/s和50 Mb/s，使得卫星通信容量及传输速率较第四代星提升百倍，能提供超高速移动宽带通信业务。

目前，INMARSAT系统第一代和第二代已经停止服务，第三代服务也在逐渐减少。第四代INMARSAT系统目前有3颗卫星在轨，能够实现除南极北极以外的全球覆盖，承担主要的通信业务，预计该系统到2028年依然有能力承担工作。第五代INMARSAT系统卫星已经全部成功发射，共有4颗卫星。

国际海事卫星通信系统由空间段、地面段和用户终端构成。空间段主要为通信卫星；地面段包括跟踪遥测及指令站(TT&C)、网络协调站(NCS)、运行控制中心(OCC)、地面站(Land Earth Station，LES)、海岸地球站(CES)和船舶地球站(SES)。国际海事卫星通信系统如图4.21所示。

(1) 空间段。国际海事卫星通信系统采用地球静止同步轨道卫星(GEO)通信系统，空间段一般由3～4颗地球静止同步轨道通信卫星组成，实现除南极北极以外的全球覆盖。地球静止同步轨道卫星(GEO)距离地球高度约为36 000 km，卫星的运行方向与地球自转方向相同，运行轨道为位于地球赤道平面上圆形轨道，运行周期与地球自转一周的时间相等，运行角速度等于地球自转的角速度。第三代国际海事卫星通信系统空间段由5颗卫星组成，其中1颗备用，4颗分别定位在印度洋区、大西洋东区、大西洋西区、太平洋区上空，如图4.22所示。

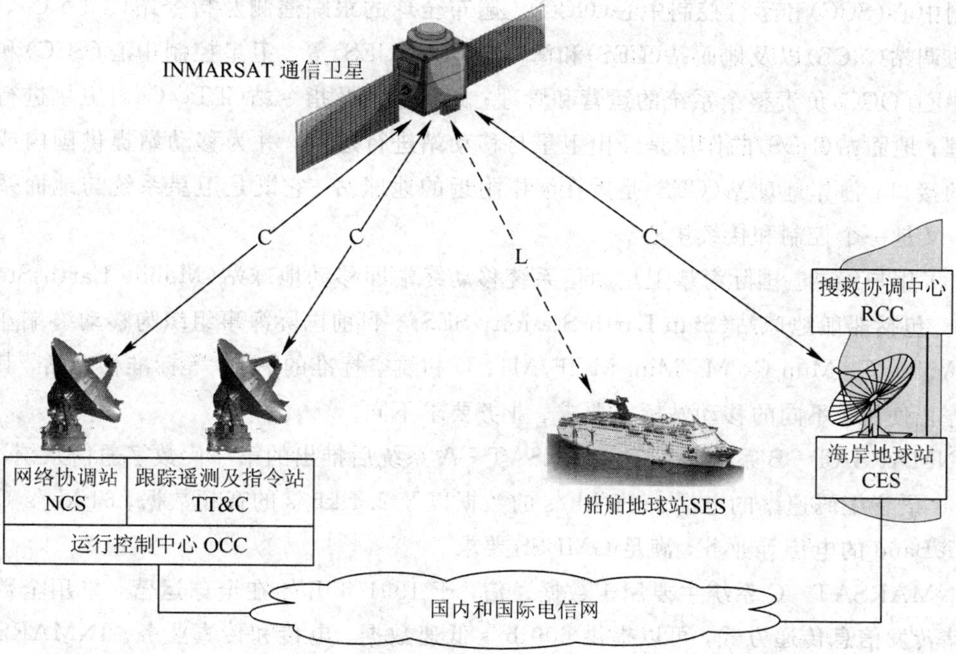

图 4.21　国际海事卫星通信系统

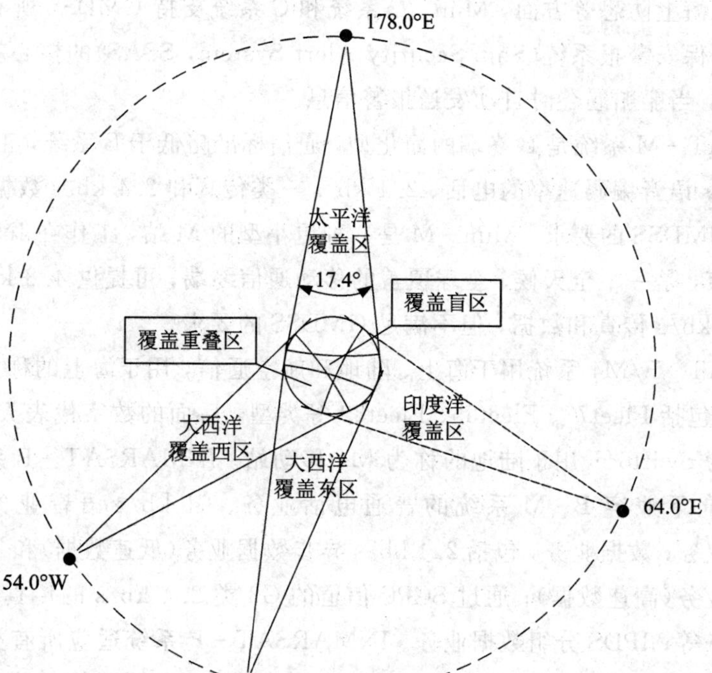

图 4.22　第三代国际海事卫星通信系统空间段星体位置图

(2) 地面段。国际海事卫星通信系统地面段主要包括设在伦敦国际海事组织总部的卫星控制中心(SCC)和运行控制中心(OCC)、遍布全球的跟踪遥测及指令站(TT&C)、通信网络协调站(NCS)以及地面站(LES)和海岸地球站(CES)等。卫星控制中心(SCC)和运行控制中心(OCC)负责整个系统的运营和管理;跟踪遥测及指令站(TT&C)对卫星进行控制和管理;地面站(LES)的作用是经由卫星与移动站进行通信,并为移动站提供国内或国际网络的接口;海岸地球站(CES)是设在海岸附近的地球站,它既是卫星系统与地面系统的接口,又是一个控制和接续中心。

(3) 用户终端。国际海事卫星通信系统移动终端即移动地球站(Mobile Earth Station, MES),包括船舶地球站(Ship Earth Station, SES)。目前国际海事组织为移动终端业务制定了 A、B、C、Mini-C、M、Mini-M、F/M4、D 和航空标准的 Aero 等标准移动站,其中 A 站已停止使用,不同的移动站标准要求、业务要求不同。

INMARSAT-B 系统是继 INMARSAT-A 系统后推出的第一代数字通信系统,提供 16 kb/s 语音编码速率的电话、9.6 kb/s 的数据以及 2.4 kb/s 的音频数据、64 kb/s 高速数据和 50Baud 的电传等业务,满足 GMDSS 要求。

INMARSAT-C 系统主要用于数据通信,于 1991 年开始在全球运营,采用全数字化的存储转发信息传递方式,可以提供 600 b/s 低速数据、电传和传真业务。INMARSAT-C 终端装有 GPS,可提供全球定位服务。INMARSAT-C 也可用于陆上和空中业务。Mini-C 系统和 C 系统没有本质区别,Mini-C 主要应用于小型车船等移动目标的定位、跟踪、短信服务,以及海上防恐等方面,Mini-C 系统和 C 系统支持 GMDSS 所有的遇险与安全业务,目前船舶保安警报系统(Ship Security Alert System, SSAS)的核心就是一个 C 终端或 Mini-C 终端,当船舶遇袭时自动发送报警信息。

INMARSAT-M 系统是 B 终端的简化型,通信标准略低于 B 系统,工作在全球波束,只提供 6.4 kb/s 语音编码速率的电话、2.4 kb/s 三类传真和 2.4 kb/s 数据通信,体积小、重量轻,满足 GMDSS 的要求。Mini-M 是一种更小型的 M 站,工作在 INMARSAT 第三代卫星的点波束,是一个全天候、全球覆盖的移动通信终端,可提供 4.8 kb/s 语音编码速率的电话、2.4 kb/s 传真和数据,但不满足 GMDSS 的要求。

INMARSAT-F/M4 系统用于海上、陆地和航空通信,用于海上的称为 F 站,是船舶地球站(SES),包括 Fleet77、Fleet55、Fleet33 等类型,后面的数字代表天线直径的尺寸;用于航空的称为 Swift64;用于陆地的称为 M4 移动站。INMARSAT-F 系统能够提供范围空前广泛的向下兼容 B、M 系统的普通电话业务、64 kb/s 语音业务和 64 kb/s 的 3.1 kHz 音频业务;数据业务,包括 2.4 kb/s 异步数据业务(低速数据)和 56 kb/s/64 kb/s 非限制性数据业务(高速数据);通过 SCPC 信道的 G3 类 2.4 kb/s 的传真业务;满足要求的遇险通信业务等;IPDS 分组数据业务。INMARSAT-F 系统适应所有类型和吨位的船舶需要,从小型游艇到最大型的远洋船舶,可实现永远在线,满足海上宽带业务,实现航海人员如同在岸上通信一样的零距离信息交流。在提供安全服务方面,其卫星服务构成了全球海上遇险呼叫安全系统的核心,这一系统能立即将全球的船员与最近的援救协调中心连接起来,满足 GMDSS 要求。

4.4.5 天通一号卫星移动通信系统

天通一号卫星移动通信系统是我国自主研制建设的卫星移动通信系统。2016 年 8 月 6 日 0 时 22 分，我国在西昌卫星发射中心使用长征三号乙运载火箭成功发射天通一号 01 星，卫星采用静止同步轨道，定位在东经 101.4°E，为“中国版的海事卫星”。

天通一号卫星移动通信系统由空间段、地面段和用户终端组成。其中，空间段计划由多颗地球静止同步轨道卫星构成，卫星采用新型天线、单机集成技术等新设备和新技术。地面段由多个地面站构成，每个地面站实现对部分区域卫星信号的落地功能。用户终端种类较为多样，包括嵌入式通信终端以及便携式移动终端等。天通一号卫星通信系统基本相当于第三代国际海事卫星的技术水平。其覆盖区域主要为中国及周边、中东、非洲等相关地区，以及太平洋、印度洋大部分海域。覆盖地形没有限制，海洋、山区、森林、戈壁、沙漠都可以实现无缝覆盖，能够全面满足用户在我国疆土无缝覆盖的移动话音、短信和数据通信的业务需求。天通移动卫星通信系统网络结构如图 4.23 所示。

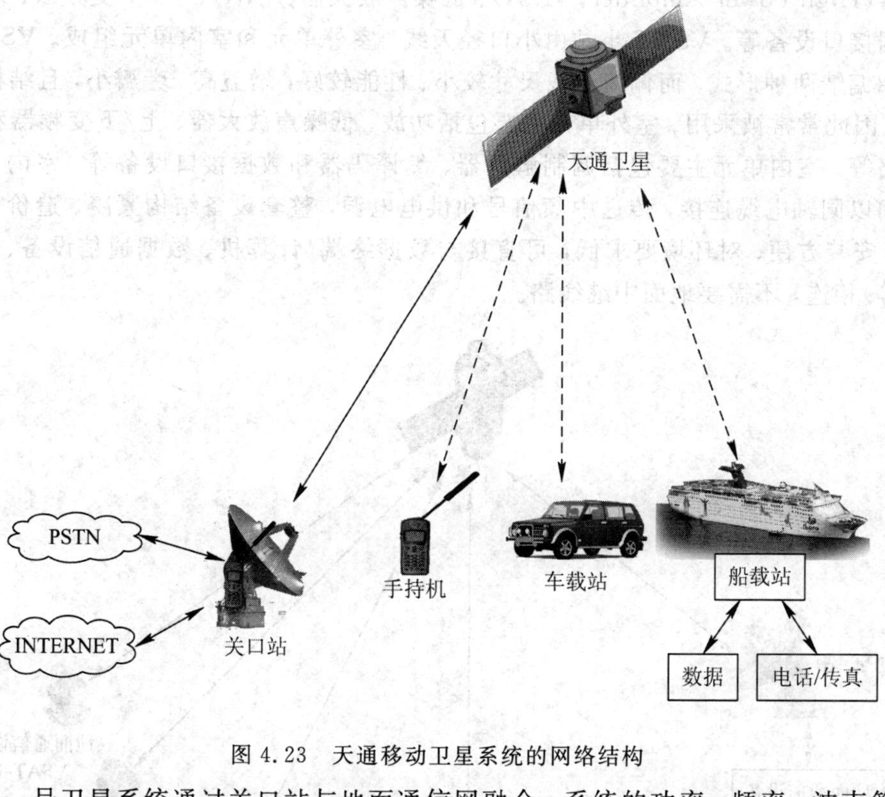

图 4.23　天通移动卫星系统的网络结构

天通一号卫星系统通过关口站与地面通信网融合，系统的功率、频率、波束等资源动态可变，利用动态资源管理与分配技术，实现资源的高效管理。

2018 年 7 月，天通卫星电话正式商用，它具有电话、短信、北斗定位、GPS 导航等功能。远洋渔船遇到风险需要求救，可以首先用北斗定好位，然后用天通卫星电话通知救援队，告知遇险的经纬坐标，以便得到快速救援。天通卫星电话可以有效帮助渔船船员在传统网络信号未覆盖到的海洋通过天通卫星与外界联系，这样可以提高渔船作业效率，有效管理和防范渔船安全事故的发生。

4.4.6 VSAT 系统

VSAT(Very Small Aperture Terminal)直译为甚小口径卫星终端站，所以也称为卫星小数据站(小站)或者个人地球站(PES)，这里的“小”字是指 VSAT 卫星通信系统中小站设备的天线口径小，通常为 0.3 m～1.4 m。VAST 系统具有灵活性强，可靠性高，成本低，使用方便等特点。因此于 20 世纪 80 年代兴起，发展速度很快，根据业务不同可分为数据通信、语音通信和电视卫星通信三大类。目前，全球有多达上百颗基于 Ku 频段或 C 频段的 VSAT 卫星为世界各地的用户服务，覆盖我国和周边地区的卫星资源也非常丰富。目前国内 VSAT 市场用户以行业用户为主，主要包括国家应急、电信运营商、交通运输、教育医疗、金融证券、能源开发、新闻媒体、水利气象、军队公安和大型企业等行业。

VSAT 卫星通信系统由卫星、主中心站、空间和 VSAT 终端小站组成，如图 4.24 所示。目前运行的 VSAT 系统的卫星主要是地球静止轨道卫星(GEO)；主中心站使用大型抛物面天线，C 波段天线直径一般为 3 m～7 m，Ku 波段天线直径为 3.5 m～8 m，配有高功率放大器(High Power Amplifier，HPA)、低噪声放大器(LNA)、上/下变频器、调制解调器及数据接口设备等。VSAT 小站由小口径天线、室外单元和室内单元组成。VSAT 天线有正馈和偏馈两种形式，而偏馈天线尺寸较小、性能较好，增益高、旁瓣小，且结构上不易积冰雪，因此常常被采用。室外单元主要包括功放、低噪声放大器、上/下变频器和相应的检测电路等。室内单元主要包括调制解调器、编译码器和数据接口设备等。室内、外两个单元之间以同轴电缆连接，传送中频信号和供电电源，整套设备结构紧凑、造价低廉、全固态化、安装方便、对环境要求低，可直接与数据终端(计算机、数据通信设备、传真机、电传机等)相连，不需要地面中继线路。

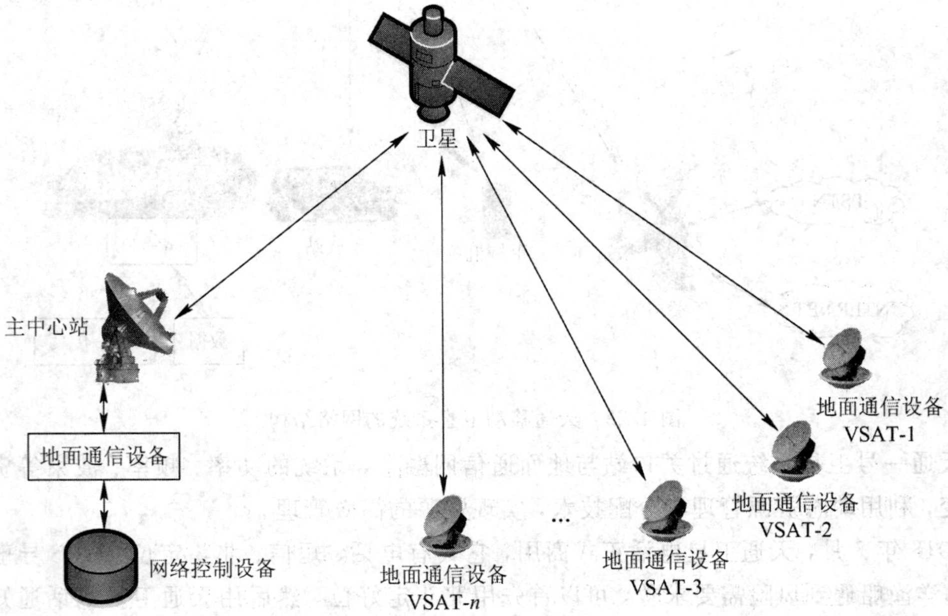

图 4.24 VSAT 网络一般结构

星状网是指以 VSAT 网络主站为网络中心，各 VSAT 端站与主站之间构成通信链路，各 VSAT 端站之间不构成直接的通信链路。VSAT 端站之间构成通信链路时需要通过 VSAT 主站转发实现。这类功能均由 VSAT 主站的网络控制系统参与来完成。网状网是指各 VSAT 端站之间相互构成直接的通信链路，不通过 VSAT 主站转发，VSAT 主站只起到全 VSAT 网络的控制、管理及 VSAT 主站和端站之间的通信。

2009 年，面对汶川地震和南方雪灾等重大自然灾害时交通应急通信指挥能力薄弱的情况，以及水上遇险船舶搜救应急的需要，按照国务院应急办的相关要求，交通运输部适时组织进行了“交通应急宽带 VSAT 通信系统北京中心站新建工程”和“交通移动应急通信指挥平台工程”的建设。2009 年交通应急宽带 VSAT 通信系统北京中心站建设完成并于 2010 年投入运行，以及各地陆续投入使用的交通移动应急通信指挥平台，形成了覆盖我国领海、邻近海域和陆地的交通应急宽带 VSAT 卫星通信网。依靠卫星通信灵活、便捷的组网能力和宽带链路保障等方面的优势，在抢险救灾、应急搜救和调度指挥等方面发挥了重要作用，为交通运输应急保障工作提供了有力支持。至 2016 年底，交通应急宽带 VSAT 卫星通信系统的用户终端已达到 105 个，空间段使用带宽已从项目建设初期的 15M 增至 39M(其中 C 频段 24M，Ku 频段 15M)。交通 VSAT 系统依托亚太 VI 卫星 C 频段和 Ku 频段资源。其中，亚太 VI 号卫星 C 频段能够重点实现我国大部分陆地领土和近海、南海海域的覆盖，最远覆盖至澳大利亚北部海域；亚太 VI 号卫星 Ku 频段能完整覆盖我国陆地领土，并能够实现对我国沿海近岸海域的有效覆盖，海上最远覆盖至宫古海峡及永兴岛附近海域。多年来，交通应急宽带 VSAT 卫星通信系统参与了数十次重大的应急处置行动和百余次应急实操演习，在马航 MH370 搜救、4.20 庐山地震抗震救灾、2016 年珠江口国家海上搜救演习、海事东海和南海大型巡航宣誓国家主权及载人航天上升段海上应急搜救通信保障等项目中均发挥了重要作用。

近年来，市场上陆续出现了“海星通”“海卫通”“e 海通”等 VSAT 通信系统，其原理与交通应急 VSAT 系统基本相同。

4.4.7 卫星通信系统性能对比

根据卫星运行轨道的不同，卫星通信系统可分为地球静止同步轨道卫星(GEO)通信系统、中地球轨道(MEO)卫星通信系统和近地轨道(LEO)卫星通信系统。

地球静止同步轨道(GEO)卫星通信系统技术成熟，已经有几代 INMARSAT 卫星多年的工作经验，其具有卫星数量少、全球覆盖、不间断通信时不必切换卫星、卫星跟踪控制简单等优点，但是也存在轨道高、传播路径远、延时长等不足。

中地球轨道(MEO)卫星和近地轨道(LEO)卫星属于非同步卫星，LEO 轨道高度仅是 GEO 的 1/80～1/20，所以其路径损耗通常比 GEO 低很多，所发射的功率是 GEO 的 1/20～1/200，传播时延仅为 GEO 的 1/75，这对实现终端手持化和达到话音通信所需要的时延要求是很必要的。

LEO 和 MEO 卫星通信系统的主要特点有：① 轨道高度较低，信号的传播路径比较短，传播损耗和延迟也就很小，无需大型天线；② 多颗卫星可以进行频率利用，也能缓解对地静止同步轨道上卫星过分拥挤的情况；③ 卫星发射成本低；④ 卫星制造成本低，卫星系统的可靠性和生存能力较高；⑤ 容易实现全球个人通信，特别对于高纬度地区。

表 4.2 是用于水上交通安全业务的卫星通信系统的主要性能对比。

表 4.2 卫星通信系统主要性能对比简表

卫星通信系统	低轨道卫星(LEO)		静止同步轨道卫星(GEO)		
	铱星	全球星	INMARSAT - 4	INMARSAT - 5	交通应急 VSAT
在轨卫星数量	66 颗	56 颗	3 颗	4 颗	/
覆盖范围	全球(含南北极)	南北纬 70°以内区域	南北纬 70°以内区域	南北纬 70°以内区域	亚太 VI 号卫星 C/Ku 频段覆盖范围
使用频段	L 波段	L/S 波段	L 波段	Ka 波段	C/Ku 波段
语音传输速率	2.4 k/s	4.8 k/s	2.4 k/s	/	
数据传输速率	4.8 kb/s	9.6 k/s	496 k/s	50 Mb/s	根据租用带宽确定
最大并发用户数	300 线	300 线	400 线	400 线	
当前终端数量	73.9 万	63.9 万	所有 INMARSAT 用户数量约 58 万		105 万

4.5 卫星导航系统

卫星导航系统是以卫星作为导航台的星基无线电导航系统，为全球陆、海、空、天各类军民载体提供全天候、高精度的位置、速度和时间信息，主要由卫星导航定位系统及其增强系统构成。卫星导航系统主要有全球定位系统(GPS)、北斗卫星导航系统(BDS)、伽利略系统(Galileo)和格洛纳斯系统(GLONASS)等。

4.5.1 全球定位系统(GPS)

20 世纪 60 年代，美国海军研制出第一代卫星导航系统，即子午仪系统。子午仪系统存在的问题是不能连续定位，精度低，一次定位所需时间长等。为了解决子午仪系统存在的诸多问题，美国国防部于 20 世纪 70 年代开始研制第二代卫星导航系统——GPS，也称导航星系统。与早期的子午仪系统相比，GPS 有更高的定位精度，且能连续提供用户的三维位置(经度、纬度、高度)、三维速度和精确时间，实现连续实时的导航定位。

GPS 系统主要由空间卫星系统、地面控制系统和用户定位终端三大部分组成。空间卫星系统有 24 颗卫星，分布在 6 个平面上；地面控制系统由主控站、地面天线、监测站和通信辅助系统组成；用户定位终端主要由 GPS 接收机和卫星天线组成。

2013 年年底，GPS 在轨卫星有 32 颗，主要工作的卫星是其中的 24 颗，剩余 8 颗为备用卫星。卫星距离地面 20 200 km，运行周期为 12 h。卫星均匀分布在 6 个轨道面上，每个轨道面上有 4 颗，轨道倾角为 55°。GPS 系统卫星分布确保了地面任何一点都可以同时观测到 9 颗以上的卫星，如图 4.25 所示，目的就是为了能够实现连续不间断的定位、导航和授时服务(Positioning，Navigation and Timing，PNT)。

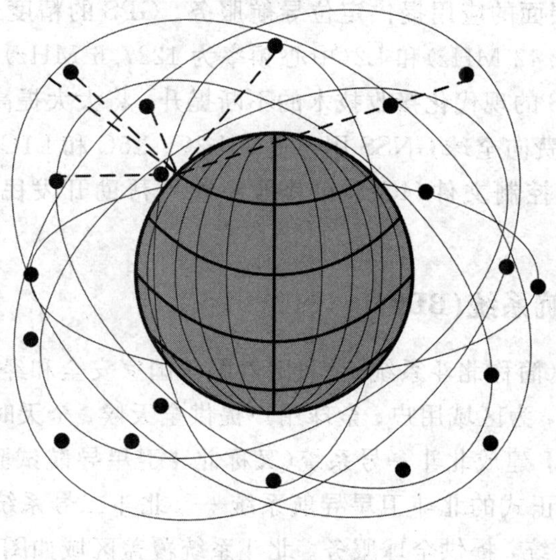

图 4.25　GPS 卫星分布

GPS 信号主要包含：① 载波(Carrier Phase)，主要用于搭载其他信号，也可用于测距。目前有 L1(波长为 19 cm)和 L2(波长为 24 cm)两种；② 测距码(Ranging Code)，主要由伪随机噪声码(PRN 码)构成；③ 导航电文(Navigation Message)，主要包含一些导航信息，如卫星钟差改正、历书和卫星健康状况等信息。

GPS 系统具有两种工作能力。1993 年，当星座已布满 24 颗 GPS 卫星时，美国国防部正式宣布 GPS 具有 IOC 能力(Initial Operating Capability)；1995 年，24 颗工作卫星在指定的轨道正常运行，而且经过海湾军事实践证实后，美国国防部宣布系统具有 FOC 能力(Final Operating Capability)。

GPS 系统提供两种精度的定位服务：

(1) 标准定位服务(Standard Positioning System，SPS)。SPS 是最常见的定位系统，对全世界所有用户开放，SPS 使用 C/A 码，其水平方向精确度约为 30 m。

(2) 精密定位服务(Precise Positioning Service，PPS)。PPS 使用 P 码，服务的主要对象是美军及其友军和其他民用特许部门。使用 C/A 码和双频 P 码，以消除电离层效应的影响，GPS 系统在战时可采取选择可用性(SA)措施和反电子欺骗(A-S)措施，加入人为误差，同时传送加密的编码校准参数，降低采用 C/A 码定位的精度，在战时阻止敌军利用。

SPS 和 PPS 各项指标的精度如表 4.3 所示。

表 4.3　SPS 和 PPS 的定位精度、测高精度、定时精度和测速精度

服务方式	定位精度/m	测高精度/m	定时精度/m	测速精度/(m/s)
SPS(无 SA 时)	20～40	156	167	0.1
PPS	2～15	28	100	

GPS 已充分显示了其在导航、定位领域中的领先地位，为诸多领域带来了革命性的变

化。除了被应用于军事领域外，GPS 广泛应用于测量、交通、救援、农业和娱乐等诸多行业，为海、陆、空各个层面的应用提供定位导航服务。GPS 的精度也在不断提升，例如采用 L1(中心频率为 1572.42 MHz)和 L2(中心频率为 1227.6 MHz)后，民用用户精度可达到 3 m～6 m。随着 GPS 的现代化接收技术的不断提升，将大大提高信号质量和定位精度。除此之外，GPS 还将免费向全球 GNSS 用户提供 L2C、L5C 和 L1C 民用信号服务，包括公开所有这些信号的接口控制文件(ICD)和其他一些可帮助开发民用 GPS 接收机的技术信息。

4.5.2 北斗卫星导航系统(BDS)

北斗卫星导航系统(简称北斗系统)是我国着眼于国家安全和经济建设而自主研发、独立运行的卫星导航系统，为区域用户、全球用户提供全天候、全天时、高精度的定位、导航和授时服务。2000 年底，建成北斗一号系统(又称北斗卫星导航试验系统)，提供中国区域服务。2012 年底，建成正式的北斗卫星导航系统——北斗二号系统向亚太地区提供服务。2020 年建成北斗三号系统，提供全球服务。北斗系统覆盖区域如图 4.26 所示。

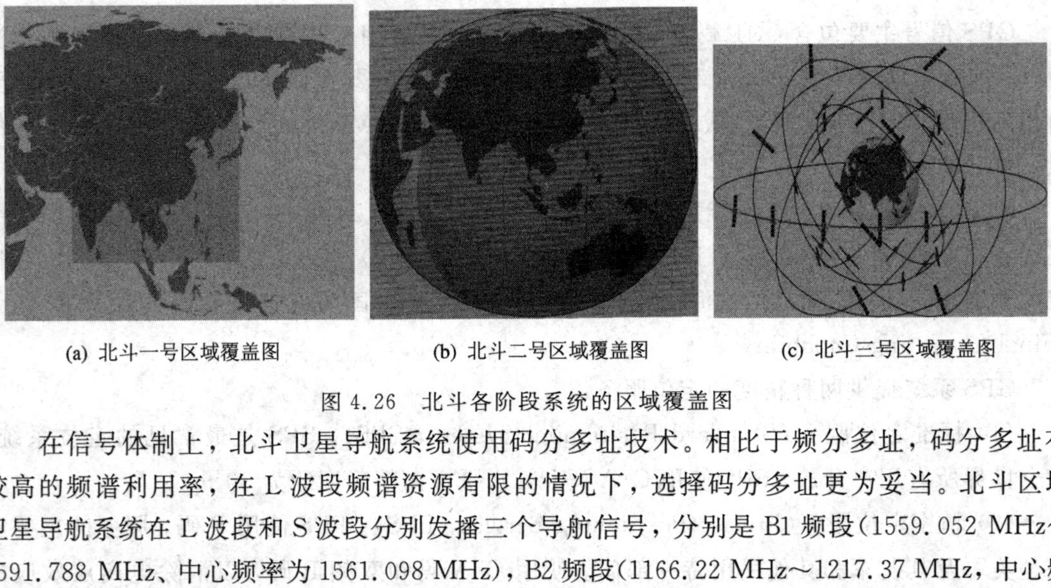

(a) 北斗一号区域覆盖图　　(b) 北斗二号区域覆盖图　　(c) 北斗三号区域覆盖图

图 4.26　北斗各阶段系统的区域覆盖图

在信号体制上，北斗卫星导航系统使用码分多址技术。相比于频分多址，码分多址有较高的频谱利用率，在 L 波段频谱资源有限的情况下，选择码分多址更为妥当。北斗区域卫星导航系统在 L 波段和 S 波段分别发播三个导航信号，分别是 B1 频段(1559.052 MHz～1591.788 MHz、中心频率为 1561.098 MHz)，B2 频段(1166.22 MHz～1217.37 MHz，中心频率为 1207.14 MHz)、B3 频段(1250.068 MHz～1286.423 MHz，中心频率为 1268.52 MHz)。B1 信号采用带宽为 4.092 MHz，B2 频率采用带宽为 24 MHz，调制方式为 QPSK 的信号，各频段均采用 QPSK 调制方式。北斗区域导航系统已于 2012 年 12 月 27 日宣布投入正式运行，2020 年建成的北斗全球系统所传输的具体信号如表 4.4 所示。

北斗卫星导航系统的时间是北斗时(Beidou Time，BDT)，属于原子时。BDT 是一种连续时间的时间尺度，通过设在中国科学院国家授时中心(NTSC)的标校站将 BDT 与 UTC(NTSC)的时间比对，从而将 BDT 溯源到 UTC(NTSC)。BDT 与 UTC(NTSC)的偏差保持在 100 ns 以内。BDT 的时间系统与 GPS 时间一样无闰秒。BDT 的起算时间是协调世界时 2006 年 1 月 1 日 0 时 0 秒。

北斗卫星导航系统提供定位、导航、授时服务，分为开放服务和授权服务两种方式。

开放服务表示任何拥有终端设备的用户可免费获得此服务。开放服务的精度为：定位精度平面为 10 m、高程为 10 m；测速精度为 0.2 m/s；授时精度单向为 50 ns，并且不提供双向高精度授时。授权服务即需要获得授权方可使用的服务，可分为军用和民用两种。授权服务相比开放服务，拥有更高的精确度，定位精度高度可达 1 米。

表 4.4　全球覆盖式北斗系统信号

信号	中心频率(MHz)	码速率(c/s)	数据/符号速率((b/s)/(s/s))	调制方式	服务类型
B1-CD	1575.42	1.023	50/100	MBOC(6，1，1/11)	开放
B1-CP			No		
B1-A		2.046	50/100	BOC(14，2)	授权
			No		
B2aD	1191.795	10.23	25/50	AltBOC(15，10)	开放
B2aP			No		
B2bD			50/100		
B2bP			No		
B3	1268.52	10.23	500 b/s	QPSK(10)	授权
B3-AD		2.5575	50/100	BOC(15，2，5)	授权
B3-AP			No		

4.5.3　伽利略系统

伽利略计划是指欧盟各国于 2002 年 3 月签定正式协议开始建设欧洲自己的卫星无线电导航系统——伽利略(Galileo)系统。伽利略导航卫星系统总体结构与 GPS、Glonass 等类似，也采用中高轨道星座，无源测距定位方式。目前，伽利略计划主要包括中高度地球轨道卫星星座及其地面基础设施的研制，以及用户设备、系统应用与服务的开发研究。伽利略计划的最终目标是建立一个独立的、性能优于 GPS、与现有全球卫星导航系统(GPS)具有互用性的民用全球卫星导航系统。

伽利略系统也分为空间卫星系统、地面控制系统、用户终端接收机三大部分，采用与 GPS 同样的时间测距原理进行导航定位。按最初设计完成全部部署后，伽利略系统采用 30 颗卫星组网，其中 27 颗呈现对称的 Walker 结构，剩下 3 颗提供在轨冗余，均分布在高度为 23 616 km、周期是 14.4 h、倾角为 56°的三个轨道平面上，每个轨道面的升交点赤经相差 120°，每个轨道面部署 9 颗工作卫星和 1 颗在轨备份卫星，其卫星星下点轨迹与 GPS 系统卫星星下点轨迹相似。由于卫星数量增多，星座结构得到改善，因此用户定位时可以得到更好的几何精度系数。计划中即使免费的信号，其定位精度也将达到 6 m 左右，高于 GPS 系统 C/A 码定位在取消 SA 政策之后的 10 m 精度。

与上一代 GPS 导航卫星相比，全新的伽利略导航系统为用户播发多个频段的导航信号，其信号频段分别是 E5a、E5b、E6 和 E1，其中 E5a 和 E5b 信号是 E5 信号全带宽中的一部分。伽利略系统信号频段数据如表 4.5 所示。

表 4.5 伽利略系统信号频段数据

信号	频率/MHz	支路	码速率/(Mc/s)
E1	1575.420	B	1.023
		C	1.023
E6	1278.750	B	5.115
		C	5.115
E5a	1176.450	I	10.230
		Q	10.230
E5b	1207.140	I	10.230
		Q	10.230

2012 年 10 月，伽利略全球卫星导航系统的第二批两颗卫星成功发射升空入轨，目前太空中已有的 4 颗正式的伽利略导航卫星，可以初步实现地面精确定位功能，2016 年完成了 6 颗 Galileo-FOC 卫星的部署。目前，Galileo 系统在轨卫星有 18 颗：提供导航服务卫星 11 颗，试运行卫星 4 颗，在轨测试卫星 2 颗，停止工作卫星 1 颗。伽利略卫星种类如图 4.27 所示，左上为伽利略 GIOVE-A，右上为 GIOVE-B，左下为 IOV 卫星、右下为 FOC 卫星。

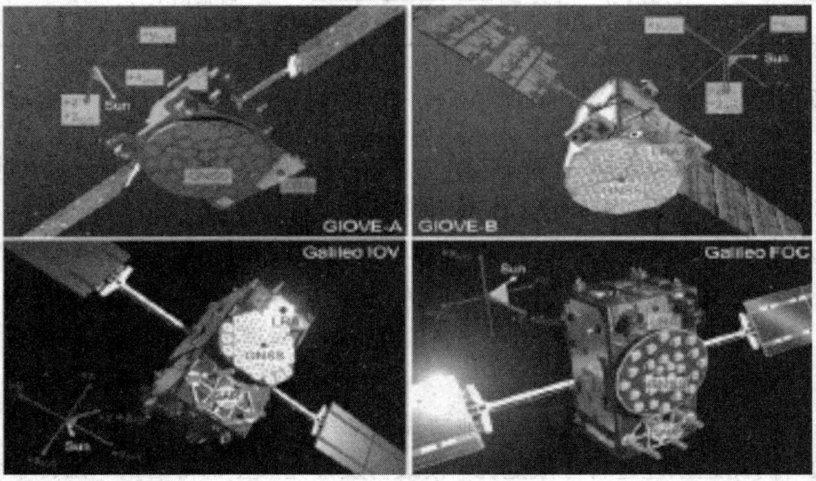

图 4.27 伽利略卫星

4.5.4 卫星导航系统性能对比

目前，国际上已提供服务或正在建设的卫星导航系统有全球性美国的 GPS 系统、俄罗斯的 Glonass 系统、中国的北斗系统(BDS)、伽利略(Galileo)系统，还有区域性的日本 QZSS 系统和印度 IRNSS 系统。这些卫星导航系统均能够提供全球或者区域范围的卫星导航服务。

表 4.6 为全球性的 GPS 系统、北斗卫星导航系统(BDS)、Glonass 系统和伽利略(Galileo)系统的性能对比。

表 4.6 性能对比表

导航星座	GPS	北斗(BDS)	Glonass	伽利略
所属国家/地区	美国	中国	俄罗斯	欧洲
覆盖范围	全球覆盖 98%	2012 年向亚太地区提供服务；2020 年向全球提供服务	全球覆盖 97%	初步形成全球导航能力
服务时间	1994 年		2007 年	2020 年(计划)
在轨卫星数量	31 颗	2012 年 14 颗 2020 年 35 颗	24 颗(其中 3 颗为在轨热备份)	18 颗
轨道位置	距地面 20 200 km，6 个轨道面均匀分布	5 颗地球静止轨道卫星、5 颗倾斜地球同步轨道卫星和 4 颗中圆地球轨道卫星	离地面 19 100 km 的圆轨道	3 个中轨道，高度为 23 600 km
使用频点(MHz)	L1：1575.42 L2：1227.60 L3：1176.45	B1：1561.098 B2：1207.14 B3：1268.52	L1：1575.42 L2：1227.60 L3：1176.45	E1：1589.74 E2：1561.1 E6：1278.75 E5a：1176.45 E5b：1207.14
定位精度	5 m～10 m	优于 10 m	10 m	1 m(理论值)
授时精度	30 ns	50 ns	30 ns～50 ns	—
其他		具备短消息功能		搜索与救援(SAR)功能

本章小结

本章对涉及海上卫星通信和卫星导航领域的卫星通信系统与卫星导航系统进行了介绍。其中搜救卫星系统属于海上安全与应急通信，将在第 6 章另作介绍。

本章主要对卫星通信系统的基本概念、组成与分类进行了具体的阐述，对卫星通信工作频段以及电波传播特点进行了介绍和分析。还介绍了卫星导航定位技术的发展历程以及未来的发展趋势，分析了卫星导航系统的组成和分类。

对海上卫星通信系统，重点介绍了国际海事卫星通信系统(INMARSAT)及其各类船站，对主要的铱星(Iridium)系统、全球星(Global Star)系统、天通移动卫星通信系统和 VSAT 系统做了简要介绍。

对卫星导航系统，重点介绍了全球性的全球定位系统(GPS)、北斗卫星导航系统(BDS)和伽利略(Galileo)系统。

习题与思考题

4.1　卫星通信系统由哪几部分组成？各部分的作用是什么？

4.2　试计算地球站与卫星间的电波传播路径时延（传播距离 d 按 4×104 km 计算）。

4.3　在卫星通信中，工作频段的选择是一个十分重要的问题，它将直接影响到整个卫星通信系统的通信容量、质量、可靠性、卫星转发器和地球站的发射功率、天线口径的大小以及设备的复杂程度和成本的高低等。一般来说，在选择卫星通信的工作频率时，必须根据需要与可能相结合的原则，我们需要着重考虑哪些因素？

4.4　某地球静止轨道卫星通信系统，地球站发射机的输出功率为 3 kW，发射馈线系统衰减为 0.5 dB，发射天线口径为 25 m，天线效率为 0.7，下行线路工作频率为 6 GHz，地球站与卫星间的距离为 4×10^4 km，转发器天线增益为 5 dB，接收馈线系统衰减为1 dB。试计算卫星接收机输入端的信号功率。

4.5　什么是全球定位系统？它主要由哪几部分组成？各部分的作用是什么？

4.6　根据卫星的运行轨道，可以将卫星移动通信系统划分为地球静止轨道（GEO）系统和近地轨道（LEO）系统，二者间有什么联系和区别？

4.7　卫星通信相较于其他通信方式，有着运行稳定，组网灵活，可靠性高，能够多址连接，传输带宽较高，可提供不受地理环境限制的广域覆盖等特点而成为海洋通信的重要手段，但其技术的进一步发展也面临着一些问题，请详细介绍其面临的问题。

4.8　试计算下列圆形轨道卫星系统的卫星运行周期 T 和速度 v。

（1）铱星（Iridium）系统：卫星轨道高度为 780 km。

（2）全球星（Global Star）系统：卫星轨道高度为 1414 km。

（3）中国轨道卫星 ICO：卫星轨道高度为 10 354 km。

（4）全球定位系统（GPS）：卫星轨道高度为 20 200 km。

（5）地球同步轨道：卫星轨道高度为 35 786 km。

4.9　假定卫星距地球 38 500 km，试计算 L、C、Ku 和 Ka 频段频率的传输损耗。

4.10　如何实现卫星增强系统对卫星导航系统定位精度的改进和完好性性能的提高？

4.11　试比较铱星（Iridium）系统、全球星通信（Global Star）系统和国际海事卫星系统（INMARSAT）的不同点和优缺点。

第 5 章 海上宽带网络通信

5.1 概　述

当今，在全球信息化浪潮的带动下，新兴技术正在改变我们的工作和生活的方式，海上航行、海上作业对海上宽带网络的需求日益增长。然而海上宽带网络通信技术由于缺少基础设施的支撑和投入，相关领域的研究、应用和普及程度都远远跟不上陆地宽带网络的发展，海上宽带网络通信技术作为最新发展起来的前沿技术，有很多技术理论尚在探索发展之中，本章仅就目前主流的海上宽带网络通信技术作简要的介绍。

2011 年大唐移动推出 TD-LTE 海上无线宽带通信(也称 LTE 集群通信、SmartLTE 无线通信专网)项目，解决了海上采油平台间的无线宽带网络通信，目前该项目已在南海海域覆盖应用，在大雾、大风、暴雨等多种复杂恶劣天气条件下，TD-LTE 集群专网的下行速率为 40 Mb/s，上行速率约为 15 Mb/s。

国家交通运输部等部门也正在推进海上"天地一体化信息网络"建设，保护海上作业人员日益增长的物质文化和精神需求和人身财产安全。海上天地一体化信息宽带网络系统主要包括海上无线通信系统、岸基移动通信系统和海洋卫星通信系统组成的天地一体化多网融合宽带网。天地一体化信息网络旨在保障近、远海船舶的日常通信，为海上油气勘探、海洋科考和海洋运输等领域提供可靠安全的海上宽带网络通信系统，如图 5.1 所示。

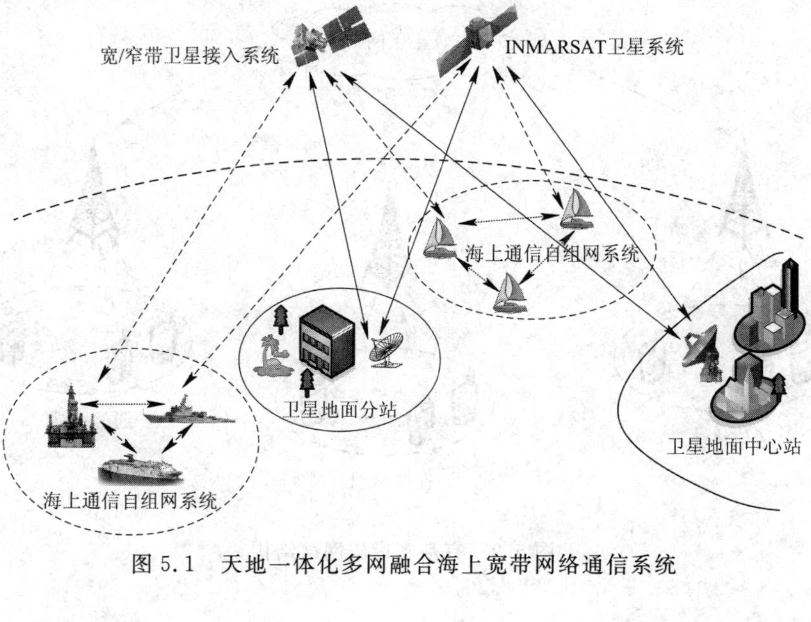

图 5.1　天地一体化多网融合海上宽带网络通信系统

5.2 海上自组织网络

自组织网络也称 Ad hoc 网络，Ad hoc 一词，源于拉丁语，为特设、特定、临时等多种含义，802.11 标准描述自组织网络是为了某个特定目的，所建立起来的临时网络。自组织网络是一种无线通信和计算机网络相结合的网络，是一种多跳的、无中心的、自组织无线网络，又称为多跳网(Multi-hop Network)、无基础设施网(Infrastructureless Network)或自组织网(Self-organizing Network)。

5.2.1 自组织网络简介

1. 概述

自组织网络是一种不需要任何基础设施，例如基站(Base Station，BS)、接入点(Acess Point，AP)等，通过自组织协议进而实现网络互联的移动通信网络技术。自组织网络中的移动节点(Mobile Node，MN)同时具有多址接入以及网络路由的两种功能，共享无线资源通过节点借助多址接入协议的方式，再通过路由协议存储及转发数据。移动节点等效于一个完整的无线路由器，数据在自组织网中的传播可以通过直接连接的方式发送，即一跳连接方式，也可以通过多个节点转发，即多跳连接方式。总之，自组织网络是一组具有自组织能力的移动节点组成的移动网络，其在军事侦察、抢险救灾及商业应用中发挥着重要的作用，是现代移动通信网络的重要组成部分。

2. 自组织网络的组成

无线移动通信系统的两种网络结构：一种为有基础设施网络结构；另一种为无基础设施网络结构。有基础设施网络结构通常是对有线通信网的一种扩展。如图 5.2 所示，有线网络被广泛用于骨干网(Backbone Network，BN)中，连接到特殊的有线/无线转接节点，即基站(BS)/接入点(AP)，基站或接入点负责协调覆盖区内的移动终端，通过一个或多

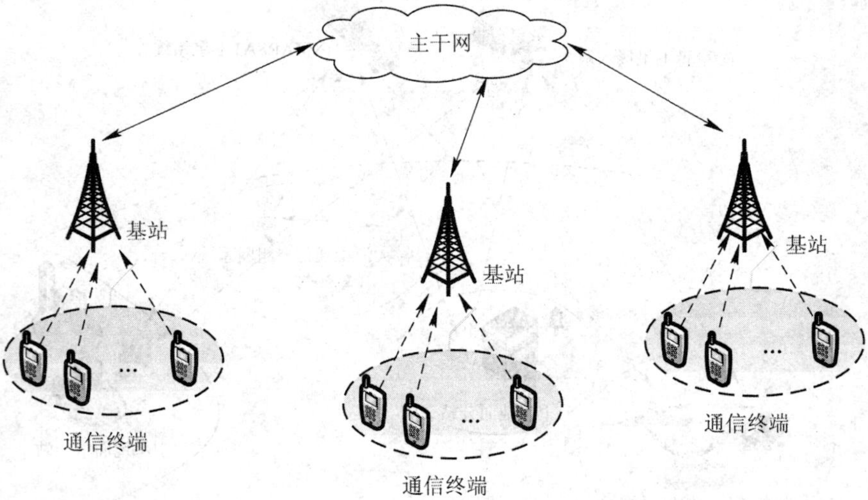

图 5.2　有基础设施网络结构

个传输信道接入网络。传输信道按工作频段可分为不同的频段的传输信道；按调制体制分为FDMA、TDMA、CDMA等。基站或接入点与有线骨干网相连并覆盖一个区域，这种网络结构常被称为有基础设施网络结构。有基础设施网络的种类很多，必须被预先规划、设计和布设，例如一些比较常见的：蜂窝移动通信系统、集群移动通信系统、无线局域网等。

无基础设施网络结构被称为自组织网络，简称自组网(Ad hoc)，其组成是由多个移动节点连接成的多跳无线网络。这些节点处在一个区域内，每个节点兼有终端和路由器的功能，通过存储转发技术可以帮助其他节点构成通信链路。如图5.3所示，无基础设施网络结构与有基础设施网络最大区别的是不需要预设任何的基础设施，如基站(BS)或接入点(AP)。网络的组织有临时性、按需性和自动性。由于自组网无需基础设施，导致无控制中心，因此必须采用分布式的控制方式，按指定的协议规则，为其他节点提供路由寻找、路由维护、数据中转等服务。

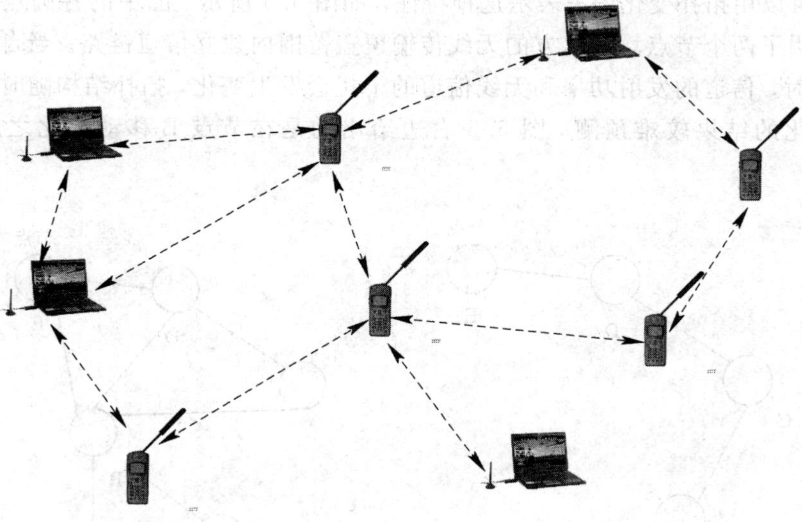

图5.3 无基础设施网络结构

3. 自组织网络的特点

(1) 无网络中心结构。网络没有严格的控制中心，所有节点的地位是平等的，任意节点的故障不会影响整个网络运行，具有很强的抗毁性。

(2) 对等性。自组织网络中的移动终端不同于蜂窝网中的移动终端，它们自己可以直接通信，具有无中心网络的自组织性，用户终端的地位平等，可以随时加入或者离开网络等功能。

(3) 多跳的组网方式。如图5.4所示，由于无线通信距离的限制，自组网内节点之间的通信方式往往需要依靠其他节点中继的转发，这便是多跳网络的形成。节点之间直接通信可达的情况称为一跳通信，图中的A和B，B和C，C和D都为一跳通信，而A和C，B和D则需要中间节点的中继转发才能进行通信，这种情况称为二跳通信。依此类推，如果节点k1需要经过n跳才能到达节点k2，称节点k2为节点k1的n跳邻节点。

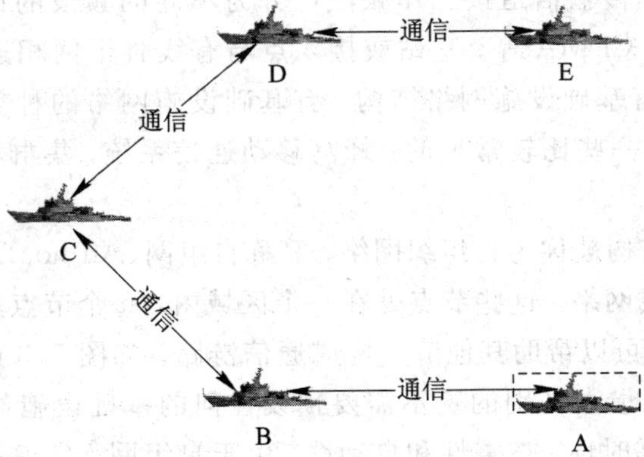

图 5.4　多跳无线移动自组网

(4) 网络拓扑的动态性。自组网节点间具有互相连通的特性，这种特性构成了网络的拓扑结构，可以用拓扑变化图来表示这种特性，如图 5.5 所示。图中的各圆点代表移动节点，连线表明了两个节点均在双方的无线传输覆盖范围内建立信道链路。当自组网中的节点随意移动时，信道的发射功率和无线信道的干扰会发生变化，拓扑结构随时可能发生改变，并且变化的结果较难预测。图 5.5 右边给出的是在节点 B 移动变化之后的拓扑变化图。

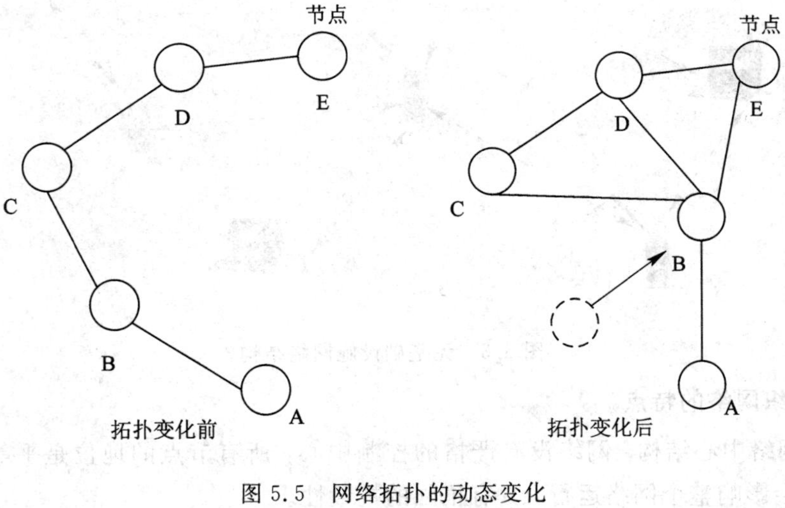

图 5.5　网络拓扑的动态变化

(5) 分布式控制。因为自组网的基础设施没有预设，所以也就没有预设的中心控制节点，故只能采用分布式控制的方法。

(6) 链路带宽和能量受限。由于多个节点间的信道是采用分布式竞争的，使得每个移动节点实际使用的带宽远远小于物理层的最大传输速率。与此同时网内的移动节点也需要电池来提供能量，因此能量会受到限制。

(7) 信道的单向性。自组网中的一对节点可能存在单向信道。

(8) 安全性差。由于自组网具有分布式控制、无中心、临时组织等特点，移动自组织网容易被窃听、攻击，安全性比一般的无线网络要低。

(9) 可扩展性。位于范围内的新网络设备可直接接入原有网络；位于范围外的节点可通过其他节点作为中继节点的方式加入网络。

(10) 临时性与信道的不确定性。当移动自组网节点聚集到一起时，它们会临时性地组合形成一个无线通信网络；由于采用无线传输，加上网络结构、传输距离与环境的不确定性造成无线传输信道的性能难于确定，信道通信质量难于保证。其原因可能是由于中间的转发节点的临时退网而造成信道中断；也可能是由于网络节点过多时，过多的自适应路由探索将增加网络负荷，而导致网络拥塞。

(11) 自愈合能力。网络使用过程中超出连接范围的节点会与网络断开连接，当重新进入连接范围时可以自动建立连接。

因为船舶组网的节点分布密度一般都不高，船舶的移动速度也较慢，而船舶的电力能源供应充足，比较适合自组织网络的特点，尤其是特别适合群组作业的船队，如成建制的舰队、科考船队、渔船船队或在船舶遇险现场需要组织多方协调搜救的组网通信等。因此，自组网比较适合海上船舶组网的场合。

5.2.2 自组织网络结构和路由协议

1. 自组织网络层次结构

通过仿照 OSI 的经典七层协议栈模型和 TCP/IP 协议的体系结构给出了无线移动自组网的协议栈结构，如表 5.1 所示。

表 5.1 无线移动自组网的协议栈结构

应用层	实时业务、自适应、数据报业务	
中间层(可选)	移动定位 、自动配置 、安全策略	
传输层	无线 TCP、无线 UDP	
网络层	网络互联层	IPv4，IPv6，Mobile IP
	网络层	邻居发现，路由协议(DSDV，AODV，DSR 等)、VC 机制
数据链路层	逻辑链路控制子层(LLC)	分组转发/确认、差错控制
	媒体接入控制子层(MAC)	TDMA、CDMA、IEEE 802.11、蓝牙、MACA、HiperLAN
物理层	扩频技术、调制解调、发送接收	

(1) 物理层。目前研究的重点之一是软件无线电，目的是在全波段内根据环境来灵活设置参数，从而在多个频段上进行通信。另一个研究的重点是超宽带无线电技术，该技术被广泛应用于无线局域网和无线个域网中，主要提供低功耗、超宽带和相对简捷的通信。

(2) 数据链路层。解决无线自组网中隐藏终端和暴露终端问题的最主要的方法是 CTS/RTS 短信息握手方式。如多址接入冲突避免(Multiple Access Collision Avoidance，MACA)协议和 IEEE 802.11 等主流 MAC 层协议都采用了该方式。使用 CDMA 技术能够在很大程度上降低隐藏终端问题的影响，因此，怎样把多址协议与 CDMA 相结合是现在研究的重点。

(3) 网络层。依据路由协议可以实现多跳无线网络。从目前研究情况看，按需源驱动路由，以及多种路由技术的融合是将来的主要发展方向。另外，无线自组网的特殊性，需要广播和多播，这些技术需要数据链路层和网络层的支持。

(4) 传输层。传输层可以提供稳定的端到端传输。在固定的互联网中，传输层主要解决拥塞问题，而移动无线自组网中，则主要解决链路的不稳定性问题。由于在移动无线自组网中，传输层性能的好坏是由数据链路层的可靠性决定的，可通过在局部的链路解决可靠的传输，也可以通过让传输层了解链路情况而进行相应的处理。

(5) 应用层。在传统网络中，一般拓扑相对稳定。网络管理和一些安全策略，例如身份认证、反拒认的问题必须在应用层上解决。而无线移动自组网一般通过跨层解决，即在不同的层次间联合起来进行分析。

2. 自组织网络路由协议

在基于 Ad hoc 网络的海上移动通信系统中，为了改善通信质量，需要做好网络的路由寻址算法、组织结构和移动性管理(ORM)等方面的工作。也就是说，节点在高速移动情形下，网络仍能提供好的吞吐/时延特性。

基于分布式无线网络体系结构在特定的无线频道(如渔船无线电话频道 27.5 MHz～39.5 MHz 和 156 MHz～174 MHz)，在无线带宽受限、多跳路由频率变化及网络拓扑动态变化等条件限制下，传统的路由算法和协议已经无法满足这些特性，因此需要专门的路由协议。路由协议的设计必须满足以下条件：

(1) 具备分布式操作功能。自身可以对网络拓扑结构的动态变化进行快速应变，尽量避免路由环路的产生，提供方便简单的网络节点定位方法。

(2) 具有良好的可扩展性。当网络规模扩大时，网络性趋于稳定，不至于大幅下降。

目前适用于分布式无线网络的路由协议包括：目的节点排序的距离矢量路由协议(DSDV)、鱼眼链路状态路由协议(FSR)、区域路由协议(ZRP)、基于超节点的逆向标记路由协议(SRL)、动态源路由协议(DSR)、按需自组网距离矢量路由协议(AODV)。

下面介绍几种比较成熟的路由协议。

1) 动态源路由协议(DSR)

动态源路由协议(Dynamic Source Routing，DSR)的参数设置如表 5.2 所示。

表 5.2 动态源路由协议(DSR)的参数设置

重发路由请求分组的时间间隔/ms	500
路由请求分组头在加载 n 个节点地址时的长度/(Byte)	$4n+4$
搜索本地路由表时允许消耗的时间/s	30
发送分组前等待路由信息时，节点保留分组的时间长度/s	30
发送路由应答分组的最大速率/(组/s)	1

(1) 路由发现。当节点 S 需要到 D 的路由时，S 广播“路由请求”分组，每个请求分组根据序列号和 S 标识进行查找确定。收到“路由请求”分组的节点如果满足：

① 该节点不是目的节点 D；

② 请求分组头部的源路：由序列中不包含该节点；

③ 该节点没有接收过同样的路由请求分组；

④ 该节点的路由表中没有到目的节点 D 的路由信息。

节点就将自己的地址附加到“路由请求”分组头部的路由序列中，并将分组转发给所有相邻节点。若①和②不满足，节点将删除路由请求分组，防止循环处理。若①和②不满足，节点将发送“路由回答”给 S，回答内容包含了从 S 到 D 的路由，该路由从请求分组中携带的路由序列或节点自己路由表中记录的路由信息中得到。S 获得路由后，使用源路由进行数据通信。

(2) 路由维护。DSR 支持主动应答、被动应答两种链路状态监测方法。当节点在发送数据时检测到需要使用的邻接链路断开时，它分别将发送“路由出错”分组给这些断开路由的源节点，源节点在收到分组后将失效路由从路由表中删除。沿途转发“路由出错”的节点也将从自己的路由表中各自删除包含了该断开链路的所有路由。

(3) DSR 协议评价。

① 节点不需要周期性地发送分组，节省了电池的能源，降低了网络带宽，当没有节点要发送数据时，网络中没有通信开销，支持节点睡眠。

② 支持中间节点回答，使源节点可以快速获得路由，但同时也会引起过时路由等问题。

③ 14 个分组都需要携带完整的路由信息，大大降低了网络带宽的利用率。

2) 按需自组网距离矢量路由协议(AODV)

按需自组网距离矢量路由协议(Ad hoc On-Demand Distance Vector，AODV)的参数设置如表 5.3 所示。

表 5.3 按需自组网距离矢量路由协议(AODV)的参数设置

HELLO 消息广播周期/ms	500
路由的寿命/ms	$4n+4$
路由请求的重试次数/次	30
重发路由请求的时间间隔/s	30
节点等待路由消息时允许分组在发送缓冲区中滞留的时间/s	1

AODV 路由协议是基于距离向量的路由协议。特点是每个路由都有目的序列号，该序号由目的节点产生，主要用于防止循环，当目的节点和相邻节点之间的拓扑发生变化时，就会将目的序列号加 1，并将该号附加在路由回答中。AODV 路由协议还支持多址通信，协议由路由请求和路由维护组成。

(1) 路由请求。

AODV 路由请求与 DSR 相似，区别是 AODV 在请求分组中添加了节点记录的目的序列号，收到请求分组的节点，查看路由表中是否记录了目的节点“更新”的路由，“更新”的含义是目的序列号大于或等于请求分组中的序列号。如果没有，则节点记录请求分组的源节点、目的节点、上游节点地址和目的序列号并广播；若有或节点是目的节点，将发送“路由应答”分组(RREP)给源节点，回答中包含“更新”的序列号以及对应的路由，转发“路由回答”的节点根据回答更新路由表，设置路由的下游节点、目的序列号、有效时间信息，并根据先前记录的上游节点地址将路由应答分组(RREP)转发给上游节点，直到源节点。

（2）路由维护。

AODV 通过周期性地广播“hello”报文来监测链路状态，若节点在使用某个链路时发现该链路断开，节点将从路由表中删除包含该断开链路的路由，并发送“路由出错”分组(RREP)，通知那些因链路断开而不可到达的节点将对应路由从路由表中删除，沿途转发 RREP 的节点也删除自己路由表中的对应路由。

（3）路由评价。

① 基于传统的距离向量的路由机制，思路简单、易懂。

② 通过使用目的序列号，防止了循环的发生，解决了传统的基于距离向量路由协议存在的无限计数的问题，并且易于实现编程。

③ 支持中间节点回答，能使源节点快速获得路由，但同时存在过时路由的问题。

④ 需要周期性地广播分组，消耗一定的电池能源和网络带宽。

3）目的节点排序的距离矢量路由协议(DSDV)

目的节点排序的距离矢量路由协议(Destination-Sequenced Distance-vector，DSDV)是一种预先的距离向量路由协议。周期性的路由广播信息可以让各节点的路由表得到更新，以便跟踪网络的拓扑变化。与传统的距离向量路由协议相比，其优点是能够保证当网络中出现闭环时也能正常工作。

目的节点排序的距离矢量路由协议(DSDV)的参数设置如表 5.4 所示。

表 5.4　目的节点排序的距离矢量路由协议(DSDV)的参数设置

广播路由更新消息的周期/s	15
形成子网前路由广播消息收集时间/s	1
各个节点为每个目的节点缓存的最大分组数/个	5

（1）基本机制。

网络中的每个节点都需要维护一张路由表，因为每张路由表的内容都是从该节点到所有其他节点的路由以及相应的跳数。给每条路由标定一个序号，以此来表示路由信息的新旧。例如，如果路由 R 的序号比 R′大，则认为路由 R 有效，丢弃 R′；如果路由 R 和 R′具有相等的序号，则认为跳数小的路由有效，丢弃跳数大的路由。路由消息中的序号是由目的节点设置的，每次广播新的路由消息时，该序号增加 1。当节点 B 检测出它到目标节点 D 的路由已中断时，它会广播这个路由消息，并在广播的路由消息中指示它到达目的节点 D 的跳数为无穷大，同时给这个路由消息设置一个增加 1 的序号。

当网络的拓扑发生变化时，DSDV 采用触发式的路由更新机制。节点在广播路由更新消息前首先有一个迟延，这在网络拓扑变化较快时就有一个抑制效果，避免过多地广播无效的路由消息，从而增加 DSDV 路由协议对分布式无线网络的适应性。

（2）路由评价。

① 基于传统的距离向量的路由机制，思路简单、易懂。

② 通过给路由信息标定序号来表明其新旧，从而保证 DSDV 当网络中存在闭环时也能正常工作。

③ 每个节点都保存了到其他所有节点的路由信息，其中的一些路由信息可能是用不上的，而节点仍要保证及时更新这些尚不使用的信息，这会导致电池能源和网络带宽的无

谓消耗。

5.2.3 几种常见的海上自组织网络

由于在海上没有基站可用，海上船舶之间的联网通信较为困难，而且船舶一直处于移动的状态，因此最佳组网方式为自组织网络(Ad hoc)方式。而根据海上环境和工作距离等的无线传输的要求，海上自组织网络(Ad hoc)按无线传输信道的工作频段分为使用短波(HF)波段的、使用甚高频(VHF)波段的和使用电视白频谱(TVWS)的移动自组织网。如美国海军研究的高频特混编队内部通信网络(HF-ITF)系统就是采用短波(HF)波段的典型海上自组织网络(Ad hoc)。

1. 短波(HF)自组织网

短波用地波进行传播的时候，由于地波的衰减随着频率的升高而增加，因此通常用的发射功率的传播距离为几十公里到几百公里；而用天波传播时，由于电离层的吸收随着频率的升高而减小，对短波的吸收不大，因此可以通过电离层对短波的一次或多次反射来实现短波的远距离传输。一次反射传输的最远距离为 4000 km，经过多次反射可传输上万公里甚至作环球传播。因此，短波移动自组网的通信距离可以满足船舶间通信的需求，而自组织联网的组网方式则能满足场景的需要，短波移动自组网(High Frequency Mobile Ad hoc Network，HF-MANET)是目前解决船舶之间网络通信的方案。而事实上，短波移动自组网(HF-MANET)的提出也正是为实现海上船舶间的自组织联网，它主要用于军事用途。

结合短波无线通信的特点，短波移动自组网(HF-MANET)常采用多子网的短波自组织网结构，即采用分层分布式控制的网线结构，如图 5.6 所示。

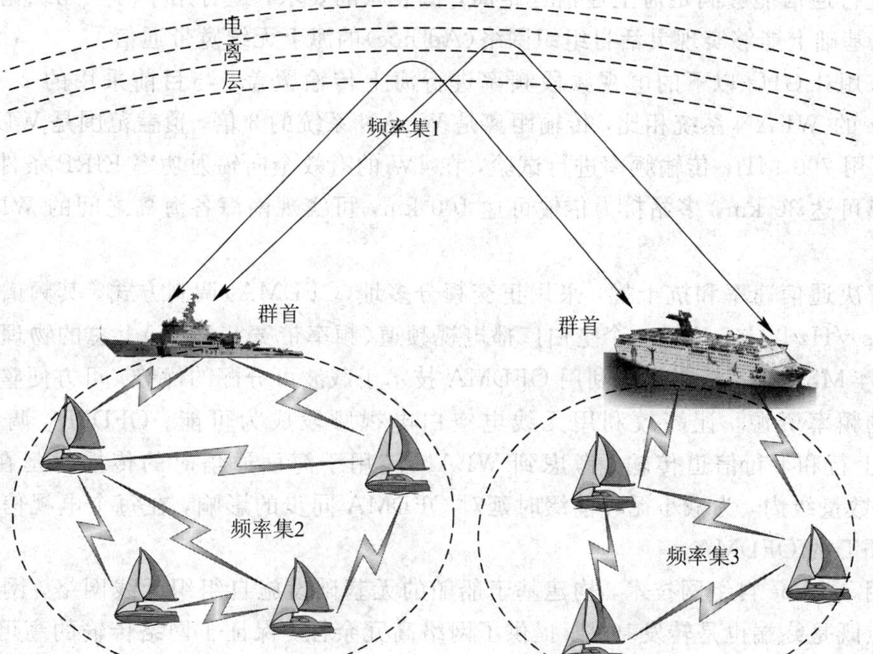

图 5.6 短波分层分布结构的自组网

一个较大的短波移动自组网(HF-MANET)分成若干的子网，每个子网可以有自己相对独立的信道，子网内采用分布式结构，子网中的群首可根据网络信道频率使用情况和链路通信质量配置与邻群不同的信道。通过自适应选择通信信道传输方式，自动建立专用业务信道。而这种分层分布结构的通信方式特别符合军队舰队的分层建制的指挥体系，因此短波分层分布结构的移动自组网(HF-MANET)多为军方采用，如美国海军的高频特混编队内部通信网络(HF-ITF)系统。

由于短波通信的传输方向性较弱，因而通信过程极易被窃取和截获，保密性、安全性不高。即使采用其他自适应技术来提高短波数据传输的通信质量，也会因为短波频段的带宽的不足和短波通信特有时变衰落信道的影响，使得实际通信的传输速率一般为 2.4 Mb/s，最高也只能达到 4.8 Mb/s，而且稳定性、抗干扰性也较差。短波自组织网仅用于传输字符、文本和音频等信息的窄带信息网络，无法灵活组网，难以满足海上用户日益增强的宽带网络通信需求。

2. 电视白频谱(TVWS)自组织网

空白电视频段也称作电视白频谱(TV White Spaces，TVWS)，是指没有使用的广播电视频段的空白频谱资源。国际电联(ITU)等无线电频谱管理部门分配给广播电视使用的频率资源主要为甚高频(VHF)和超高频(UHF)两个波段，这两个波段是无线电频谱资源的黄金频段，其优点是频率不高、衰减小、传输距离远、穿透能力强、不易被水雾吸收、频率带宽又相对较高，能进行宽带高速率数据传输等。广播电视频段资源丰富，但是广播电视只能覆盖陆地及周边沿海地区，海上几乎没有覆盖，同时广播电视台频道间隔一般为 8 MHz 的空白频段保护带，其空白频段的频率带宽完全可以进行无线宽带通信。采用空白电视频段进行通信能够满足海上通信远距离，低衰减的要求，适合用于海上无线宽带网络覆盖，在此基础上能够实现灵活自组织网络(Ad hoc)的海上无线宽带通信。

若采用 1 GHz 以下的电视频段频率进行海上传输覆盖，与目前采用的 2.4 GHz 或 5.8 GHz 的 WLAN 系统相比，传输距离是 WLAN 系统的 3 倍，覆盖范围是 WLAN 的 10 倍，若采用 700 MHz 传输频率进行试验，在 4W 的有效全向辐射功率 EIRP 条件下，单站传输距离可达 30 km，多站接力传输可达 100 km，可实现南海各海岛之间的 WLAN 传输覆盖。

为解决通信速率和抗干扰，采用正交频分多址(OFDMA)调制方式，其频谱效率可做到 3 (b/s)/Hz 以上，这样一个空白广播电视频道(频率带宽 8 MHz)上总的物理层速率可以达到 24 Mb/s 以上。此外，利用 OFDMA 技术子载波可分配的优势，可方便整合物理上不连续的频率资源，让高效利用无线电空白电视频段成为可能。OFDMA 调制可用于 WLAN 上行和下行信道传输。考虑到 WLAN 应用于海面通信时的传播时延在 25 μs～50 μs 的数量级内，为减小循环前缀时延对 OFDMA 同步的影响，在每个电视信道内可采用 2K FFT 的 OFDMA。

采用 Ad hoc 自组网技术，构建基于船舶的无基础设施自组织无线网络，网络内每条船舶节点既是终端也是转发基站，提供了网络高冗余性，保证了网络传输的高可靠性，无线 Mesh 网络系统支持高速移动，支持终端速度在 80 km/h 的无线通信，即使是渔船用户在移动过程中仍然可以保持无线网络不间断地传输重要及实时的信息。

由于海上船舶之间没有其他的障碍物，各条船舶的无线节点既是终端也是转发基站，网络中的每个节点都可以收发信号，都可同时作为 AP 和路由与一个或者多个对等节点进行直接通信。如果某个节点由于流量过大而导致拥塞，网络系统可以自动选择到另一个流量较小的邻近节点进行传输。为了使无线覆盖的范围更广，以及应对总调度区的突发故障，采取在大型的船舶上增加高功率接入点的方案，获得备用 Ad hoc 路径。

3. 甚高频(VHF)自组织网

甚高频(VHF)波段是海上通信的黄金波段，该频率非常适合海上视距传输，且有足够的带宽满足宽带网络传输的要求。将甚高频(VHF)波段的通信链路用于海上自组织网的传输信道，使得甚高频(VHF)通信具有技术成熟、通信设备成本较低、传输稳定、链路带宽较宽和自组织网络(Ad hoc)组网灵活的特点，同时自组织网络(Ad hoc)的多跳转接也弥补了甚高频(VHF)通信视距传输的距离受限这一不足，成为海上宽带自组织网络通信的一个很好的选择。如图 5.7 为甚高频(VHF)自组织网络(Ad hoc)的多跳转接实现甚高频(VHF)的超视距传输。

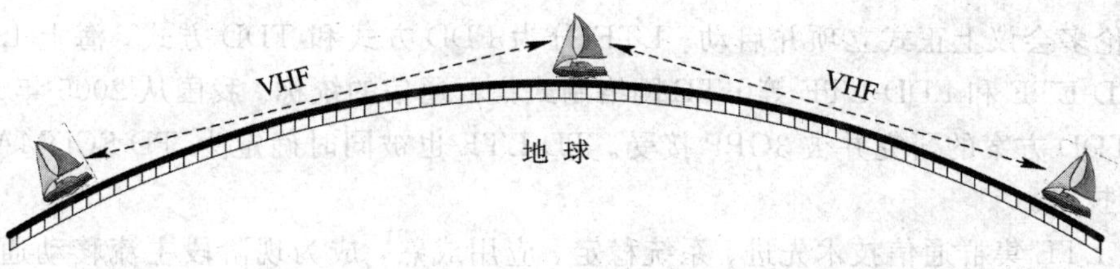

图 5.7　甚高频自组织网络的超视距传输

海上甚高频(VHF)自组织网络(Ad hoc)要求采用双向甚高频(VHF)电台作为节点的双向通信信道，海上甚高频许可工作频率为 150 MHz～230 MHz 频段。图 5.8 为双向甚高频电台组成的自组织网络(Ad hoc)节点。

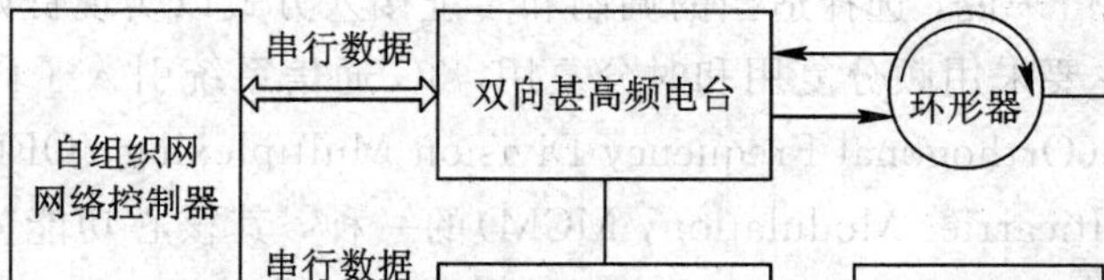

图 5.8　双向甚高频电台组成的自组织网络节点

5.3　海上宽带通信系统

目前，没有一种单一的通信技术能够满足海上通信的需求，应根据不同的海事活动区域和不同的业务种类，选择不同的通信技术。

一些国家及标准组织早已预测到未来无线网络的发展方向，纷纷成立专门小组，针对各种通信技术种类的不同网络间的一体化融合进行了专门研究。然而，网络异构融合是一个复杂而艰巨的工程，对于网络融合的研究也仅仅止于两种或三种网络的简单融合上，全面而有效的融合技术方案并不多。因此以下仅就目前研究最多的海上 LTE 集群通信、海上 WLAN 覆盖、海上无线 Mesh 网络等技术作简要的介绍。

5.3.1 海上LTE集群通信

集群(Trunked)的概念在涵盖的集小群为大群的含义基础上，已经从传统的用户信道资源共享，延伸到多样化功能业务、多模式终端接入以及多种窄带化和宽带化通信系统之间的融合，并将基于宽带无线通信技术，采用多媒体业务形式，以指挥调度功能为主的专用无线通信系统称为宽带无线多媒体集群，简称宽带集群。

传统3G网络主要业务是语音业务，重点核心为电路交换，并且附带了IP数据业务。由于3G网络过度重视语音业务，因此便提出了海上LTE集群宽带通信网络，即为第四代移动通信技术的海上应用。海上LTE集群宽带通信网络能够有效改善3G网络过度注重语音业务的缺陷，并能定位用户的新业务，同时具备多种技术服务。

长期演进(Long Term Evolution，LTE)是由第三代合作伙伴计划3GPP(The 3rd Generation Partnership Project，3GPP)组织制定的通用移动通信系统UMTS(Universal Mobile Telecommunications System，UMTS)技术标准的长期演进，于2004年12月在3GPP多伦多会议上正式立项并启动。LTE分为FDD方式和TDD方式，海上LTE集群通信是TD-LTE和FDD-LTE等LTE网络制式集群通信的统称。我国从2005年开始推动LTE的TDD方案的研究并被3GPP接受。TD-LTE也被同时确定为TD-SCDMA标准的后续演进技术。

海上LTE集群通信技术先进、系统稳定、应用成熟，成为现阶段主流移动通信网络，能提供宽带、高速数据业务。岸基移动通信的近海覆盖为港口、码头、航道管理、海上救助等提供了可靠的通信保障。

1. 海上LTE集群通信技术

1) 正交频分复用技术

对于无线移动通信来说，选择适当的调制和多址接入方式以实现良好的系统性能至关重要。2G通信系统主要采用频分复用和时分复用，3G通信系统引入了码分复用，LTE则采用了正交频分复用(Orthogonal Frequency Division Multiplexing，OFDM)技术。OFDM作为多载波调制(Multicarrier Modulation，MCM)的一种，其核心功能就是将信道分成许多正交子信道，在每个子信道上进行窄带调制和传输，这样既减少了子信道之间的相互干扰，同时又提高了频谱利用率。与传统的多载波调制(MCM)相比，OFDM调制的各个子载波间可相互重叠，并且能够保持各个子载波之间的正交性。通过添加循环前缀，能够克服多径时延带来的符号间干扰。通过将宽带信道划分为多个窄带的子载波(子载波宽度小于信道相干带宽)，可以有效地对抗信道的频率选择性衰落，有利于简化信道估计，并且不需要复杂的信道均衡，特别适合宽带移动通信系统。由于OFDM的子载波衰落情况相对平坦，十分适合与MIMO技术相结合，因而极大地提高了系统性能。当然OFDMA技术也存在峰值平均功率比(Peak to Average Power Ratio，PAPR)高、时间和频率同步敏感的技术局限。

2) 多入多出技术

多入多出(Multiple-Input Multiple-Output，MIMO)技术是由Marconi于1908年提出的，能够利用多天线来抑制信道衰落。MIMO技术是指在发射端和接收端分别设置多副发射天线和接收天线，并将多副发送天线与多副接收天线相结合以改善每个用户的通信质量(如差错率)或提高通信效率(如数据速率)。MIMO技术可为系统提供空间复用增益和空间分集增益，空间复用技术可以大大提高信道容量，而空间分集技术则可以提高信道的可靠性，降低信道误码率。MIMO 技术有效地利用随机衰落和可能存在的多径传播来成倍地提高业务传输速率，因此它能够在不增加所占用的信号带宽和传输功率的前提下使无线通信的性能改善几个数量级。

MIMO 有多种具体工作方式。通常终端的能力将成为限制 MIMO 使用的主要瓶颈，例如接收天线数目。同时 MIMO 的多种工作方式会根据具体应用情况，完成通信间的相互转换，但考虑到信道开销的问题，应控制转换频率。LTE 已确定 MIMO 天线个数的基本配置是下行 2×2、上行 1×2，但也考虑了 4×4 的高阶天线配置。

3）*频率改制与广覆盖技术*

国家工业与信息化部（简称“工信部”）对 TD-LTE 的频率的规划如下：

F 波段：1880 MHz～1920 MHz；

E 波段：2320 MHz～2350 MHz；

D 频段：2500 MHz～2690 MHz。

针对海上覆盖以及南海油田信息化无线专网的建设需求，可采用更加灵活的频率配置，改用电视白频谱（TVWS）的甚高频（VHF）300 MHz 和超高频（UHF）700 MHz 等这些黄金频段，使衰减更小、覆盖更广。例如大唐移动通信开发的南海油田信息化无线专网的使用频段采用了符合工信部分给行业集群应用的合法频段 1785 MHz～1805 MHz。而大唐移动通信用于海上应急通信的一体化船载 LTE 基站采用更低的频率：380 MHz～430 MHz。

陆地上的电信运营商的 TD-LTE 网络在部署主要城市的数据业务热点区域，解决密集城区用户的数据业务，在城市中的典型覆盖范围一般为 300 m～800 m。而海上覆盖有其特殊的环境，用户比较分散，分布区域广阔，为了覆盖范围更广，要求 TD-LTE 无线基站具有 10 km～25 km 的广覆盖能力。因此可采用智能天线的波速赋形、分集接收、高增益天线、大功率射频拉远单元（Remote Radio Unit，RRU）等先进技术，来解决海上广域无线覆盖的需求。

智能天线的波束赋形技术利用天线阵列通过对波束的汇成和指向的控制，产生多个独立的波束，可以自适应地调整其方向图以跟踪信号的变化。接收时，每个阵元的输入可以被自适应的加权调整，并与其他的信号相加，以达到从混合的接收信号中解调出期望得到的信号并抑制干扰信号的目的，对干扰方向调零，以减少甚至抵消干扰信号。发射时，根据从接收信号中获知的用户终端（UE）信号方位图，通过自适应地调整每个辐射阵元输出的幅度和相位，使得它们的输出在空间叠加，产生指向目标 UE 的赋形波束。

2. 网络结构

海上 LTE 集群通信系统网络架构如图 5.9 所示。网络系统由核心网（Evolved Packet Core，EPC）和接入网组成。核心网由许多逻辑节点组成；接入网由演进型节点基站（简称 NodeB（Evolved Node B，eNodeB））一个逻辑节点组成；演进后的核心网（EPC）由移动管理节点（Mobility Management Entity，MME）和服务网关（Serving Gateway，S-GW）两部分组成，移动管理节点（MME）的主要作用是移动控制，服务网关（S-GW）的主要作用是数据包路由的转发。

用户终端（User Equipment，UE）通过 LTE 无线模式与基站 eNodeB 连接；接入网与核心网之间的连接为 S1 标准接口，基站 eNodeB 与移动管理节点（MME）之间为 S1-MME，基站 eNodeB 与服务网关（S-GW）之间为 S1-U，支持多对多连接；基站 eNodeB 与基站 eNodeB 之间的连接为 X2 标准接口；S11 为控制面网元和用户面网元间的信令接口；

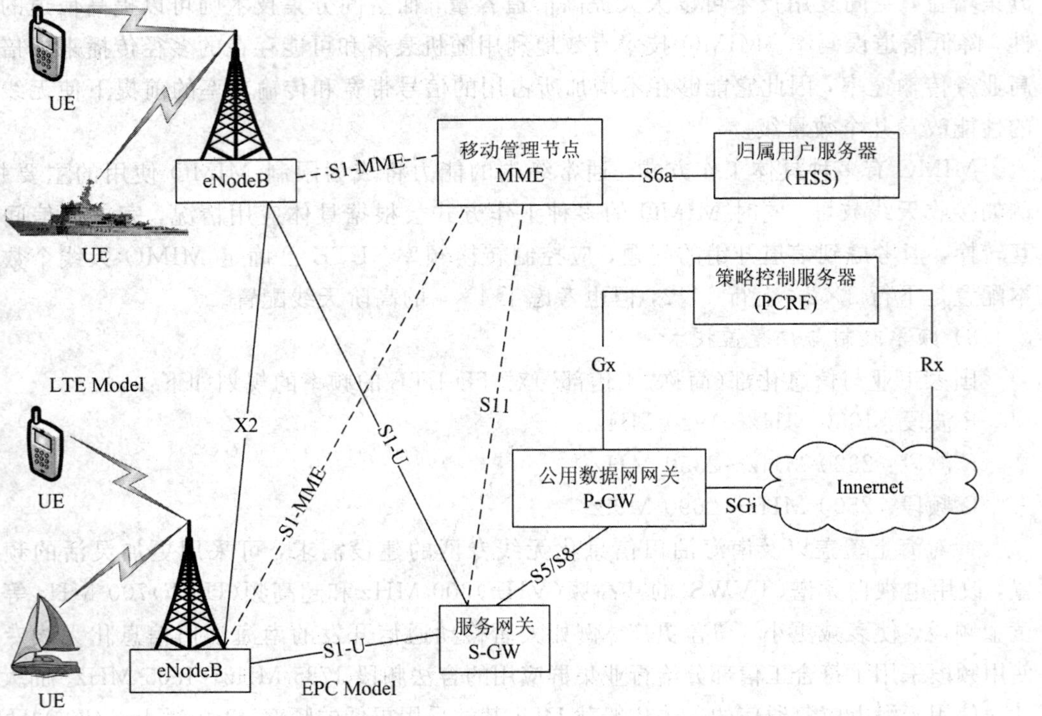

图 5.9　海上 LTE 集群通信的网络架构

SGi 为拜访地 PCRF 与归属地 PCEF 互通接口；业务策略提供点通过 Rx 接口向策略与计费控制单元(也称策略控制服务器)(Policy and Charging Rules Function，PCRF)通知业务属性；S5 为服务网关(S-GW)和公用数据网网关(Public Data Network GateWay，P-GW)间的接口；公用数据网网关(P-GW)为系统架构演进(System Architecture Evolution，SAE)网络的边界网关；归属用户服务器(Home Subscriber Server，HSS)为 SAE 网络用户数据管理网元；MME 通过 S6a 接口从 HSS 中获得鉴权和签约信息；S8 为策略与计费执行功能(Policy and Charging Enforcement Function，PCEF)国际漫游接口；PCRF 是业务数据流和 IP 承载资源的策略与计费控制策略的决策点，它为 PCEF 选择及提供可用的策略和计费控制的决策。

LTE 接入网由互连的演进型节点基站(eNodeB)组成，提供用户终端(UE)的 E-UTRA 控制平面与用户平面的协议终止点。eNodeB 的主要任务就是处理用户终端(UE)的话务量。LTE 中的移动管理节点(MME)与服务网关(S-GW)为核心网(EPC)提供空中接口。EPC 信令处理部分称为 MME，数据处理部分称为 S-GW。MME 是控制面功能实体，负责处理与用户终端(UE)相关的信令消息。S-GW 是用户面功能实体，负责为 UE 提供承载通道来完成分组数据的路由和转发。

3. 系统组成

1) 海上 LTE 移动基站

海上 LTE 移动基站是基于日益增长的海上航运、海上应急通信、海上石油等海上作业的宽带无线传输需求研制的 TD-LTE 宽带接入产品。其在 3GPP-LTE 架构基础上，扩展了集群支持功能，可为客户提供数据传输、高清视频传输调度、语音集群等多种业务，满足各行业集中调度的多媒体业务需求。LTE移动基站用户容量高，可以同时容纳120位以上的用户，并且能够在实现海上10公里区域无线信号覆盖的情况下提供上行30 Mb/s的大宽带。例如，大唐移动通信的一体化LTE船载基站，采用TD-LTE接入制式，频率范围为380 MHz～430 MHz，输出功率为30 W双通道，集成基站、核心网、调度业务系统、音视频会议系统等功能模块。

2）海上CPE终端（客户前置设备）

客户前置设备终端（Customer Premise Equipment，CPE）是一种接收移动信号并以无线WiFi信号或其他无线信号的形式转发覆盖，为用户提供网络服务的移动信号接入设备。在海上LTE应用中，CPE是一种将LTE信号转换成WiFi信号或其他无线接入信号的设备，可支持同时上网的移动终端数量也较多。海上CPE是为了满足长距离、广覆盖传输及多种用户终端接入需求而研制的TD-LTE无线路由终端产品，包括船载式CPE终端、背负式CPE终端。使用CPE终端能够有效减少基站的铺设数量，提高单基站的覆盖范围，以及兼容多种用户终端的接入。

例如，大唐移动通信的船载大功率CPE，LTE适用频段为380 MHz～430 MHz，频率更低、覆盖更广，支持远距离、高速移动的宽带多媒体接入，CPE发射功率高达2W，能够支持更远的传输距离和LTE小区切换；支持船载/车载机架安装模式。而大唐移动通信的背负式CPE最多能够支持32个设备接入。

4. LTE集群通信的特点

LTE集群通信的优点：

（1）通信速度快。目前国内商用的TDD速率可达20 Mb/s，最大能够达到100 Mb/s，在通信速度方面有了质的飞跃。

（2）兼容性更高。LTE集群通信技术减少了软硬件在工作过程中的冲突，让软硬件配合更加默契，能够大大降低故障发生的概率。

LTE集群通信仍存在一些不足：

（1）基础设施需求高。尽管LTE集群通信网络能够带来许多的便利，但其对基础设施要求较高，在山林、远海、沙漠等不方便建立基站的地方无法得到很好的利用。

（2）容量受到限制。理论上宽带速率能达到100 Mb/s，但手机的运行速度会受到通信容量的限制，如系统容量有限，手机用户越多，速度就越慢。

5.3.2 海上WLAN覆盖

无线局域网（Wireless Local Area Network，WLAN）是指在局部区域以无线媒体或介质进行通信覆盖的无线网络，即把数据通信网络与用户的移动性相结合而构成的可移动的局域网。WLAN是一种能在几十米到几千米范围内支持较高数据速率的无线网络。目前无线局域网领域的两个典型标准为IEEE 802.11、802.22、802.26系列标准和Hiper Lan系列标准。

1. WLAN物理结构

无线局域网的物理结构如图5.10所示，由站点（Station，STA）、无线介质（Wireless Medium，WM）、无线接入点（Access Point，AP）或基站（Base Station，BS）和分布式系统

(Dis-tribution System，DS)等几部分组成。

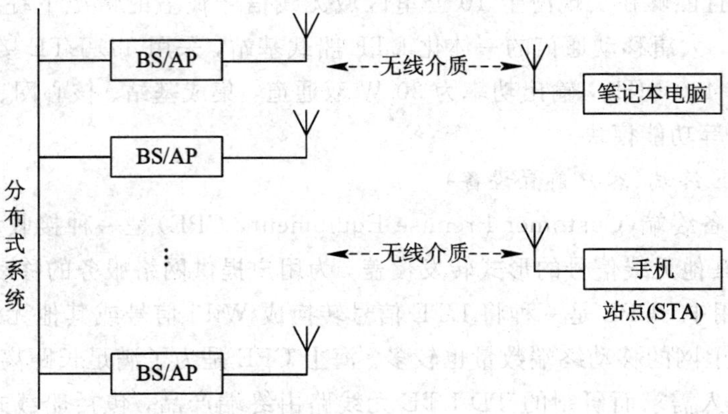

图 5.10　WLAN 物理结构

站点(STA)也称为主机或终端，是无线局域网的最基本的组成单元，是具有无线网络接口的计算设备。站点(STA)可以是移动的，也可以是固定的。

无线接入点(AP) 类似于有线局域网中的集线器，是一种特殊的无线工作站，用来接收无线信号并将其发送到有线网中。通常一个 AP 能够在几十米至上百米的范围内连接多个用户。

由一组相互直接通信的站点组成一个基本服务集(Basic Service Set，BSS)，提供一个覆盖区域，区域内的站点(STA)保持充分连接。

将一组基本服务集(BSS)联在一起就构成一个分布式系统(DS)。不同 BSS 间的 STA 的通信则必须通过 DS 才能完成。DS 可以是传统以太网或 ATM 等网络，负责将收到的无线信息传送到目的 STA 所在的 BSS 的 AP。

IEEE 802.11 WLAN 有两种类型，分别对应了其定义的两种拓扑结构：基础网络，采用扩展服务集(ESS)的结构；自组织网络，采用的是独立基本服务集(IBSS)的结构。IBSS 是一个独立的 BSS，构成自组织(Ad hoc)网，其中的 STA 可以直接互通消息。而扩展服务集(ESS)包含一个或多个 AP 和 STA，通过 AP 和 DS，实现了不同 BSS 内 STA 间的通信。

逻辑接入点 Potal 是基础网络 WLAN 和外界网络通信的接口，可以实现外界网络的接入，从而实现 WLAN 与其他网络融合的目的。

2. WLAN 网络的特点

WLAN 有以下优点：

(1) 移动性。无线局域网用户只要在无限信号范围内的任何一个位置都可以接入网络，连接到无线局域网的用户可以在信号覆盖范围内任意移动并且与网络保持连接。

(2) 易于扩展。无线局域网配置方式众多，能够从几个用户的小型局域网快速扩展到成百上千用户的大型网络。

WLAN 仍存在一些不足：

(1) 性能降低。无线局域网依靠无线电波传播，但是楼房、树木和其他障碍物皆有可能阻碍传播，从而使得网络性能大大降低。

(2) 安全性不足。无线电波不需要建立物理信道，因此信号是发散的，可以被任何无线电波广播范围内的信号监听到，容易造成信息泄露。

5.3.3 海上无线 Mesh 网络

Mesh 即网络，无线 Mesh 网络(Wireless Mesh Network，WMN)由 Mesh Routers(网格路由器)和 Mesh Clients(网格客户端)组成，其中 Mesh Routers 构成骨干网络，并和有线的互联网 Internet 相连接，负责为 Mesh Clients 提供多跳的无线 Internet 连接。无线 Mesh 网络(无线网状网络)也称为多跳(Multi-hop)网络，它是一种与传统无线网络完全不同的新型无线网络技术，是由 Ad hoc 网络发展而来的。

无线 Mesh 网络(WMN)与 Ad hoc 网络最大的区别是前者的移动性较低，大部分节点基本静态不动，拓扑变化小。例如在单跳接入中，无线 Mesh 网络(WMN)可以看成是一种特殊的 WLAN 和 Ad hoc 网络的融合，且发挥了两者的优势，作为 Internet 的延伸部分，与 Internet 保持高速连接，用户通过无线 Mesh 网络(WMN)的接入节点进入 Internet，可以减少大量的网络基础设施建设资金，具有很多传统方法没有的优点。

1. 无线 Mesh 网络(WMN)的结构

一般来说，无线 Mesh 网络(WMN)由用户节点、Mesh 路由器节点和网关节点组成。但是根据类型的不同，也不一定都有包含。其中用户节点可以是笔记本、PDA、WiFi 手机等；Mesh 路由器可以是普通的 PC，也可以是专用嵌入式系统，如 ARM 等。网关节点也会有功能的不同，一般有两种节点，一种是普通节点，类似于 WLAN 用户节点，另一种既有普通节点的接入功能，还有路由和信息转发功能，但这种节点也不能担当网关以及网桥节点。无线 Mesh 网络(WMN)的结构通常又分为平面网络结构、多级网络结构和混合网络结构。

1) 平面网络结构

平面网络结构简单，所有节点都为用户节点，没有 Mesh 路由器，所有节点对等，特性完全一致，实际上构成 Ad hoc 网络模式。这种结构适用于节点数目较少且不需要接入到核心网络中的应用场合。无线 Mesh 网络的平面网络结构如图 5.11 所示。

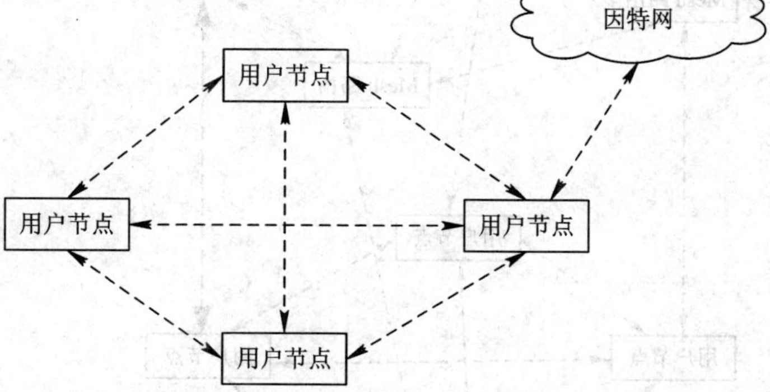

图 5.11 无线 Mesh 网络的平面网络结构

2) 多级网络结构

在多级网络结构中，Mesh 路由器属于上层节点，而用户节点构成下层节点，终端节点设备通过 Mesh 路由器接入到上层 Mesh 结构的网络中，实现网络节点的互连互通。而在网络下层节点中并不直接相连，下层节点间的通信通过上层节点转发完成。这种结构的优点是降低了系统成本，也提高了系统可靠性；缺点是两个用户节点间不能直接通信。无线 Mesh 网络的多级网络结构如图 5.12 所示。

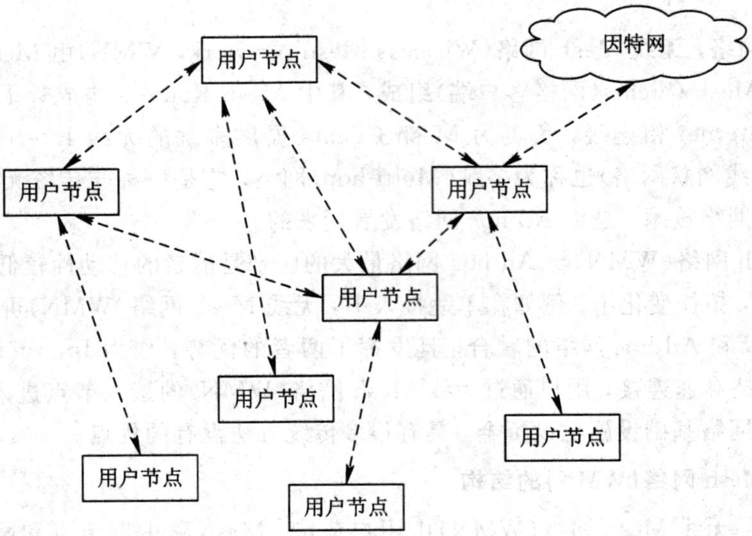

图 5.12 无线 Mesh 网络的多级网络结构

3）混合结构

混合结构实际上是前两个结构的混合，在多级网络结构的基础上，使位于下层的用户节点间有直接的连通。用户节点可以通过别的用户节点连接 Mesh 路由器，用户节点同时具备了转发信息和路由的功能。无线 Mesh 网络的混合网络结构如图 5.13 所示。

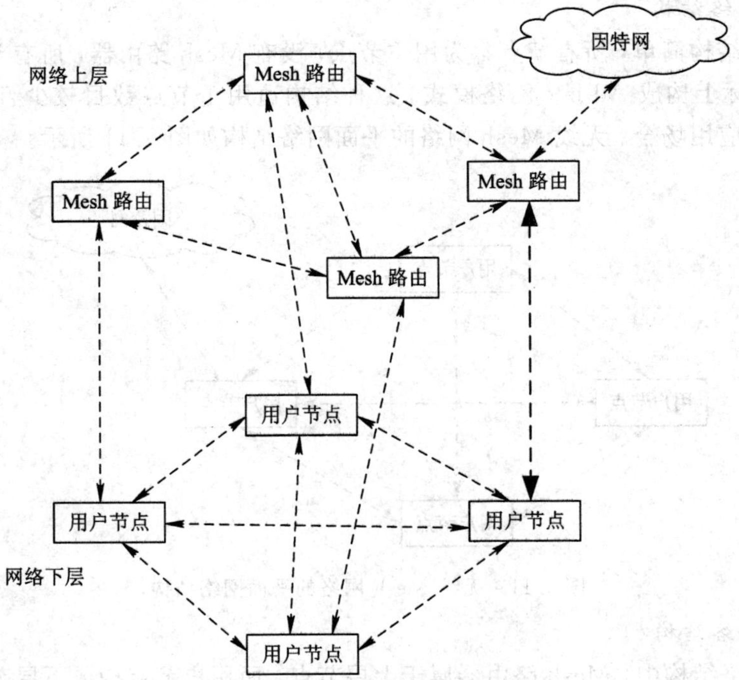

图 5.13 无线 Mesh 网络的混合网络结构

2. 无线 Mesh 网络(WMN)的特点

与传统网络相比，无线 Mesh 网络(WMN)有以下优点：

(1) 可靠性增强，避免了星形结构，减少了拥塞及单点故障。

(2) 可以通过对产生碰撞的链路进行标识，实现有效冲突保护机制。

(3) 链路设计简化。

(4) 网络覆盖面积增大，频谱利用率增大，系统容量也增大。

(5) 组网灵活，维护方便。

(6) 初始基础设施建设投资少，节省了开销，风险也减小了。

无线 Mesh 网络(WMN)仍存在一些不足：

(1) 对于不同射频信道的无线 Mesh 网络(WMN)的研究还很不成熟，性能较差。

(2) 在无线 Mesh 网络(WMN)中，有效的路由算法还没能发现，对于 Qos 要求较高的服务还不能很好支持。

5.3.4 海上宽带多网融合

1. 概述

LTE 集群网络可在海上近海海域范围内提供可靠的通信支持，无线 Mesh、WLAN 网络可在海上为船舶应用提供高速数据传输支持。这些网络优势互补，已成为大家研究异构网络融合的重点研究对象。为了尽快推动移动通信网络和无线局域网的协调发展和融合互通，3GPP 等国际化标准组织积极展开对 LTE-WLAN 融合方案的研究，并取得了一些进展，提出了 3GPP-WLAN 方案，3GPP 与无线 Mesh 融合的方案与此类似。本节以 LTE 和 WLAN 网络融合为例，介绍多网融合的结构和过程。

3GPP-WLAN 方案中，在 WLAN 端采用 IETF 的标准认证框架，EAP 封装传输用户的认证信息，而 WLAN 同蜂窝网络认证服务器之间的认证信息传输则基于标准的 IETF RADIUS 或者 Diameter 认证框架实现。

2. 互联场景

3GPP 在 TS 22.934 中根据 LTE-WLAN 互联的紧密程度定义了 6 种互联场景，由松到紧分别是：

(1) 统一计费和客户服务；

(2) 基于 LTE 集群的接入和计费；

(3) 基于 LTE 集群的分组域业务；

(4) 业务的连续性；

(5) 无缝业务；

(6) 接入 LTE 集群通信网络电路域业务。

不同的互联场景，不同的互联程度，其支持的机制也由少到多。6 种互联场景的区别如表 5.5 所示。

表 5.5　6 种互联场景

	场景 1	场景 2	场景 3	场景 4	场景 5	场景 6
统一计费和客户服务	√	√	√	√	√	√
基于 LTE 集群的接入和计费	×	√	√	√	√	√
基 LTE 集群的分组域业务	×	×	√	√	√	√
业务的连续性	×	×	×	√	√	√
无缝业务	×	×	×	×	√	√
接入 LTE 集群通信网络电路域业务	×	×	×	×	×	√

3. 融合结构

欧洲 ETSI BRAN 标准研究组根据互联方式的不同，提出了“松耦合”和“紧耦合”两种不同形式的融合方案。在松耦合中，无线局域网只是作为 LTE 集群通信的补充，利用了 LTE 集群通信的认证中心数据库，没有与核心网直接通信。而在紧耦合中，无线局域网作为 LTE 集群通信网络的接入网连入 LTE 集群通信核心网中，直接与核心网进行数据通信，所有无线局域网的数据流都将经过 LTE 集群通信核心网。

松耦合方案的体系结构如图 5.14 所示，WLAN 网关(GW)通过内部接口直接接入到 LTE 集群通信核心网络中，实现两个系统的业务互联互通。在松耦合方案中，两个系统在结构上相互补充，在功能上相互配合，耦合的程度低，互不干扰。

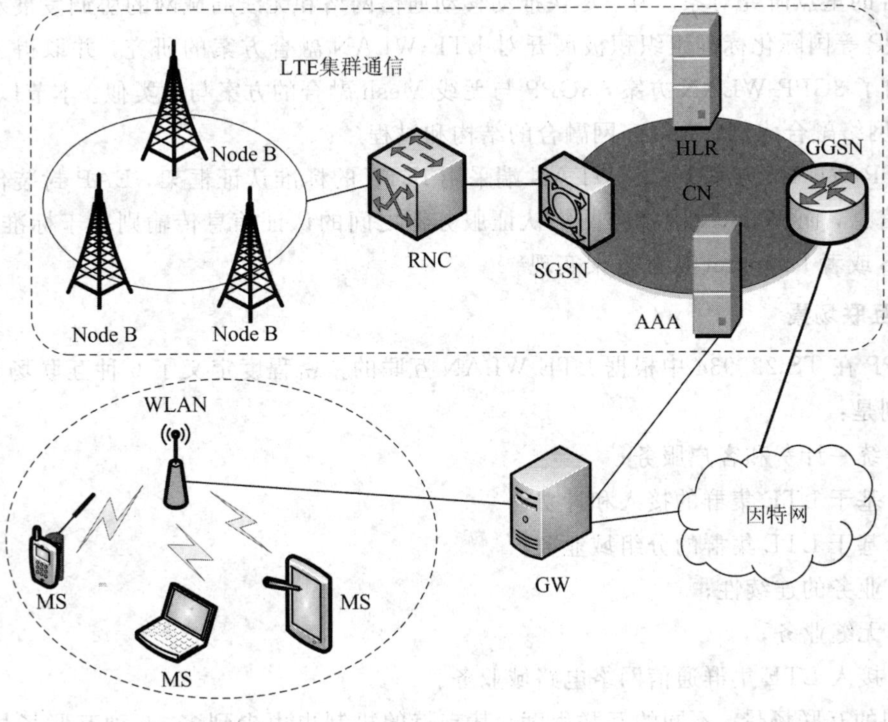

图 5.14　LTE 集群通信和 WLAN 松耦合结构

紧耦合方案的系统结构如图 5.15 所示，LTE 集群通信互操作模块(IF)使得 WLAN 通过 Gb 接口与 SGSN 连接，是融合系统中的关键实体，对 SGSN 屏蔽了 WLAN 的特性，使 SGSN 只是把它当作 LTE 集群通信模块中一个普通的基站子系统。

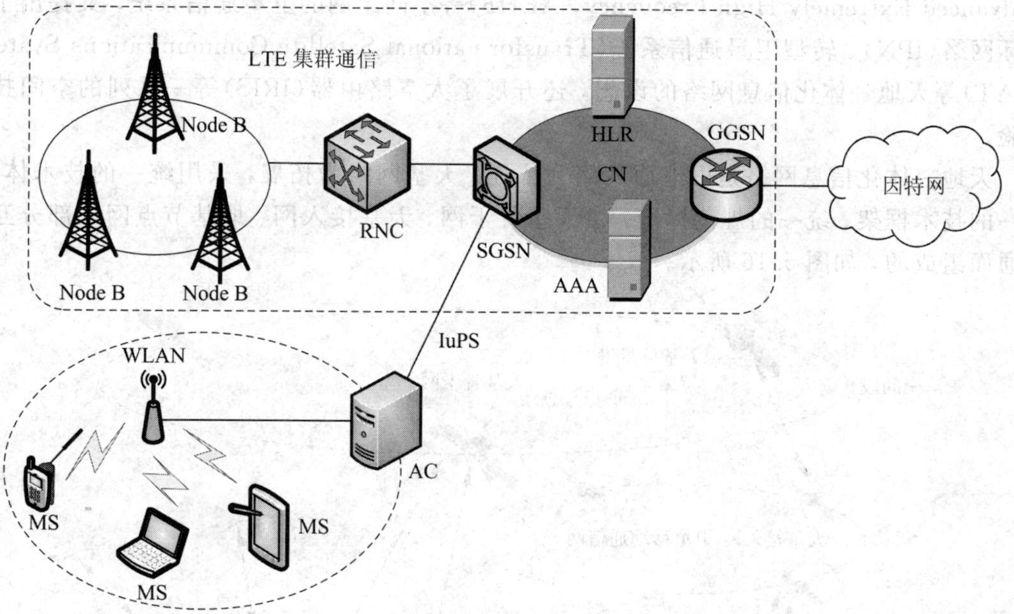

图 5.15　LTE 集群通信和 WLAN 紧耦合结构

两种融合方案各有各的特点，既有其优势所在，也有不足的地方，各自适用于不同的网络环境。表 5.6 是对两种融合方案的对比描述。

表 5.6　松耦合与紧耦合方案对比

耦合方式	优　势	不　足
松耦合	融合网络间相互独立，互不干扰，实现较为容易，不需要对现有设备进行改造，充分利用原有资源；对于移动终端没有特殊要求，只需两种网络接口的双模终端	不易实现设备在两个网络间的无缝切换，对于 Qos 要求较高的业务会显得很吃力。网络管理的难度也较大
紧耦合	WLAN 系统可以共享 LTE 系统的资源，如认证和计费系统，核心网络资源等。在网络间的切换显得更加自如，延迟低，对 Qos 支持更好，安全性也有提升	设备要求高，实现难度大，应用面不广

5.4　天地一体化信息网络

5.4.1　概述

近些年来，随着空间网络技术的提高，空间信息系统开始向着天地一体化信息网络的趋势发展。为此，世界各国都在积极地开展天地一体化协议体系、网络架构等相关方面的研究。

其他国家在天地一体化信息网络研究方面具有领先地位，既建成了铱星、先进极高频(Advanced Extremely High Frequency，AEHF)等空间组网的卫星通信系统，又提出了行星际网络(IPN)、转型卫星通信系统(Transformational Satellite Communications System，TSAT)等天地一体化信息网络的设想，还开展了太空路由器(IRIS)等一系列的空间技术试验。

天地一体化信息网络是以地面网络为依托、天基网络为拓展，采用统一的技术体制、统一的技术框架、统一的规范标准，由天基骨干网、天基接入网、地基节点网三部分互联互通而组成的，如图 5.16 所示。

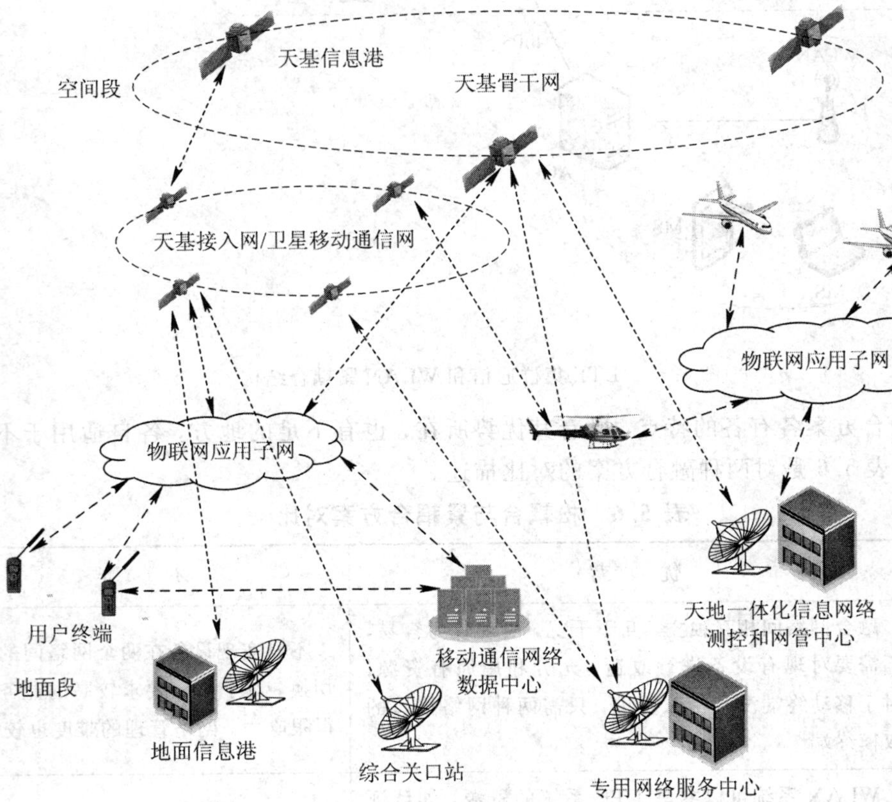

图 5.16　天地一体化信息网络系统组成

天基骨干网由布设在地球同步轨道的若干骨干节点联网组成，一个天基骨干节点由数颗不同功能模块化的卫星组成，不同卫星之间通过近距离无线通信技术实现数据的传输，协同工作以实现数据中继、宽带接入、路由交换、信息存储、处理融合等功能。

天基接入网由布设在低轨及高轨的若干接入节点联网组成，实现陆、海、空、天多层次用户的语音、数据、宽带多媒体等业务接入服务需求。

地基节点网由多个地面互连的地基骨干节点联网组成，地基骨干节点通过地面高速骨干网络完成组网，并实现资源管理、网络控制、协议转换、信息处理、融合共享等功能。

5.4.2　天地一体化信息网络分类

近年来，科技飞速发展，全球已有多个国家建成天地一体的信息网络系统，包括同步轨道(MEO)、中低轨道(MEO)和低轨道(LEO)的各类卫星通信网络系统，还有平流层的无人机和热气球、地面层的地面站和电信港等，如图 5.17 所示。

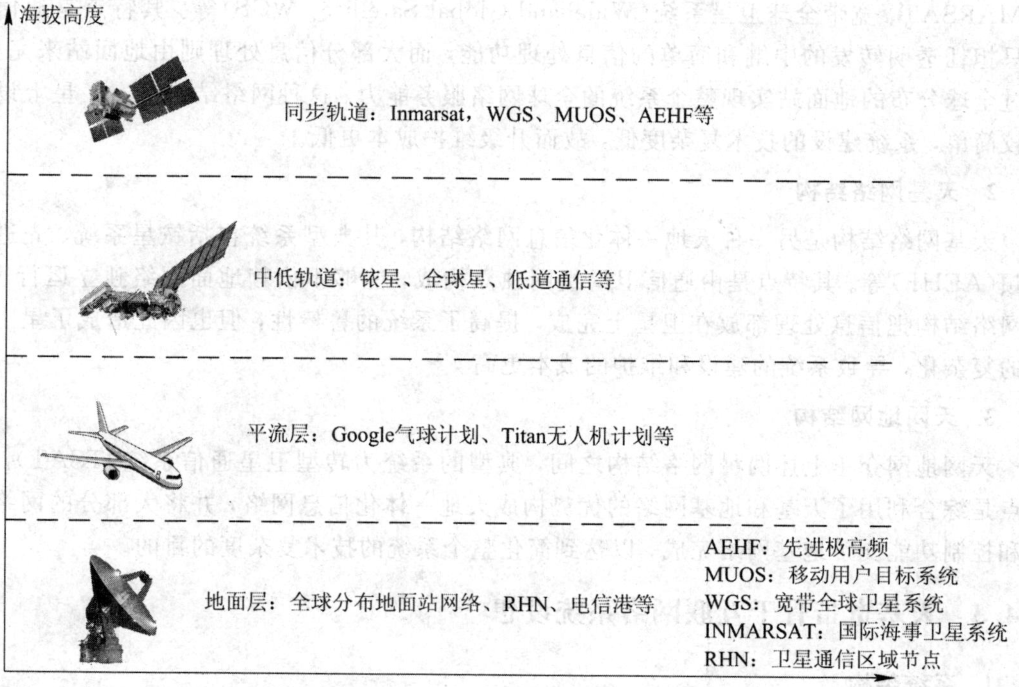

图 5.17　典型天地一体化信息网络系统

天地一体化信息网络系统按照网络架构大致可以归为三大类：天星地网结构、天基网络结构和天网地网结构，三者的对比情况如表 5.7 所示。

表 5.7　天星地网、天基网络、天网地网的对比

网络结构	天星地网结构	天基网络结构	天网地网结构
典型系统	民：INMARSAT、轨道通信系统、全球星系统； 军：WGS、移动用户目标系统(MUOS)	民：铱星系统 军：先进极高频(AEHF)	军：TSAT
地面网络	全球分布地面站网络	系统可不依赖地面网络独立运行	天地配合，地面网络不需要全球布站
星间组网	否	是	是
星上设备	简单	复杂	中等
系统可维护性	好	差	中
技术复杂度	低	高	中
建设成本	低	高	中
AEHF：先进极高频　INMARSAT：国际移动卫星组织　MUOS：移动用户目标系统　TSAT：转型卫星通信系统　WGS：宽带全球卫星系统			

1. 天星地网结构

天星地网结构是目前常用的一种天地一体化信息网络结构，典型系统包括INMARSAT、宽带全球卫星系统(Wideband Global Satellite, WGS)等。其特点是通信卫星只担任透明转发的中继和简单的信息处理功能，而大部分信息处理则由地面站来完成，通过全球分布的地面站实现整个系统的全球网络服务能力。这种网络结构决定了星上设备比较简单，系统建设的技术复杂度低，故而升级维护成本更低。

2. 天基网络结构

天基网络结构是另一种天地一体化信息网络结构，其典型系统包括铱星系统、先进极高频(AEHF)等。其特点是由通信卫星组网独立构成，能够不依赖地面网络独立运行。这种网络结构把信息处理都放在卫星上完成，提高了系统的鲁棒性，但也因此造成了星上设备的复杂化，导致系统的建设和维护的成本更高。

3. 天网地网结构

天网地网介于上述两种网络结构之间，典型的系统为转型卫星通信系统(TSAT)。其特点是综合利用了天基和地基网络的优势构成天地一体化信息网络，并将大部分的网络管理和控制功能交予地基网络完成，以达到简化整个系统的技术复杂度的目的。

5.4.3 天基宽带骨干互联网络系统设想

1. 系统架构

天基宽带骨干互联网络系统在天地一体化网络中扮演着关键的角色，实现了骨干互连、中继传输和宽带接入等功能。其网络架构分为空间段、用户段和地面段三部分，如图5.18所示。

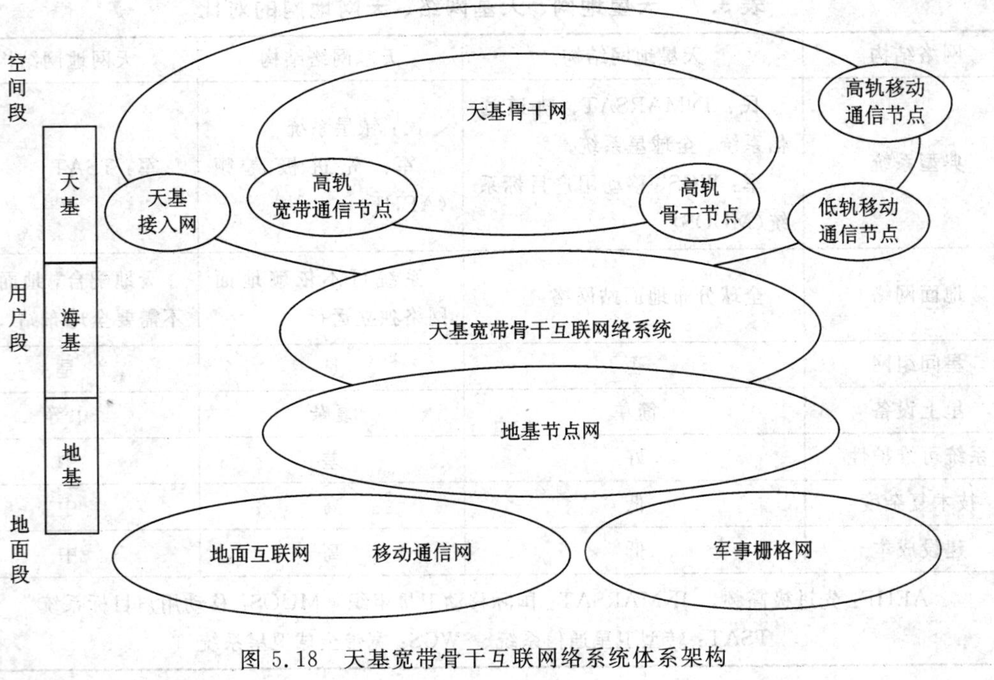

图 5.18 天基宽带骨干互联网络系统体系架构

天基宽带骨干互联网络系统的空间段由稳定的静止同步轨道(GEO)卫星组成，涵盖了整个天基骨干网和部分天基接入网，通过星间链路和星地链路实现高速数据传输。静止同步轨道(GEO)卫星覆盖范围广，是实现空间骨干网络的最佳技术手段。地面段由地面基础网络设施组成，主要包括网络运行中心(NCC)、卫星运行中心(SCC)、地面关口站(GW)等。为了提高天基宽带骨干互联网络系统的可靠性，各地面设施通过地面光纤网络组成地基节点网，与天基骨干网联合组成天地双骨干架构。

用户段按照服务类型又可分为骨干互连、中继传输、宽带接入等。骨干互连的主要功能是为地面关口站等大型网络节点间提供干线传输服务；中继传输的主要功能是为航天器等动态用户提供数据中继服务；宽带接入的主要功能是为飞机、高铁等广域范围内的重点用户提供宽带信息服务。

2. 传输体制

天基宽带骨干互联网络系统由多种不同传输体制的传输链路组成，包括天基骨干节点之间、天基骨干节点与地基骨干节点之间的骨干链路、天基骨干节点与用户间的星地宽带通信链路、天基骨干节点与低轨卫星的星间互联链路等。由于各链路传输体制有差异，设计时需要对系统链路的空间距离、信道特性、传输容量及平台能力等因素进行综合考虑。天基宽带骨干互联网络系统传输体制如图 5.19 所示。

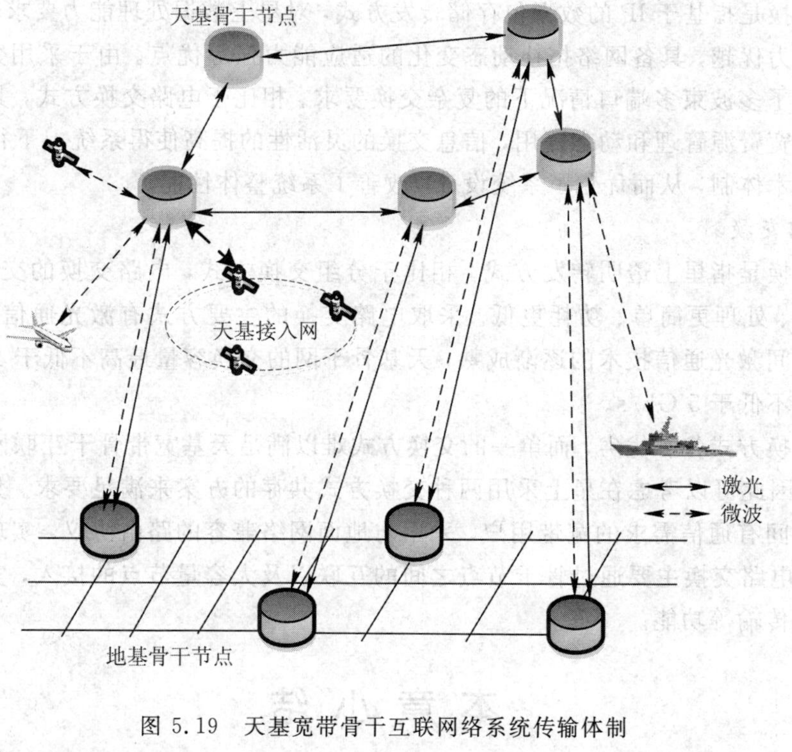

图 5.19 天基宽带骨干互联网络系统传输体制

1) 天基骨干互联链路

天基骨干节点间距离大约为 29 000 km～68 000 km，由于链路空间距离较长，导致空间链路时延较大、损耗也较大，因此在太空可采用自由空间激光传输链路进行数据传输，传输速率不低于 5 Gb/s。

2）天地骨干互联链路

天基骨干节点与地基骨干节点的间距大约为36 000 km～42 000 km，容易受大气影响，且传输距离较长，因此宜采用激光/微波混合传输技术进行数据传输，根据大气环境采取不同的传输技术：当大气环境良好时，可采用激光传输，条件不适合激光传输时改用微波传输，激光传输的速率不低于5 Gb/s，微波传输的速率不低于622 Mb/s。

3）星地宽带通信链路

星地链路空间的距离大约为40 000 km，由于自由空间损耗大，同时大气层会影响激光链路传输性能，因此星地宽带通信链路主要采用Ka、Ku波段微波链路，根据不同的天线及卫星平台承载能力，配置多点波束和相控阵跳变点波束覆盖。

4）天基骨干节点与低轨道(LEO)卫星的星间互联链路

天基骨干节点与低轨道(LEO)卫星的星间互联链路主要目标是实现高速的网络互联互通，提高链路传输容量，由于在太空中主要采用激光链路进行通信传输，因此星间互联链路的最高传输速率不低于5 Gb/s。

3. 交换体制

目前卫星星上的交换体制主要有两种：分组交换和电路交换。

1）分组交换

分组交换是指基于IP的数据包存储转发方式，对星上数据处理能力要求较高。分组交换的接入能力优越，具备网络拓扑动态变化的适应能力强等优点。由于采用数字技术，因而大大降低了多波束多端口情况下的复杂交换要求。相比于电路交换方式，其能够合理有效地进行带宽资源管理和动态复用，信息交换的灵活性的提高使得系统上下行链路能够采用不同的技术体制，从而优化了系统设计，改善了系统整体性能。

2）电路交换

电路交换是指星上透明转发方式。相比于分组交换方式，电路交换的交换容量更大、格式更透明、处理更简单、功耗更低。采取电路交换的主要方式有激光通信和光交换等。随着未来空间激光通信技术的逐渐成熟，天基骨干网的交换容量最高不低于100 Gb/s，传输速率最高不低于5 Gb/s。

不同交换方式各有优劣，而单一的交换方式难以满足天基宽带骨干互联网络系统的多样性需求，因此可以考虑在星上采用两种交换方式共存的方案来满足要求。分组交换方式主要面对星间有通信需求的宽带用户，采用与地面网络兼容的路由协议，实现天地一体的路由组网；电路交换主要通过骨干节点之间的互联以及大容量节点的接入，实现高速骨干互联和中继传输等功能。

本章小结

海上宽带网络业务为海上船舶海上作业交通提供了便捷、高效、安全、广覆盖的宽带网络通信手段。海上宽带网络通信技术作为最新发展起来的前沿技术，有很多技术理论尚在探索发展之中，本章仅就目前主流的海上宽带网络通信技术和天地一体化信息网络技术作前沿性的简要介绍。

习题与思考题

5.1 建立海上宽带无线通信系统的目的是什么?

5.2 自组织网络(Ad hoc)具有怎样的特性?

5.3 图示自组织网络(Ad hoc)的结构构成。

5.4 海上多网融合具有哪些优势?

5.5 海上 LTE 集群通信有哪些主要技术?

5.6 无线局域网(WLAN)有哪些主要特性?

5.7 图示说明海上无线 Mesh 网络的结构。

5.8 简述各海上多网融合结构方案优劣。

5.9 天地一体化信息网络有哪些分类?分别具有怎样的特点?

5.10 天地一体化信息网络有哪些关键技术?

5.11 图示说明天地一体化信息网络架构。

第 6 章　海上遇险与安全通信

6.1　遇险、紧急与安全通信

海洋是支撑我国未来发展的重要战略空间，党的十八大提出“建设海洋强国”战略。实施这一战略，对推动经济社会持续健康发展，维护国家主权、安全、发展利益，实现全面建成小康社会目标及中华民族伟大复兴的中国梦具有重大而深远的意义。

保障水上交通安全是顺利推进“海洋强国”和“一带一路”等国家战略的重要前提。为确保全球各国或地区船舶安全航行和遇险安全通信需要，国际海事组织(IMO)和相关国际组织制定了一系列的有关规定、规则和建议，这是签约国之间具有强制性质的国际公约。《国际海上人命安全公约》(简称 SOLAS 公约)确定的海上遇险和安全系统(GMDSS)包括：国际海事卫星通信系统、国际搜救卫星报警测位系统、地面无线电(MF/HF/VHF)系统、陆上搜救协调通信网、奈伏泰斯(NAVTEX)播发系统和船舶报告等多个系统。

6.1.1　遇险通信

遇险通信(Distress Communication)是指船舶、飞机等受到了严重和紧急危险的威胁请求立即救援的通信，遇险通信通常要求发出遇险信号“MAYDAY”三次。遇险信号享有绝对的通信优先权，并应使用遇险通信的频率或频道。包括遇险报警(Distress Alert)和后续通信。遇险报警是表明发送报警的移动单元或人员处于紧迫危险需要立即救援。后续通信是包括搜救协调通信、搜救现场通信等，是遇险报警后针对险情展开的通信。

当船舶在海上航行中发生重大危急事故，严重危及船员生命和船舶安全，需要立即援救时，必须经船长或其授权代理人的批准、签署或口令后，才可发送遇险报警、遇险呼叫和遇险报告。遇险呼叫较其他一切信息发送具有绝对的优先权，船舶电台听到这种呼叫后应立即终止可能干扰遇险通信的任何信息发射。除遇险呼叫外，紧急呼叫应比其他一切通信享有优先权。遇险呼叫应在国际所规定的遇险安全频率上发送，也可在任何可能引起注意的其他频率上发送。为了尽快得到援救，可根据船舶所在地理位置，使用 VHF DSC、MF/HF DSC、INMARSAT 船舶站、卫星频道船用紧急无线电示位标(EPIRB)等设备，选择最快最有效的报警手段。

海上搜寻、应急反应的行动速度关系到搜救成功率、被救助人员生命和财产的损失大小，要求海上搜寻、救助应急反应的行动迅速和有效，搜救机构和搜救力量能及时获得准确的海难信息，可靠畅通的搜救通信至关重要。海上 95％以上的船舶交通事故发生在 A1 海区，此沿海水域基本为甚高频(VHF)安全通信的有效覆盖范围。甚高频(VHF)通信是

A1 海区海上搜救和通航管理的重要手段，经验证明，通信是搜救的重要组成部分，包括遇险报警、搜救通信和现场通信，甚高频(VHF)通信是海事遇险搜救的重要环节，贯穿了整个遇险救助过程。

VHF DSC CH70 频道遇险报警可以直接被附近的船舶收到，没有报警延迟。在 A1 海区，如果甚高频(VHF)海岸电台也能收到遇险报警，遇险船就能与附近的船舶或者海岸电台迅速地进行遇险通信。在组合电台的 MF/HF DSC 遇险和安全呼叫频率上的 DSC 遇险报警，附近的甚至更远一些的船舶和海岸电台都可以收到，并可直接进行遇险通信。除 A4 海区外，船舶可以用 INMARSAT-A 站、B 站、F 站或 M 站通过 INMARSAT 卫星向救助协调中心(RCC)电话报警或者电传报警，并能立即与救助协调中心(RCC)建立电话或者电传遇险通信线路。除在 A4 海区外，船舶可以用 INMARSAT-C 站通过 INMARSAT 卫星、移动地球站(MES)向救助协调中心(RCC)电传报警，并能立即与救助协调中心(RCC)建立电传遇险通信线路。在任何海区，船舶都可以用卫星频道船用紧急无线电示位标(EPIRB)通过 COSPAS/SARSAT 系统卫星向救助协调中心(RCC)电传报警。但是这种报警，船舶不能立即与 RCC 进行遇险通信联系。总之，DSC 方式能实现船到船、船到岸，岸到船遇险报警；使用 INMARSAT 系统的船上设备只能实现船到岸、岸到船遇险报警；使用 COSPAS/SARSAT 系统的船舶用紧急无线电示位标(EPIRB)设备只能实现船到岸遇险报警。

在收到 DSC 遇险呼叫时，船舶电台和海岸电台应在与收到该遇险呼叫对方的遇险和安全频率相关的无线电遇险安全频率上进行收听和通信。如果遇险船在 DSC 遇险呼叫中标明后续通信用无线电传的方式，海岸电台和船舶电台就应在与 DSC 遇险呼叫频率同波段的无线电传遇险安全通信频率上进行收听。可行时，还应在相关的无线电话遇险安全频率上同时安排收听。采用无线电传方式进行遇险通信时，通常采用 FEC 方式，如果遇险船舶认为采用 ARQ 方式有益，可以使用 ARQ 方式，遇险通信通常要冠以遇险信号“MAYDAY”。遇险船舶与救助船舶、飞机之间和搜寻船舶、飞机与海难现场指挥者之间的海难现场通信使用无线电话或者无线电传，或者两者兼用，将由海难现场指挥者负责指挥和控制。遇险船舶要启动搜救雷达应答器(SART)以便使搜寻的船舶或者飞机用雷达发现遇难船和幸存者。

当遇险情况已好转或者援助船已经到达、有足够的营救力量，不需增援或者遇险船已沉没，经遇险船长或者遇险现场指挥签署后，拍发“遇险通信的终止报告”。搜寻工作只有在对救助者、幸存者不再有任何合乎情理的救助希望后结束。也可由搜救中心(RCC)或者搜救分中心(RSC)等搜救机构负责结束通信，并发布遇险救助结束，恢复正常通信公告。

6.1.2 紧急通信

紧急通信(Urgent Communication)是指某移动单位或人员有一份涉及移动单元或者人员安全的十分紧急的信息需要发送，就有关人命安全等紧急情况而进行的通信，紧急信号为“PAN PAN”。比如船员严重疾病、船舶搁浅、机器严重故障、人员落水、气象突变、紧急台风警告和紧急航行警告等紧急情况而进行的通信。紧急通信的优先等级仅次于遇险通信。紧急呼叫和紧急通信一般要求附近船舶或陆上有关部门采取必要的紧急措施，为移动单位或者人员提供援助。

当海岸电台或船舶要进行紧急通信时，一般先用数字选择性呼叫(DSC)方式在一个或者多个DSC遇险和安全呼叫频率上发送一个呼叫。播发类型可以是所有船呼叫、海区呼叫、群呼或者单对某一台呼叫，优先等级可选择紧急，并约定后续工作方式和工作频率，然后再约定的工作方式和工作频率上进行后续通信。后续通信可在无线电话或无线电报的遇险安全频率上进行，但不能干扰遇险通信，也可以在其他适当的频率上进行后续通信。对于这类紧急呼叫和紧急通信，当紧急情况解除时，也应先用DSC方式按照发布紧急通告的工作方式和工作频率等，进行发布注销紧急通信的通告。

紧急通信均应冠以一个紧急信号，无线电话紧急信号为PAN PAN三次，这组用语的每个字应该按法语单词“Panne”读音。

1) 使用无线电话发送紧急信息的格式

(1) 紧急信号PAN PAN，PAN PAN，PAN PAN；

(2) ALL STATION，ALL STATION，ALL STATION或对某一确定的被呼叫电台的名称或识别(重复三次)；

(3) This is(如有语言困难，用DE读作DELTA ECHO)；

(4) 发送紧急信息的电台的识别(三次)；

(5) 紧急信息内容；

(6) 交发紧急信息的陆上单位或移动电台的名称以及日期时间。

2) 使用无线电传发送紧急信息的格式

(1) PAN PAN；

(2) ALL STATION或某一确定的被呼叫电台的名称或识别；

(3) DE(或This is)；

(4) 发送紧急信息的电台的名称或识别；

(5) 交发紧急信息的陆上单位或移动电台的名称以及日期时间。

3) 使用无线电话发送注销紧急信息的通告格式

(1) Hello All Station或对某一确定的被呼叫电台的名称或识别重复三次；

(2) This is(如语言困难时，用DE，读作DELTA ECHO)；

(3) 发送此通知的电台的识别(三次)；

(4) Urgency Signal Cancelled；

(5) 注销该通告的陆上单位名称或移单位的名称以及日期时间。

4) 使用无线电传发送注销紧急信息的通告格式

(1) ALL STATION或某一确定的被呼叫电台的名称或识别；

(2) DE或This is；

(3) 发送此通知的电台的识别；

(4) Urgency Signal Cancelled；

(5) 注销该通告的陆上单位名称或移单位的名称以及日期时间。

使用INMARSAT通信系统的船舶站进行电话或电传紧急通信和安全通信时，在与岸台或岸站沟通后，可以使用代码：32为医疗指导呼叫；38为医疗援助呼叫；39为海事援助呼叫。用电传方式进行紧急通信时，若使用这些代码，代码后要加结束符“+”；用电话方式进行紧急通信时，若使用这些代码，代码后要加结束符“#”。在使用这些代码前要确定欲呼叫的岸台提供了这些业务。医疗指导电文前冠以“MEDICO”字样；医疗和海事援助信息前冠以“URGENT”字样。紧急信息应包括：船舶名称、船舶识别或者呼叫、船舶位置、病人或者受伤者的情况及症状(医疗通信时)、紧急事故的特征(请求海事援助通信时)、要求援助的项目和其他有关情况。

6.1.3 安全通信

安全通信(Securite Communication)是指涉及航行安全的通信，所有通信必须冠以安全信号“SECURITE”。比如海岸电台或者海岸地球站(CES)播发的航行警告、气象警告、气象预报等有关航行安全的信息属于安全通信；船舶在航行中发现危机船舶航行安全的情况，或者本船主机发生故障，正漂流修理，需告知其他船舶注意，这类通信也属于安全通信。安全通信的优先等级低于紧急通信而高于常规通信，各电台不能制造任何可能干扰其通信的发射。安全呼叫和安全通信可以在国际上规定的海上遇险和安全频率上进行，但也不能干扰遇险通信和紧急通信。全球海上遇险和安全系统(GMDSS)规定海岸电台可以使用如下频率并采用电传前向纠错(FEC)方式发送远程海上安全信息，这些频率是：4210 kHz、6314 kHz、8416.5 kHz、12 579 kHz、16 806.5 kHz、19 680.5 kHz、22 376 kHz、26 100.5 kHz。INMARSAT 系统的安全网业务，也采用增强群呼(EGC)的方式向南北纬70°的海域安装有 INMARSAT 船舶播发海上安全信息。国际上还指定了海上无线电传遇险与安全频率为：MF 2174.5 kHz；HF 8376.5 kHz、4177.5 kHz、6268.0 kHz、12 520.0 kHz、16 695.0 kHz。当船舶遇有紧急情况和需要广播安全信息时，可以在这些专用频率上发送。许多海岸电台在播发通报表后，也随后播发航行警告和气象警告以及气象预报，船舶应注意接收。当船舶航行在近岸、江河中、锚地时，附近 VHF 海岸电台也可能在 VHF 某个频道播发海上安全信息。方法是在 VHF CH16 频道上播发引语，然后转到约定的频道上播发安全信息。

当船舶要发布安全信息时，首先要进行安全呼叫。安全呼叫有 DSC 安全呼叫和无线电话安全呼叫，后者多用于 VHF 波段的安全通信。当船舶电台或海岸电台临时需要立即播发有关航行安全信息时，为了让有关船舶及时接收，一般应先用数字选择性呼叫(DSC)方式在一个或者多个 DSC 遇险和安全呼叫频率上发送一个安全等级呼叫。发射类型可以是所有船呼叫、海区呼叫、群呼、单对某一台呼叫，优先等级可选择安全，并约定后续的工作方式和工作频率，然后在约定的工作方式和工作频率上进行后续通信。后续的通信频率可在无线电话或无线电传的遇险安全频率上进行，但不能干扰遇险或紧急信号或通信，也可在其他适当的频率上进行后续安全通信。凡收听到 DSC 安全呼叫或者用无线电话方式播发安全信号的所有电台，应认真收听和抄收随后的安全报告，直至确信与本船无关为止。若接收到与本船航行有关的安全信息，应及时报告船长并采取相应措施，以保证船舶安全。DSC 安全呼叫之后要进行安全通信。安全通信可以冠以安全信号，安全信号由“SECURITE”字样组成，在无线电话中按法语单词“SAY-CURE-TAY”读音。在进行安全信息播发和安全通信时，可以使用安全信号，以标明后面信息是有关船舶安全的重要信息。

当使用无线电话方式广播海上安全信息时，建议使用下列格式：

(1) 安全信号 SECURITE 三次；

(2) ALL STATION，ALL STATION，ALL STATION 或对某一确定的被呼叫电台的名称或识别(重复三次)；

(3) This is(如有语言困难，用 DE 读作 DELTA ECHO)；

(4) 发送安全信息的电台的识别(三次)；

(5) 安全信息内容；

(6) 交发安全信息的陆上单位或移动电台的名称以及日期时间。

安全信息常采用无线电传的广播式(CFEC 方式)播发。如果是对某一单台播发，可以采用无线电传的自动请求重复(ARQ)方式播发。电文开头同样可以冠以安全信息标志"SECURITE"，以引起注意。下面给出安全通告电文的实例。

SECURITE

TO ALL SHIP STATIONS

OUR SHIP MAIN ENGINE OUT OF ORDER AT 0815UTC/24TH NOW REPAIRING AND DRIFTING NWWARDLY POSN 36N 120E PLS OTHER SHIPS IN VICINITY PAY ATTENTION AND KEEP CLEAR FROM ME THANKS

MASTER OF M/V HANTAOHE 0830UTC/24TH APRIL 2002

船舶间航行安全通信又称驾驶台通信(Bridge to Bridge)，是指船与船之间为有助于船舶安全运输而进行的甚高频(VHF)无线电话通信。这一通信应首先使用 VHF CH13 频道(156.650 MHz)。航行中的船舶应当保持在 VHF CH 16 频道(156.8 MHz)频道上的守听。当听到附近船舶有关航行安全的呼叫时，应与对方一起转到 VHF CH13 频道(156.650 MHz)上进行通话。目前我国的规定是，凡航行于我国沿海和内海的船舶及有条件的内河船舶均应安装甚高频(VHF)无线电话装置，使用 VHF CH6 频道(156.3 MHz)进行船舶间的导航、避让等保障航行安全的无线电通信。按照国际要求，航行中应 24 小时开启甚高频(VHF)无线电话装置并值守在 VHF CH16 频道。

6.2 国际搜救卫星系统(COSPAS-SARSAT)

6.2.1 概述

国际搜救卫星系统(COSPAS-SARSAT)是由美国、苏联、法国和加拿大四国在 1979 年联合开发的在全球范围内利用卫星进行遇险报警信息服务的系统。系统主要通过发送遇险信号和定位信息进行应急报警，不支撑常规通信功能，是国际海事组织(IMO)推行的全球海上遇险和安全系统(GMDSS)的重要组成部分。

国际搜救卫星组织 COSPAS-SARSAT (COSPAS：俄文拉丁化 Cosmicheskaya Systyema Poiska Aariynyich Sudov，英文 Space System for Search of Distress Vessels；SARSAT：Search And Rescue Satellite Aided Tracking)系统，也称为"低极轨道搜救卫星系统"，它是由美国、苏联、法国和加拿大四国在 1981 年联合开发的全球范围内利用卫星进行搜索救援位置的系统，图 6.1 为原始四国组织的全球性搜救卫星系统的旧图标。

图 6.1 COSPAS-SARSAT 旧图标

该系统后来引入了地球静止同步轨道(GEO)卫星作为转发器，系统正式更名为“国际搜救卫星系统”，新的 COSPAS-SARSAT 图标如图 6.2 所示。

图 6.2 COSPAS-SARSAT 图标

自 COSPAS-SARSAT 诞生近 40 年以来，国际搜救卫星系统为全球范围内的船舶、民用航空器和个人用户提供快速而准确的遇险报警信息服务。系统运行使用低轨道(LEO)卫星、静止同步轨道(GEO)卫星和中轨道(MEO)卫星以及相应的地面处理系统，为全球海上、空中和陆地，包括北极和南极地区在内的用户提供遇险报警定位和用户身份登记信息查询服务，使遇险者得到及时有效的救助。国际海事组织(IMO)在《1974 海上人命与安全公约》中明确规定：所有总吨数 300 吨以上的船舶必须按照要求装备符合标准要求的遇险定位与搜救设备。

6.2.2 国际搜救卫星系统的组成

国际搜救卫星系统(COSPAS-SARSAT)主要由空间分系统、地面分系统和遇险紧急示位标三大部分组成，如图 6.3 所示。

空间分系统负责接收、存储并转发遇险示位标信号，地面分系统负责处理卫星转发的遇险信号并将信息发送至搜救部门和海上船只，遇险紧急示位标则在遇险船只上发送遇险信号。

图 6.3　国际搜救卫星系统(COSPAS-SARSAT)的组成示意图

6.2.3　空间分系统

COSPAS-SARSAT 系统的空间分系统用于收集和中继来自地面部分的紧急消息，空间分系统即卫星星座分系统，包括三种类型的搜救卫星系统。

(1) 低轨道搜救卫星系统(LEOSAR)。这是载有 COSPAS 或 SARSAT 载荷的低地球轨道(LEO)卫星系统，通常称为低轨道搜救卫星系统(Low Earth Orbit Search and Rescue System，LEOSAR)。低轨道搜救卫星系统(LEOSAR)是使用最长的系统。

(2) 静止轨道搜救卫星系统(Geostationary Earth Orbit Search and Rescue System，GEOSAR)。这是载有搜救卫星系统有效载荷(SAR)的地球静止同步轨道(GEO)卫星系统，通常称为静止轨道搜救卫星系统(GEOSAR)。

(3) 中地球轨道搜救卫星系统(Medium Earth Orbit Search and Rescue System，

MEOSAR)。这是载有搜救卫星系统有效载荷的中地球轨道(MEO)卫星系统，通常称为中地球轨道搜救卫星系统(MEOSAR)，这个系统是 2013 年开始在 GPS、GLONASS 和 Galileo 导航卫星上安装搜救卫星系统有效载荷的。

由于地球静止轨道卫星轨道高度较高，达到 36 000 公里，信号传播损耗较大，卫星接收示位标信号的强度较弱，在海上恶劣环境的情况下尤为突出，导致系统接收遇险报警信息的能力较差。

目前鉴于地球静止轨道卫星系统的技术局限和低极轨道卫星系统的空间资源不足，而中轨道搜救卫星的空间资源丰富，单颗卫星覆盖范围较大，定位等待时间短，定位精度更高，相较于低极轨道和同步轨道具有明显优势，自 2000 年开始，国际搜救卫星系统组织就在密切关注着中地球轨道搜救卫星系统(MEOSAR)的发展，并积极鼓励美国、俄罗斯和欧盟在各自的中轨道全球卫星定位导航系统 GPS、GLONASS 和 Galileo 导航卫星上加入 406 MHz 国际遇险报警业务。截至 2016 年，共有 32 颗中轨道卫星搭载了搜救有效载荷(SAR)。

截至 2015 年 6 月 1 日，MEOSAR 有效载荷的状态为：GPS/DASS-17，SAR-GLONASS-2、SAR/GALILEO－6、SAR-GPS，如表 6.1 所示。

表 6.1　MEOSAR 有效载荷的状态

MEOSAR	GPS-DASS (S 波段)	SAR-GLONASS-K	SAR-GALILEO (IOV ＋ FOC)	SAR-GPS (L 波段)
卫星数	17/24	2/24	6/24	0/24
轨道平面数	6	3	3	6
轨道倾角	55°	64°	56°	55°
轨道高度	20 180 公里	19 140 公里	23 222 公里	20 180 公里
轨道周期	11 小时(58 m)	11 小时(15 m)	14 小时(22 m)	11 小时(58 m)
上行/下行极化	LHCP/RHCP	RHCP/LHCP	RHCP/LHCP	LHCP/RHCP
下行频率	2226 MHz	1544.9 MHz	1544.1 MHz	1544.9 MHz

6.2.4　地面分系统

地面分系统包括本地用户接收终端(Local User Terminal，LUT)和搜救任务控制中心(Mission Control Center，MCC)两部分。

1. 本地用户接收终端(LUT)

本地用户接收终端(LUT)的作用是：跟踪搜救卫星并接收卫星转发来的遇险示位信标信号和数据，解码、计算并给出信标识别码和位置信息，同时又实时修正卫星的轨道参数，把信标的报警数据和统计信息送给相应的搜救任务控制中心(MCC)。

COSPAS-SARSAT 地面系统中有多种类型的 LUT：

(1) LEOLUT(低地球轨道本地用户终端)。该终端与轨道上的各种航天器(美国，俄罗斯，欧洲等)的 LEOSAR 有效载荷配合使用；

(2) GEOLUT(地球静止轨道本地用户终端)。该终端与在各种 GEO 任务中飞行的

GEOSAR 载荷一起工作；

(3) MEOLUT(中地轨道本地用户终端)。这是截至 2008 年在定义/原型阶段的最新型(下一代)LUT；该终端将用于在各种导航卫星群上操作未来的 MEOSAR(中地球轨道搜索和救援)有效载荷。

LUT 的基本任务如下：

(1) 跟踪 COSPAS 和 SARSAT 卫星；

(2) 在卫星上恢复信标信号；

(3) 执行多普勒处理以确定地理位置；

(4) 将产生的多普勒解决方案发送到相关的 MCC(任务控制中心)。

2. 搜救任务控制中心(MCC)

搜救任务控制中心(MCC)必须和本地用户接收终端(LUT)相连接，主要功能是：收集、整理、存储和分类从 LUT 和其他 MCC 上送来的数据；在 COSPAS/SARSAT 系统内与其他 MCC 进行信息交换；过滤虚假报警，解除模糊值；把报警和定位数据分发到有关的搜救协调中心(RCC)或搜救协调点(SPOC)。

截至 2014 年 12 月 31 日，全球地面段建有 53 座低极轨道搜救卫星地面接收站(LEOLUT)、23 座静止同步轨道搜救卫星地面接收站(GEOLUT)、正在建设的中地球轨道(MEO)搜救卫星地面接收站(MEOLUT)和 31 个任务控制中心(MCC)，实现全球范围内报警信号、系统信息等的互联互通。

中国搜救卫星地面系统由一套任务控制中心(CNMCC)和两套低轨道搜救卫星地面接收站(CNLUT-1、CNLUT-2)组成。低轨道地面接收站设备及任务控制中心设备位于交通运输部大楼 13 层机房，两幅地面接收站天线位于交通运输部大楼 13 楼楼顶，任务控制中心值班机房位于交通运输部大楼 3 楼机房。

6.2.5 遇险紧急示位标

遇险紧急示位标是指在遇险或紧急情况下用以发射无线电报警信号，利用自身发射的无线电信号，为搜寻救助提供识别、位置等信息的装置。该装置通常安装在驾驶台的甲板上，能手动或自动启动，是一种实现船对岸报警的小型专用装置。在船舶发生遇险时，能够发送船舶的注册信息，加装了 GPS 定位终端接收机的船舶可以直接发送船舶的当前定位信息给全球卫星搜救系统(COSPAS-SARSAT)，再由全球卫星搜救系统(COSPAS-SARSAT)统一安排施救。

各类遇险紧急示位标实际上就是一台可以完全独立工作的全自动无线电发射机。当用户遇险后，遇险紧急示位标可以通过人工或者自动方式由遇险时的撞击、水浸而激活启动，信标激活启动后可以工作 48 小时，发出遇险报警信号，经卫星转发后，由遍布全球的本地用户终端(LUT)接收并计算出遇险目标的位置，随后经国际通信网络通知遇险地区的相关搜救部门、船舶进行搜救。

全球卫星搜救系统的遇险紧急示位标根据其使用载体的不同可分为三种类型：

第一类是航空紧急示位发射机(ELT)，工作频率为 121.5 MHz 和 243 MHz，该频率为国际航空应急频率；

第二类是海上用户的船用紧急无线电示位标(EPIRB)，使用的是卫星系统定位用的

406.0 MHz～406.1 MHz 频段，406 MHz 信标比航空紧急示位发射机(ELT)要复杂一些，主要是在船用紧急无线电示位标(EPIRB)中引入了船舶识别信息和其他信息；

第三类是个人用紧急示位标(PLB)，工作频率也是 406 MHz。

现有的船用紧急无线电示位标(EPIRB)分为含有 GPS 接收机和不含 GPS 接收机两种。不含 GPS 接收机的船用紧急无线电示位标(EPIRB)只能使用低轨道(LEO)卫星定位；而含有 GPS 接收机的船用紧急无线电示位标(EPIRB)不仅可以使用低轨道(LEO)卫星定位，还可以使用地球静止同步轨道(GEO)卫星定位。低轨道搜救卫星系统(LEOSAR)能确保卫星扫描且覆盖地球上的任何地方，任何一点大约需 45 min 就有一颗卫星经过。当发射频率为 406.02 MHz 时，信号经存储转发到一个本地用户终端之前可能还有约 45 min 的延迟。由于这些卫星相对于地球是移动的，所接受的信号频率会产生多普勒频移，卫星使用该频移数据计算出信号所发现的具体位置，因此从一个不含 GPS 的船载紧急无线电示位标所发射出的求救信号能在 90 min 内被搜救系统检测到，并且定位精确度达 5 km。地球静止轨道卫星主要是为含有 GPS 接收机的船用紧急无线电示位标(EPIRB)服务，利用地球静止同步轨道(GEO)卫星的船用紧急无线电示位标(EPIRB)定位，其精度可高达几十米。

1. 船用紧急无线电示位标(EPIRB)

船用紧急无线电示位标(EPIRB)用于海上应用，是一种由电池供电的小型无线电发射设备，可随船携带。发生遇险时可以激活并发送紧急求救信号。船用紧急无线电示位标(EPIRB)使用频率为 121.5 MHz / 243 MHz，其中频率 243 MHz 仅在某些信标中使用，它们还可能包括 406.025 MHz 的遇险紧急警报信号，用于全局检测。

2009 年推出了新的 EPIRB 技术：406 MHz EPIRB 在 121.5 MHz 上持续发射 25 mW 低功率的扫描单音信号，但在 406 MHz 下每 52 秒发射 5W 脉冲信号。因此，406 MHz 的信号发射比 25 mW 的 121.5 MHz 的扫描单音信号强 200 倍。如果船用紧急无线电示位标(EPIRB)配备了内部或外部 GPS 功能，则不仅 406 MHz 甚高频测向(VHF DF)可以精确地跟踪到 406 MHz 信号的航向，而且将来的功能将使操作员可以在监视器内部读取 GPS 位置。

根据国际海事组织(IMO)规定，所有 300 总吨以上的货船以及适用于《SOLAS 公约》的公约船，无论航行在 A1、A2、A3 或 A4 中任意一个海区，都必须配备卫星频道船用紧急无线电示位标(EPIRB)设备，只航行在 A1 海区的船舶，可用甚高频(VHF)频道船用紧急无线电示位标(EPIRB)代替卫星频道船用紧急无线电示位标(EPIRB)；同时还要求所有客船和 500 总吨及以上的货船每艘船至少应配备 2 部 9 GHz SART 装置，未满 500 总吨的货船可配备 1 部，并允许母船和救生艇筏兼用。

船用紧急无线电示位标(EPIRB)的分类主要有：地面通信系统中 VHF-EPIRB、COSPAS-SARSAT 系统中 S-EPIRB 和 INMARSAT 系统中 L-EPIRB，其中 L-EPIRB 系统于 2006 年 12 月 1 日关闭，国家移动通信卫星组织不再提供此项业务。下面分别介绍 VHF-EPIRB 系统和 S-EPIRB 系统。

1) VHF-EPIRB 系统

按照全球海上遇险和安全系统(GMDSS)船用设备要求，在 A1 海区航行的船舶，可配备 1 台 VHF-EPIRB，包括用于寻位的 9 GHz SART，以代替 COSPAS-SARSAT 系统中的

S-EPIRB(406 MHz)。使用 VHF-EPIRB 在 VHF CH70 上发射 DSC 报警信号作为船对岸的报警，要求岸基必须建立起相应的接收台，并做到对 A1 海区的完全覆盖。一旦有关岸台接收到 DSC 报警信号，应能立即将此信号转往有关搜救指挥中心(Rescue Command Center，RCC)，并由 RCC 及时采取有效的搜救措施。

VHF-EPIRB 系统发射序列的内容只能提供遇险船识别码、遇险船位和时间，在其发射的呼叫序列中，格式符为“遇险呼叫”，自识别为 9 位 MMSI 码，由销售商根据船舶分配的识别码写入，遇险性质为“EPIRB 发射”。当船用紧急无线电示位标(EPIRB)与 GPS 连接时，遇险船位和遇险时间由 GPS 连续注入和修改。但是当船用紧急无线电示位标(EPIRB)未与 GPS 相连时，遇险船位和遇险时间分别用 10 个“9”和 4 个“8”来填充。电文中通信指令表明后续遇险通信使用的工作种类，具体内容视船舶设备的配备情况，由销售商出售时写入，一般设定为 VHF CH16 电话通信，但特殊情况也可以选择使用窄带直接印字电报(Narrow Band Direct Printing，NBDP)的自动重传请求(Automatic Repeat-Request，ARQ)方式进行。VHF-EPIRB 每次发射由 5 个 DSC 序列组成，相邻两次发射的时间间隔为(230＋10n)s，其中 n 为重复发射的次数，如第一次重发，则 $n=1$。

实际上 VHF-EPIRB 是一个有发射能力的单通道 DSC 报警设备。它包括一个 DSC 程序处理器、主振、调制器、功放、电源、水敏开关以及与 GPS 接收机相连的接口电路，如图 6.4 所示。

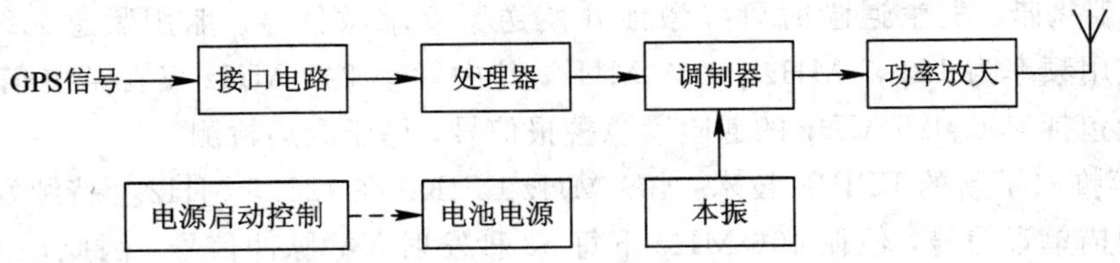

图 6.4　VHF-EPIRB 船用紧急无线电示位标组成方框图

VHF-EPIRB 的主要技术指标：

(1) 工作频率：VHF CH70(156.525 MHz)。

(2) 频率容限：小于 10×10^{-6} MHz，即瞬时频率偏离标称频率的最大值为频率容限，一般用相对值表示。

(3) 输出功率：＞100 mW。

(4) 入水后必须能自动浮起并在浮起时自动启动，也可以人工启动。

在正常航行中，通过接口电路存储器中的船位数据可以不断地得以注入和修正。VHF-EPIRB 的遇险呼叫序列基本上与 VHF-DSC 相同，区别仅在于 VHF-DSC 序列中遇险性质项的内容为“UNDESIGNATED DISTRESS”，而 VHF-EPIRB 序列中则为“EPIRB”。

2) S-EPIRB 系统

S-EPIRB 系统属于 COSPAS-SARSAT 系统，适用于 A1、A4 海区，工作频率为406 MHz，可进行全球遇险报警，利用卫星可进行连续跟踪位置，但是可能有一定时间的延迟。

S-EPIRB 又称为 406 MHz-EPIRB，它是一种独立的、紧急的船到岸方向的报警设备，主要用于船舶发生突发海难时能自动释放并发出报警，所以其安装有别于其他设备。它应安装在驾驶台外的宽阔的甲板上不受阻碍的地方，并有静水压力释放器作为其自动释放的装置。当船舶下沉到 2 m～4 m 的水深后，静水压力释放器开始工作，使船用紧急无线电示位标(EPIRB)脱离固定架上浮出水面并自动发出报警信号；船舶遇险时，如果情况允许，也可以用人工的方法进行手动启动示位标，发射遇险报警。遇险报警信息经 COSPAS-SARSAT 系统卫星、地面机构送到离遇险船舶最近的 RCC。该系统能够自动确定报警遇险船舶的位置，精度为 2 n mil～3 n mil。示位标报警频率为 406.025 MHz±2 kHz，启动后每 50 秒发射一次 0.5 秒功率为 5 Wd 的射频脉冲。示位标一般内装有第二发射机，在 121.5 MHz 或 243 MHz 上为搜救飞机或者搜救船舶发射寻位信号(又称归航信号)，调制频率为 1600 Hz～300 Hz 的滑音，帮助搜救者迅速搜寻救助。

S-EPIRB 的主要性能：

(1) SOLAS 公约船都要求配备自浮式 S-EPIRB；

(2) 船用紧急无线电示位标(EPIRB)一般内装有两个发射机，分别为 406 MHz 发射机和 121.5 MHz 发射机(121.5 MHz 发射机 EPIRB 不是强制的)，用于发射遇险报警信号；

(3) 船用 406 MHz 紧急无线电示位标(EPIRB)要求安装在自浮式支架上，并能人工启动和自动启动；

(4) 船用紧急无线电示位标标(EPIRB)的电池使用年限为 4 年，电池容量为 48 小时；

(5) 自浮式支架上的静水压力释放器使用年限为 2 年；

(6) 定位精度在 2 n mile～3 n mile 以内；

(7) S-EPIRB 信号的帧格式中，当格式标志为“1”时，表示报文内容为短格式 440 ms，当格式标志为“0”时，表示报文内容为短格式 520 ms；

(8) S-EPIRB 采用 BCH 纠错编码方式。

2. 航空紧急示位发射机(ELT)

航空紧急示位发射机(ELT)用于飞机上，也称为航空紧急示位标，在许多飞机上都配备有 121.5 MHz 频段航空紧急示位标，而在海上的船舶上携带的数量较少。121.5 MHz 频段为较旧类型的信标使用频率，这些信标不传输任何编码信息。飞机上最新的航空紧急示位发射机(ELT)均配备了 121.5 MHz 和 406.025 MHz 双频紧急警报发射系统。

20 世纪 70 年代中期 COSPAS-SARSAT 项目启动之初就开始了以 406 MHz 频率传输的新一代信标的开发。尽管 COSPAS-SARSAT 系统是在更高频率的 406 MHz 频率上工作的，但仍在为已经使用的旧的频率 121.5 MHz 信标做好服务。因此，COSPAS-SARSAT 系统卫星也要接收 121.5 MHz 信号。

新的 406 MHz 频率信标单元是专门为卫星检测和多普勒定位而设计的，它具有如下特点：

(1) 高峰值功率输出和低占空比；

(2) 改进的射频稳定性；

(3) 每个信标中都有唯一的识别码；

(4) 可以存储在卫星存储器中的数字传输；

(5) ITU(国际电信联盟)专用于遇险信标的频谱。

406 MHz 频率信标大约每 50 秒发送一次 0.5 s、5 W 的脉冲。载波频率通过数字消息进行相位调制。对于极地轨道(LEO)卫星，低占空比具有同时运行 90 多个信标的多址访问能力，而 121.5 MHz 信标只有 10 个信标。

3. 个人紧急示位标(PLB)

用于陆基应用的个人携带的紧急示位标为个人用紧急示位标(PLB)，但不用于航空或海事上。PLB 是手持式或袖珍式双频(121.5 和 406 MHz)或单频(121.5 或 406.025 MHz)示位标，通过 COSPAS-SARSAT 卫星系统将遇险信号传输到搜救机构。2003 年 7 月 1 日，美国联邦通信委员会(FCC)授权在全国范围内使用个人用紧急示位标(PLB)(406 MHz 数字编码示位标)。

COSPAS-SARSAT 国际理事会于 2000 年 10 月决定响应国际海事组织(IMO)和 ICAO(国际民航)的指导，于 2009 年 2 月 1 日停止通过卫星处理 121.5 MHz 模拟信号。迄今为止，卫星只能检测到 406 MHz 信标。该决定降低模拟遇险信标的长期高误报率。当前，模拟遇险信标信号中有 97%是虚假警报。

6.3 救生艇(筏)无线电设备

6.3.1 概述

救生艇无线电设备是专为救助目的而设置在救生艇、救生筏上的无线电遇险与安全通信无线电设备。按全球海上遇险与安全系统(GMDSS)的要求，自 1995 年 2 月 1 日起航行船舶应配置符合国际海事组织制定的性能标准的 9 GHz 搜救雷达应答器(Search and Rescue Radar Transponder，SART)和双向甚高频无线电话(TWO-WAY VHF)。搜救雷达应答器(SART)能在进行搜救工作的船舶或飞机雷达的触发下，发射特殊编码的应答信号，在搜救船舶或飞机的雷达上显示一系列等间隔的亮点，从而给出搜救雷达应答器(SART)的位置，并以灯光和声响的变化提示幸存者，以使搜救船舶或飞机前来营救。客船和 500 总吨及以上的货船每船需配置 3 台救生艇筏双向甚高频无线电话(TWO-WAY VHF)，每舷至少配备 1 台搜救雷达应答器；双向甚高频无线电话(TWO-WAY VHF)在船舶遇险时用于救生艇筏之间、救生艇筏与船舶之间以及救生艇筏与救助单位之间的现场通信。

2007 年、2008 年，国际海事组织(IMO)修改了全球海上遇险与安全系统(GMDSS)方面的标准，并修订了 SOLAS 公约相关章节，将原来船舶强制配置的“雷达应答器(SART)”修改为“搜救定位装置”，后者包括：雷达应答器(SART)和自动识别搜救发射器(AIS-SART)。自 2010 年 1 月 1 日起，雷达应答器(SART)和自动识别搜救发射器(AIS-SART)可以以互换。

6.3.2 搜救雷达应答器(SART)

搜救雷达应答器(Search and Rescue Radar Transponder，SART)是遇险船舶报警之后，当搜救船舶或者飞机雷达照射时，搜救雷达应答器发出特定的示位信号，以使得搜救者能在复杂的海况下及时发现遇险幸存者，大大地提高救助的成功率。搜救雷达应答器主要由天线、接收单元、发射单元和电池电源等几个部分组成。搜救雷达应答器(SART)必须与导航雷达相配合才能实现搜索寻位的目的，搜救雷达应答器(SART)与导航雷达构成的搜索寻位系统的工作原理组成方框图如图 6.5 所示。

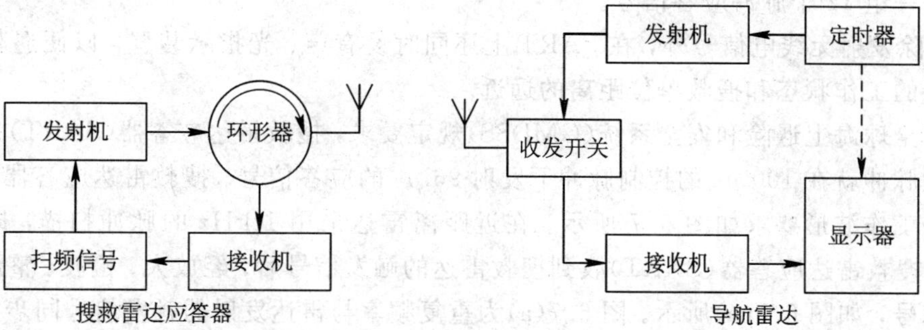

图 6.5　搜救雷达应答器与导航雷达组成方框图

下面分别介绍搜救雷达应答器(SART)与导航雷达系统的基本工作原理。

1. 搜救雷达应答器

搜救雷达应答器(SART)电路组成原理如图 6.6 所示。

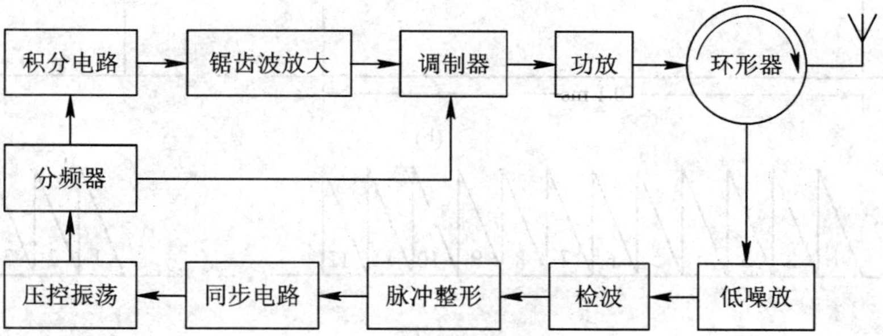

图 6.6　搜救雷达应答器电路组成方框图

图中的环形器是一个有单向传输特性的多端口非可逆无源器件，能够单向传输高频信号能量，控制电磁波沿某一环行方向传输，用于高频功率放大器的输出端与接收负载之间，起到各自独立，互相“隔离”的作用。具有体积小、频带宽、插损小等特点，收发可共用同一个天线。SART 中的环形器的作用是使收、发通道相互隔离，收、发共用一个天线，接收信号不会进入射频发射通道，而 SART 本身的发射信号也不会进入接收通道。

2. 搜救雷达应答器与导航雷达系统工作原理

全球海上遇险和安全系统(GMDSS)规定，搜救雷达信号为 9200 MHz～9500 MHz 之间的某一个固定的频率上的一串高功率脉冲，包络为 1 kHz 的方波的调幅信号。根据全球海上遇险和安全系统(GMDSS)规定的搜救雷达应答器(SART)的技术要求如下：

(1) 工作在 9 GHz 频段，范围为 9200 MHz～9500 MHz，响应搜救船舶或者飞机 3CM 导航雷达(X 波段雷达)的脉冲触发，给导航雷达发回响应信号，并在能搜救者的雷达荧光屏上显示一串的信号，即同一方位上的 12 个等距亮点，离荧光屏最近的亮点即为 SART 的位置，这一串亮点大约 8 海里长。由于雷达信号较强，SART 的接收机采用直接检波和放大；然后，用接收机的输出信号去控制扫描信号产生器产生 12 个脉冲；最后，经过 SART 的发射机调制并发射。

(2) 整个过程 SART 与搜救雷达保持严格同步，即每收到一个雷达触发信号，SART 就将发射一组 12 个脉冲应答信号。

(3) 除发射无线电信号外，在 SART 上还同时设有声、光指示装置，以便遇险幸存者判定设备的工作状态和搜救单位距离的远近。

根据全球海上遇险和安全系统(GMDSS)规定要求，搜救雷达应答器(SART)每接收到一个搜救脉冲就在 100 μs 的控制脉冲下发射 96 μs 的应答信号。搜救雷达应答器(SART)基本时序工作波形要求如图 6.7 所示。在近距离雷达采用 1 kHz 的脉冲扫描，即周期为 1 ms。当搜救雷达应答器(SART)收到搜救雷达的触发信号后，经放大、检波、整形得到同步脉冲信号，如图 6.7(a)所示。图 6.7(a)为重复频率与雷达发射的触发信号同步。同步信号控制同步电路、压控振荡器产生同步信号源，经分频电路产生二个同步脉冲。

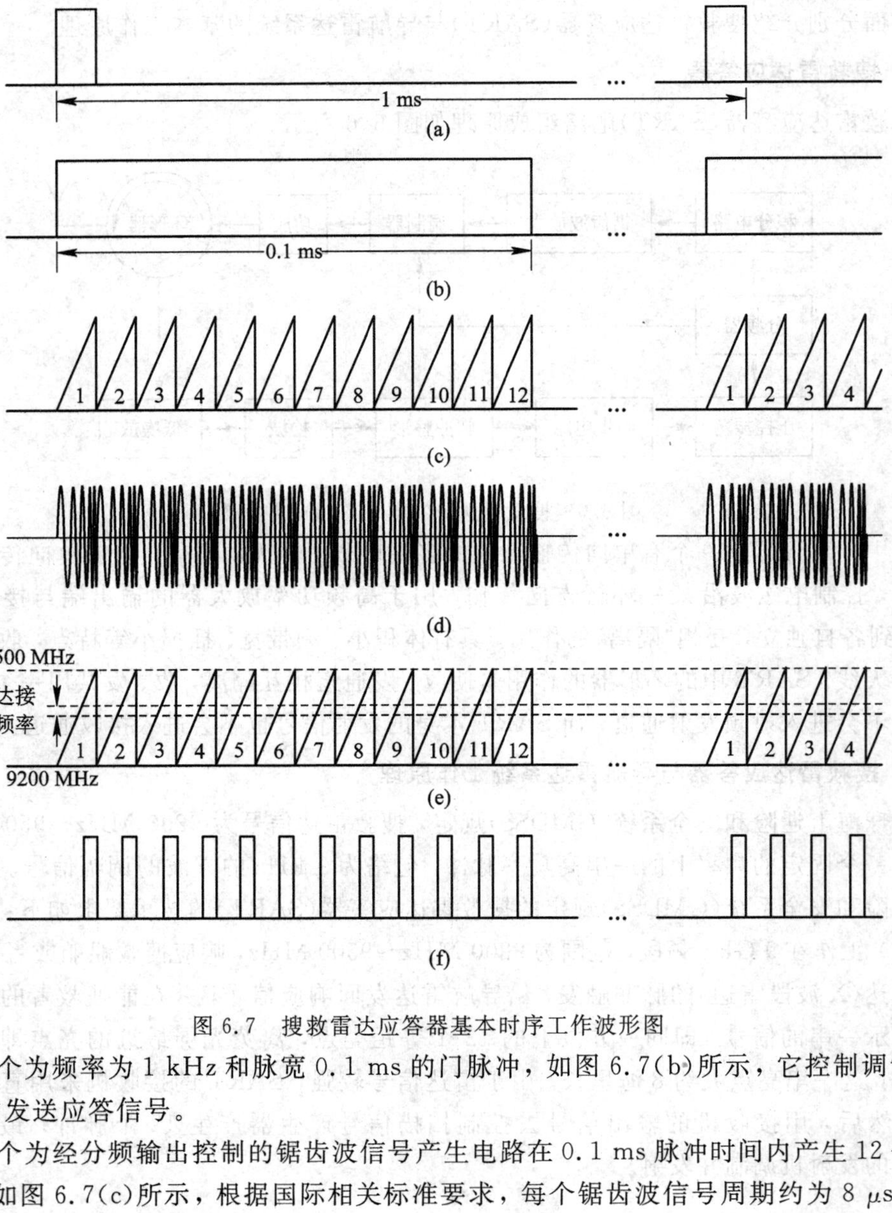

图 6.7　搜救雷达应答器基本时序工作波形图

第一个为频率为 1 kHz 和脉宽 0.1 ms 的门脉冲，如图 6.7(b)所示，它控制调制器在 0.1 ms 内发送应答信号。

第二个为经分频输出控制的锯齿波信号产生电路在 0.1 ms 脉冲时间内产生 12 个锯齿波信号，如图 6.7(c)所示，根据国际相关标准要求，每个锯齿波信号周期约为 8 μs，其中锯齿波正程时间为 7.5±1 μs，锯齿波逆程时间为 0.4±0.1 μs。

锯齿波信号经缓冲放大后进行线性调频输出扫频调频信号，如图 6.7(d)所示，频率范围为 9200 MHz～9500 MHz，频宽为 300 MHz，如此宽的频率范围，使工作在 9 GHz 频段的不同工作频率的搜救雷达都能收到搜救雷达应答器(SART)发出的应答信号，如图 6.7(e)所示为导航雷达接收的频率范围。从而在雷达平面位置显示器(Plan Position Indicator，PPI)上显示出特定的等距离的 12 个亮点，实现遇险报警寻位，如图 6.7(f)所示为导航雷达接收到应答信号形成的脉冲。

3. 雷达显示信号示位图

如图 6.8 所示，应答信号在搜救雷达 PPI 荧光屏上，能沿半径方向显示出一连串的亮点，最多有 12 个，亮点的个数与雷达的量程和搜救雷达应答器(SART)与搜救船的距离有关，其中第一个亮点 A 到雷达 PPI 荧光屏中心 S 的距离 D 是搜救船到遇险搜救雷达应答器(SART)的距离。

12 个亮点的连线与船艏线 SH 的夹角 θ 就是搜救船到搜救雷达应答器(SART)的相对方位角。

12 个亮点在 PPI 上的显示距离是 8 海里，每两个亮点大约是 0.65 海里。当搜救船逐渐靠近搜救雷达应答器(SART)时，亮点逐渐变为圆弧，进而变成同心圆。

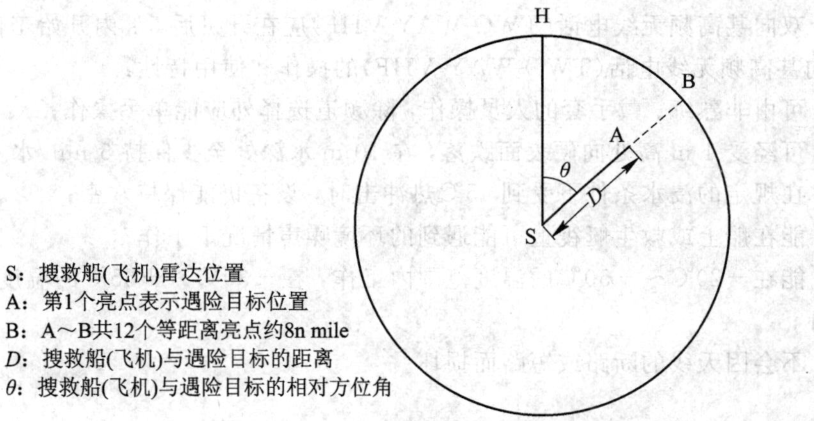

图 6.8　雷达显示 SART 的遇险信号示位图

4. 搜救雷达应答器工作流程

当船舶遇险弃船时，必须携带搜救雷达应答器(SART)下船，然后安装并启动搜救雷达应答器(SART)，在没有雷达脉冲的作用下，搜救雷达应答器(SART)仅处于接收状态，在雷达扫描脉冲的作用下，搜救雷达应答器(SART)发射应答信号。搜救雷达应答器(SART)工作流程如下：

(1) 启动。

① SART 可自动启动，也可人工启动；

② 启动后，SART 首先处于待命状态，只接收不发射。收到 9 GHz 频段的雷达信号后，会立即进入应答状态，发射应答信号，此时既接收也发射。

(2) 应答。搜救雷达应答器(SART)在应答状态时，发射一串脉冲信号，该信号在雷达显示器上显示同一方位上的至少 12 个等距离亮点。而搜救船舶或飞机上的雷达操作员即可根据该信号亮点的起始点和方位角来判断出遇险幸存者的确切位置，以便及时进行营救。

6.3.3 双向甚高频无线电话

按照规定，客船和 500 总吨及以上的货船每船至少应配备 3 部双向甚高频无线电话设备(Two-way VHF Radiotelephone，TWO-WAY VHF)，未满 500 总吨的货船可配备 2 部双向甚高频无线电话(TWO-WAY VHF)，该设备应具有 CH16 和至少 1 个其他信道。双向甚高频无线电话(TWO-WAY VHF)用于救生艇筏之间、救生艇筏与船舶之间，以及救生艇筏与救助单位之间的现场通信。

双向甚高频无线电话(TWO-WAY VHF)的主要技术指标：

(1) 工作频率：156.800 MHz(VHF CH16)和至少另一个频道；

(2) 频率稳定度：10^{-6}；

(3) 发射类别：F3E 或 G3E；

(4) 发射功率：0.25 W～1 W，应设有功率降低开关，以使发射功率可降至 1 W 或更小，当设备用于船上通信时，输出功率不得超过 1 W；

(5) 当信噪比为 12 dB 时，接收机的灵敏度应不劣于 2 μV；

(6) 双向甚高频无线电话(TWO-WAY VHF)应在开机后 5 s 内开始工作。

双向甚高频无线电话(TWO-WAY VHF)的操作和使用特性：

(1) 可由非熟练、戴手套的人员操作，除频道选择外应能单手操作；

(2) 可经受 1 m 高处向硬表面跌落，在 10 m 水深处至少保持 5 min 水密；

(3) 在规定的浸水条件下受到 45℃热冲击时，设备仍能保持水密；

(4) 能在船上或救生艇筏上可能遇到的环境噪声情况下工作；

(5) 能在－20℃～＋50℃的温度范围内工作，在－30℃～＋65℃的温度范围内存放时不会损坏；

(6) 不会因天线的断路或短路而损坏。

6.4 特别海事业务

6.4.1 无线电时间信号

1. 时区的划分

经度不同的世界各地(包括大洋中的船舶)，时刻也都不同。这种因经度不同的时刻，称为地方时。划分时区的办法是：规定每隔经线 15°，划为一个时区，把全球按经度划分为 24 个时区，以英国伦敦格林尼治子午线 0 经线为中央经线，从西经 7.5°到东经 7.5°，划分为中时区，或叫零时区，在零时区以东，依次划分东一时区至东十二时区；在零时区以西，依次划分为西一时区至西十二时区，东十二时区和西十二时区各跨经度 7.5°，合为一个时区，180°经线是东十二时区和西十二时区共同的中央经线。较东的时区，区时较早，海上航行的船舶上的船钟指示的时间是当地时间，随着船舶运动，船钟经常需要向前或朝后调整时区差。东西十二区之间的180°经线作为国际日期变更线，十二区向东进入西十二区，日期要减去一天；西十二向西进入东十二区，日期就要加上一天，日界不完全在180°经线上，是一条折线。

2. 无线电时间信号的概述

无线电时间信号由天文台、国家物理实验室或其他时间信号源提供，岸台用SSB/VOICE进行发送，大多数时间信号是以“世界协调时”(UTC)来发送的。全球海上遇险和安全系统(GMDSS)船舶无线电员每天至少需提供一次无线电时间信号以修正船舶天文钟，天文钟的时间是供船舶驾驶员为确定准确船位而进行测天时使用的。通过ITU出版的《无线电测定和特别业务电台表》和《ADMIRALTY LIST OF RADIO SIGNALS》(《无线电信号书》)查找相应的岸台信息。

3. 世界上常用的时间信号

(1) 旧国际式 Old International (ONOGO)System；

(2) 新国际式 New International System；

(3) 英国式/平时式 English System Ordinary Time Signal；

(4) 英国广播式 English Broadcast System；

(5) 美国式 United States System；

(6) 国际韵律式/科学式 Rhythmic System。

4. 中国的时间信号播发台

1) 上海海岸电台

(1)国家授时中心通过上海海岸电台每天播发两次时间信号(10:56″55－11:00″30和16:56″55—17:00″30LT)；

(2) 台名和呼：SHANGHAI/XSG，信号种类为A1A；

(3) 时间信号：新国际式；

(4) 引语的格式：VVV VVV VVV DE XSG21/24/…，最后一遍引语的播发格式为：CQ CQ CQ DE XSG HR STANDARD TIME SIGNALS AND WX AS。

2) 中国西安天文台

西安天文台位于陕西省蒲城，是一个短波授时和标准频率发射台。

(1) 时间信号的发射频率和时间为：2500 kHz，0730－0100；5000 kHz，H24；10 000 kHz，H24；15 000 kHz，0100－0900LT；

(2) 台名和呼号：XIAN/BPM；

(3) 信号种类：A1A或H3E；

(4) 时间信号：科学式/平时式。

6.4.2 海上安全信息

海上安全信息(Maritime Safety Information，MSI)是指航行警告、气象信息、搜救信息和有关航行安全的其他紧急安全信息，海上安全信息(MSI)可分为航警信息、气象信息和搜救信息，每类海上安全信息都有专门的信息提供者和自己的协调机构，全部海上安全信息汇总于岸上的一个总协调中心，根据需要可经不同的系统播发。海上安全信息提供部门必须经国家海事组织(IMO)、国际海道测量组织(International Hydrographic Organization，IHO)和世界气象组织(WMO)的认可。海上安全信息的提供单位主要有：国家航道部门提供航行警告和电子海图更正信息、国家气象部门提供气象警告和气象预报、救助协调中心(RCC)提供岸到船遇险报警和其他紧急信息、国际冰况巡查机构提供北大西洋冰况报告。全球航行警告业务(World-Wide Navigational Warning Services，WWNWS)是由国际海事组织(IMO)和国际海道测量组织(IHO)为协调发射区域性无线电航行警告业务和其他紧急信息而设置的，WWNWS的区域界限不是按国家所有权海域划分的，而是按地理位置和电波可能覆盖的范围划分的，称为(Navigation Area，NAVAREA)，划分为16个航行警告区，每一区域都由一个指定的协调国负责。

1. 全球航行警告业务(WWNWS)

1) 分区航海警告业务(NAVAREA Warnings)

分区航海警告业务也称为远距离航行警告业务，在没有实施全球海上遇险和安全系统(GMDSS)之前，NAVAREA业务就已经建立，全球航行警告业务的概念先是因NAVAREA的建立而产生的。IMO为了能更好地协调全球海上安全信息(MSI)的发布，提高海上安全信息(MSI)的可靠性与有用性，把全球海域原先划分成16个NAVAREA区，2007年后在北冰洋地区新增5个到21个NAVAREA区。新区域从原来的70N延伸到90N。我国及东南亚等国在第11区。每个NAVAREA区指定一个国家为协调国，协调国指定一个电台为NAVAREA区的协调台，负责本NAVAREA区内的海上安全信息(MSI)的协调和播发。第11NAVAREA区的协调国是日本，协调台是东京(JMC)。如果某区域内的国家有NAVAREA系统不能覆盖海区的航行警告，就传送到该区域的协调台安排播发。INMARSAT系统中增强群呼(EGC)业务不能覆盖的地区，也会安排NAVAREA业务。

2) 沿岸航行警告业务(Coastal Warnings)

沿岸航行警告可在NAVTEX系统中播发，由本国内的协调者发布。一些海岸电台在中频(MF)电台上播发，信息覆盖范围一般距海岸100 n mil～200 n mil。全球海上遇险和安全系统(GMDSS)还规定海岸电台可以在高频(HF)电台上使用如下频率采用无线电传前向纠错(FEC)方式发送远程海上安全信息，这些频率是：4210 kHz、6314 kHz、8416.5 kHz、12 579 kHz、16 806.5 kHz、19 680.5 kHz、22 376 kHz、26 100.5 kHz。个别海岸电台使用自己的频率播发，在接收时使用信号书的第三卷。例如我国广州海岸电台，除在518 kHz频率上进行正常的NAVTEX播发外，还在4219 kHz、6326 kHz、8431 kHz、12 622.5 kHz、16854 kHz等频率上播发海上安全信息，解决了518 kHz不能覆盖我国南海海域的实际情况。

3) 本地警告业务(Local Warning)

本地警告一般是指港区范围内的警告，通常在甚高频(VHF)波段内播发。当船舶航行在近岸、或者江河中、或者在锚地，应注意接收附近甚高频(VHF)海岸电台播发的海上安全信息。甚高频(VHF)海岸电台播发本地警告的方法是：在VHF CH16信道上播发引语，然后转到约定的信道上播发安全信息。本地警告是沿岸航警的补充，远洋航行船舶通常并不需要，因此可以只利用本国语言在甚高频(VHF)上发布。

2. 海上安全业务的播发方式

海上安全信息主要由 NAVTEX 系统和增强群呼(EGC)系统进行播发，另外还有其他辅助性的播发系统。

1) NAVTEX 系统

航行警告电传系统(NAVTEX)在沿岸 400 n mil 范围内，其播发方式以 NAVTEX 系统进行。岸上电台用窄带直接印字电报(NBDP)以固定频率和时间发送，使航行区域内的船舶能自动接收航行警告和其他警告。本系统的播发频率是 518 kHz、490 kHz 和 4209.5 kHz，目前常用的是 518 kHz，主要用英语广播；490 kHz 主要用于除英语以外的第二种语言广播；4209.5 kHz 的作用同于 518 kHz，都是为 A1、A2 海区提供服务，但目前主要应用是 518 kHz。使用 518 kHz 作为播发频率，依靠地波传播，传播稳定，接收地点的场强稳定，接收可靠。窄带直接印字电报(NBDP)的 FEC 方式，主要负责 A1、A2 海区海上安全信息(MSI)业务的播发，海上航行的船舶按全球海上遇险和安全系统(GMDSS)设备的配备要求，都必须安装 NAVTEX 接收机，自动接收并打印播发的海上安全信息。航警区域 NAVAREA 警告和航警电传 NAVTEX 警告的播发要求和协调规定完全不同，但这两种系统播发的电文种类的内容是相同的。内容包括：

(1) 遇险报警；

(2) 船舶或航空器的延误或失踪；

(3) 重要助航设备的故障或变更；

(4) 新发现的残骸或自然灾害；

(5) 正在进行中的搜救、防污、海底电缆铺设或水下工程的海域。

每一个 NAVAREA 的沿岸国家，根据统一协调后，设定最多 24 个发射台，用于发射该 NAVAREA 内的海上安全信息(MSI)。每个发射台，规定一个台名标识，一个发射台负责一定沿岸海区的海上安全信息(MSI)的发射，所以台名标识也可作为发射区 AREA 区域的标识。同一个 NAVTEX 区内，每 6 个台为一组，每组的发射时间为 1 小时，每个台为 10 分钟，则每个 NAVAREA 区域可分为四组，每组间的发射间隔为 4 小时。全球 NAVTEX 台都采用相同的频率 518 kHz，各组利用分时发射的方法，以避免相互干扰。在同一 NAVTEX 区内，可根据台名标识推算其发射 NAVTEX 的大约时间。对于特别重要的海上安全信息(MSI)，可以在接到后马上进行发射。海上安全信息(MSI)的发射不是一次的，根据不同的等级及类型，可以在不同时间内多次重复。

下面给出一个 NAVTEX 的电文实例：

----ZCZC RE68 PAGE1----

110250 UTC MAY 1996

XMZ WX

DALIAN OBSY NO WARNING STOP

SYNOPTIC SITUATION 101800Z

LOW 995 HPA AT 39N 107E MOVING E 8KTS X

COLD FRON FROM 39N 107E TO 33N 110E AND WARM FRONT FROM 39N 107E TO 40N 115E X LOW 989HPA AT 49N 126E MOVING E 5KTS WITH COLD FRONT FROM CENTER PASSING 45N 129E TO 40N 115E X HIGH 1016 HPA AT 33N 127E MOVING E 8 KTS STOP

24HOURS WEATHER FORECAST FROM 110000Z

BOHAI SEA BOHAI STRAITS NORTH AND CENTRAL HUANGHAI SEA X PARTLY CLOUDY TO CLOUDY BECOMING OVERCAST WITH RAIN NIGHT X S WINDS FORCE 5 TO 6 X SEA MODERATE STOP

NNNN

\- - - - - - - END OF MESSAGE CER＝0.0%- - - - - - -

2）增强群呼(EGC)系统

增强群呼(Enhanced Group Call，EGC)系统是 INMARSAT 卫星通信的子系统，是以 INMARSAT-C 标准移动站为基础的报文广播业务。它将地面上的有关组织或机构的信息通过网站协调站(NCS)和 INMARSAT 卫星以报文或数据流的形式在公共载波信道发射，由具有增强群呼(EGC)接收机功能的用户自动接收并打印。增强群呼(EGC)接收属于 INMARSAT-C 标准船舶站的一种，它的信道传输速率为 600 b/s，采用前向纠错，再用 1/2 卷积码，交织扩散突出的误码，使整个系统误码率很小，保证有很高接收报文的准确率。从通信信道使用的角度来看，增强群呼(EGC)系统大大提高了信道利用率。凡是涉及某海域航行安全的信息都可以使用增强群呼(EGC)载波发射，而不必对每个相应移动站逐个地通知，从而提高了信道变量的使用。

增强群呼(EGC)系统的海上安全信息播发功能与 NAVTLX 系统大致相同只是 NAVTLX 应用无线电的中频(MF)信号播发，传播距离有限；而增强群呼(EGC)利用 INMARSAT 卫星播发，在全球 INMARSAT 卫星覆盖范围内具有增强群呼(EGC)接收机功能的用户都能接收到任意区域的海上安全信息(MSI)。增强群呼(EGC)系统主要提供国际安全网业务，负责较远海域海上安全信息(MSI)业务的播发；此外，增强群呼(EGC)系统还可以提供商业性的海上信息服务。

增强群呼(EGC)信息的传输过程为：首先由诸如水道测量局、气象局、救助协调中心或新闻单位等信息提供部门将信息传递到有关的陆地地球站(LES)，然后再经网站协调站(NCS)通过卫星在公共信道上将这些信息发送给有选择的船舶、指定船队的船舶、指定地理区域的船舶、悬挂相同国旗的船舶或所有船舶。目前，由于某些增强群呼(EGC)接收机可能不完全具备连续地监控卫星广播信道的功能，因此，陆地地球站(LES)在首次播发临时性的重要增强群呼(EGC)电文的 6 分钟之后，将重播该重要的增强群呼(EGC)电文。

增强群呼(EGC)电文的接收类型有如下几类：

(1) 接收遇险电文。

当增强群呼(EGC)接收机或 INMARSATE-C 移动地球站(MES)终端显示出“DISTRESS”或指示灯闪亮并发出声音警报时，在打印机上将接收到增强群呼(EGC)遇险报警电文。某些增强群呼(EGC)接收机或 INMARSAT-C 移动地球站终端在接收到遇险优先增强群呼(EGC)电文时，其数据终端上的“DISTRESS”显示和声音警报持续不断，船舶操作员需按下键盘上的控制键以消除该警报。比如，有些机型的 INMARSAT-C 移动地球站终端要求同时按下“Ctrl”和“Alt”键，才能消除警报。

(2) 接收日常增强群呼(EGC)电文。

若接收到日常的增强群呼(EGC)电文，增强群呼(EGC)接收机或 INMARSAT-C 移动地球站终端设备会发出蜂鸣声并自动打印出增强群呼(EGC)电文。在接收增强群呼(EGC)

电文几秒钟后，蜂鸣声会停止。

(3) 增强群呼(EGC)业务的收费。

对接收安全通信网(SafetyNET)业务增强群呼(EGC)电文的用户免费；增强群呼(EGC)信息的初始发送人将向陆地地球站(LES)支付有关通信费用。对接收增强群呼(EGC)系统中开放的船队通信网 FleetNET 业务增强群呼(EGC)电文的用户，将向增强群呼(EGC)电文初始发送人支付费用；而增强群呼(EGC)初始发送人将向陆地地球站(LES)支付有关通信费用。

下面给出一个典型的增强群呼(EGC)安全网航行警告电文实例。

EGC：107 1995/02/13 18：14：35 SAFETY

BT CSAT 46464 HYDR NW G 13-FEB-1995 18：14：07 929960

ZCZC

NAVAREA ONE 075.

BALTIC SEA. KADETRENDEN. CHART BA 2365. DANGEROUS WRECK LOCATED 54－43.0W
12－24.6E MAKED BY SOUTH CARDINAL LIGHTBUOY 100 METRES SOUTHWARD.

NNNN

对应的解释如下所示：

EGC：107 世界时 1995/02/13 18：14：35 安全优先等级

BT CSAT(发信台识别代码)水道测量航行警告发送于世界时间 1995/02/13 18：14：07 929960 (电文编号)

ZCZC(电文开始标志)

NAVARE A1 区

波罗的海 KADETRENDEN. 英版海图 2365。危险沉船位于 54－43.0W
12－24.6E 距其南侧 100 米标志以南方位灯标。

NNNN(电文结束标志)

下面再给出一个典型的增强群呼(EGC)安全网气象警告电文例子：

MSG 2498－METWARN/FORE URGENT CALL TO AREA：2－NOPOS

WARNING ON NAVAREA 2，ISSUED BY METEO-FRANCE，TOULOUSE

－－－－－－－－WIND SPEED IN BEAUFORT SCALE－－－－－－－－

WARNING N004

WEST OF FARADAY

FROM 24 AUGUST AT 09 UTC TO 24 AUGUST AT 18 UTC

SOUTHWEST 8.＝

EGC.926

NNNN

对应的解释如下所示：

2498(电文编号)气象警告/预告 紧急优先等级 发给 NAVAREA 2 区－NOPOS(本机船位未更新)

对 NAVAREA2 区，发自法国气象机构，TOULOUSE

－－－－－－－－风速采用蒲福风级－－－－－－－－

警告 N004

FARADAY 西侧

从世界时 8 月 24 日 9 时至 18 时

西南风风力 8 级

EGC. 926

NNNN(电文结束标志)

3) 其他辅助性的播发系统

其他辅助性的播发系统有无线电传真图，如气象图、冰况图以及其他航海人员感兴趣的信息和无线电气象以及航海警告业务，通过中高频(MF/HF)组合电台、甚高频(VHF)无线电话和电传向海上船舶播发无线电气象和航海警告等其他航海人员感兴趣的信息。

6.4.3 船舶报告系统

船舶报告系统(Vessel Reporting System，VRS)是通过无线电通信或其他手段以一定的通信程序和报告格式向船舶报告中心提供、搜集和交换与船舶救助、交通管理、防污染和天气预报有关信息的系统。目前，主要有以船舶救助为主要目的的报告系统和以船舶交通管理为主要目的的报告系统。世界上许多沿海国家在其沿海水域划定了所负责的搜寻救助区域，并建立了船舶报告制度。各国商船在上述区域中航行时须向当地有关机构报告船位及动态。有关船舶报告系统的相关规定，可查找《ADMIRALTY LIST OF RADIO SIGNALS》(《无线电信号书》)VOL1。

船舶报告包括：航行计划报告、船位报告、改航报告、最终报告、危险货物报告、有害物质报告、海洋污染物质报告和其他报告等。

1) 航行计划报告(SP)

航行计划是船舶发送至船舶报告中心的第一份报文，当船舶在船舶报告区域内的港口并准备加入船舶报告系统时，应在离港前或接近离港时发送的报告；或当船舶从非船舶报告区域进入船舶报告区域并准备加入船舶报告系统时，应在接近报告线或进入报告线后发送的报告。航行计划的内容一般包括船名、船舶呼号或船舶识别码、出发日期和时间(UTC)、出发地点、下一停靠港、航行计划(航法和重要转向点)、航速及预计到达时间(ETA)和到达日期等详细情况。

2) 船位报告(PR)

船位报告是由船舶发出的表示船舶当时所在位置的报告。发送船位报告的目的：一是用于船舶报告中心更正跟踪的船位。二是表达船舶安全状态即船舶是否遇险。船位报告的内容包括船名、船舶呼号或船舶识别码、日期和时间(UTC)、船位、航向和航速。

3) 改航报告(DR)

改航报告是当船舶严重偏离了根据以前的报告所能推算的船位或由于其他原因使新的航行计划与原航行计划有较大变更时所发送的报告。改航报告的内容包括船名、船舶呼号或船舶识别码、船位以及变更的项目。

4) 最终报告(FR)

最终报告是船舶参加船舶报告系统发送的最后一份报告。最终报告的内容包括船名、船舶呼号或船舶识别码、离开本系统覆盖区域或到港的日期和时间(UTC)等。为搜救目的而建立的船舶报告系统只涉及上述 4 种报告，而当船舶报告系统还同时具有防污染目的时，则还应包括如下特殊报告。

5) 危险货物报告(DG)

危险货物报告是当发生包装危险货物自离领海基线不超过 200 n mile 的海域中灭失或

可能灭失的事件时，及时做出的报告。危险货物报告的内容包括船名、船舶呼号或船舶识别码、时间、船位、货载情况、船舶损失情况、污染物情况、天气等。

6）有害物质报告(HS)

有害物质报告是当发生排放或可能排放油类(MARPOL 73/78 附则Ⅰ)或散装有毒液态物质(MARPOL 73/78 附则Ⅱ)的事件时，及时做出的报告。有害物质报告的内容包括船名、船舶呼号或船舶识别码、时间、船位、航向、航速、航线信息、下次报告的时间、货载情况、船舶损坏情况、货物散失情况、天气等。

7）海洋污染物质报告(MP)

海洋污染报告是当包装国际危规中认为是海洋污染物(MARPOL 73/78 附则 III)的有害物质落入或可能落入水中时，及时做出的报告。

8）其他报告

其他报告是指按照报告系统的规定程序所必须做出的上述报告之外的任何其他报告。其内容视具体情况而定。

根据船舶报告系统和船舶报告要求的一般原则，报告应当简洁明了且将基本信息报告一次，但是，包括船名、船舶呼号或船舶识别码等基本信息必须反映在每次的报告当中。以船舶救助为主要目的的船舶报告系统要求船舶按照报告系统的规定程序、内容、方法、时间等准确无误地向系统中心做出报告。船舶要加入以船舶搜索救助为目的的报告系统，只需向该系统中心提交航行计划报告。船舶要退出以船舶搜索救助为目的的报告系统，只需向该系统中心提交最终报告。根据 IMO 船舶报告系统文件，以船舶搜索救助的报告系统是自愿参加的，而以船舶交通管理的报告系统是强制要求参加的。

船舶报告系统主要有下列四种船舶报告系统。

1. 美国商船互助救助系统(AMVER)

美国商船互助救助系统(Automatic Mutual-assistance Vessel Rescue System，AMVER)也称船舶自动互救系统，由美国海岸警卫队主管，是一个全球覆盖非强制性加入的商船互助组织，可在世界范围海域内对搜救工作提供帮助。世界上任何超过 1000 注册总吨(Gross Registered Tonnage，GRT)的商船或航程超过 12 小时的商船都可以参加该船位报告系统，无论船舶悬挂哪国国旗，所属哪个公司，也无论其登记港及目的港是哪里，船舶都可以自愿参加 AMVER 系统。一旦船舶出事，可根据船舶提供的信息及时处理。

每份 AMVER 报告的第一行是报告的信息类识别，报告每一行的开始用一个行识别，行识别及一行内的不同项目用一个斜线“/”分隔，行与行之间用双斜线“//”分开。AMVER 电文分为四种：

1）开航计划(SP)

开航计划可在船舶开航前几天甚至在几周前就可以发送出去，但不得迟于船舶开航时间。如果需要，开航计划报告可与离港报告合二为一发送出去。要求的信息内容格式为：AMVER/SP//A/船名/国际无线电呼号//B/预计离港时间//G/离港/纬度/经度//I/目的港/纬度/经度/ETA//L/…航线信息…//；选择的信息内容格式为：E/当前航向// F/平均速度// M/当前值守的海岸电台/另一个海岸电台。例如：V/NONE//说明船上没有医务人员 V/MD//说明船上有医生 V/PA//说明船上有医生助理等。

2）船位报告(PR)

船舶在离港24小时内应发送船位报告PR；此后并直到抵港前，船舶应每48小时发送一次船位报告，发送该报告的时间间隔不得超过48小时。若遇有大风浪天气或在气候恶劣的情况下，船舶可根据需要缩短发送船位报告的时间间隔。要求的信息内容格式为：AMVER/PR//A/船名/国际无线电呼号//B/离港时间//C/纬度/经度//I/目的港/纬度/经度/ETA//；选择的信息内容格式为：E/当前航向//F/平均速度//M/当前值守的海岸电台/另一个海岸电台，若有的话//X/最多为65个字符的详细说明//。

3）改航报告(DR)

改航报告是指用来通知开航计划报告或其他报告的内容改变。要求的信息内容格式为：AMVER/DR//A/船名/国际无线电呼号//；选择的信息内容格式为：B/预计离港时间// E/当前航向//F/平均速度//G/离港/纬度/经度//I/目的港/纬度/经度/ETA//L/…航线信息…//M/当前值守的海岸电台/另一个海岸电台，若有的话//V/船上医务人员//X/最多为65个字符的详细说明//Y/将报告传递给JASREP或MAREP系统，若有请求//。

4）最终报告(FR)

船舶在抵达目的港前或抵达目的港时，应立即发送抵港报告FR。要求的信息内容格式为：AMVER/FR//A/船名/国际无线电呼号//K/港口名称/纬度/经度/抵港时间//；选择的信息格式为：X/最多为65个字符的详细说明//。

AMVER电文通过INMARSAT移动站或HF设备，发送Email到AMVER中心站；或者通过C移动站，发送电传到AMVER中心站。各种报告信息汇总到AMVER中心后由计算机产生一个一定区域的海面图像Surface Picture，如图6.9所示。该图像显示了在特定的位置点(遇险船舶所在地)附近参加AMVER报告系统船舶的相对位置，从而可以

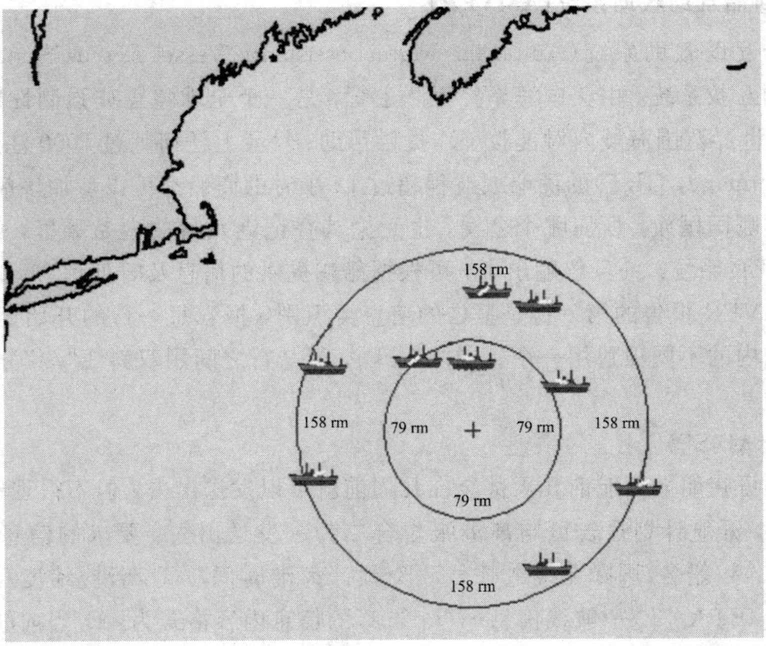

图6.9　AMVER中心计算生成的Surface Picture

组织船舶对遇险船进行救助。

2. 澳大利亚船舶报告系统(AUSREP)

澳大利亚船舶报告系统(Australian Ship Reporting System, AUSREP)成立于1973年，由堪培拉海上救助协调中心控制管理。该船舶报告系统属于强制要求加入系统，适用于航行在AUSREP海域的，在澳大利亚登记的商船，或非澳大利亚船舶，从抵达澳大利亚的第一个港口直到离开澳大利亚的最后一个港口。但是，鼓励各船舶应从进入AUSREP海域到离开AUSREP海域参加AUSREP系统。澳大利亚船位报告系统AUSREP主要用于海上航行安全与生产调度指挥，主要目的有以下三点：

(1) 在船舶没有发出遇险信号时，缩短从发现船舶失踪到开始搜救行动的时间；

(2) 缩小搜救行动的海域；

(3) 在搜救行动中，提供在该海域内其他可参与救助船舶的最新信息。

澳大利亚船舶报告系统(AUSREP)区域是由西界075°E经度线、东界163°E经度线分别到南极大陆，北界由17个点连线构成的区域包括的全部水域。

AUSREP报告的格式内容与AMVER内容相似。AUSREP船位报告种类有：

1) 开航计划(SP)

当船舶进入AUSREP海域或离开AUSREP海域的一个港口时(在其24小时之前或在进入AUSREP海域或离开该海域的一个港口的2小时之后)，船舶应发送SP报告。一旦船舶在SP报告中预定的起航时间2小时内不能起航，应取消该SP报告并应另发送一份新的SP报告。

2) 船位报告(PR)

船位报告应每天在SP报告中规定的时间发送，直到并包括抵港或离开AUSREP海域的当天。若需改变每天的报告时间，应在PR报告中发送改变的时间。抵达目的港或AUSREP海域的ETA应在航向的上一个船位报告PR中予以确认。

3) 改航报告(DR)

任何时候船舶在上次发送的SP或PR报告中预报的船位与实际船位相差2小时的航程，船舶必须发送改航报告DR。

4) 抵港报告(FR)

当船舶抵达离引水站2小时的航程，并可与港口当局或引水站进行VHF无线电话联络时，船舶可发送抵港报告FR(在离目的港超过2小时航程的任何情况下，船舶也不得发送抵港报告FR)。另外，若抵港时间为无线电值守以外的时间，抵港报告应在系泊后立即发出。或者若无法用电话联络，则应在系泊前通过适当的海岸电台或海上通信电台发出抵港报告。对驶离AUSREP海域的船舶，应在穿越该海域界限后发出FR报告。

3. 日本船舶报告系统(JASREP)

日本船舶报告系统(Japanese Ship Reporting System, JASREP)，可提供发生遇险事件船舶动态的最新信息。无论船舶吨位大小，船舶的国籍和类型，只要进入JASREP系统的业务海域，均可自愿参加JASREP系统。ASREP报告的种类有：开航计划(SP)、船位报告(PR)、改航报告(DR)、抵港报告(FR)。

4. 中国船舶报告系统(CHISREP)

为保障水上安全、提高搜救效率、增强搜救能力、防止船舶污染、履行国际义务提供可靠的信息保障，中国船舶报告系统(China Ship Reporting System，CHISREP)于2001年建设投入使用。中国船舶报告系统是一个集计算机、通信和网络为一体的信息系统，系统由船舶报告管理中心、指挥端站、用户端站及报告站组成。它具有对船舶报告的航线、船位进行自动标绘和推算、对延时未报船舶自动预警等功能。除了对300总吨以上的中国船舶强制参加，其他的船舶可自愿加入。

中国船舶报告系统适用的船舶为航行在中国船舶报告区域内，且航行时间超过6小时的下列船舶：

(1) 航行于国际航线300总吨及以上的中国籍船舶。

(2) 航行于中国沿海航线1600总吨及以上的中国籍船舶。

(3) 2005年1月1日后航行于中国沿海航线的300总吨及以上的中国籍船舶。

(4) 中国政府鼓励外国籍船和本规定以外的中国籍船自愿加入中国船舶报告系统。

中国船舶报告系统报告的覆盖区域为：其他国家领海和内水以外的北纬9°N以北、东经130°E以西的海域。

中国船舶报告系统发送报告的方式有：通过上海岸台发送NBDP电文报告；通过INMARSAT移动站发送电传、传真或电子邮件信息报告；通过公司或船队向CHISREP系统发送报告。船舶通过INMARSAT-C站的电子邮件或电传发送船舶报告时，应确认移动站在任何时候都处于“LOGIN”模式。通过电子邮件发送报告时，应以“CHISREP”作为电子邮件的主题。

中国船舶报告系统共有七种报告种类，这七种船舶报告又可分为两大类，一类是一般报告(共四种)，另一类是特殊报告(共三种)。一般报告有：航行计划报告(SP)、船位报告(PR)、变更报告(DR)、终止报告(FR)。特殊报告有：危险货物报告(DG)、有害物质报告(HS)、污染物质报告(MP)。参加中国船舶报告系统的船舶，应在每天规定的时间发送船位报告，并在驶离CHISREP海域时发送抵港报告FR，这是十分重要的，可避免不必要的搜寻行动。

中国船舶报告系统对于船舶延误报告的处理如下：

(1) 在超过约定时间延误的头三个小时内，将进行内部检查。

(2) 船舶将被列在通报(话)表中，提醒船员及时发送船舶报告。

(3) 若延误6小时，则在通报(话)表中加入船舶呼号/JJJ。

(4) 若延误超过12小时，可能开始普遍(CQ)查询，并与船舶所有人，经营人和船东代理及其他船舶进行广泛通信核查，以追寻最后看到或联络过该船的线索，证实其是否安全。

(5) 若延误超过18小时，船舶呼号/JJJ广播将升级为紧急信号船舶呼号/XXX标识。

(6) 若延误超过24小时，即开始部署搜寻计划，实施搜救行动。

本章小结

本章介绍了海上遇险、紧急与安全通信的概念、作用和要求，重点介绍了国际搜救卫星系统(COSPAS-SARSAT)的作用、组成原理和工作方式；以及救生艇筏无线电设备要求和特别海事安全信息系统的作用。通过本章的描述，读者可以对海上安全应急通信系统建立基本的认识，并可结合前后章节的内容进一步加深对现代海上通信与信息技术的了解与掌握。

习题与思考题

6.1 简述海上遇险、紧急与安全通信系统包括哪几种通信方式。

6.2 海岸电台主要提供哪些业务？主要功能是什么？模拟设计一个海岸电台方案。

6.3 简述国际搜救卫星系统(COSPAS-SARSAT)的组成原理。

6.4 船用应急无线电示位标(EPIRB)的分类有哪些？简述应急无线电示位标存在的意义。

6.5 海上遇险、紧急与安全通信系统的工作频率有哪些？

6.6 请写出陆用个人信标、航空信标、船用信标的英文名称及其缩写。

6.7 简述救生艇筏无线电的主要设备。

6.8 简述搜救雷达应答器(SART)的作用与导航雷达系统的工作原理。

6.9 简述搜救雷达应答器(SART)的工作流程。

6.10 简述特别海事业务的主要组成部分。

第7章 海上交通信息技术

海上交通信息技术是指海上航行的船舶与船舶之间，船舶与岸上交通管理机构之间，船舶与船舶企业之间以及船舶本身的海上航行信息采集、处理、控制及信息交换等技术。可靠的海上航行交通信息，是海上船舶及生命安全必不可少的基本保障。

随着现代通信与信息技术的进步和人类在开发海洋资源方面达到前所未有的高度，传统海上通信技术已无法较好地满足航海与海上开发的需求，现代海上通信与信息技术是海上传递信息的主要载体和途径，针对海上航行、海洋开发、监测、管理和服务等应用及涉海信息的需求，除了保障海上航行与安全的综合通信系统GMDSS外，海上航行的综合信息系统还包括：具有信息收集、信息评估、信息服务、交通监控、交通组织、助航服务功能和负责船舶交通安全管理的船舶交通管理系统(Vessel Traffic Service，VTS)，能实现对目标进行自动跟踪的船舶自动识别系统(AIS)和船舶远程识别与跟踪系统(LRIT)等综合的海上航行信息系统。

7.1 船舶交通管理系统(VTS)

VTS是一种综合性的信息动态监管系统，集成了雷达、AIS、甚高频(VHF)通信系统、视频监控电视(CCTV)、船舶数据库信息等多种技术手段，具有信息采集、信息评估、信息服务、交通监控、交通组织、助航服务功能。VTS也称船舶交通服务系统，是负责船舶交通安全管理的服务系统。

7.1.1 概述

VTS是国际海事组织(IMO)为适应海上交通运输的高速发展，根据1995年11月通过的A.578(14)号决议而提出的。为保障船舶交通安全，提高交通效率，保护环境，IMO要求航运主管机关设置对船舶交通实施监督、管理和控制并提供咨询服务的系统，这就是VTS系统。

VTS的主要功能是监视船舶动态，提供船舶安全信息服务，进行必要的交通组织、有效的航行协助服务，协调组织搜救，对监控水域锚地实施管理，调用监督艇，实施特别维护，查处违法行为，为事故或违法行为调查取证提供动态航迹证据。

VTS主要包括雷达、甚高频通信、AIS、甚高频测向(Very High Frequency Direction Finding，VHF-DF)、视频监控、数据处理、交通显示及控制、管理信息、信息交换与共享、记录重放、搜救指挥显示控制、信息传输与网络、网络安全以及支持保障等系统，可实时监控航行在管辖区水域范围内的船舶动态，并给这些船舶提供必要的航行辅助信息服务。通过该系统可监控船舶是否脱离航路，是否存在碰撞、搁浅等风险。

我国VTS系统建设始于1978年，至今沿海和长江干线已建成70余个VTS中心，300

多座雷达站，实现了全国重点通航水域和港口的全覆盖。目前海事系统正式运行的 VTS 中心有 55 个，试运行的 VTS(分)中心有 16 个，正式运行 VTS 中心人员持证上岗率为 100%。2016 年 3 月，首套国产 VTS 系统在连云港通过验收并投入运行，至今南通、南京、镇江、盐城、丹东、三峡、泸州、宜宾、珠江口等 VTS 工程相继选用了国产 VTS 系统。

7.1.2 VTS 的组成原理

VTS 主要由管理机构、设备系统和运行管理三大部分组成，如图 7.1 所示。管理机构负责管理水域内船舶的实时交通监视、现场交通秩序维护及处理违章事件等。设备系统包括系统硬件设备和系统应用软件，VTS 设备系统一般由雷达系统、VHF 通信、VHF 测向、AIS 系统、视频监控、记录重放、网络系统、数据处理、显示与控制、信息交换、网络安全以及支持保障等多个分系统组成。运行管理包括实施程序及管理法规，实施程序一般由海事部门在系统正式运行前进行专题研究，并对外公布，包括基本规定、安全监督管理规定、系统运行管理规定。管理法规除了《中华人民共和国海上交通安全法》《中华人民共和国海洋环境保护法》《中华人民共和国船舶与海上设施检验条例》以及《中国人民共和国航标条例》以外，主要还有船舶交通管理安全监督细则。

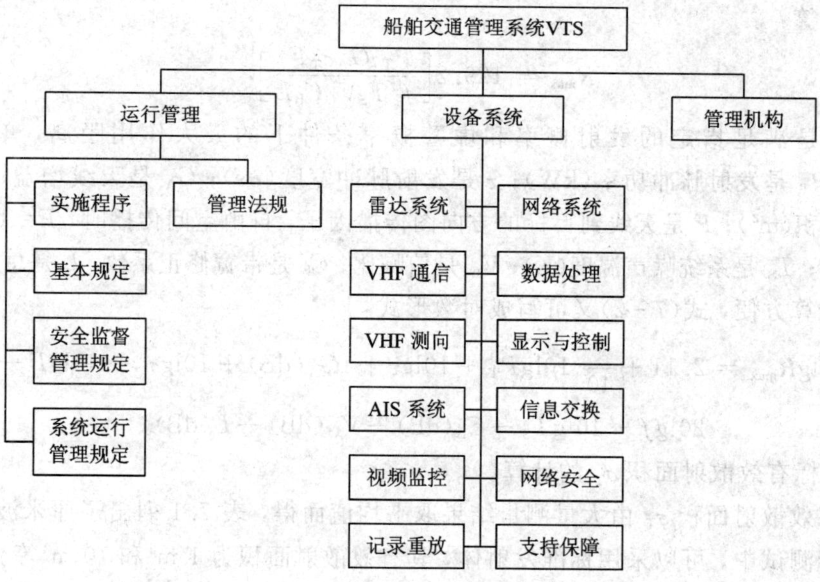

图 7.1　VTS 组成

VTS 系统是复杂的综合系统，其功能的实现需要采用各类不同的技术手段。从信息流程上看，可分为信息采集、信息处理、信息评估、信息管理以及信息共享等 5 个流程，如图 7.2 所示。

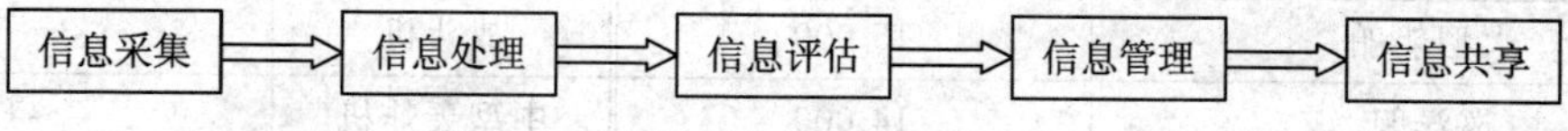

图 7.2　VTS 流程示意图

1. 雷达分系统

雷达分系统是 VTS 的主要信息采集分系统，用于获取管辖水域的实时船舶交通状态信息，作为交通管理、处理、评估和显示的基础。

VTS中雷达的主要用途包括：

(1) 监视水域内船舶航行以及违章行为，监视航路标志及船舶锚泊状况。

(2) 引导船舶进出港及锚泊，保证航行安全，提高船舶航运效率。

(3) 提供信息，包括向港监、调度、引航等部门提供有关船舶航行的信息，并协助船舶调度、港区作业、航道工程作业、海难搜救等。

雷达分系统的主要技术性能指标有：

1) 探测范围

雷达探测范围与地球半径、雷达天线和目标的高度及气象条件等因素有关。在标准大气折射条件下，雷达探测范围由视距公式给出：

$$R_S = 2.22(\sqrt{h_S} + \sqrt{h_T}) \tag{7-1}$$

式中，R_S 为雷达探测范围，单位为海里(n mile)；h_S 和 h_T 分别为雷达天线和目标的高度，单位为米(m)。

2) 雷达最大作用距离 R_{max}

这里只讨论自由空间中雷达最大作用距离的计算方法。自由空间中雷达最大作用距离可用下式计算：

$$R_{max} = 129.2\left[\frac{P_T \tau G_A^2 \sigma_T F^4}{f^2 T_S V_O C_B L}\right]^{1/4} \tag{7-2}$$

式中，R_{max} 是满足指定的发射概率和虚警概率条件下的最大作用距离，单位为海里(n mile)；P_T 是发射脉冲功率(kW)；τ 是发射脉冲宽度(μs)；G_A 是天线增益；σ_T 是目标有效散射面积(m^2)；F 是天线到目标的方向图传播因子，自由空间传播时，$F=1$；f 是发射频率(MHz)；T_S 是系统噪声温度(K)；V_O 是信噪比；C_B 是带宽修正系数；L 是总损耗系数。

为了计算方便，式(7-2)又可写成对数形式：

$$\lg R_{max} = 2.11 + \frac{1}{40}\{10\lg P_T + 10\lg\tau + 1G_A(\text{dB}) + 10\lg\sigma_T + 40\lg F - 20\lg f - 10\lg T_S - C_B(\text{dB}) - V_O(\text{dB}) - L(\text{dB})\} \tag{7-3}$$

(1) 目标有效散射面积 σ_T 的计算。

目标有效散射面积 σ_T 由大量测量结果取平均值而得，表7.1列出了厘米波段的结果。在雷达性能测试中，可以采用标准发射体，其有效散射面积为1 m^{2}和10 m^{2}等。

表7.1 某些目标的平均散射面积

雷达目标	平均有效散射面积/m^2	雷达目标	平均有效散射面积/m^2
小型船舶	150	快艇	100
中型船舶	7500	人	0.8
大型船舶	15 000	战斗机	3～5
巡洋舰	14 000	中型轰炸机	7～10
小型潜艇(浮于水面)	140	远程轰炸机	15～20
潜艇驾驶室(艇身没于水中)	1	运输机	50
拖网渔船	750		

(2) 系统噪声温度 T_S 的计算。

系统噪声温度是指接收系统输出噪声功率等效到输入端时所对应的噪声温度，可由下式计算：

$$T_S = T_a + T_r + T_e * L_r \tag{7-4}$$

式中，T_a 是天线噪声温度，即

$$T_a = \frac{0.876T_a' - 254}{L_a} + 290 \tag{7-5}$$

T_a'可由《雷达手册》([美]M. I. 斯科尔尼克主编)查得，$T_a'=90$ K；L_a 是天线损耗系数，对无耗天线，$L_a=1$。

将 T_a'和 L_a 值代入公式(7-5)可得

$$T_a = 114.84 \text{ K} \tag{7-6}$$

T_r 是接收系统传输线噪声温度，即

$$T_r = 290(L_r - 1) \tag{7-7}$$

L_r 是接收支路传输损耗，包括收发开关、限幅器、滤波器、馈线波导等引入的损耗；T_e 是接收机有效输入噪声温度，即

$$T_e = 290(N_F - 1) \tag{7-8}$$

N_F 是接收机噪声系数。

以上几个因素中，对 $T_S=T_a+T_r+T_eL_r$ 起主要影响的是接收机噪声系数 N_F。

(3) 信噪比 V_O 的计算。

信噪比 V_O 定义为接收脉冲能量 E_r 与单位带宽内噪声功率(频谱密度)N_O 之比。接收机带宽为最佳值 B_{opt}时的信噪比记为 V_O。

V_O 的大小与回波脉冲积累数有关。点目标的回波脉冲积累数可由下式计算：

$$N = \frac{\theta F}{6n} \tag{7-9}$$

式中，θ 是雷达水平波束带宽(°)；F 是发射重复功率(Hz)；n 是天线转速(r/min)。

V_O 的大小还与发现概率、虚警概率的大小有关。

(4) 带宽修正系数 C_B 的计算。

当接收机带宽 B 不为最佳值 B_{opt}时，信噪比

$$V = C_B V_O \tag{7-10}$$

这时称 C_B 为带宽修正系数，$C_B\geqslant1$，可由下面的经验公式计算

$$C_B = \frac{B\tau}{4\alpha}\left(1 + \frac{\alpha}{B\tau}\right)^2 \tag{7-11}$$

式中，B 是带宽；τ 是脉冲宽度；α 是 τ 与最佳带宽 B_{opt} 的乘积，当采用 CRT 观测目标时，$\alpha\approx1.2$。

(5) 总损耗系数 L 的计算。

总损耗系数包括发射支路传输损耗 L_t、天线方向性图损耗系数 L_p 和杂散损耗 L_x，接收支路传输损耗计入系统噪声温度 T_S 中，大气和雨雪衰减根据实际情况计入。

发射支路传输损耗 L_t 是指从发射机输出口到天线之间的损耗，包括环形器、单向器、定向耦合器、波导开关、旋转关节、方-圆波导转换器、变极化器、波导馈线等引入的损耗。

天线方向性图损耗 L_p 是指当波束扫描时，相应各发射(接收)脉冲出于天线波束不同位置时引入的接收功率变化。对于方位搜索雷达，当回波在视频积累时均衡加权，可算出其典型波束形状的方向性图损耗 $L_p \approx 1.6$ dB。

杂散损耗 L_x 包括极化损耗、操作员损耗和系统衰退损耗等。极化损耗是指回波信号由于计划变化(如极化旋转)与接收天线极化不同而产生的损耗；操作员损耗表示雷达实际性能与理论计算性能之间的差异；系统衰退损耗表示由于雷达维护调整不当或元件衰老引起的性能衰退。可以根据具体情况对 L_x 进行设定，估算时，取 $L_x = 2$ dB。

总损耗系数等于各损耗系数之和，即

$$L = L_t + L_p + L_x \tag{7-12}$$

3) 最小作用距离

当雷达天线架设高度较高或物标较低时，物标可能进入天线垂直波照射不到的区域，最小作用距离一般由天线垂直波束形成的照射盲区确定，如图 7.3 所示，计算 $R_{\min}$：

$$R_{\min} = (h_S - h_T)\cot k\theta_v \tag{7-13}$$

式中，h_S 是雷达天线高度；h_T 是目标高度；θ_v 是天线垂直波束宽度，余割平方天线的 θ_v 为垂直面内最大辐射点与目标点之间的夹角，扇形波束天线的 θ_v 为垂直面天线半功率点宽度之半；k 取决于天线垂直方向性图和目标反射性能的系数，通常垂直波束的零点宽度约为半功率点宽度的 2～4 倍。估算时，对于反射性能较强的低目标，k 可取 0.5～1；对于反射性能较强的低目标，k 可取 1～2。

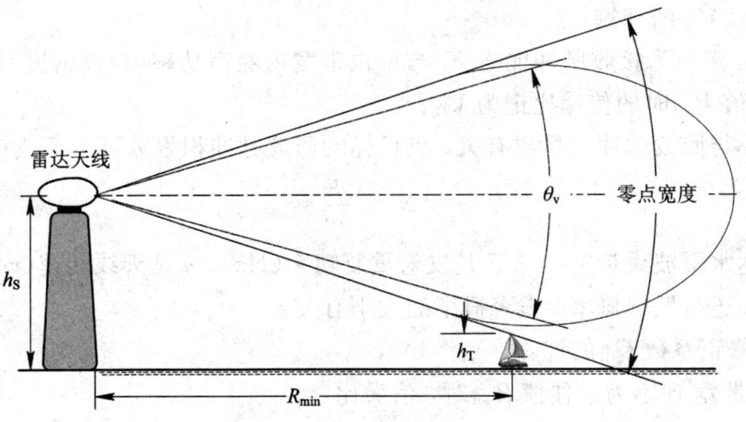

图 7.3　雷达最小作用距离

4) 距离误差

VTS 雷达具有较高的测距和测方位精度。测量误差除了由目标闪烁和电波传播等因素引起以外，还可能由于设备内在因素引起。距离误差包括同步误差、计时误差和测读误差等。

(1) 目标闪烁引起的测距误差。

当目标径向尺寸延伸时，目标闪烁引起的测距标准误差为

$$\sigma_R = 0.3 L_R \tag{7-14}$$

当目标装有应答器，应以应答器延时起伏误差代替测距误差

$$\sigma_{R1} = \frac{c}{2}\sigma_{\tau 0} \tag{7-15}$$

其中，$\sigma_{\tau 0}$ 是应答器延时起伏的标准差。

(2) 同步不准引起的系统误差。

该项误差是通过细调延时线进行校准后剩余的系统误差。该剩余同步延时系统误差为

$$a_{RS} = \frac{c}{2}\Delta t_d \tag{7-16}$$

一般情况下，$\Delta t_d \leqslant 10$ ns，故 $a_{RS} \leqslant 1.5$ m。

(3) 同步不稳引起的随机误差。

引起同步不稳的主要原因是延时校准电路的不稳定性和发射机起振的随机性。延时校准电路的随机延时误差 $\sigma_{\Delta t_1} \leqslant 2$ ns，其引起的测距标准误差 $\sigma_{RS} = \frac{c}{2}\sigma_{\Delta t_1}$；发射机起振随机延时误差 $\sigma_{\Delta t_2} \leqslant 20$ ns，其引起的测距标准误差 $\sigma_{R3} = \frac{c}{2}\sigma_{\Delta t_2} = 3$ m。

(4) 数字测距产生的同步随机误差。

当数字测距系统的计数脉冲与发射同步脉冲之间没有同步关系时，将产生测距同步随机误差。其标准误差为

$$\sigma_{R4} = 0.15\tau_R C \tag{7-17}$$

其中，τ_R 为数字测距系统的计数脉冲间隔。

5) *方位误差*

方位误差由下列各项构成。

(1) 方位标定误差。

方位标定误差指雷达天线电轴指向正北时，方位码盘输出方位数值与0°方位的差别。它属于系统误差，包括以下三项误差：给定标定点的方位误差，光学码盘刻度间隔，天线光轴与电轴的差别。

(2) 目标闪烁引起的方位误差。

当目标切向尺寸小于雷达波束照射的横向宽度，且测取的是目标中心方位时，目标闪烁引起的方位标准误差为

$$\sigma_{a1} = \frac{(11-20)L_T}{R} \tag{7-18}$$

其中，L_T 是目标切向尺寸，R 是目标距离。

(3) 传递误差。

传递误差是指雷达方位同步系统将天线方位角信号传递到显示器偏转系统，实现方位扫描的过程中引入的方位误差。VTS雷达一般均采用固定线圈式方位扫描系统，由齿轮系统引起的标准误差 σ_{a2} 一般为 $2'$，即 $0.03°$。

(4) 显示器亮度分布引起的测读误差。

设为点目标时，即目标角尺寸要比荧光屏显示器光点直径的角尺寸(光点直径对屏中心的张角 $d°$)和天线水平波束宽度 θ_H 小得多，径向延伸尺寸要比 $c\tau/2$(c 为电磁波传播速度，τ 为脉冲宽度)小得多的目标。

当 $\theta_H > d°$ 时，亮度分布引起的测读标准误差为

$$\sigma_{a3} = \frac{d°}{2} \approx 28° \frac{d}{D} \frac{R_{SW}}{R} \tag{7-19}$$

当 $\theta_H < d°$ 时，亮度分布引起的测读标准误差为

$$\sigma_{a3}' \approx (0.2 - 0.25)\theta_H \quad (7-20)$$

式中：R_{SW}为扫描距离(km)；R 是目标距离(km)；d°为光点直径的角尺寸；d 为光点直径；D 为屏幕直径；θ_H 为天线水平波束宽度。

为了助航的需要，VTS 雷达不仅关心目标与雷达站之间的距离和方位，同时关心两目标之间、被导船与某参考点之间的距离和方位，或被导船与航道中心线的偏离距离和偏离角。按国际海事组织 IMO 规定，一般要求两目标之间的测距误差不大于扫描测距量程的 5%，测方位误差不大于 3°；偏离航道中心的测距误差不大于 10 m～20 m；雷达与目标之间的测距误差不大于 10 m～20 m，测方位误差不大于 0.1°～0.5°；人工视频地图航道标志线误差不大于 10 m～20 m。

6）*分辨力*

雷达系统具有目标位置、散射强度以及速度等信息的获取能力，因此分辨力可以从不同方面体现。

(1) 距离分辨力。

距离分辨力表示识别同一方向上的两个海上目标的能力，通常以能够区分同一方向上两个相邻目标的最小距离来表示，主要与雷达脉冲宽度及信息处理算法有关。对常规 PPI，点目标的距离分辨力计算公式为

$$\Delta r_{\min} = \frac{c}{2}\left(\tau + \frac{a}{\Delta f}\right) + \frac{d}{D}2R_{SW} \quad (7-21)$$

式中，a 为比例系数，决定于接收系统电路的形式，估算时可取 $a \approx 1$。

对于具有一定径向长度的非点目标来说，计算公式为

$$\Delta r_{\min} = \frac{c}{2}\left(\tau + \frac{a}{\Delta f}\right) + \frac{d}{D}2R_{SW} + L_0 \quad (7-22)$$

对于扇形 PPI 来说，计算公式为

$$\Delta r_{\min} = \frac{c}{2}\left(\tau + \frac{a}{\Delta f}\right) + \frac{d}{D}R_{SW} \quad (7-23)$$

(2) 方位分辨力。

方位分辨力表示识别距离相同而方位略有不同的两个相邻海上目标的能力，一般以能够区分的相同距离上两个相邻目标的最小夹角来表示，主要与雷达系统水平波束宽度有关。

当天线水平波束宽度大于光点直径角尺寸($\theta_H > d^\circ$)时，方位分辨力估算公式为

$$\Delta\alpha_{\min} = \theta_H \quad (7-24)$$

当天线水平波束宽度小于光点直径角尺寸($\theta_H > d^\circ$)时，方位分辨力估算公式为

$$\Delta\alpha_{\min} = d^\circ \quad (7-25)$$

如果观测人员调整辉亮与增益，得到适当限幅，可使荧光屏上的目标标志既明显可见，角尺寸又比较小，方位分辨力得到改善，此时的方位分辨力可用下式估算

$$\Delta\alpha_{\min} \approx (0.6 - 0.7)\theta_H \quad (7-26)$$

除上述几项主要性能指标外，还要求 VTS 雷达具有抗干扰，抑制海浪、雨雪及同频干扰等性能；工作可靠，长期正常工作；具有环境适应性能，雷达天线能抗 12 级及以上风力的影响，且密封防潮，能经受高低温、湿热、盐雾等环境试验等。

2. 数据处理分系统

数据处理分系统主要处理船舶交通管理系统雷达采集的信息，同时还可处理甚高频测

向(VHF-DF)信息。雷达数据处理分系统的主要功能如下：

(1) 计算并指示目标数据。

计算并指示目标数据，包括目标的位置数据、地理位置数据、相对于某参考点或相对于他船的相对位数据、目标尺寸数据、目标运动数据、航行方向、航行速度、对遇船相对于被导船的CPA、TCPA数据等。

(2) 监视与报警。

监视与报警包括对存在碰撞、触礁搁浅、偏离航道、违反港章航行等异常行为进行报警，锚位监视与走锚报警，海面航行标志监视与航行标志漂移报警等。

(3) 记录、跟踪与显示。

记录、跟踪与显示包括目标编码与追查显示，全区停泊与航行态势显示，气象条件、潮高、水深的记录与显示，进出港及停泊船有关情报的记录、更新与显示等。

(4) 雷达信息的存储与复现。

利用多媒体收到雷达数据处理分系统中产生的雷达目标数据信息，进行记录并可重放。

3. 信息传输分系统

信息传输分系统的主要任务是在雷达站和VTS中心之间建立信息联系。根据VTS的系统功能，信息传输分系统传输的信号主要有：雷达原始视频和雷达方位信号(包括同步脉冲和触发脉冲)，当信号为公务联系的话音信号或VHF话音信号时，还包括视频监控信息以及处理视频、无人雷达站监控数据、气象数据等其他数字信号。

从信息传输方面来考虑，上述信号具有下列一些特点：

(1) 模拟信号和数字信号兼有。

上述信号中，雷达原始视频和话音为模拟信号，一般在传输之前不进行数据处理，其余为数字信号。

(2) 信号的带宽相差较大。

雷达发射脉冲时宽必须较窄，才能获得较好的测距精度和距离分辨力，同时目标回波的原始视频时宽较窄，相应的频带宽度就较大。而数字信号和话音信号的带宽要小得多，传输中一种信号占据一个或几个话路即可。

有些港口的VTS为降低对传输分系统通频带的要求，在雷达站对雷达原始视频进行预处理，得到窄带的处理视频后再进行传输，此时，在VTS中心将得不到雷达原始视频图像。

(3) 单向和双向传输信号兼有。

雷达原始视频、方位信号和视频信息只由雷达站单向传输到中心。当有处理视频时，它也由雷达站单向传输到中心，其他数据和话音信号一般在雷达站和中心之间双向传输。

(4) 雷达原始视频只分布在雷达扫描时间以内。

雷达原始视频在触发脉冲以后出现，在触发脉冲的一个周期中，只在扫描时间以内有雷达原始视频信号，因而空闲的扫描休止期可加以利用。

(5) 雷达原始视频随时间和方位而变。

雷达原始视频由雷达周围的目标反射回波得到。由于不同方位上目标分布不同，并且目标自身也在变动，因而使得雷达原始视频随着时间和方位而变。在信息传输的接收端，这可能会给触发脉冲的稳定识别带来困难。

(6) 触发脉冲必须在信息传输接收端可靠地识别分离。

触发脉冲作为雷达发射机、显示器和数据处理分系统的定时(同步)信号，经传输后，接收端应能稳定可靠地识别和分离，否则将造成终端设备的工作紊乱。

上述特点，在信息传输分系统的构成、设备的选择、性能指标的确定等技术方案中，应加以充分考虑。

4. 甚高频测向(VHF-DF)分系统

甚高频(VHF-DF)测向分系统具有通过监测 VHF 信号测定(辨别)船位，实现对报告船舶的船位监视、方位测定等功能。该系统主要由测向天线、测向处理设备以及显示设备组成，甚高频测向(VHF-DF)系统组成原理如图 7.4 所示。

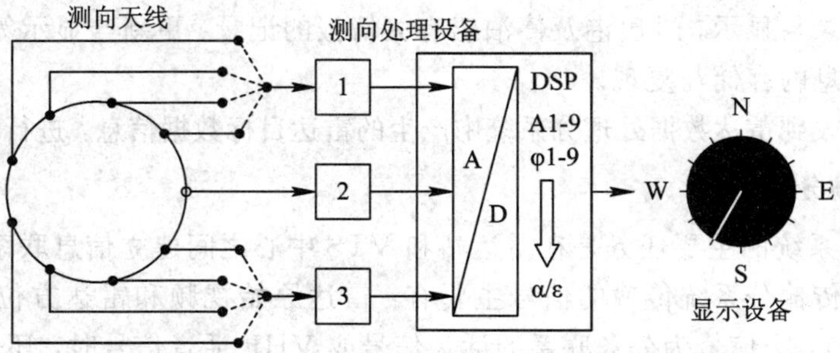

图 7.4　VHF-DF 系统组成原理图

在 VTS 中，该系统在雷达覆盖区域以内用作船舶识别的补充手段，在雷达覆盖区域以外用作对报告船舶的船位监视，以及用于紧急测定船舶方位或定位遇险船舶。

测向精度及其测向范围对于测向天线所在的位置的电磁环境的依赖性很大。在 VHF-DF 基站与雷达站同址建设时，测向天线应尽可能远离雷达天线、VHF 天线和其他通信天线，但考虑到信号衰减及实际难度，测向天线与测向处理设备之间距离不宜太大。

目前，行业内尚无 VHF-DF 天线的统一标准，其他设备尽可能地在测向天线底部 70°锥角范围内，如图 7.5 所示。

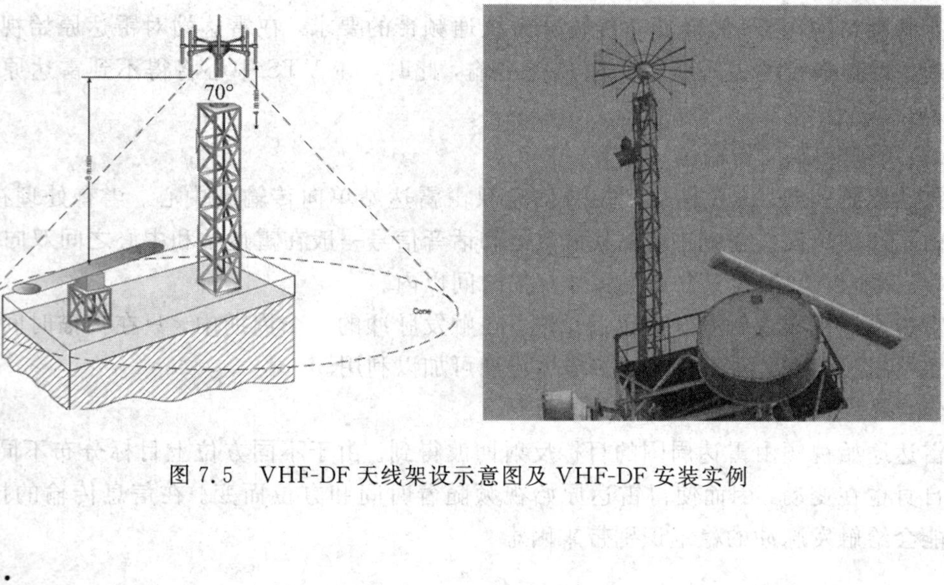

图 7.5　VHF-DF 天线架设示意图及 VHF-DF 安装实例

5. 视频监控分系统

视频监控分系统(CCTV)由外场设备和中心设备组成，外场设备包括摄像机、防雷接地设备、电源设备、网络设备等，中心设备包括视频管理服务器及软件、存储设备、客户端、大屏幕显示设备等。前端摄像机视频图像信号传输至VTS中心，由视频管理服务器分配至客户端、大屏幕显示系统、存储设备等。VTS的视频监控分系统组成如图7.6所示。

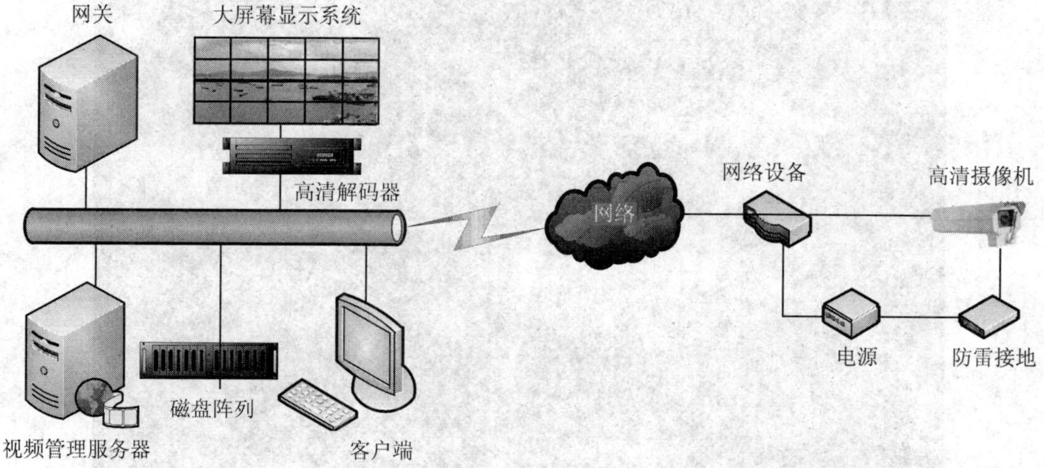

图7.6 VTS的视频监控分系统组成

7.2 船舶自动识别系统(AIS)

7.2.1 概述

自动识别系统(Automatic Identification System，AIS)，也称船舶自动识别系统。2015年交通运输部海事局建设的AIS信息服务平台上线运行，社会公众可通过互联网或客户端免费访问平台数据，查看我国沿海和内河水域船舶AIS信息。截至2017年年底，我国沿海共建成了1个国家级AIS中心、1个全国AIS数据备份中心、3个海区级中心、21个辖区级中心和182座AIS岸台；在内河长江、珠江、京杭运河、淮河、黑龙江及四级以上航道共建成4个AIS水系中心、16个省级中心、382座AIS岸台，为提升内河高等级航道运行状态在线检测能力提供了有力的保障，为船舶交通提供了有效的安全保障，为建设智慧港航、智慧海事打下了坚实的基础。海事局不断完善升级AIS信息服务平台和导助航综合应用系统，融合多种数据，扩展功能，提供更加优质的服务。我国大陆AIS岸基系统工作正常率高达99%，并初步建成AIS在线平台，为用户提供较为实用的导助航服务。

船舶自动识别系统由陆基岸台和船载电台构成，在船-船、船-岸之间采集和交换船舶实时位置、航向、航速等船舶航行动态信息，船舶尺度、所载货物等船舶静态信息和相关的安全信息。

随着大数据技术的发展，国际航标协会关于数据互联互通平台也提出了技术服务的指导意见，基于AIS数据的分析服务作为技术服务的一种需要尽快提供给相关需求用户使用。AIS 数据分析服务可以基于 AIS 数据按照时间、地理空间、船舶类型等几个维度自主组合分析，并且以标准化的可视化方式形成流量线叠加的热力分布图，为用户提供辅助决策，可实现海上船舶轨迹分析及统计、海上船舶流量分析、海上船舶密度分析、海上船舶会遇预测分析、可视化报表化展现等大数据管理功能。图 7.7 为利用 AIS 数据统计生成的可视化 AIS 显示的琼州海峡海上航迹和交通流量图。

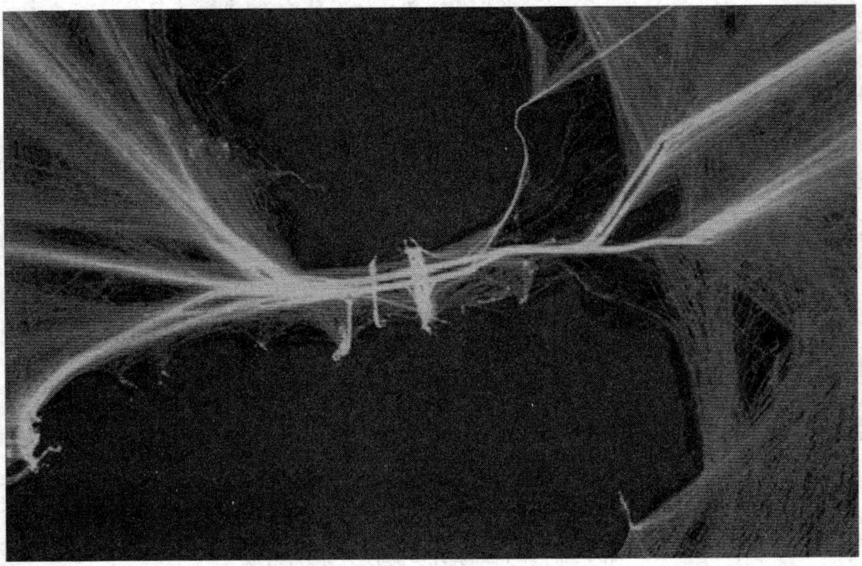

图 7.7　AIS 显示的琼州海峡海上航迹和交通流量图

7.2.2　AIS 的组成

AIS 系统由岸基系统和移动站组成，图 7.8 为 AIS 系统的组成概念图。AIS 岸基系统包括：VTS 中心、AIS 基站（AIS Base Station）、AIS 单工转发站（AIS Simplex Repeater）、AIS 双工转发站（AIS Duplex Repeater）和岸上港航企业管理部门；AIS 移动站包括：船载 A 类终端、船载 B 类终端、AIS 机载终端、AIS 航标辅助终端、AIS 星载系统等。

1. AIS 岸基系统

AIS 岸基系统的主要功能是接收船舶 AIS 信息，并向船舶按需发布安全、管理、气象等信息，实现船-岸间信息的双向交互。根据以往 AIS 工程确定的 AIS 网络运行模式，系统的网络架构包括数据网络和管理终端两部分。

AIS 岸基系统有两种技术方案：一种是以甚高频（VHF）为主要通信方式的常规 AIS 系统，另一种为采用我国北斗卫星为主要通信方式的北斗 AIS 系统。

常规 AIS 岸基系统由 AIS 基站、VHF 通信网络、船载 AIS 终端设备组成，通过 VHF 接收覆盖范围内的船载 AIS 终端发送的船位、船速、改变航向率及航向等船舶动态和船名、呼号、吃水及危险货物等船舶静态资料。

北斗 AIS 岸基系统由北斗岸基指挥机、船载基站设备、北斗数据分发网络、船载终端设备组成。北斗岸基指挥机能接收下辖用户终端的定位和通信信息，并可以向下辖用户终端发送通播信息，可同时接收、处理北斗和 GPS 系统的卫星导航信号，具有北斗有源定

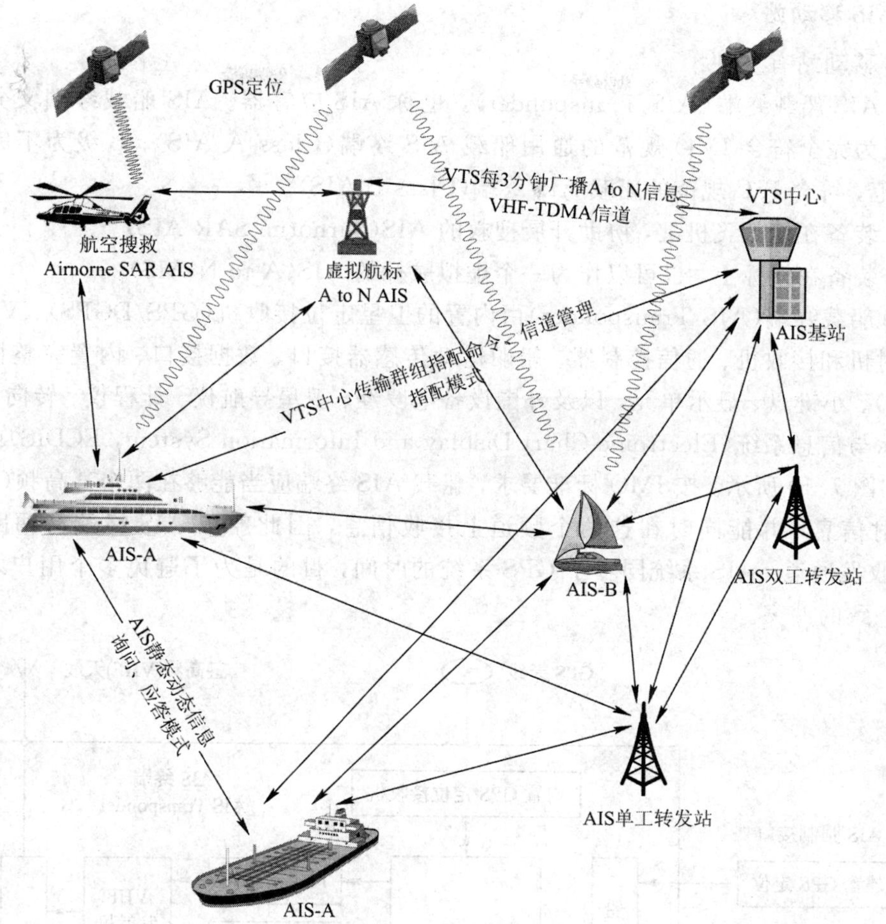

图 7.8　AIS 系统

位、北斗无源定位、GPS 定位、北斗/GPS 差分定位、北斗/GPS 组合定位等多种定位方式。北斗数据分发与交换均以北斗卫星星座为依托。

AIS 基站组成如图 7.9 所示，主要包括 AIS 无线收发器、AIS 天线、AIS 基站控制器、网络传输设备。

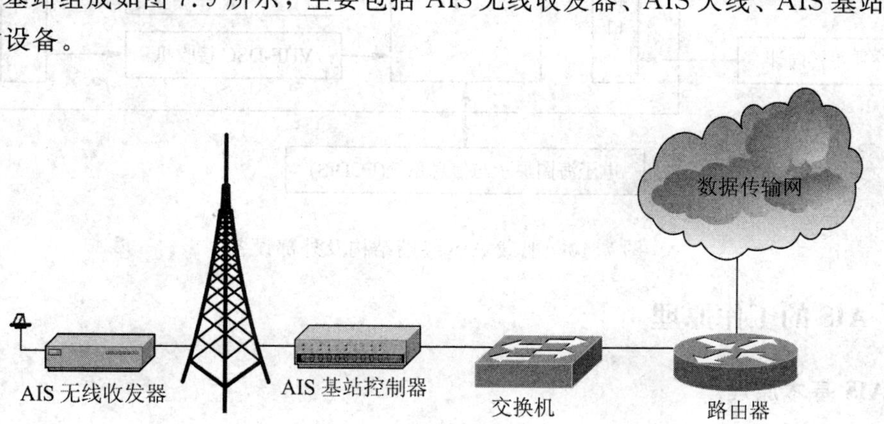

图 7.9　AIS 基站组成

2. AIS 移动站

AIS移动站有三种：

(1) AIS船载终端(AIS Transponder)，也称AIS应答器。AIS船载终端又分两个级别：A级为完全符合IMO规范的通用船载AIS终端(Class A AIS)；B级为不完全符合IMO规范，符合IEC规范的船载AIS终端(Class B AIS)。

(2) 装备在搜救飞机上，协助开展搜救的AIS(Airnorne SAR AIS)。

(3) 装备在航标上，也可以作为一个虚拟航标的AIS(A to N AIS)。

AIS船载终端(AIS Transponder)由内置的卫星定位接收机(GPS/DGPS)、VHF数据通信发射机和接收机、通信控制器、船舶运动传感器接口、数据接口、内置完整性测试模块(BIIT)、小键盘、显示单元，以及外围设备电罗经、卫星导航仪、计程仪、转向计、电子海图显示与信息系统(Electronic Chart Display and Information System，ECDIS)或雷达等构成，如图7.10所示。按IMO标准要求，船载AIS终端应当能够在两个甚高频(VHF)频道上发射信息，并能同时在这两个频道上接收信息，因此船载AIS终端有两路甚高频(VHF)收发通道。AIS系统同步于GPS系统的时间，目的是为了避免多个用户之间在时间上不一致的冲突。

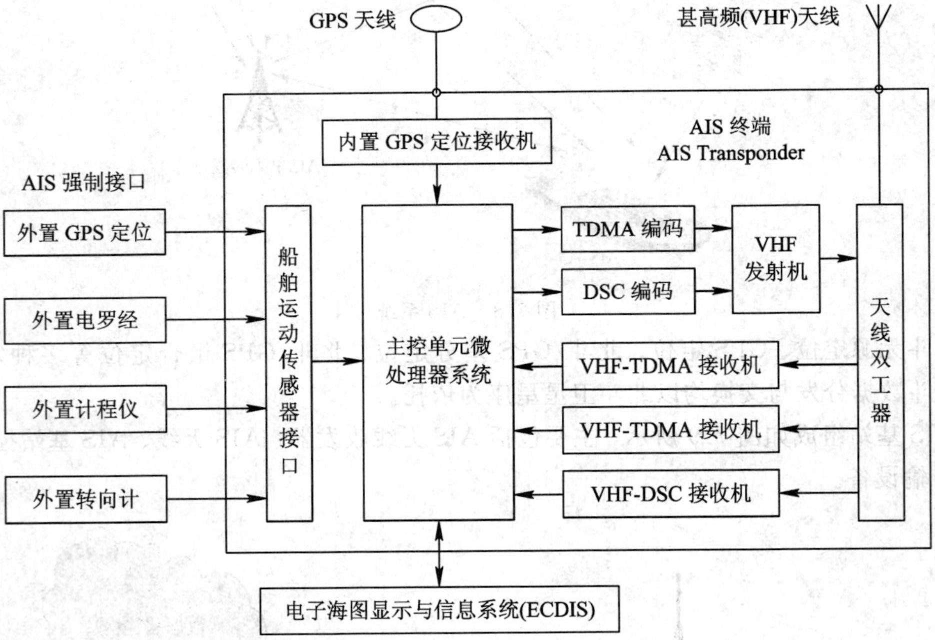

图7.10　船载AIS终端结构及外部设备

7.2.3　AIS的工作原理

1. AIS 基本原理

AIS船载终端分两种等级：Class A和Class B。Class A符合国际海事组织(IMO)的AIS标准，在大中型船舶上是必须要安装的；Class B符合国际电工委员会IEC标准，在这个标准内AIS在船上的安装不是强制性的。

Class A 设备使用自组织时分多址技术(Self-organized Time Division Multiple Access，SO-TDMA)。Class B 设备使用载波监听分时多路访问技术(CS-TDMA)，和 Class A 的区别是需要实时监测底噪，每次发射时需要监测当前信道是否被占用，如果被使用，则在下个时隙发送。AIS 系统用于水上交通联络和指挥的岸-船、船-岸、船-船之间的识别通信。该系统可自动连续发出本船静态信息、动态信息和航次信息，并与其他船台、岸台进行安全信息交换，同时也自动接收周围船舶发出的这些信息，达到船舶避碰、引航调度、海上交通管理等船舶航行安全决策的目的。

AIS 数据传输采用 SO-TDMA，信道时间被划分为固定的数据帧，一个数据帧包含一定数量的时隙，一帧的时长为一分钟，划分为 2250 个时隙。由于两个 VHF 频道均可使用，故可用时隙为 4500 个。一个子帧即为一组完整的数据，一个子帧可占用一个或几个连续的时隙，但最多不能超过 5 个。

由 GPS/DCPS 获取本船位置、速度、航向以及时间等数据加上本船标识号等数据，经编码调制后，由 VHF 通信机以一定时间间隔自动播发出去，无需船舶驾驶员人工介入。船舶、AIS 岸台在作用距离内相互均可收到对方的上述数据并可在显示终端以动态图像显示这些数据。

AIS 使用频段为 156 MHz～174 MHz，频道带宽为 25 kHz。AIS 系统中所使用的信道是 CH87 和 CH88，对应频点是 161.975 MHz 和 162.025 MHz。在 CH87 频道主要报告船只的位置信息、航速、船首向等动态信息，而在 CH88 频道报告船名、船只规模、船上人数、MMSI、IMO、呼号等静态信息。

2. AIS 的覆盖范围

AIS 工作于甚高频(VHF)频段，根据电波的传播特性，AIS 信号传播范围为视距范围，主要是视距传输和地面反射的电磁波能量的叠加，其覆盖范围与天线高度、甚高频(VHF)发射机功率有关，理论上最大传输距离为 100 n mil，一般约为 25 n mil。为了增加岸上 AIS 基站和船舶的通信距离，必须限制船用甚高频设备的发射功率，通常 AIS 基站的发射功率为 50 W，而船上的 AIS 设备发射功率不能超过 25 W。

如果岸基 AIS 处于联网状态，覆盖范围会大大增加。目前，全球绝大多数国家在建设 AIS 时，是通过联网的形式扩大覆盖区域，以实现本国沿海水域的连续覆盖的。

根据统计，我国政府按照国际公约及相关标准要求，由交通运输部组织建设了覆盖全国沿海及内河高等级航道和重点封闭水域的 AIS 系统，共计部署了 402 座 AIS 基站。

在 AIS 基站覆盖范围的计算分析方面，主要采用奥村模型(Okumura)和奥村-哈塔模型(Okumura-Hata)。奥村-哈塔模型(Okumura-Hata)路径损耗计算公式为

$$L_m = 69.55 + 26.16\lg f - 13.82\lg h_S - a(h_r) + (44.9 - 6.55\lg h_S)\lg d \tag{7-27}$$

式中：f 为无线电波频率；h_S 为基站发射天线有效高度；h_r 为移动台接收天线有效高度；d 为发射机与接收机之间的距离；$a(h_r)$为移动台天线修正因子。对于中小城市周边港口天线修正因子($h_r = 5$ m 时)为

$$a(h_r) = (1.1\lg f - 0.7)h_r - (1.56\lg f - 0.8) = 6 \text{ dB} \tag{7-28}$$

从上述模型空间传输损耗计算公式中可以看出，AIS 空间传输路径损耗主要与基站发射天线有效高度、移动台接收天线有效高度、发射机与接收机之间的距离有关。典型技术参数如表 7.2 所示。

表 7.2 计算参数取值

参数名称	取　值
AIS 岸基天线高度(H)	30 m
AIS 船台天线高度(h)	5 m
AIS 岸基发射机输出功率(P_{t1})	12.5 W(41 dBm)
AIS 船台发射机输出功率(P_{t2})	12.5 W/2 W(41 dBm/33 dBm)
AIS 岸基收发信天线增益(G_B)	6 dBi
AIS 船台收发信天线增益(G_S)	3 dBi
AIS 设备工作频率(f)	162 MHz
AIS 接收机灵敏度(S_v)	−107 dBm
AIS 岸基馈线损耗(L_B)	3 dB(3 dB/100 m，取 100 m)
AIS 船台馈线损耗(L_S)	1.2 dB(6 dB/100 m，取 20 m)

设备允许路径损耗：

$$L_A = P_t + (G_B - L_B) + (G_S - L_S) - S_M - P_{min} \tag{7-29}$$

收信机输入端最低保护功率电平 $P_{min} = S_v$。由设备允许路径损耗 L_A 可以看出，AIS 设备允许路径损耗主要与发射机输出功率、天线增益、馈线损耗和接收机灵敏度有关。

对于 AIS 基站或 CLASS A 类船台设备，当设备允许路径损耗大于设备空间传输损耗时，即 $L_{A1} > L_m$，覆盖范围详见表 7.3。

表 7.3 AIS 基站或 CLASS A 类船台设备 12.5 W 收发机 AIS 覆盖范围

序号	条件	发射机与接收机之间的距离 d/km	备　注
1	大中城市	<12.0	AIS 岸基天线挂高为 30 m、船台天线挂高为 5 m
2	郊区	<18.4	
3	农村	<56.8	

对于 CLASS B 类船台设备，当设备允许路径损耗大于设备空间传输损耗时，即 $L_{A2} > L_m$，覆盖范围详见表 7.4。

表 7.4 CLASS B 类船台设备 2 W 收发机 AIS 覆盖范围

序号	条件	发射机与接收机之间的距离 d/km	备　注
1	大中城市	<7.1	AIS 岸基天线挂高为 30 m、船台天线挂高为 5 m
2	郊区	<10.9	
3	农村	<33.7	

3. AIS 工作模式

AIS 的数据传输采用 SO-TDMA 通信技术，可以工作于三种模式：

(1) 自主模式。在所有海域使用的自主和连续的模式(系统缺省工作状态)，自主模式用于所有水域，设定模式用于主管当局监视的水域，该模式的数据发送时间间隔或时隙可由主管当局设定。

(2) 指配模式。AIS台站工作在指配模式时应使用由主管部门的基站指配的传输时间表。该模式可由一条群组指配命令(消息 23)或由信道管理(消息 22)发起。

(3) 轮询模式。轮询模式为响应其他船舶或基站呼叫的轮询工作模式。

4. AIS传输的信息

1) 静态信息

静态信息指海事移动服务标志(MMSI编号，亦称ID码)、MO编号、呼号和船名、船长和船宽、船的类型、定位天线在船上的位置。

2) 动态信息

动态信息指船位，国际协调时，对地航向，对地速度，航首向，航行状态，转向率，以及横倾、纵倾和横摆等选用项。

3) 航行相关信息

航行相关信息包括船舶吃水、危险货物类型、目的港和预计到达时间、航行计划(选用项)、简明的安全信息。

在国际航标协会(The International Association of Marine Aids to Navigation and Lighthouse Authorities，IALA)的建议案ITU-R M 1371-4修订草案中对各种情况下处于不同运动状态的船舶的报告率作了如下规定，见表7.5、表7.6所示。

表7.5　A船台各类信息的报告间隔

静态信息	每6分钟或当数据改变或被询问时
动态信息	取决速度和航向变化
与航行相关信息	每6分钟或当数据改变或被询问时
与安全相关信息	按需要

表7.6　A类船载移动设备报告间隔

船舶的运动状态	标称报告间隔
锚泊或靠泊且移动速度不大于3节	3 min
锚泊或靠泊且移动速度大于3节	10 s
0～14节	10 s
0～14节且改变航向	3 1/3 s
14～23节	6 s
14～23节且改变航向	2 s
大于23节	2 s
大于23节且改变航向	2 s

5. AIS技术标准

AIS采用开放系统互联(Open Systems Interconnection，OSI)工作模型，以带宽

25 kHz 或 12.5 kHz 在甚高频 VHF CH87B(161.975 MHz)和 CH88B(162.025 MHz)两个频道传输，其射频调制采用高斯最小频移键控(Gaussian Filtered Minimum Shift Keying，GMSK)方式，数据编码为 NRZI(不归零反转)方式，数据传输的比特率为 9600 b/s。对于岸基 AIS 而言，由于采用 SO-TDMA 技术进行通信，存在链路容量是否过载的问题，这里定义的链路容量是指没有时隙复用时，岸基通信系统所允许的最大 AIS 移动用户数量。

假设多个同类(子帧更新周期相同)AIS 目标在同一频道内进行数据通信，设单个 AIS 目标子帧占用时间为 T_S，子帧更新周期为 T，则无时隙复用时最大目标容量为 C，即子帧占满周期 T 时的数量为

$$C = \frac{T}{T_S} \tag{7-30}$$

AIS 的一个信道中，一个时隙的时间长度为 T_{S0}

$$T_{S0} = \frac{60}{2250} \approx 0.0267 \tag{7-31}$$

若一个子帧占用的连续时隙数为 l，那么 AIS 发射一个子帧占用时间长度为

$$T_S = l \cdot T_{S0} = \frac{60 \cdot l}{2250} \tag{7-32}$$

故一帧中无时隙复用时可以容纳最多船站用户数量为

$$C = \frac{T}{T_S} = \frac{2250 \cdot T}{60 \cdot l} = 37.5\frac{T}{l} \tag{7-33}$$

7.3 船舶远程识别与跟踪系统(LRIT)

船舶远程识别与跟踪系统(Long Range Identification and Tracking System，LRIT)是一个国际互联的专用的船舶监控系统。LRIT 国际数据中心设在葡萄牙，各主要缔约国(或区域性组织)按照国际海事组织(IMO)制定的技术标准规范建设各自的系统。LRIT 系统利用卫星定位技术和通信技术获取船舶的位置信息，并发送给船旗国所在的数据中心进行数据处理和储存，国际海事组织(IMO)各缔约国可按照预先设定的规则进行信息交换与共享。LRIT 系统能在全球范围内识别和跟踪船舶，相关信息可用于反恐、环保、搜救和航行安全等领域。

2006 年 5 月 19 日，国际海事组织海上安全委员会第 8 次会议，通过了关于船舶远程识别与跟踪系统(Long Range Identification and Tracking of ships，LRIT)的 SOLAS 公约修正案和 MSC.210(81)、MSC.211(81)决议，对 LRIT 系统的性能标准和功能要求以及适时建立 LRIT 系统的安排做出了规定。规定中说明了 LRIT 系统的用途是用来在全球范围内识别和跟踪船舶，提出了信息传输与交换的设备、内容、协议、规则、方法等要求；做出了建立 LRIT 的时间安排，即缔约国要在 2008 年 1 月 1 日前向 IMO 提交 SOLAS 公约第 191 条所要求的信息以及建立 LRIT 数据发送计划所需要的信息，在 2008 年 7 月 1 日前向所选择的 LRIT 数据中心提交“性能标准”中要求的信息，国际 LRIT 数据中心和国际 LRIT 数据交换在 2008 年 7 月 1 日前着手对 LRIT 系统进行实验测试并在 2008 年 7 月 1 日后尽快将船舶纳入 LRIT 系统，不迟于 2008 年 10 月 1 日。

7.3.1 概述

按照 LRIT 总体架构，LRIT 系统包括卫星地面站、国际数据交换中心、其他缔约国、海事部门、航运企业、其他行业部门等，其系统总体架构如图 7.11 所示。

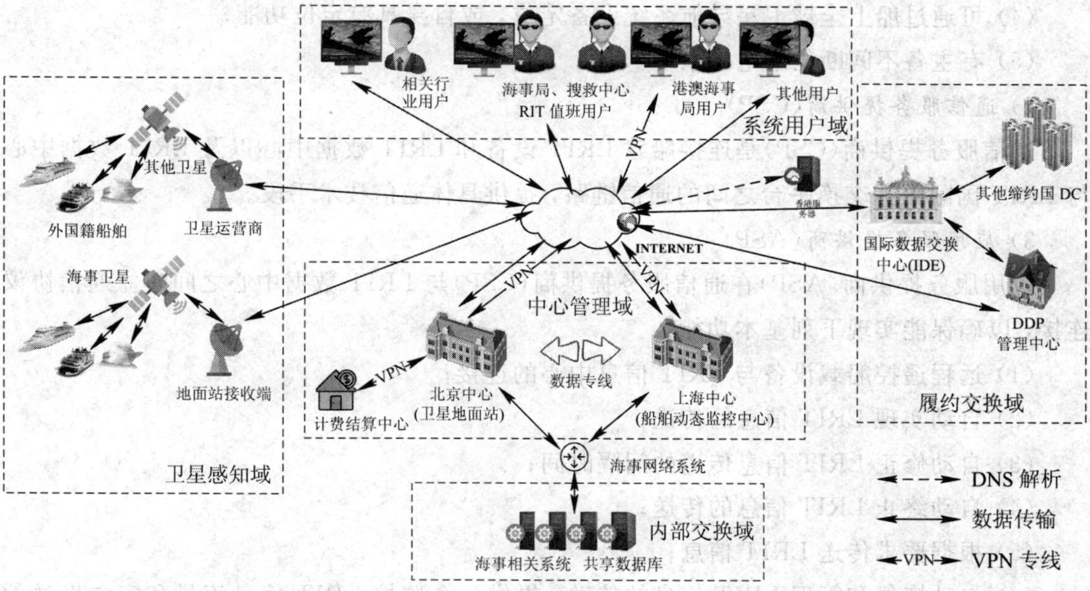

图 7.11 LRIT 系统总体架构图

(1) 卫星地面站：承担 LRIT 系统的 DC、CSP、ASP 功能。

(2) 国际数据交换中心：完成 LRIT 系统与其他缔约国 DC 的 LRIT 数据及 DDP 交换。

(3) 其他缔约国：独立 DC，通过 IDE 与我国数据中心进行数据交互。

(4) 航运企业：船载终端，符合 LRIT 功能要求。

(5) 海事部门：对 LRIT 的需求，建设数据端站或设置应用终端，可以远程调用卫星地面站 ASP 提供的应用功能。

(6) 其他行业部门(用户)：建设数据端站，在其他行业部门(如卫生防疫、海关、公安、边防等)设置 LRIT 数据端站，有条件的能获得 LRIT 信息。

7.3.2 LRIT 的组成及其主要功能

1. LRIT 的组成结构

LRIT 系统组成主要包括船载 LRIT 设备、通信服务提供商(CSP)、应用服务提供商(ASP)、各级 LRIT 数据中心(包括相关的船舶监控系统)、LRIT 数据分配计划和国际 LRIT 数据交换(IDE)。

1) 船载 LRIT 设备

船载 LRIT 设备主要采用国际海事卫星通信系统 INMARSAT-C 进行通信。LRIT 系统要求船舶每隔 6 小时上报一次船舶位置等信息，内容包括船舶位置、船舶识别码和当前时间。

国际海事组织(IMO)对船载 LRIT 设备要求如下：

(1) 支持每 6 小时向 LRIT 数据中心自动发送 LRIT 信息；

(2) 支持远程设置不同的 LRIT 信息发送间隔；

(3) 在收到轮询指令后，发送 LRIT 信息；

(4) 可通过船上全球卫星导航系统设备定位，或自身具有定位功能；

(5) 有主备不间断供电电源系统。

2) 通信服务提供商(CSP)

通信服务提供商(CSP)是连接船载 LRIT 设备和 LRIT 数据中心以及 LRIT 数据中心与 LRIT 国际数据交换平台之间的通信链路，提供具体通信技术手段。

3) 应用服务提供商(ASP)

应用服务提供商(ASP)在通信服务提供商(CSP)与 LRIT 数据中心之间建立通信协议连接，以确保能实现下列基本功能：

(1) 远程遥控船载设备与 LRIT 信息中心的连接；

(2) 自动实现 LRIT 信息的传送；

(3) 自动修正 LRIT 信息传送的间隔时间；

(4) 自动终止 LRIT 信息的传送；

(5) 根据要求传送 LRIT 信息；

(6) 自动恢复和管理 LRIT 信息的传送，提供一个监控 LRIT 信息流量和定向发送的综合业务管理系统，以及确保安全可靠地收集、保存和传送 LRIT 信息。

4) 各级 LRIT 数据中心

LRIT 数据中心分为以下三级：

(1) 国家中心。国家 LRIT 数据中心通常由缔约国政府建立。

(2) 区域中心。区域中心为区域 LRIT 数据中心，通常由多个缔约国政府协商联合建立。

(3) 国际合作中心。国际 LRIT 数据中心(IDC)通常由不参加国家、地区或合作 LRIT 数据中心的缔约国政府或对建立国际 LRIT 数据中心有兴趣的缔约国政府在委员会的协调下相互合作建立。

各级 LRIT 数据中心一方面能收集其主管机关规定的由船舶向该中心发送的 LRIT 信息，另一方面要建立并保持对系统的维护以确保任何时候 LRIT 数据用户能够收到 LRIT 信息。

国家、地区和国际合作的 LRIT 数据中心也可作为其船舶监控系统(Vessel Monitoring System，VMS)，并以此要求船舶发送附加信息，调整信息发送间隔等。

各级 LRIT 数据中心的性能均要经过 LRIT 协调方审核，并可向搜救(SAR)服务提供位于搜救服务规定区域内所有船舶发送的 LRIT 信息，以便快速选取附近船舶为搜救提供援助。当提供搜救服务要求时，即便在搜救区域之外，也应提供 LRIT 信息。

5) LRIT 数据分配计划

LRIT 数据分配计划由国际海事组织(IMO)建立和维护，其主要内容包括：

（1）各缔约国政府以及有权接收 LRIT 信息的搜救服务部门及其联络点的清单。

（2）地理区域界定信息，在该范围内各缔约国政府有权接收区域内船舶 LRIT 信息。

（3）各缔约国政府发布的规则信息。

（4）主管机关提供的信息。

（5）位于各缔约国政府领土范围内的港口和港口设施及其地理坐标（基于 WGS84 数据）的清单。

（6）国家、地区及国际合作 LRIT 数据中心及其联络点的清单。

（7）各级 LRIT 数据中心正在为每个缔约国政府收集和保存 LRIT 信息的记录。

6）国际 LRIT 数据交换（IDE）

国际 LRIT 数据交换（IDE）与各级 LRIT 数据中心采用标准的安全方法连接，采用 LRIT 数据分配计划中的信息，在 LRIT 数据中心之间传送 LRIT 信息。国际 LRIT 数据交换（IDE）与 LRIT 数据中心进行通信，需使用标准的协议和标准且可扩展的信息格式，并确保 LRIT 数据中心能成功接收到 LRIT 信息。国际 LRIT 数据交换（IDE）能自动保存仅含标题信息的日志。

2. LRIT 的功能

LRIT 的基本功能是在全球范围内识别和跟踪船舶和抵达港的所有船舶，以及在沿岸不超过 1000 海里距离内航行的所有船舶，并能提供船舶的 LRIT 信息。系统的具体功能包括：

1）信息接收与询呼

通过国际海事卫星系统至少每 6 小时获取一次在航的中国籍船舶的位置和时间信息，并根据 LRIT 信息的标识查询系统存储的船舶静态信息，实现对船舶的自动识别和跟踪功能。能够利用国际海事卫星系统向船舶发出询呼指令，控制船舶报告的内容和频率，查询船舶的动态信息。

2）信息交换与共享

通过 LRIT 国际数据交换中心，获取抵达港为中国港口和在我国沿岸不超过 1000 海里距离内航行的其他国家船舶的 LRIT 信息，以及险情搜救区域附近的船舶信息，亦能通过 LRIT 国际数据交换中心为其他国家提供中国籍船舶的 LRIT 信息。同时也可为相关政府部门、企业等提供信息服务，共享信息资源。

3）信息处理与显示

对获取的 LRIT 信息进行处理，实现船舶动态管理、航行规律分析和险情预控；以及船舶信息的分类查询，包括时间、区域、船籍和单位查询等。

3. LRIT 信息流程

对于自建数据中心的船旗国，其在海上行驶的船舶每隔 6 小时发送位置信息给其选择的通信服务提供商（卫星地面站），通信服务提供商通过地面通信网络把位置信息送给船旗国选择的应用服务提供商，应用服务提供商负责把信息写入数据中心的数据库，船旗国 LRIT 主管单位使用和管理这些信息。未建立本国数据中心而使用其他国家数据中心的船旗国，可以向其连接的数据中心发送请求消息或标准指令，从而获取其注册船舶的 LRIT

信息。缔约国可以采用 LRIT 请求消息来开启、追踪、停止追踪或更改 LRIT 信息报告频率。系统信息传输流程如图 7.12 所示。

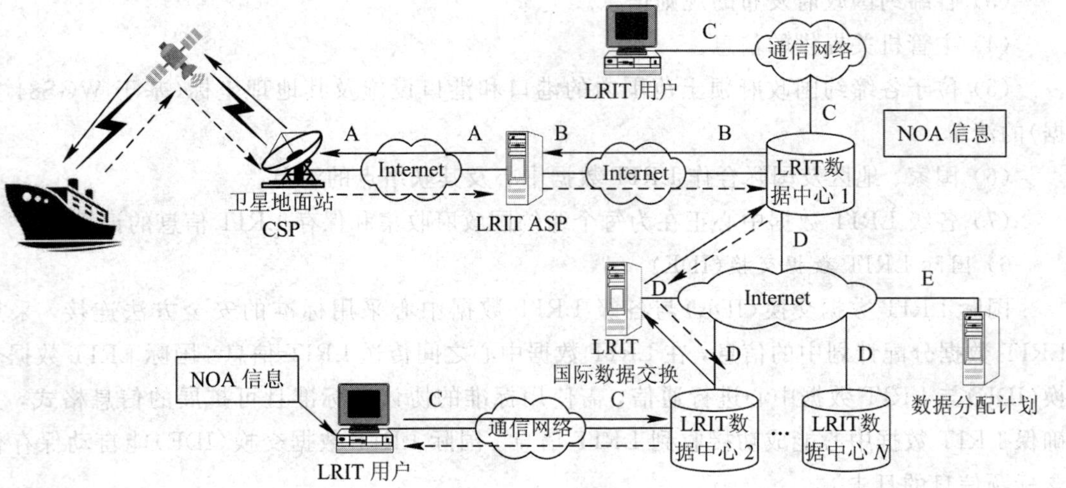

图 7.12　LRIT 系统信息传输流程

7.3.3　LRIT 的应用

根据国际海事组织(IMO)在推广 LRIT 系统时的功能要求，LRIT 系统可服务于海上保安和海上环境保护等。LRIT 系统在我国的应用领域主要包括：

1）海上保安

LRIT 信息获取范围广，能够提前通知可能被攻击的国家和港口，使其及早地意识到危险的存在、监视危险船舶的动向，同时组织舰艇拦截，为处理此类危险事件提供了有效的时间保证。

2）海上搜寻救助

LRIT 系统可为海上搜救中心提供遇险船舶遇险的时间、位置等信息，同时还能提供遇险船舶附近水域的其他船舶的信息，为高效地组织和开展搜寻救助工作提供信息支持。

3）海上环境保护

LRIT 系统具有检索过往船舶的功能，尤其是对于进出港口的油船和危险化学品船等重点船舶进行跟踪管理。通过对港口和码头进行风险评估，增大反应时间，以防止泄露、溢油事故的发生，为调查海上非法排放、溢油事故认定以及海事诉讼等方面提供辅助支持手段。

4）完善船舶监控体系

利用 LRIT 信息数据，实现船舶监控和跟踪功能，为我国海事业务增加新的技术手段，并结合 AIS 系统、VTS 系统、船报系统，形成我国完整的船舶监控体系，弥补现有系统的监视盲区。

5）其他应用

LRIT 系统还可以应用于卫生防疫、海关、全球航运生产和管理等。

7.4 海上 VDES 系统与 E 航海系统

7.4.1 概述

进入 21 世纪，随着 AIS 用户的不断增加，社会发展对信息需求的多元化，给 AIS 信道带的压力越来越大，导致大量重要信息丢失。另外，AIS 只是一个船舶导航系统，是工作在甚高频(VHF)海上波段的船舶和岸基的通信系统，其覆盖范围只有沿岸 30 海里左右，不适合大规模和全球性的数据交换，因此，世界海事组织(IMO)提出了甚高频数据交换系统(VHF Digital Exchange System，VDES)，引入了未来电子导航——E 航海(e-Navigation，e-NAV)的概念。甚高频数据交换系统(VDES)是 AIS 的升级版，也是未来海上无线电通信系统的重要发展方向。

甚高频数字交换系统(VDES)实现在全球范围内的海上甚高频(VHF)波段上提供宽带的、可靠的数据交换能力。VDES 整合了 AIS 系统、特殊应用报文(Application Specific Message，ASM)数据交换、E 航海系统(e-Navigation，e-NAV)、增强海事通信(Enhanced Maritime Communication)、全球海上遇险和安全系统(GMDSS)等功能，同时在 VDES 中还引入了卫星通信链路，拓展覆盖范围，使得原来只局限于沿岸的 AIS 系统变成全球性的海上航海宽带网络服务系统。2015 年国际电联(ITU)发布了甚高频数据交换系统(VHF Data Exchange System，VDES)及 ITU-R M. 2092-0 建议书"Technical characteristics for a VHF data exchange system in the VHF maritime mobile band(水上移动频段内的甚高频数据交换系统的技术特性)"，海上甚高频数据交换系统(VDES)将集成的船舶自动识别系统(AIS)功能升级和加强为全球覆盖，在集成了现有 AIS 功能的基础上，增加了特殊应用报文(ASM)和宽带甚高频数据交换(VDE)功能，全面提升水上数据通信的能力和频率使用效率，对推动水上无线电数字宽带通信产业发展有重要意义。

7.4.2 海上 VDES 系统

海上甚高频数据交换系统(VDES)具有高带宽双向通信能力，以及结合卫星的全球覆盖能力，能在全球范围提供十倍于 NAVDAT 的双向数据传输服务。VDES 不仅能够满足海事、搜救等部门对水上生命安全相关的数据传输需求，还能满足港口作业、船舶调度、企业货运管理、电子报关等广泛的数据交换需求，应用前景极为广阔。

自 2013 年以来，在国际海事组织(IMOI)、国际航标协会(IALA)和国际电联(ITU)的联合号召下，各国开始对 VDES 进行设计和研发。2015 年澳大利亚海事安全局(AMSA)在布里斯班进行了澳大利亚海事局甚高频数据交换系统(AMSA VDES)实验，通过采用"Preliminary Draft New Recommendation (PDNR) ITU-R M. [VDES]"技术规范中建议的多种调制系统收集实验数据。实验的重点是测试"PDNR ITU-R M. [VDES]"中定义的 VDE 系统地面物理层的技术性能。AMSA VDES 系统实验数据已经提供给所有国际航标协会(IALA)成员，以支持进一步开发和分析 VDES 系统标准。

1. VDES 系统的功能

VDES 系统集成了船舶自动识别系统(AIS)、特殊应用报文(ASM)和宽带甚高频数据交换(VDE)三项系统功能，VDES还要求支持未来的E航海系统(e-NAV)，支持GMDSS现代化的发展。在VDES架构下的三项功能AIS、ASM和VDE的新定义及功能如下。

(1) AIS子系统：保持其最初的设计目的不变，由于涉及船舶航行安全，AIS拥有最高的优先级，只用于传输与航行安全最为紧密的信息，包括船舶身份识别、位置报告、导航、搜救、救援等。

(2) ASM子系统：即特殊应用报文(Application Specific Messages，ASM)子系统，是一种实时可靠的信息接收机制，改善了传输能力，减轻了AIS系统的负载压力。2015年国际电联(ITU)建议将现有AIS基本安全助航功能以外的其他应用数据信息转移到新划分的信道上实现，这类应用统一称为特殊应用报文(ASM)。ASM又分为国际海事组织定义的ASM及区域型ASM，主要是除去与航行安全关系最为紧密的船舶位置和航行状态信息之外的其他非导航安全信息，包括水文、气象等信息。

(3) VDE子系统：即甚高频数据交换(VHF Digital Exchange，VDE)子系统，VDE实现了高速率的宽带数据通信，是VDES的核心功能。VDE分为陆基VDE及天基VDE两部分。陆基VDE支持实时通信和信息确认回传；除了国际通用无线电通道，路基VDE还支持额外的区域性通道，通过通道合并可以达到更高的数据传输速率。

2. VDES系统的组成原理

VDES系统包括原有的地面船舶自动识别系统AIS、为减轻AIS压力新增的ASM系统，以及新的VDE系统和卫星通信系统。

VDE是VDES系统的宽带数据传输交换子系统，是VDES系统实现宽带数据通信的重要基础。

VDES系统实际上就是国际标准的天地一体化海上宽带信息网络系统，是全球性的海上宽带数据交换系统。VDES系统的组成架构如图7.13所示。

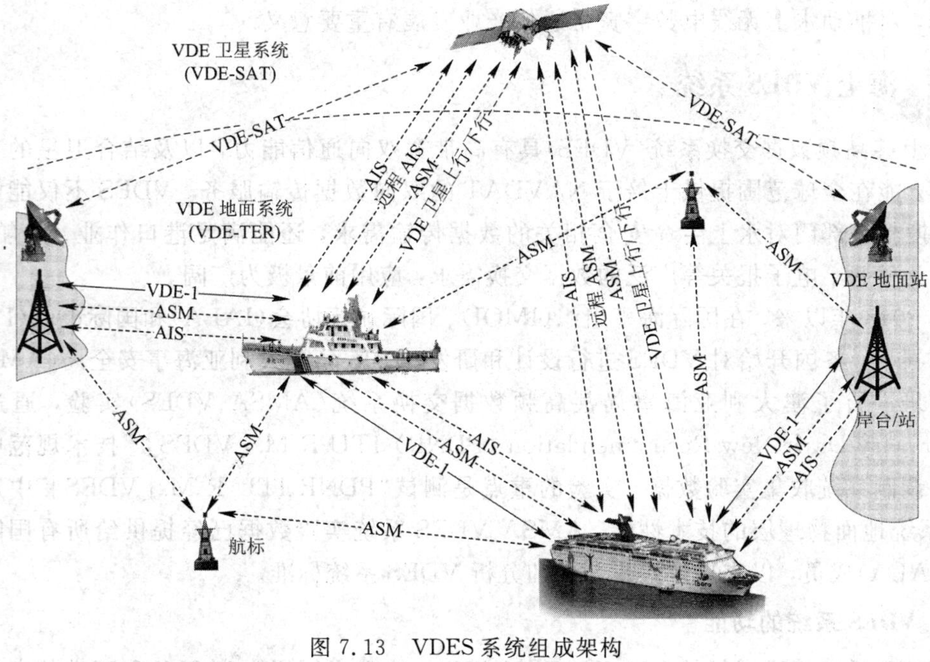

图7.13　VDES系统组成架构

VDES系统中船舶还可通过与附近的浮标通信，获取接收范围之外的船舶分布情况信息。当船舶距陆地较远时，可以通过卫星来实现与岸台(站)之间的通信。

船舶搭载的VDES终端设备类型可分为AIS、ASM和VDE三个子系统，其组合形式可分为：单一AIS终端、AIS＋ASM终端、AIS＋ASM＋VDE终端等。

VDES船载终端由射频模块、基带处理模块、协议栈模块、全球导航卫星系统(GNSS)接收机和网关模块组成，如图7.14所示。VDES系统要求同时还具备兼容的外部数据接口，可以与船舶的综合船桥、通信与导航设备和岸基船舶管理系统间进行数据交换，实现与现有的船舶导航、通信、调度等系统的有机结合。

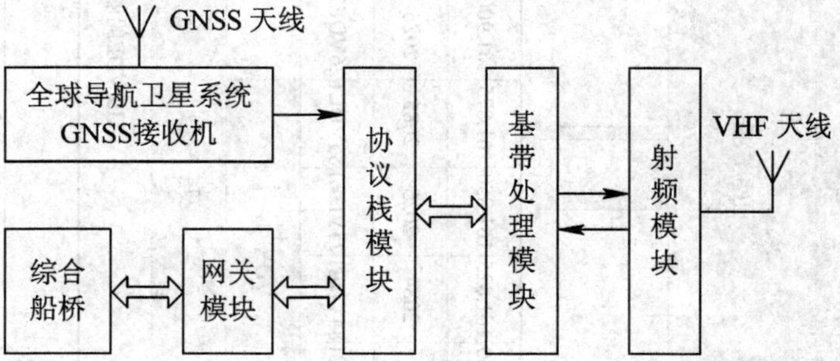

图7.14　VDES船载终端组成

3. VDES系统频率划分

2012年ITU各成员国提出了四种VDES系统频率划分方案，即国际航标协会(IALA)、欧洲联盟(ESA)、加拿大和中国的四种方案，这四种方案基本上都是CH24、CH84、CH25、CH85、CH26和CH86信道可供VDE使用，CH27和CH28信道供ASM使用，AIS依旧使用原来的频点，只有方案四另外增加了四个信道用于语音功能。四种方案的不同集中在卫星部分可使用的信道，其中方案一中卫星可使用的带宽是最宽的。

2015年世界无线电大会(WRC-15)议程项目讨论了依照(WRC-12)360决议调整相关管理规定和频道分配以满足AIS新技术的应用。新技术新应用解决了海事无线电通信能力的可能性等问题。

VDES系统工作于海上甚高频(VHF)波段的156.025 MHz～162.025 MHz，用于船-船、船-岸和岸-船之间的数据通信和卫星数据通信。VDES共划分了18个海上通信信道，其中有2个卫星接收监测AIS信道(CH75、CH76)、6个VDE发射信道、6个VDE宽带接收发射信道、2个ASM信道和2个地面AIS信道。地面AIS信道又分为AIS1和AIS2，继续承担与航行安全相关的消息传输。

VDES系统频率划分总图如图7.15所示。

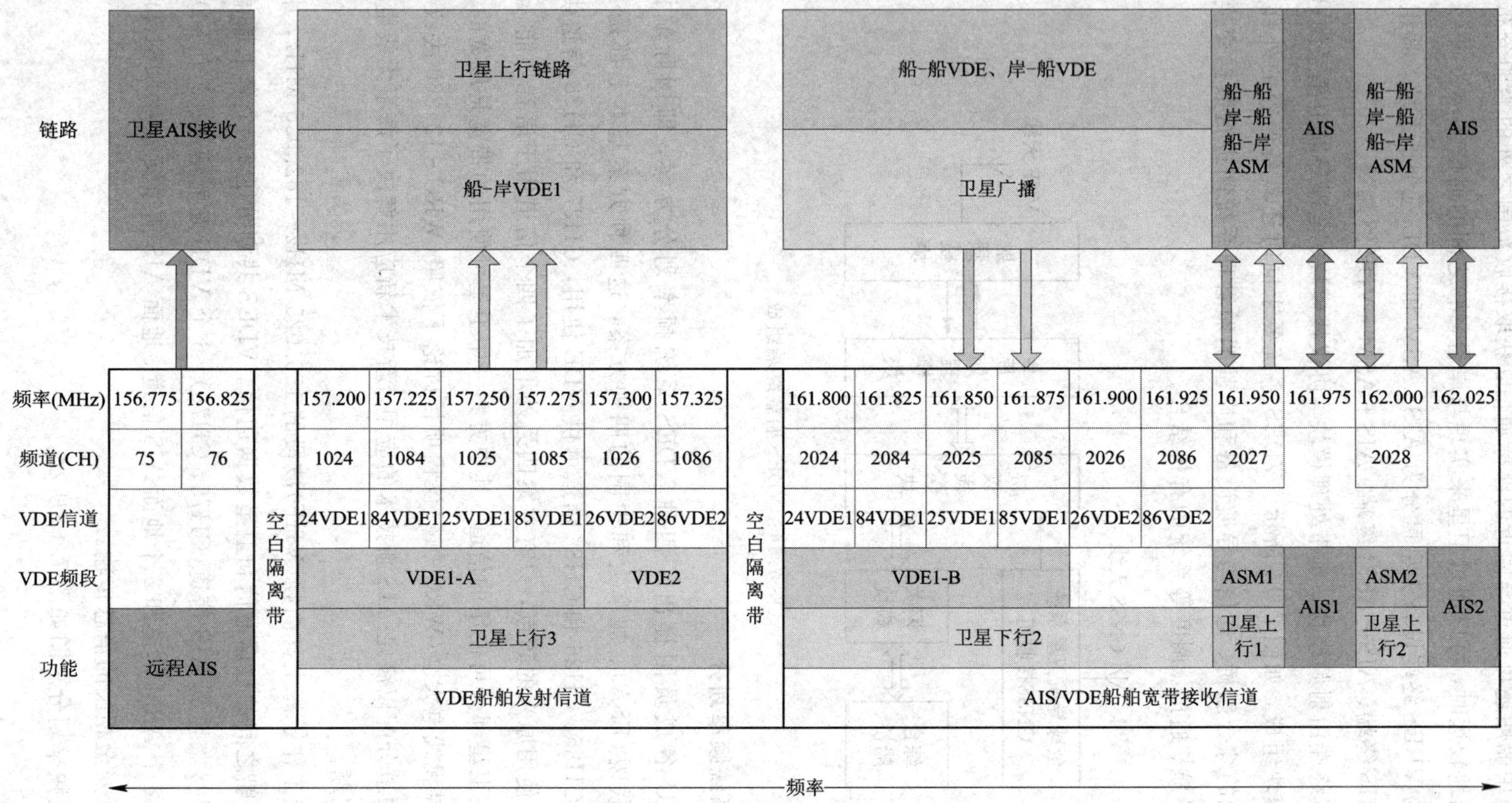

图 7.15　VDES 系统频率划分总图

7.4.3 GMDSS现代化

GMSS系统自从1999年实施以来，还没有进行过全面的更新。GMDSS系统中的很多技术都已经有更先进的换代技术，虽然当前的系统可以在已有功能上正常运行，但是系统仍有很多技术功能需要改进。

2010年国际海事组织(IMO)开始了关于GMDSS现代化的工程范围划定和工作计划。未来GMDSS现代化的系统组成可能会进行新的规划，在这些规划中，VDES系统占有重要的地位。国际海事组织(IMO)在2012年确定了关于GMDSS复审和现代化的工作计划草案。这个工作计划指出，需要对至少16个项目进行详细的审查，其中一个项目就是关于GMDSS包含AIS功能的可能性。目前，AIS-SART被包含在GMDSS中作为定位设备使用。此外，在GMDSS的海上安全信息(MSI)发布这一功能上，VDE是一个很好的候选技术。在新兴的船对船、船对岸应用中，VDE也可以发挥很好的作用。最后，除了现存的无线电和卫星通信技术，VDE也可以提供很好的宽带数据交换功能。

国际海事组织(IMO)对于GMDSS的现代化将考虑VDES的功能：

(1) AIS提供的位置信息。

(2) 辅助搜救行动的AIS-SART、AIS-MOB、EPIRB-AIS。

(3) 通过卫星实现的全球覆盖能力。

(4) 发布海上安全信息(MSI)的功能，比如航海警报及结冰信息通知等。

(5) 接受来自船舶的确认信息。

(6) 使用地面和卫星的下行和上行链路。

7.4.4 E航海系统

E航海(e-NAV)是一个在国际海事组织(IMO)主持下发展出来的概念，目的是通过更好地组织船与岸之间的通信数据，以及提供更好的数据交换和通信能力来增加商业航运的安全和安保能力。从2006年E航海(e-NAV)的第一份提案至2015—2019年E航海(e-NAV)的6项研究任务，E航海(e-NAV)的发展受到了国际相关航海组织的高度重视。国际海事组织(IMO)、国际海道测量组织(IHO)、国际航标协会(IALA)正在大力推进的下一代海上航海保障综合服务战略体系，旨在建立全球通用、标准"E航海"服务体系，为船舶、港口等相关用户提供及时、完善、综合海上安全和助航信息服务，提高船舶运输效率、保障船舶航行安全，加强海洋环境保护。

1. E航海技术架构

国际海事组织(IMO)对E航海(e-NAV)的官方定义为：利用电子手段，对岸上或船上的海洋信息进行统一的收集、整合、交换、展示和分析，从而达到实现"泊位到泊位"的船舶导航，以及对海上相关的安全保障服务和对海洋环境的保护。

VDES这一概念也来源于国际航标协会(IALA)的E航海(e-NAV)委员会工作小组，因此VDES与E航海(e-NAV)之间有着密切的联系。VDES被看作实现E航海(e-NAV)功能的重要技术。

VDES系统对E航海(e-NAV)的支持主要有以下几个方面：

(1) 标准化的、自动的报告。使用国际标准的信息，比如ASM信息"扩展的船舶静态及航行信息""危险货物预警"等。

(2) 提高可靠性和应变能力，以及航海信息的整合能力，如水文数据、潮汐窗口、区域通知、泊位数据、进入港口的间隙时间等。

(3) 提高船舶交通管理系统(VTS)的通信能力，如路线信息、航海计划等。

E航海(e-NAV)的核心要素包括：岸基系统、海上通信技术、导航定位技术、海上服务集(MSP)以及海上通用数据模型(CMDS)。以上各要素并称为E航海(e-NAV)的6大核心支柱，即定位导航授时技术(PNT)，通信技术，覆盖全球的电子海图，统一的E航海(e-NAV)技术规划，统一的标准化协议、模型和接口，发展战略指南和实施指导。

E航海(e-NAV)的6大核心支柱主要的技术领域包括五个方面：

(1) 数据建模与消息系统：助航数据信息结构、交换和显示，注册和产品规范；注册协调工作，VDES的E航海(e-NAV)消息结构。

(2) 通信：VDES、卫星、WRCP，AIS技术，ASM协调，ITU的频率划分，世界无线电大会(WRC)的区域协调。

(3) 岸基技术基础设施：可靠的定位导航授时(PNT)岸基服务，包括差分全球定位系统(Differential Global Position System，DGPS)、增强远距离无线电导航系统(Enhanced Loran，eLoran，也称增强罗兰系统)以及其他；虚拟航标技术；岸基数据共享。

(4) 测试平台：数据采集和分析、参与和协调测试平台、协调政策和规划、跟踪国家级和区域级的发展以及相关主管机构的使用效果。

(5) 海事服务集：海事服务集的设计、内容和实现。

E航海(e-NAV)的总体技术架构如图7.16所示，包括船舶技术环境、物理链路(包括无线通信链路)、全球无线电导航系统(WWRS)和岸基技术环境等组成部分。

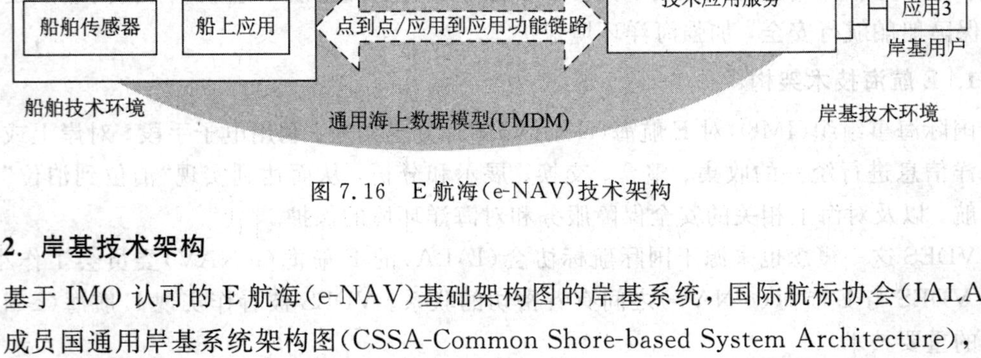

图7.16　E航海(e-NAV)技术架构

2. 岸基技术架构

基于IMO认可的E航海(e-NAV)基础架构图的岸基系统，国际航标协会(IALA)发布了成员国通用岸基系统架构图(CSSA-Common Shore-based System Architecture)，如图7.17所示，国际航标协会(IALA)对CSSA做了详细的说明。按照国际航标协会(IALA)技术架构的要求，岸基系统分为数据采集和传输服务层，增值业务处理服务层和用户交互应

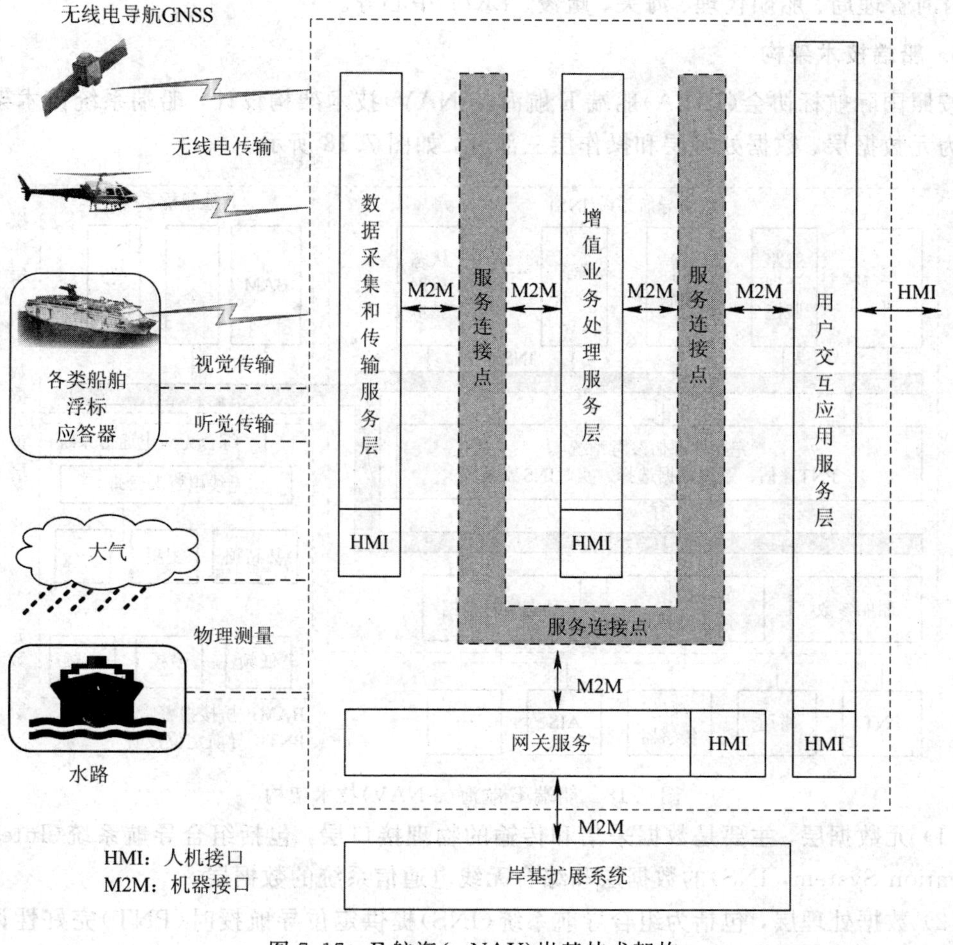

图 7.17 E 航海(e-NAV)岸基技术架构

用服务层；基于不同的用户，又分为数据采集和传输服务、增值业务处理服务、用户交互应用服务和网关服务。

(1) 数据采集和传输服务：包括 AIS 服务、雷达服务(Radar，RAD)、测向服务(Direction Finding Services，DFS)、差分全球卫星导航系统增强服务(Differential Global Navigation Satellite System，DGNSS)、中频广播服务(MFB)、甚高频通信(VHF)、GMDSS 系统 VHF/数字选择呼叫服务(DSC)、高频通信(HFC)、高频 GMDSS 服务(HFG)、航行警告电传系统服务(NAVTEX，NTX)、航空通信服务(AVC)、固定视觉航标服务(FXA)、漂浮视觉航标服务(FLA)、CCTV 视频服务(VID)、本地公众广播服务(LPA)、环境传感器服务(ENS)。

(2) 增值业务处理服务：包括位置获取服务(POS)、船舶数据链和分析(SDA)、环境数据评估服务(ENE)、矢量海图服务(VEC)、航运数据库服务(SID)、海事服务集注册服务(MPR)、海事信息服务(MMS)、数据挖掘服务(DMS)。

(3) 用户交互应用服务：包括船舶数据链和分析(SDA)、冰况报告和破冰船操作、数据评估和数据挖掘、船闸操作等。

(4) 网关服务：包括可以为每个外部用户单独配置一个服务类型。外部用户包括港务局、内河管理局、船舶代理、海关、疏浚、LRIT 中心等。

3. 船端技术架构

按照国际航标协会(IALA)船端 E 航海(e-NAV)技术架构设计，船端系统技术架构可以分为元数据层、数据处理层和操作层三部分，如图 7.18 所示。

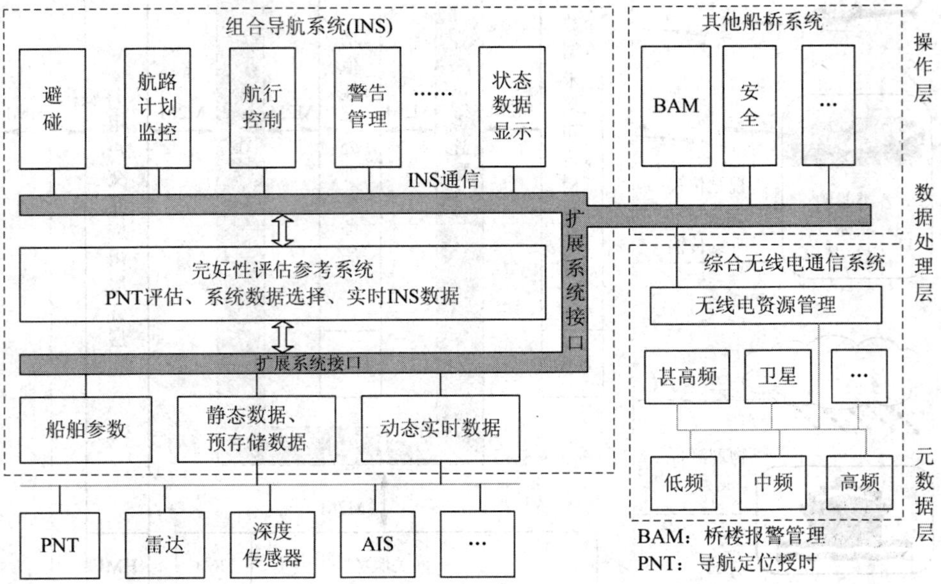

图 7.18　船端 E 航海(e-NAV)技术架构

(1) 元数据层，主要是数据采集和传输的物理接口层，包括组合导航系统(Integrated Navigation System，INS)的数据层和综合无线电通信系统的数据层。

(2) 数据处理层，包括为组合导航系统(INS)提供定位导航授时(PNT)完好性评估服务、根据上层用户需求提供系统数据选择服务和实时的组合导航系统(INS)数据服务等，体现在组合导航系统(INS)的完好性评估参考系统中。

(3) 操作层：包括组合导航系统(INS)的人机交互应用需求服务和一些其他的船桥系统操作服务。

4. 船岸通信技术

国际航标协会(IALA)制订了全球无线电通信计划(WWRCP)，该计划阐述了当前海上可用的各种通信方式、未来的海上通信发展趋势、E 航海(e-NAV)中通信方式，以及准备在世界无线电大会(WRC)会议上的讨论议案。

国际航标协会(IALA)认为 E 航海(e-NAV)基本的通信方式包括：第 2 代 AIS2 系统(VDES)、基于甚高频(VHF)的数字通信(VDES)、在中频(MF)波段 500 kHz 上的岸对船的海上安全和保障信息播发的海上数字广播(Navigational Data，NAVDAT)。

AIS 技术和甚高频(VHF)技术在海上通信方面发挥着重要作用，IALA 等国际组织于 2013 年提出了 VDES 系统的概念，以解决 AIS 的甚高频(VHF)数据流负载等问题。VDES 系统作为一个集成的通信系统，包括了 AIS、特殊应用报文(ASM)和甚高频(VHF)数据交换(VDE)，实现了船-船和船-岸通信，包括卫星的上行和下行链路。

E 航海(e-NAV)船岸通信技术如表 7.7 所示。

表 7.7　E 航海船-岸通信技术一览表

E 航海区域定义	GMDSS 海区	宽带电话（停泊）	WIR	WiMax	移动公网电话	AIS1	AIS2 VDES	VHF 数字语音和数据	雷达	INMARSAT 海事卫星	铱星	中高频 MF/HF	DGPS 示位标	MF/HFNBDP	高频(HF)数字数据
1. 内河港口	A1	E	F	F	E	E	F	F		E	E	E	F		
2. 沿岸港口地区				F	E	E	F	F	F	E	E	E	F		
3A. 超出移动公网覆盖范围的沿岸区域(约 5 nm)					E	E	E	E	E	E	E	E	E		E
3B. VHF 覆盖范围的沿岸区域(约 25 nm)						E	F	F	F	E	E	E	F		E
4. 沿岸航行区(约 100 nm)	A2									E	E	E	F	E	E
5. 高纬度海区	A3									E	E	E		E	E
6. 两极地区	A4										E	E		E	E

注：E—exist，现有的；F—future，未来的；NBDP—窄带直接印字电报；DGPS—差分全球定位系统。

本章小结

本章重点介绍了三大海上信息系统 AIS 系统、VTS 系统和 LRIT 系统。可发现 VTS 系统、AIS 系统和 LRIT 系统有很多相似之处，三大系统都可以起到帮助识别船舶，协助进行目标跟踪的作用。但实际上三大系统还是有很大区别的。AIS 系统信息包括船舶的静态信息、动态信息以及与航次相关的信息，AIS 系统属于无线电自动广播系统，传送的信息具有公开性，容易被不法分子利用，给船舶安全带来隐患；AIS 基站覆盖半径通常为 25 n mil，基本为沿海近岸水域的覆盖。而 LRIT 信息主要包括船舶识别号、船位、船位日期和时间等信息，信息内容比 AIS 系统简单。LRIT 系统传递信息的作用距离远远大于 AIS，LRIT 系统传递的数据只有经过授权才能被接收和查看，主要应用于海上安全和海上环保领域。VTS 是船舶交通管理系统，AIS 系统的引入提高了 VTS 系统识别船舶的数量和质量，扩展了跟踪范围并改善了跟踪性能，改善和扩展了服务功能。

习题与思考题

7.1　建立船舶交通管理系统(VTS 系统)的目的是什么？VTS 由哪些分系统构成？各分系统有哪些基本功能和性能要求？

7.2　图示说明船舶交通管理系统(VTS)的信息传输系统的基本构成。

7.3　已知，$h_1=170$ m，$h_2=10$ m。岸台 $P_T=100$ W，$G_1=6$ dB，$G_2=0$ dB，接收机灵敏度$=0.5\ \mu$V。$R=80$ km 时，可求得：路经损耗$=114.6$ dB，噪声环境损耗$=5.5$ dB，地面绕射损耗为 31.3 dB，设障碍物损耗为 0 dB，发射机馈线损耗为 1 dB，接收机馈线损耗为 0.5 dB，发射机绝缘装置损耗为 4.5 dB，接收机绝缘装置损耗为 1 dB，发射天线共用器损耗为 3.9 dB。求算系统余量(天馈系统为 50 Ω 系统)。

7.4　试分析一个采用 TDMA 通信方式的现代海上通信系统及其技术方法，包括系统组成、调制方式、通信协议等。

7.5　船舶自动识别系统(AIS)的功能和作用有哪些？

7.6　简述船舶自动识别系统(AIS)的工作模式和构成。

7.7　简述船舶自动识别系统(AIS)信息的分类、信息的更新速率。

7.8　简述船舶远程识别与跟踪系统(LRIT)组成及其主要功能。

7.9　船舶交通管理系统(VTS)有哪些与其他系统共同的性质和自身所具有的特性？

7.10　试比较 AIS、LRIT 和 VTS 三大海上信息系统的区别。

7.11　简述海上 VDES 系统功能与组成。

7.12　简述 E 航海(e-NAV)技术架构。

第8章 船舶电磁兼容

8.1 电磁兼容

1. 电磁兼容

美国电气与电子工程师协会(IEEE)、国际电工委员会(IEC)对电磁兼容(Electromagnetic Compatibility, EMC)的定义为：电磁兼容是设备的一种能力，它在其电磁环境中能完成它的功能，而不至于在其电磁环境中产生不能容忍的干扰。

最新的国家标准 GB/T4365—2003《电磁兼容术语》(替代 GB/T4365—1995)对电磁兼容(EMC)的确切定义是：设备或系统在其电磁环境中能正常工作，且不对其环境中任何事物构成不能承受的电磁骚扰的能力。

电磁环境(Electromagnetic Environment)是指存在于给定场所的所有电磁现象的总和。

利用电能进行工作的各种电子、电气设备，与其他电子、电气设备、设备操作者或设备为之提供服务的人，或其他生物、非生物等物质一起，形成了特定的工作环境。电气、电子设备在运行中大都会经历电磁能量转换的过程，而电磁能量转换过程往往会对周围环境中的其他用电设备、人或生物产生影响，除了电气、电子设备在运行时由于发生电磁能力转换过程可以产生电磁干扰现象外，自然现象中也有产生电磁干扰的情况，例如：静电放电、闪电等现象产生的电子扰动也会引起环境影响，电磁环境的概念如图 8.1 所示。

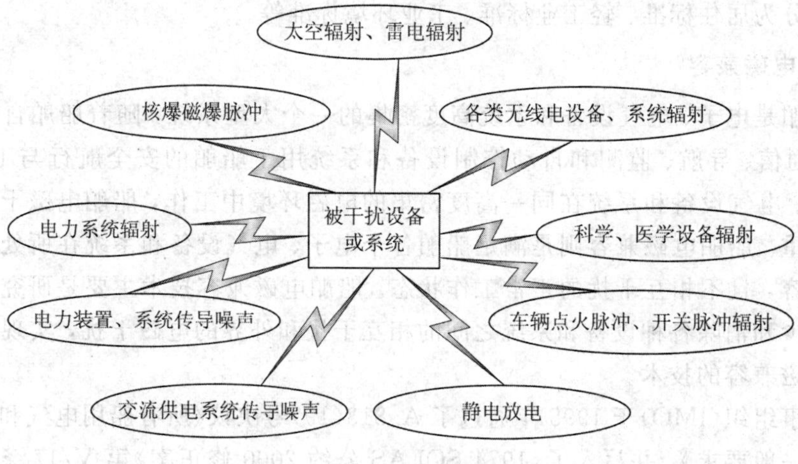

图 8.1 电磁环境

通常，电磁环境与时间有关，对它的描述可能需要用统计的方法。

电磁骚扰(Electromagnetic Disturbance)是指任何可能引起装置、设备或系统性能降低或者对有生物或者非生物产生不良影响的电磁现象。

电磁骚扰可能是电磁噪声、无用信号或传播媒介自身的变化。

电磁兼容问题实际上是电子、电气设备和系统的干扰和抗干扰问题。电磁兼容性是指设备或系统在其电磁环境中符合要求运行，并不对其环境中的任何设备产生无法忍受的电磁干扰的能力。

2. 电磁干扰(EMI)与电磁抗干扰(EMS)

电磁兼容(EMC)分为电磁干扰(Electromagnetic Interference，EMI)与电磁抗干扰(Electromagnetic Susceptibility，EMS)。

电磁干扰(Electromagnetic Interference，EMI)是指电磁骚扰引起的设备、传输通道或系统性能的下降。

电磁干扰是指能中断、阻碍、降低或限制电子设备有效性能的电磁能量。即电气电子系统、设备本身通电后，因电磁感应效应所产生的电磁波对周围其他电子系统或设备所造成的干扰，即指任何能使设备或系统性能降级的电磁能量。

“电磁骚扰”和“电磁干扰”分别表示“起因、现象”和“后果、能量”，注意两个术语不能混用。

电磁抗干扰(EMS)也称电磁耐受，是指电气、电子系统和设备，在正常运行时，本身对外来电磁波的干扰防御能力，即处在一定环境中能承担相应标准规定范围内的电磁能量干扰，能按照设计的性能保持正常的运行。通俗说法也就是对周围电磁场能量干扰的免疫能力。

电磁兼容(EMC)包括两个方面的要求：一方面是指系统、设备在正常运行过程中对所在环境产生的电磁干扰(EMI)不能超过一定的限值；另一方面是指系统或设备对所在环境中存在的电磁干扰具有一定程度的抗干扰特性，即电磁耐受(EMS)。

简单表述就是：EMC＝EMI＋EMS。

EMC 标准有：国际标准(IEC)、欧盟标准(EN)、中国标准(GB/T)等。通用类的 EMC 标准主要又分为居住标准、轻工业标准、工业环境标准等。

3. 船舶电磁兼容

现代船舶是电子、电气设备和系统高度密集的一个大型系统，随着船舶自动化程度的提高，各种通信、导航、监测和自动控制设备和系统用于船舶的安全航行与工作和生活，大量的电子、电气设备和系统在同一高度密集的电磁环境中工作，船舶电磁干扰问题将非常复杂和严重。船舶电磁兼容则是满足船舶各个电子、电气设备和系统在所处的电磁环境中都相互兼容，且不相互干扰的正常工作状态。船舶电磁兼容技术主要是研究船舶有限空间内如何减少和消除各种设备和系统之间的相互干扰和外界的电磁干扰，实现船舶各设备和系统的电磁兼容的技术。

国际海事组织(IMO)于 1995 年通过了 A. 813(19)号决议《所有船用电气和电子设备电磁兼容性的一般要求》，并写入了《1974 SOLAS 公约 2000 修正案》第 V/17 条，成为该组织成员国强制性标准要求。该公约规定各国主管机关应确保安装在 2002 年 7 月 1 日或以后建造的船舶上，位于驾驶台或邻近驾驶台的所有电气和电子设备必须进行电磁兼容性试验，试验规范按照 IEC－60945《海上导航和无线电通信设备及系统一般要求试验方法和要求的试验结果》和 IEC－60533《船上电气和电子装置电磁兼容性》执行。

2000 年中国船级社在参考了 IEC－60945 标准和其他相关国际和国内标准的基础上颁布了指导性文件《船舶与海上设施用电气电子设备型式试验指南》。该文件明确规定了船用电子设备要获得中国船级社型式认可，需要满足的电磁兼容要求。这说明我国相关部门也逐步认识到了船用电子设备电磁兼容性的重要性。

8.1.1 电磁干扰

1. 概述

电磁干扰(Electromagnetic Interference，EMI)是一种电磁现象，它是伴随着电磁效应一起被人们发现的。干扰问题最开始是由英国科学家希维赛德提出的，在 1881 年，他发表了一篇名为“论干扰”的文章。

电子系统在正常运行时因受到电磁辐射而造成干扰的现象称作电磁干扰(EMI)。任何电磁干扰现象都是由干扰能量和传输途径的综合作用引起的。通常认为，有两种耦合方式可以传输电磁干扰：一种是传导传输耦合方式，称为传导干扰；另一种是辐射传输耦合方式，称为辐射干扰。

(1) 传导干扰。传导干扰一般指通过导线传输的干扰，即通过导电介质将信号干扰从一个介质(耦合)传输到另一个介质。传导干扰必须具备完整的电路，该电路连接干扰源和干扰对象，干扰信号沿着该连接电路传输到干扰对象，并且发生干扰现象。该传输电路可以包括导线，设备的导电元件、电源电路、接地回路、负载回路、电阻器、电感器、电容器和互感元件。

(2) 辐射干扰。辐射干扰是指由干扰源辐射引起的干扰。该干扰源通过空间中的电磁波将其信号发射到另一个电网络，因此，其他系统或本系统中其他子系统将会受到影响而不能正常运行。辐射干扰以电磁波的形式在空间环境中传播，干扰能量根据电磁场的定律辐射到周围空间。辐射传输耦合方式有三种常见类型：

① 天线对天线耦合：天线甲发射的电磁波被天线乙随机接收；

② 场对线的耦合：空间电磁场经过导线感应的耦合；

③ 线对线的电磁感应耦合：平行导线之间的高频信号感应。

通过理论的研究和实践的证明，任何电路装置和系统要产生电磁干扰必须同时具备三个条件，称为电磁干扰三要素(如图 8.2 所示)。在电磁兼容性理论中把被干扰对象统称为敏感物(或敏感器)。敏感物通常称作敏感设备，小到电路元器件、电路模块，大到通电设备和大型电子系统都可以称为敏感物，除此之外，受到电磁干扰影响的生物体、人体、弹

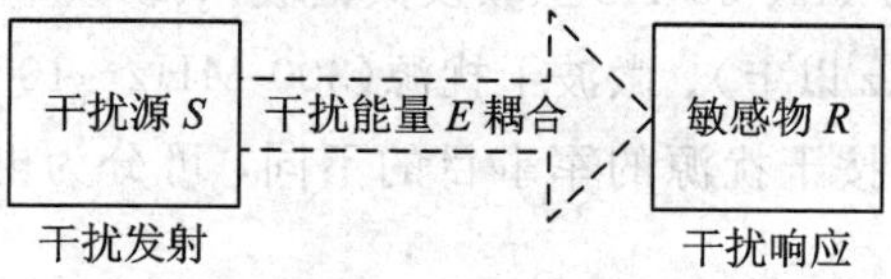

图 8.2　电磁干扰三要素

药、燃油等也可作为敏感物。

电磁干扰产生的条件：

$$S(f, \theta, t, r) \cdot E(f, \theta, t, r) \geqslant R(f, \theta, t, r) \quad (8-1)$$

式中，S 表示电磁干扰源，E 表示电磁能量，R 表示敏感物的敏感度，f 表示频率，θ 表示方位，t 表示时间，r 表示距离。

只有当 S、E、R 三要素同时存在并且满足上式时才能产生电磁干扰。

在工程领域和实际应用中，电子设备和系统具备多样性，在它们之间的电磁干扰也不是单一的，往往存在多种耦合路径的电磁干扰，这些电磁干扰耦合又反复交叉耦合，形成复杂的综合干扰系统，因此，抑制电磁干扰和实现电磁兼容非常具有挑战性。

2. 电磁干扰的种类

电磁干扰的分类方法有很多，不同的标准有不同的分类，通常情况可按干扰源、干扰属性和干扰信号的频率以及军事目的分类。

(1) 按干扰源分类。根据干扰源的分类，电磁干扰可分为自然干扰源和人为干扰源。

① 自然干扰源：指由地球、太阳系和宇宙等发生的自然现象而产生的干扰。主要包括雷电、静电、地球磁场、太阳辐射、宇宙辐射的电磁波干扰。

② 人为干扰源：指由人类活动引发的干扰。主要是人类在社会劳动生产中所产生的电磁干扰，如在电子设备和机械装置的制造过程中会产生大量电磁干扰。其中一些是专门设计用于发射电磁波能量的设备和装置，例如广播、电视、通信、雷达和导航等无线电设备和装置，称作有意发射干扰源。另一部分是设备和装置的多余辐射，指设备执行其自身功能时会产生不必要的电磁波能量，例如电动机、电源、变电站、车辆、电力线、照明、家用电器以及工业和医疗射频设备，这部分称为无意发射干扰源。

(2) 按电磁干扰属性来分类。根据电磁干扰的属性，一般存在功能性干扰源和非功能性干扰源两种类型。

① 功能性干扰源是指设备实现功能过程中造成对其他设备的直接干扰。

② 非功能性干扰源是指电气设备在实现其自身功能时伴随或另外发生的副作用。例如开关闭合或切断产生的电弧放电干扰。

(3) 按电磁干扰信号频谱宽度分类。根据电磁干扰信号频谱的宽度，可以将其分为宽带干扰源和窄带干扰源。

宽带干扰和窄带干扰是相对于指定敏感器的带宽来加以区别的，干扰信号的带宽大于指定敏感器带宽的为宽带干扰，反之为窄带干扰。

(4) 按干扰信号频率分类。按干扰源的辐射干扰频率范围分为甚低频干扰源(30 Hz以下)、工频与音频干扰源(50 Hz、60 Hz工频及其谐波)、载频干扰源(10 kHz～300 kHz)、射频及视频干扰源(300 kHz以上)、微波干扰源(300 MHz～100 GHz)。

(5) 按军事目的分类。按干扰源的军事目的不同，可分为电子对抗干扰、电磁脉冲武器和核电磁脉冲。

① 电子对抗干扰(Electronic Countermeasures，ECM)干扰实质就是敌我双方为争夺电磁频谱的控制权所展开的斗争。实施电子对抗(ECM)辐射源干扰就是为了削弱或破坏敌

方电子设备效能而采取的电子干扰措施。

② 电磁脉冲(Electro Magnetic Pulse，EMP)武器是非核电磁脉冲，是一种由电磁脉冲武器产生的电磁场强度非常高、波形前沿上升快(0.01 μs～0.03 μs)、持续时间短(几十μs)、频谱宽、能量极高的电磁波干扰。EMP 武器可以分为定向辐射的 EMP 武器和非定向辐射的 EMP 武器。

③ 核电磁脉冲(Nuclear Electro Magnetic Pulse，NEMP)是指随核爆炸产生的一种瞬时电磁辐射(EMR)。NEMP 的频率覆盖范围很宽，可以从甚低频到几百兆赫，而主要能量集中在常用无线电频率范围，因而可以对广大范围内的地面、船舶和飞行器上的电气、电子和无线电系统造成严重威胁。

3. 电磁干扰的影响

1) 电磁干扰对设备的影响

电磁干扰会破坏或降低电子设备的技术性能。电磁干扰对电气、电子设备或系统，特别是对含有半导体器件的设备或系统会产生严重的破坏作用，当器件接收电磁能量后可转化为大电流，在高阻处也可转化为高电压，结果可引起接点、部件或回路间的电击穿，导致器件损坏或瞬时失效。电磁干扰对通信设备和通信系统的影响尤为明显，信号接收机受电磁干扰的影响，不能准确识别和接收各种信号，如电磁干扰使语音信号不清晰，使图像信号失真畸变，雷达显示器、传真和电视等接收端就不能得到正确的信息。

电磁干扰还会引起电磁兼容性故障、误燃、误爆、电磁泄漏、电磁暴露、电磁辐射危险，这其中尤其是电磁辐射危险，强场比弱场严重，高频比低频严重，时间长比时间短严重。

2) 电磁干扰对环境的影响

一个设计理想的电工电子设备或系统应该既不辐射任何不希望的电磁波能量，同时不受任何不希望有的干扰电磁波能量的干扰。因此如何减少电磁干扰对环境的影响就显得非常重要。

电磁干扰会对自然环境造成破坏。对环境造成不良影响的因素主要是辐射干扰，其中以电磁辐射为主。自然环境长期遭受电磁泄漏和电磁辐射，就会污染甚至不可逆的破坏该环境，这样不利于生物的生存和繁衍，导致生物多样性的下降。电磁干扰对社会环境的危害也是巨大的。长期受电磁辐射的地方不适合人类居住，因为强电磁辐射会对人体细胞和器官造成伤害。研究表明，电磁辐射进入人体细胞组织会产生热效应，使皮肤组织因受热而损伤，而热效应和频率有关，频率范围在 1 GHz～3 GHz 内热效应最严重。

8.1.2 电磁抗干扰

1. 电磁抗干扰

电磁抗干扰(Electromagnetic Susceptibility，EMS)也称电磁敏感性或电磁耐受，我国国家军用标准 GJB72A—2002《电磁干扰和电磁兼容名词术语》(替代 GJB72－1985 标准)对其定义为：设备、器件或系统因电磁干扰可能导致工作降级的特性。

在电磁兼容领域中，还采用抗扰度(Immunity)和抗扰度电平(Immunity Level)对电磁抗干扰特性进行描述。

电磁敏感性越高，抗扰度(Immunity)越低。

1) 抗扰度

抗扰度(Immunity)也称抗扰性，是指器件、设备、分系统或系统在电磁骚扰存在的情况下性能不降级的能力。即各种装置、设备或系统，在存在电磁骚扰辐射的情况下，抵抗电磁骚扰辐射的一种能力。

2) 抗扰度电平

抗扰度电平(Immunity Level)也称敏感度电平，是指将某给定电磁骚扰施加于某一装置、设备或系统而其仍能正常工作并保持所需性能等级时的最大骚扰电平。

抗扰度电平越小，抗扰性越差(敏感度越高)；抗扰度电平越大，抗扰性越强。

2. 电磁干扰抑制分析

根据电磁干扰的要素和条件，要解决电磁干扰的方法有：

(1) 干扰源所产生的干扰能量 E 必须尽可能减到最小。

(2) 尽可能阻断或减少电磁干扰的传播耦合路径。

(3) 敏感物必须受到屏蔽等其他保护，以期能抵抗电磁干扰。

因此，应进行电磁兼容优化设计，降低电磁干扰的耦合或辐射；分隔各系统、设备之间的干扰；优化频谱，合理使用发射和接收频率，控制无效频率的耦合或发射，减少不同收发设备之间的频谱冲突；增加接收设备的抗干扰能力；对可能暴露在电磁干扰环境中的敏感物进行合理屏蔽，尽可能地消除或降低电磁干扰。

3. 电磁干扰的抑制措施

1) 接地

电子设备系统的接地，除了能提供安全接地外，更重要的是在电子设备内部提供一个作为电位基准的导体，进而以保证设备工作稳定，并抑制电磁干扰。

接地是抑制电磁干扰的常用基本方法，接地不仅适用于电气设备，对个别的电路也同样重要。信号地线的连接形式也是多种多样。在复杂系统中，既有高频问题，又有低频问题；既有强电问题，又有弱电问题；既有模拟系统问题，又有数字系统问题；既有涉及频繁开关动作的设备，又有敏感度极高的装置。

接地其实就是通过搭载导线将各种电子设备和系统产生的电荷导入到大地，这样的好处是可以防止电子设备地电位变化的产生。如果电子设备所搭的地线没有和大地相连，当地电位受到外界噪声的影响时，该电子设备就不能稳定工作。由此可见，接地是提高电子设备和系统工作可靠性和稳定性的重要措施。

接地有单点接地、多点接地、混合接地和悬浮地四类。

(1) 单点接地。

整个电子系统通过地线和大地的一个接地点相连称作单点接地，单点接地只有一个接地点，电子设备内的所有电路模块都和此接地点相连。单点接地常用于工作频率低的设备或系统，频率低时可以很好的抑制各个模块或电路的共地阻抗干扰。其适合的工作频率一般不大于 1 MHz。若采用单点接地，其地线长度不得超过工作波长的 1/20($<0.05\lambda$，按

1 MHz 计算约为 15 m)，否则应采用多点接地。当然选择不是绝对的，具体还要看通过的接地电流的大小，以及允许在每一个接地线上产生多大的电压降。如果一个电路对该电压降很敏感，则接地线长要不大于 0.05λ。如果电路只是一般性的敏感，则接地线可以适当长些。

单点接地又分为共地线串联一点接地和独立地线并联一点接地。

① 共地线串联一点接地：也简称为串联单点接地，如图 8.3 所示。其优点是结构简单，易于实现。缺点是各电路之间相互影响，易于形成干扰。由于越靠近地参考点的电压越低，因此要把具有最低接地电平的电路放在最靠近接地点的地方。

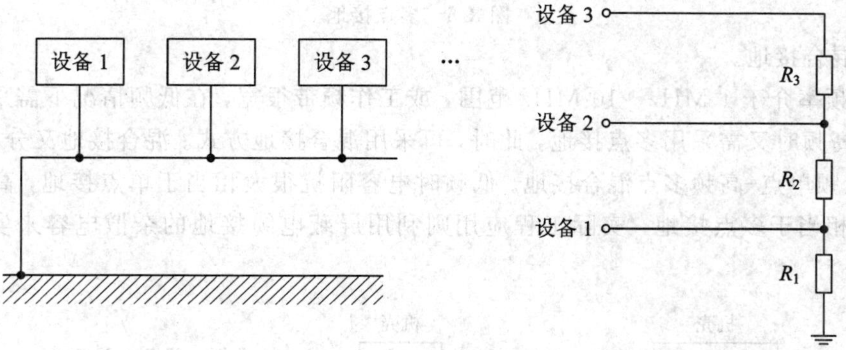

图 8.3 串联单点接地及其电路模型

② 独立地线并联一点接地：也简称为并联单点接地，如图 8.4 所示。其优点是各设备系统之间不易受其他设备系统的影响。缺点是增加了接地线阻抗，使用比较麻烦；地线间的耦合随频率增大而增大。由于高频波长与地线尺寸可比拟，因此不适合用于高频系统，要求地线长度不超过工作波长的 1/20。

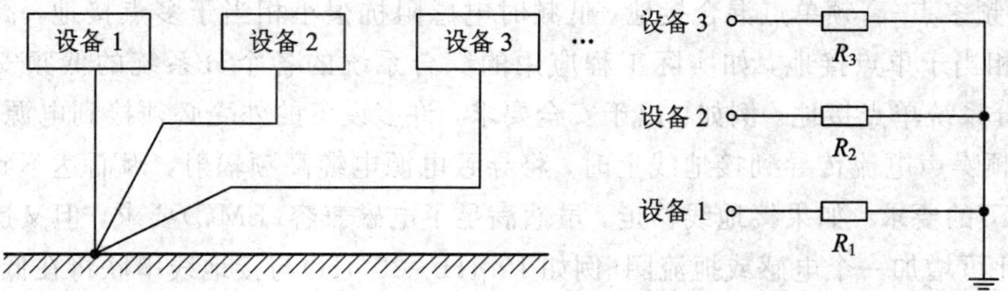

图 8.4 并联单点接地及其电路模型

(2) 多点接地。

多点接地是指电子设备或模块或电路中的接地点分别直接连接到最近的接地平面上，以使接地线的长度最短，如图 8.5 所示。接地平面可以是设备底座，也可以是贯通整个系统的接地线，在比较大的系统中还可以是设备的结构框架等。如果可能，还可以用一个大型导电物体作为整个系统的公共地。多点接地的接地线较短，系统结构紧凑，降低了天线效应，适用于高频及数字电路，即工作频率高于 10 MHz 的设备或系统。

多点接地容易形成各种地回路，产生地回路干扰，对设备内较低频率会产生不良影响。实际工程中，应尽可能利用一个大型导电物体作为整个系统的公共地，但高频时的集肤效应，高频电流只流过导体表面，即使加大厚度也不能降低阻抗，因此，为了在高频时降低地线阻抗，通常要将地线和公共地的表面镀银。

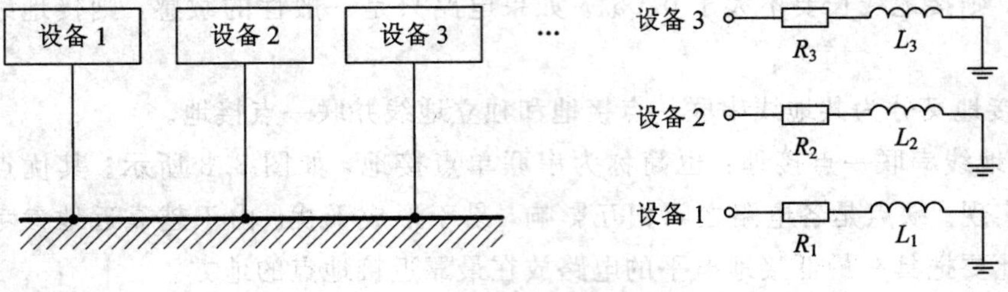

图 8.5　多点接地

(3) 混合接地。

工作频率介于 1 MHz～10 MHz 范围，或工作频带很宽，在低频情况下需采用单点接地，而在高频时又需采用多点接地，此时，可采用混合接地方式。混合接地又分三种情形：

① 低频单点-高频多点混合接地。低频时电容阻抗很大相当于单点接地，高频时电容阻抗很小相当于多点接地，实际工程应用则利用屏蔽电缆接地的杂散电容来实现，如图 8.6 所示。

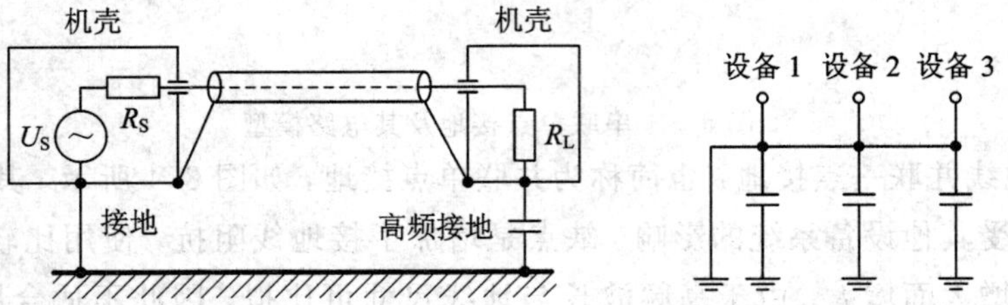

图 8.6　低频单点-高频多点混合接地

② 低频多点-高频单点混合接地。低频时电感阻抗很小相当于多点接地，高频时电感阻抗很大相当于单点接地，如实际工程应用的综合系统的各个分系统的低频安全多点接地，射频分系统单点接地。例如：出于安全要求，许多设备的外壳必须接到电源系统的地，但这样高频噪声电流传导到接地线上时，将导致电源电缆高频辐射，因而达不到控制电磁兼容(EMC)的要求。如果接地线移走，虽然满足了电磁兼容(EMC)要求，但又违反了安全规定。因此可增加一个电感或扼流圈(例如 10 μH～25 μH)与接地线串联将在低频(交流电源 50/60 Hz)时提供一个低阻抗，同时在高频噪声频率提供一高阻抗，满足电磁兼容(EMC)和安规两方面的要求，如图 8.7 所示。

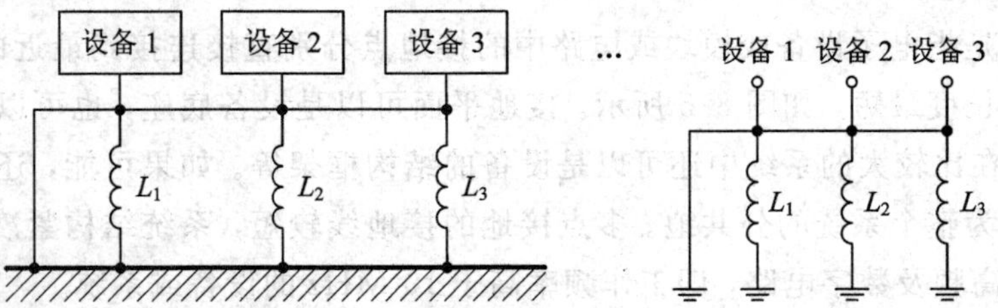

图 8.7　低频多点-高频单点混合接地

③ 低频-高频混合接地。综合系统中根据各个分系统的工作性质、工作频率的不同而采用不同要求的接地。

计算机系统互联时的低频-高频混合多点接地，如图 8.8 所示。采用电感在低频下多点接地是为了泄放电荷的安全规定要求，而地线中的感应瞬变现象和电磁干扰噪声等高频干扰进入计算机系统。

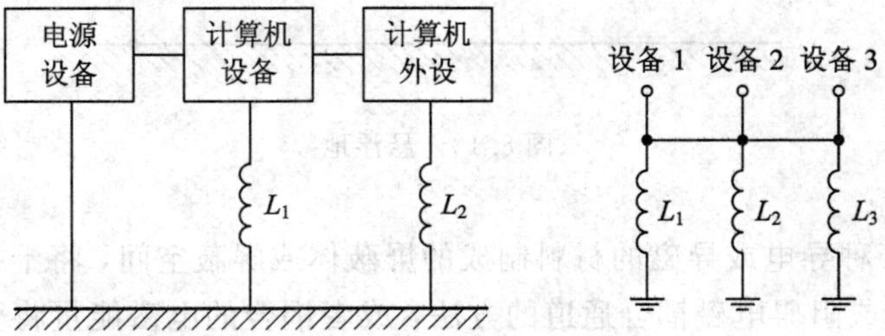

图 8.8　计算机系统的低频-高频混合接地

无线电系统的低频-高频混合多点接地，如图 8.9 所示。高频无线电系统将电源地和信号地分开，系统中各部分的电源地线都采用单点接地接到电源总地线上。在信号接地中，根据无线电系统信号强弱和工作频率不同而分别采用单点接地和多点接地，所有信号地线都接到信号总地线上。两根接总地线最后汇总到一个公共的参考地。

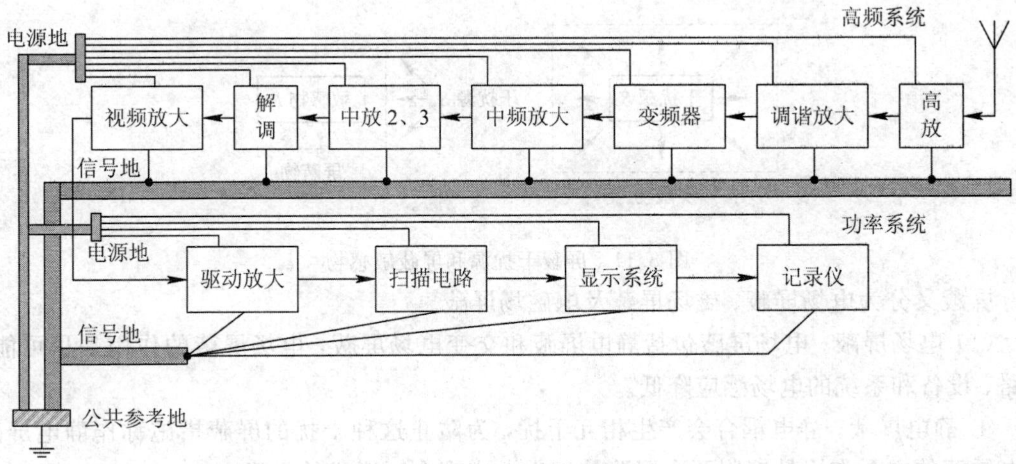

图 8.9 无线电系统的低频-高频混合接地

(4) 悬浮地。

悬浮接地为系统内各设备、电路都有自己的参考地，通过低阻抗线将其接到信号地。通常为其中信号地与其他参考地及导体相互隔离，即设备的地与地相绝缘，可使地系统的干扰电流不传导至设备上，如图 8.10 所示。悬浮地接地的效果取决于绝缘组织、寄生电容的大小和信号的频率，有利于降低共模和其共地阻抗电路耦合形成干扰，浮地技术和滤波、屏蔽等结合使用，才能获得更好的电磁兼容效果。但在高频时很难实现真正的悬浮接地，特别是当系统靠近高压设备时，可能会堆积静电电荷，引起静电放电，形成干扰电流。不能适应复杂的电磁环境，只适用于低频系统，低频、小型电子设备比较容易真正做到绝缘，可以采用悬浮地。而大型及高频电子系统、设备很难做到悬浮地。

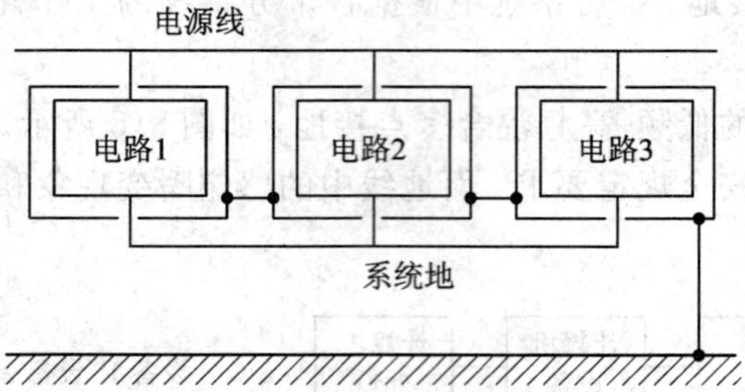

图 8.10　悬浮地

2) 屏蔽

屏蔽就是以某种导电或导磁的材料制成的屏蔽体或屏蔽空间，将干扰源 S 和或敏感物 R 封装起来，切断或阻碍电磁耦合通道的方法，或者耦合的电磁能量将受到很大的衰减的方法。

不管是将干扰源 S 还是敏感物 R(被干扰对象)屏蔽，其原理都是一样的，都是通过切断或阻碍耦合通道来降低电磁干扰能量 E 对设备的干扰。

一般用来制作屏蔽体的材料都是金属材料或导磁材料，屏蔽体材料对电磁能有反射、吸收和引导作用。金属屏蔽体可以用来覆盖噪声源，防止其电磁场外泄，也可以将敏感设备(敏感物)屏蔽，阻止干扰噪声进入敏感设备，如图 8.11 所示。

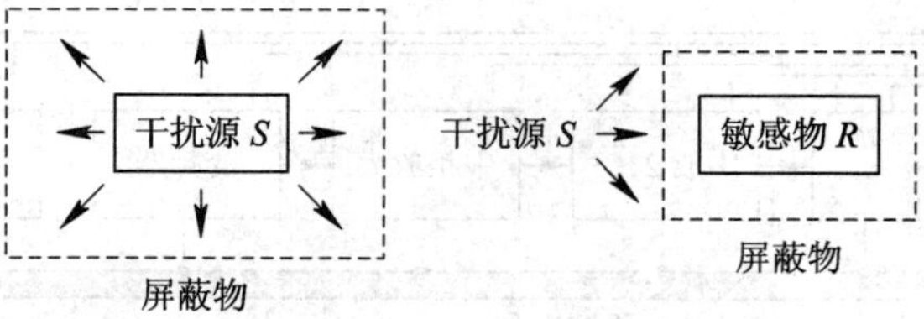

图 8.11　屏蔽干扰源和屏蔽敏感物

屏蔽又分为电场屏蔽、磁场屏蔽及电磁场屏蔽。

(1) 电场屏蔽。电场屏蔽包括静电屏蔽和交变电场屏蔽，电场屏蔽的作用是尽可能把电路、设备和系统的电场感应降低。

① 静电屏蔽。静电耦合会产生相互干扰，为防止这种干扰的屏蔽措施称作静电屏蔽，静电屏蔽的主要作用是抑制两个回路的寄生电容耦合所形成的干扰。

静电平衡情况下，导体具有如下性质：导体内部电场处处为零；导体表面任意一点的电场方向垂直于该点的导体表面；电荷分布于导体表面，导体内部无静电荷；整个导体是等位体。由以上性质可知，对于电场中的空腔导体，其内表面无静电荷，故其空腔空间中也无电场，所以电场中的空腔导体能隔绝外电场，可以防止外电场干扰空腔内部的设备，起到屏蔽干扰的作用。同理，如果将导体接地，使其空腔内部的带电体产生电场，则腔体外表面也无电场。

高压电场中的高阻抗回路通常会采取静电屏蔽，例如把接地形式的梳齿状导体插入到变压器的绕组间。

② 交变电场屏蔽。将接地的强导电性金属屏蔽体置于干扰源(S)和敏感物(R)之间，可以有效降低干扰源(S)对敏感物(R)的耦合干扰电压。此耦合干扰电压的大小取决于交

变电场电压、耦合电容和金属屏蔽体接地电阻之积。减小交变电场对敏感电路的耦合干扰电压的一个重要方法是使金属屏蔽体良好接地。由于电场屏蔽以反射为主，故在选择金属屏蔽体时，应主要考虑其结构强度，并且其厚度不宜过大。注意，如果装上屏蔽体后没有良好接地，则干扰反而加大。

交变电场屏蔽是指在保证屏蔽体良好接地的条件下，将干扰源发出的电力线终止，由良导体制成的屏蔽体切断电力线，且屏蔽体必须选用导电性能好的材料，屏蔽体必须有良好的接地，只有这样才能有效地减少交变电场干扰。

(2) 磁场屏蔽。抑制磁场耦合以实现磁隔离的屏蔽措施称作磁场屏蔽，磁场屏蔽也有低频和高频之分。

① 低频磁屏蔽。低频磁屏蔽是指频率在 100 kHz 以下的低频磁场屏蔽。低频磁场屏蔽的原理是磁通易流过低磁阻屏蔽体，由于高磁导率的铁磁材料的磁阻很小，因而只要选用高磁导率的材料构成低磁阻通路即可，这样可以使大部分磁场集中于屏蔽体内，从而达到屏蔽的作用。屏蔽体的磁导率越高，厚度越大，磁阻越小，磁场屏蔽的效果越好，不过在选用屏蔽体时要参考设备的重量。

铁、硅钢片和坡莫合金等高磁导率的铁磁材料常用作低频磁屏蔽体。但是，铁磁材料的屏蔽只适用于低频磁场，不能在高频磁场使用，因为高频时铁磁材料中的磁性损耗(包括磁滞和涡流)很大，铁磁材料的磁导率也将明显下降。

② 高频磁屏蔽。高频磁屏蔽是指利用电磁感应现象在屏蔽壳体表面所产生的涡流的反向磁场来达到屏蔽的目的，因为高电导率材料产生涡流的反向磁场会抵消干扰磁场，所以常用作高频磁屏蔽体的材料有铜、铝和铜镀银等低电阻率的良导体。

简言之，对于低频磁场，选用高磁导率、低磁阻的铁片或硅钢片作为屏蔽体，如果是屏蔽罩，则选用铁磁材料制作屏蔽体；而对于高频磁场，则选用电阻率相对较低的特殊金属如铜、铝等作为屏蔽材料。

(3) 电磁屏蔽。电磁屏蔽是用屏蔽体阻止高频电磁波能量在空间传播的一种措施。屏蔽体的材料是金属导体或其他对电磁波有衰减作用的材料，屏蔽效能与电磁场的性质以及屏蔽体的材料特性有关。

根据电磁波在金属屏蔽体中传播的过程与传输线中传输过程相似的原理，屏蔽体对于电磁波的衰减有三种机理：

① 反射：当空气中传播的电磁波到达屏蔽罩的表面时，空气与金属之间的界面阻抗不连续，从而在界面上产生反射波。

② 衰减：当未从屏蔽表面反射并在屏蔽中传输的电磁能量继续通过屏蔽传播时，会被屏蔽材料衰减。

③ 再反射：没有在屏蔽体中衰减完全的信号传播到屏蔽体的另一个表面，由于金属和空气的阻抗不连续，它会再次在其界面处反射并再次折叠回屏蔽体内。这种反射可以在屏蔽内部的两个界面之间重复多次。

(4) 屏蔽效能。屏蔽效能是指衡量屏蔽体的屏蔽作用大小的能力。在电磁场中同一地点无屏蔽存在时电磁场强度 E_0 与加屏蔽体后的电磁场强度 E_S 之比，用 L 表示：

$$L=\left|\frac{E_0}{E_S}\right| \quad 或 \quad L=\left|\frac{H_0}{H_S}\right| \tag{8-2}$$

式中，L 表示屏蔽效能，$E_0(H_0)$、$E_S(H_S)$分别表示采用屏蔽措施前后的场强(电场强度 E 或磁场强度 H)。屏蔽效能值越大，表明屏蔽效果越好，如图 8.12 所示。写成对数式(单位：dB)：

$$L = 20\lg\left(\frac{E_0}{E_S}\right) \quad 或 \quad L = 20\lg\left(\frac{H_0}{H_S}\right) \tag{8-3}$$

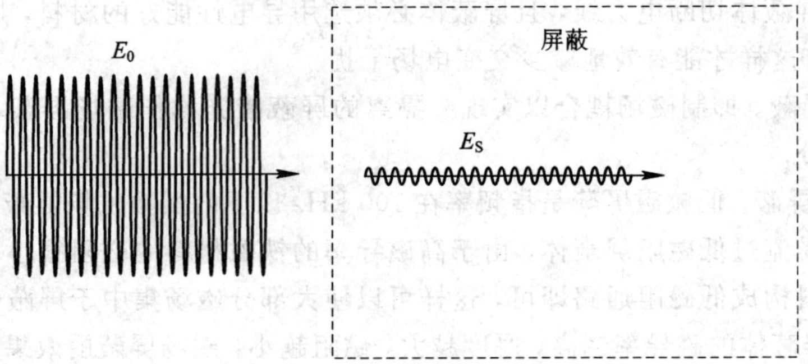

图 8.12　屏蔽效能

3) 隔离

隔离可以是噪声源 S 和信号或敏感物 R 的隔离，也可以是两个敏感设备之间系统或电路的隔离，这样可使两个电子电路系统或同一个电子电路系统的两部分电路互相独立、不成回路，且切断了噪声从一个电路进入另一个电路的通路。常用的隔离方法有用光电耦合器件隔离、用继电器隔离、用变压器隔离。

(1) 光电耦合隔离和光纤隔离。光电耦合器件隔离用光信号来传递信号信息，在电路上的输入和输出在电气上完全隔绝，因而能有效地抑制回路干扰。如图 8.13 所示，利用发光二极管的发光强度随通过它的电流变化的特性，把输出电路的电流信号转换成光信号；光敏三极管再把强弱不同的光信号转换成相应的电信号。

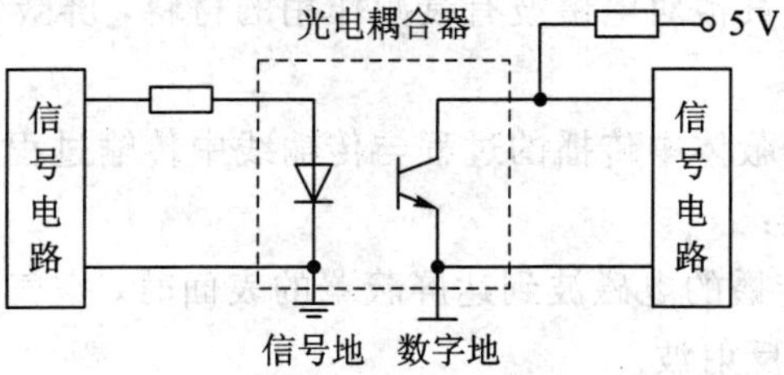

图 8.13　电光耦合器件隔离

在电磁兼容性领域内，常采用光纤作为强电磁干扰环境中的信号传输线以及作微弱检测信号的传输线。光纤的突出优点是具有无感应性和高度的电气隔离性，如图 8.14 所示。

图 8.14　光纤隔离

(2) 继电器隔离。继电器是常用的数字输出隔离方法，用继电器作为隔离元件简单实用，价格低廉。如图 8.15 所示，继电器的线圈和触点之间没有电气上的联系。因此，可以利用继电器的线圈接收电气信号，而用触点发送和输出信号，从而在低频时，避免强电和弱电信号之间的直接联系，实现了抗干扰隔离。但继电器响应速率低，无法在高频数字电路中应用。

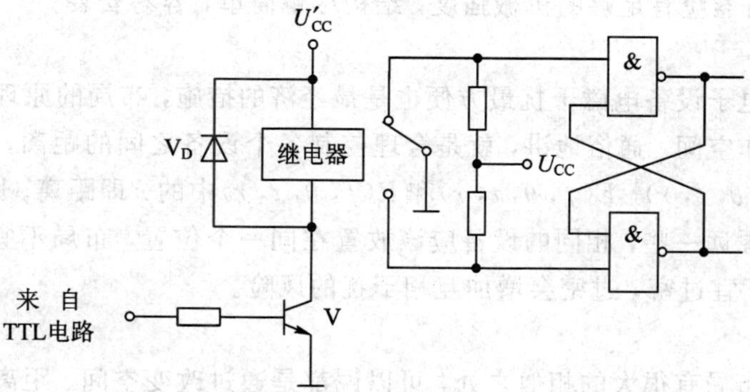

图 8.15 继电器隔离

(3) 变压器隔离。变压器隔离通过阻隔地回路的形成来抑制地回路干扰。但是，变压器绕组之间存在分布电容，应减小分布电容 C，即加屏蔽层，并将屏蔽接至负载 R_L 的接地端。变压器隔离对低频环路干扰具有良好的抑制能力，但不适于抑制直流干扰，如图 8.16 所示。

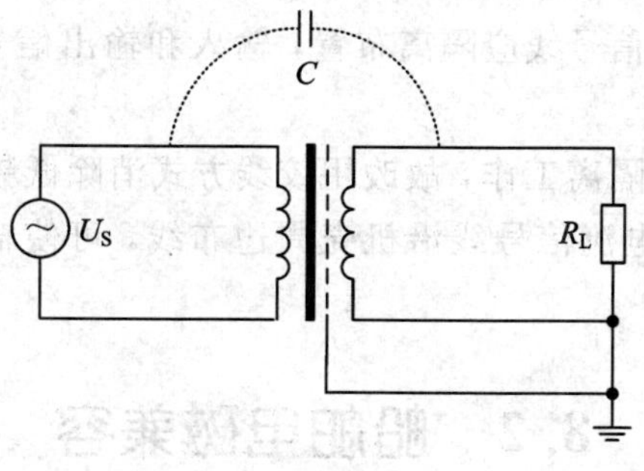

图 8.16 变压器隔离

4) 滤波

滤波在通信系统中是指保留设备和系统工作所需要的主波频率，滤除其他杂波、谐波，谐波通常是伴随主波产生的。滤波工作是从根本上抑制主波工作频率以外的谐波、杂波信号强度以免造成对邻近电子产品干扰。通俗地讲，对于某个系统或设备，除主波工作频率之外的其他波段都是噪声和干扰，而滤波的作用就是将这些干扰、噪声滤除，滤波器就能很好地完成这一工作，因此要想实现良好的电磁兼容，就必须选择和设计一个有效的滤波器。

滤波器的设计以及参数的选择的主要依据是干扰源的特性，包括电压、阻抗和频率范围等，此外，还应考虑负载的特性。滤波器的设计，一般遵循以下原则：

(1) 滤波器的频率特性除了要满足负载电路工作频率的要求外，还要能将需抑制的频率滤除。如果有用信号的频率和需抑制的频率范围非常接近，那么在设计滤波器时，其频率特性要非常的陡峭，这样才能在保留有用频率信号的同时将所需抑制的干扰频率滤掉。

(2) 所设滤波器应在其工作范围内满足负载的衰减特性。

(3) 在系统工作所要求的频率上，滤波器、干扰源和负载应满足阻抗匹配特性。

(4) 所设滤波器要有相对耐高压的能力，来维持滤波器的稳定性。

(5) 所设滤波器应有足够的机械强度，结构尽量简单，容易安装。

5) 布局

布局是抑制电子设备电磁干扰最方便也是最经济的措施，布局的原理就是最大程度优化电子设备的工作空间。通俗地讲，就是合理控制各个设备之间的距离，也就是改变电磁干扰三要素 $S(f, \theta, t, r)$、$E(f, \theta, t, r)$和$R(f, \theta, t, r)$中的 r 即距离。原则上，敏感物应该尽可能离干扰源远一些，相同的设备应该放置在同一个位置，布局不宜过疏，以免造成空间的浪费，也不宜过密，过密会增加互相干扰的风险。

6) 布线

布线其实和布局有很大的相似之处，可以说都是通过改变空间、距离来切断或者阻碍电磁耦合路径的一种方式，只不过布局主要是针对电子设备的，而布线主要针对电缆、导线等。

各电子设备、模块之间导线众多，交错复杂，而且各个设备信号的工作频率和强度各不相同，因此若想减少相互干扰，就应该对电缆和导线进行合理的布线。下面是几条布线原则：

(1) 原则上，线越短越好，线与线之间的距离越远越好。

(2) 模拟信号线和数字信号线应隔离布置，输入和输出信号线分开布置，小信号和大功率大电流线也应分开布置。

(3) 低频信号不易做好隔离工作，故改用绞线方式消除低频噪声干扰。

(4)电源线及大功率大电流信号线沿机壳周边布线，可使辐射的干扰噪声利用接触机壳而消散。

8.2 船舶电磁兼容

现代海上航行越来越离不开无线电系统，船载无线电系统、电子系统和设备众多、复杂，而船上空间狭小，电子系统和设备高度集成在狭小的空间，电磁环境复杂多变，必然会带来复杂的电磁干扰，就会影响船载无线电系统和电子设备的正常运行，严重时可能损坏设备。因此如何抑制船舶电磁干扰以及提高船舶无线电系统和电子设备的电磁兼容是一个重要的研究课题。

8.2.1 船舶电磁兼容的抑制

船舶的电磁干扰的危害很大，那么如何抑制电磁干扰或者提高船舶电磁兼容性就变得尤为重要。我们可以从产生船舶电磁干扰的因素中找到相对应的途径。干扰源 S、电磁干扰能量 E 和敏感物 R(敏感设备)为电磁干扰过程中的三要素，可以从电磁干扰三要素 S、E、R 及其条件 f、θ、t、r 出发，阻止其产生条件，以实现船舶上的电磁兼容。

1. 屏蔽

在船舶的电磁兼容中，屏蔽是一个非常直接有效的措施，屏蔽主要用于船舶设备的电磁兼容。屏蔽的实质就是利用具有电磁波阻断作用的屏蔽材料制作屏蔽体，然后用屏蔽体将干扰源 S 和敏感物 R 隔离。屏蔽体通过反射、吸收等物理作用减少干扰源 S 向外辐射的电磁能量 E，这样能减小干扰源 S 对敏感设备 R 的干扰；同时，由于屏蔽体的保护，敏感物 R 收到的干扰电磁能量 E 也会减少。屏蔽材料的材质和结构决定屏蔽效果的好坏。一般来说，屏蔽可分为电场屏蔽、磁场屏蔽和电磁场屏蔽。

电磁屏蔽的主要原理就是阻断或减少耦合通道，从而减少了电磁干扰能量 E。由式(8-1)可知，减小电磁干扰能量 $E(f, \theta, t, r)$，可使电磁干扰产生的条件不足，从而达到在船舶上实现电磁兼容的目的。

屏蔽是实现船舶电磁兼容的重要方法。屏蔽以其简单、直接有效的独特优点常用于解决干扰问题，因为屏蔽不需要对设备和电路做任何的修改，只需将干扰源或者敏感物屏蔽即可。

2. 接地

由上面所讲，接地是一个能有效抑制电磁干扰的方法，但是，船舶上的接地措施和普通的接地措施有不一样的地方。因为船舶是在海上工作的，基本和陆地隔离，因此和大地相连接的接地措施并不能用于船舶上。

由电磁干扰的三要素 S、E、R 可知，只要改变任一要素都可以使产生电磁干扰的条件不成立。由于船舶上的接地不能和大地相连，因此在船舶上设置零点参考电位，把船舶上的各种电子设备零电位参考点相连。这样可以达到两个目的：其一，为设备内部信号提供一个共同参考和低阻抗回流路径，消除或降低电流，抑制电磁干扰。其二，可以降低电磁干扰能量 E，因为接地可以把电子设备工作时产生的多余电磁能量(如静电、漏电等)导入大地，这样不仅可以保护设备，同时为操作人员的安全提供保障。

3. 隔离

隔离是指将噪声源和信号进行隔离，即将噪声干扰源 S 和敏感设备 R 之间的耦合路径切断或者阻碍干扰源产生的电磁辐射对信号的影响。可以在干扰源和信号源、信号接收器之间添加隔离器，这样可以减小噪声对信号传输的影响。隔离有光电耦合隔离、光纤隔离、继电器隔离以及变压器隔离，常用的隔离方法也适用于船舶的电磁兼容。

4. 滤波

在船舶设备运行过程中，除了设备所需的有用信号频率，还会附带其他无用的信号频率，为了防止干扰噪声对信号的影响，可以在系统的输入或输出端设置滤波器限制接收发送的信号频带，这样可以把干扰噪声滤除，提高输入端接收器的信噪比，减少输出端对设备的干扰。

为进一步研究滤波器对噪声干扰的抑制，可以对滤波效果量化，式(8-4)表示滤波器的衰减效果。

$$E_{dB} = 20\log\left(\frac{u_1}{u_2}\right) \tag{8-4}$$

其中，E_{dB}表示滤波器的插入损耗，u_1 表示干扰信号通过滤波器后在负载上的电压，u_2 表示无滤波器时干扰信号在负载上的电压。在要求的频段内，E_{dB}越大，表示滤波效果越好。

5. 布局

船舶上的电子设备多且复杂，不管是在船舶内部还是甲板上，空间都非常狭小，如果各系统、设备的布局不符电磁兼容要求，势必会产生强烈的电磁干扰和噪声，影响船舶电子设备的正常工作，因此合理的布局对于提高船舶的电磁兼容性相当重要。

电磁干扰能量 $E(f, \theta, t, r)$有四个决定因子，其中 r 表示距离，此距离是指干扰源到信号接收器等电子设备之间的距离，隔离的主要依据是该因子。如果合理的增大各个设备、元件之间的距离 r，就会减小各设备之间的相互干扰，同时也减少了干扰源 S 对敏感物 R 的干扰，因为各个设备之间的电磁干扰能量会随着 r 的增大而减小。

当 r 增大时，$E(f, \theta, t, r)$减小，$S(f, \theta, t, r) \cdot E(f, \theta, t, r)$也随之减小，将导致 $S(f, \theta, t, r) \cdot E(f, \theta, t, r) < R(f, \theta, t, r)$，因此电磁干扰产生的条件将不成立。

现实中船舶的空间狭小，不可能无限增大 r，且 r 过大，也不利于信号接收机对于信号的接收，信号的传输也将受到影响，因而要合理布局。

6. 布线

布线和布局其实有异曲同工之妙，布局主要是对船舶上的设备进行合理地空间分配，而布线是针对船舶上的电缆系统、导线等进行合理配置、规划，从而达到抑制电磁干扰的目的。

在船舶的电缆布线环境中，存在各种不同的干扰源，并且某些电缆是强干扰源。船上的空间有限，不可能完全隔离和引导不同类型的电缆。因此，为了避免电缆耦合产生的电磁干扰，在设备和整体电线的规划过程中必须考虑电磁兼容性。

对于电缆的布线，要根据实际情况分类布置，电压的高低和电缆的变频与非变频的布线情况都是不一样的。

低压电源线和信号线必须分开布线，以免成束放置。如果分开 50 mm 以上，则电源线和并行信号线的性能可能最佳。中压电力电缆必须与其他电缆分开布线，尽可能避免平行布线。在不可避免的情况下，根据不同的电压等级，间距大于 300 mm 效果更佳。

变频电缆和非变频电缆不仅要分开布线，而且不能平行布线。最好将变频电缆与电力电缆隔开超过 300 mm，控制电缆和变频电缆应隔离 500 mm 以上。为了不受电磁干扰，最好将中压电缆和变频电缆放在特殊的线槽中，线槽必须安装有连续可靠的接地。中压电力电缆、变频电缆和其他电缆不能交叉布线，若条件不允许，只能交叉的话，则布线应成 90°交叉。

此外，视频同轴电缆必须单独布线；局域网的网络电缆必须独立布线；内部通信所用的电缆应避免和其他电力电缆捆扎在一起，并且与平行的电力电缆相隔 50 mm 以上。

7. 频谱优化

船舶雷达天线之间的电磁干扰主要可分为同频干扰和非同频干扰。对于频段较为集中的雷达天线主要是同频干扰，为此使用含电路旁瓣抑制系统的接收机。此接收机和雷达接收机相互独立，电路旁瓣抑制系统对旁瓣接收的全部信号加以抵消，可以很好地防止雷达之间的同频干扰。而对于非同频干扰，可以采用脉冲同步发射技术或各种抗同频异步技术，如采用频谱中心接收机或脉冲重复频率鉴别器。

8.2.2 船舶天馈系统的电磁兼容

随着社会信息的变革和无线电技术的飞速发展，诸如雷达之类的无线电检测设备的集成度越来越高，并且设备平台上天线的可用空间也在不断压缩，但电磁兼容性(EMC)问题是不可避免的。在船舶的天馈系统中有很多各种各样的天线，天线与天线之间、天线与船舶各电子设备之间会产生相互干扰，影响船舶上各设备的正常工作，因此研究船舶天馈系统的电磁兼容具有重要意义。

1. 综合布置

天馈系统是船舶无线电系统的重要组成部分，也是最容易发生相互干扰的部分。对于船舶上的天馈系统来说，综合布置是最直接、最有效的抑制电磁干扰的方法，也就是说，抑制船舶天馈系统的电磁干扰的核心途径是增加天线之间的隔离度。增加天线之间的隔离度，也即增加各天线之间、天线与设备之间的距离 r，最明显的效果就是会降低电磁干扰能量 $E(f, \theta, t, r)$，从而达到抑制电磁干扰的目的。

对于船舶上的通信、雷达等天线系统，通过空间布置可以增大天线相互之间的隔离度，隔离度受天线方向图、天线之间的距离以及信号波长等因素影响，具体可用下式表示：

$$\beta \approx \frac{1}{G_r G_t}\left(\frac{4\pi R'}{\lambda}\right)^2 \tag{8-5}$$

式中：β 为天线隔离度，G_r 为接收天线增益，G_t 为发射天线增益，R'为两天线之间的距离，λ 为信号波长。

增加天线之间的隔离度是抑制天线相互干扰的主要措施，一般有以下几种方法：

(1) 增大天线间距。

(2) 减小收发天线相对方向的增益。

(3) 采用极化隔离，正交极化可使收发隔离度提高 3 dB～6 dB。

(4) 收发天线间加隔板，板上敷设吸波材料。

(5) 收发天线采用阻抗表面技术减弱和消除爬行波。

为保证船舶无线电天线系统间的电磁兼容，必须确保各天线间的相互距离，减少天线间的相互干扰。船舶的无线电天线系统一般均安装在最高层的罗经甲板，罗经甲板是设有罗经的顶甲板，是船舶最高一层甲板，一般都是驾驶台顶部的甲板，顶甲板上通常布置罗经、雷达天线、通信天线等通导仪器，故称为罗经甲板。而要在空间狭小的船舶罗经甲板和桅杆上布置天线是无法按理论要求做到完美的，因此实际工程中只能进行折中和妥协，尽量减少干扰，减少雷达或通信系统盲区，做到相互干扰最小化、盲区最小化。

船舶无线电系统天线布局规范要求：

1) 甚高频(VHF)天线

船舶甚高频(VHF)天线包括甚高频(VHF)电台、AIS、电视(TV)、调频(FM)系统等，需要确认甚高频(VHF)天线的末端与 AIS 天线首端正垂直方向分开 2 m 或以上，如果做不到正垂直方向，则在垂直方向分开 2 m 并在水平方向拉开 10 m 或以上。(详见《IMO Circ. 227 Installation Guideline AIS and VHF》规定)。

目前大型的现代船舶一般配备甚高频(VHF)波段天线(140 MHz～165 MHz)多达六根，主要有甚高频(VHF)电话天线两根，甚高频(VHF)数字选择呼叫(DSC)天线两根，AIS(VHF 频率)天线一根，TV/FM 天线一根。布置原则是尽量保证在正垂直方向 2 m 或以上，对于空间大小做不到正垂直方向 2 米时，需水平方向拉到 10 米或以上，如图 8.17 所示。

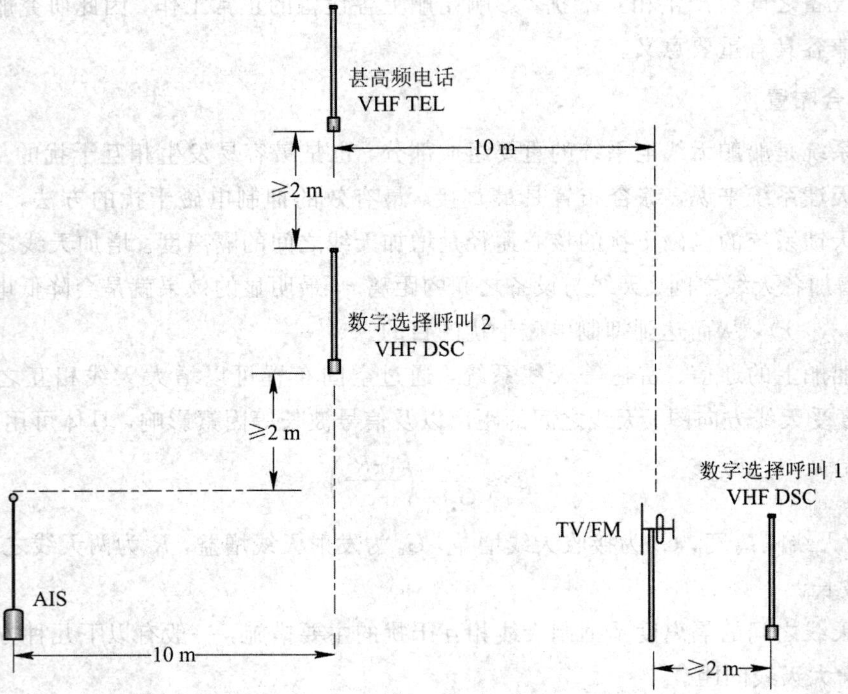

图 8.17　甚高频(VHF)天线布置图

另外，甚高频(VHF)天线安装时不能太靠近雷达桅杆或安装在护栏过高的位置，这样会导致发射功率被屏蔽吸收，如图 8.18 所示。

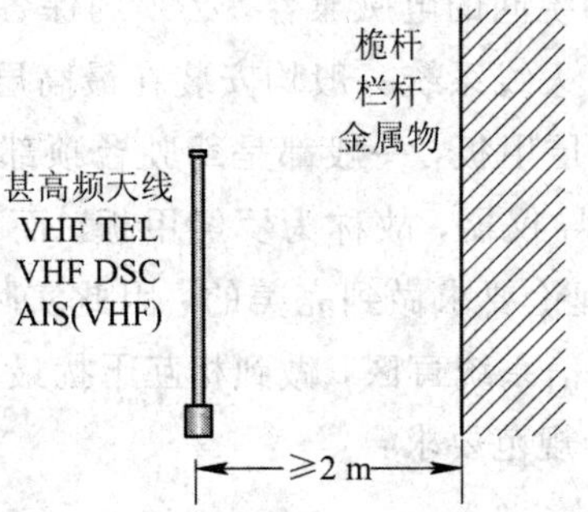

图 8.18　甚高频(VHF)天线布置注意事项

2）中高频(MF/HF)天线

船舶中高频(MF/HF)天线包括气象传真、中高频(MF/HF)组合电台接收发射天线、航海电传天线等，对于 250 W 的中高频(MF/HF)组合电台，布置时发射天线和接收天线分开至少 5 m。发射功率越高，在罗经甲板上分开的距离也就越远，最理想的布置就是发射天线和接收天线之间用一个雷达桅杆隔开。

中高频(MF/HF)波段天线与甚高频(VHF)波段天线、NAVTEX 天线之间距离关系如图 8.19 所示。

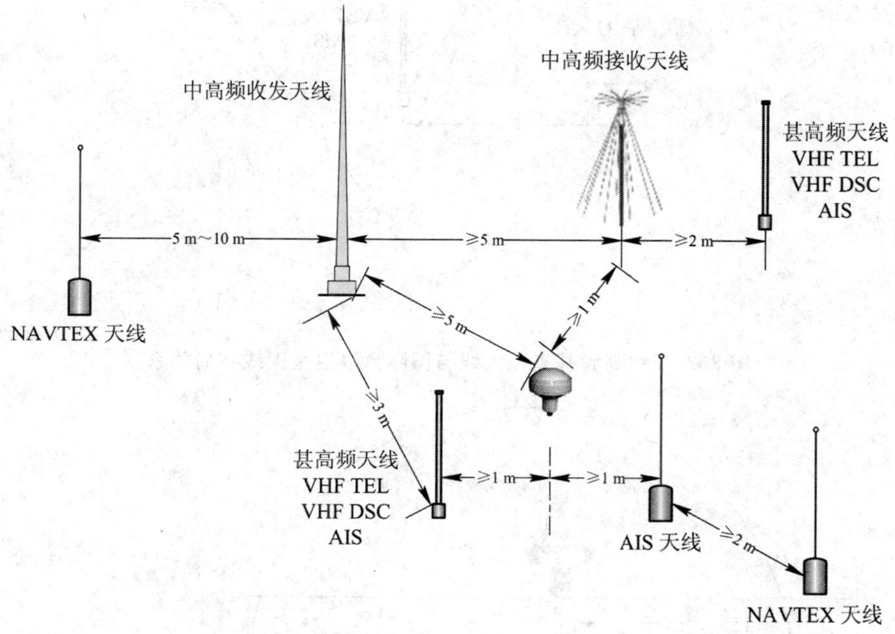

图 8.19　中高频天线与 VHF 天线、GPS 天线布局关系

中高频甚高频收发天线与国际海事卫星天线之间的布置要求，如图 8.20 所示。

3）GPS 天线

现代船舶一般都安装两台 GPS，GPS 天线安装的最好位置是罗经甲板，安装时需远离雷达波束，并离国际海事卫星 C 天线水平 5 m 以上、垂直分开 1 m 或以上，离国际海事卫星-FBB 天线至少 5 m。两台 GPS 天线安装的位置要尽可能近，最好在 1 m 以内，以确保切换信号时，输出给 AIS、ECDIS、雷达等设备的位置信号偏差不大，如图 8.21 所示。

4）国际海事卫星天线

GMDSS 要求国际海事卫星-C 天线安装在桅杆最高点，安装位置在船的首尾方向－5°没有任何目视角 2°的遮挡物，船的左右方向为－15°没有任何目视角 2°的遮挡物，如图 8.22 所示。

安装双 C 站天线时水平距离为 1.5 米以上、垂直间距为 1 米，避免电磁波微波相互干扰，如图 8.23 所示。国际海事卫星-FBB 天线和国际海事卫星-F 站天线应尽可能安装在没有任何障碍物并确保避开雷达波束的位置。

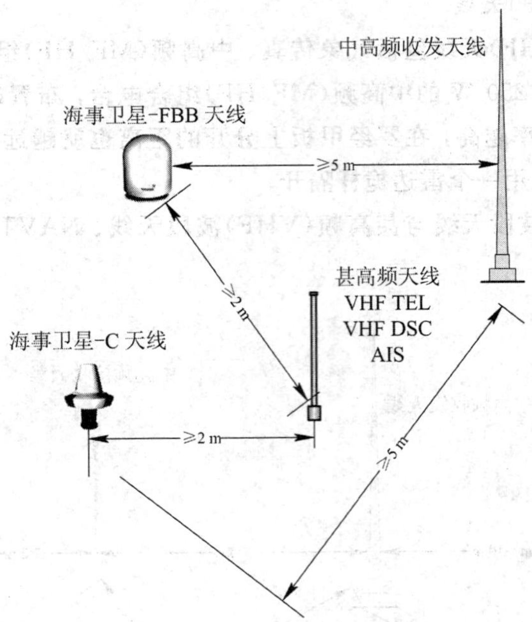

图 8.20　中高频甚高频天线与国际海事卫星天线布局关系

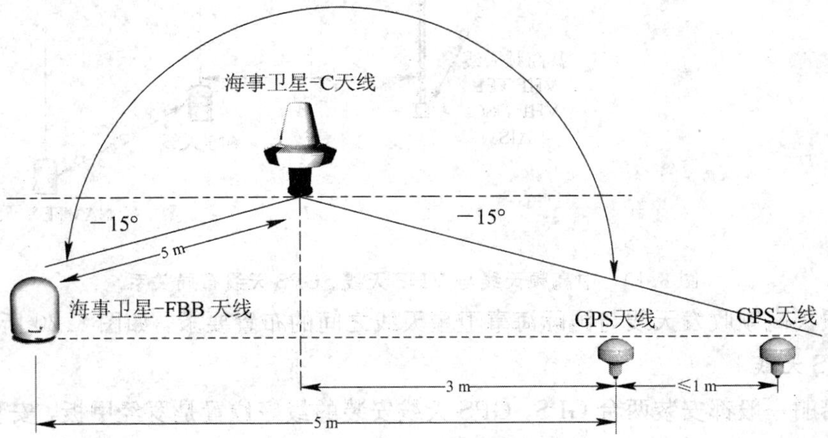

图 8.21　GPS 天线与国际海事卫星天线布局关系

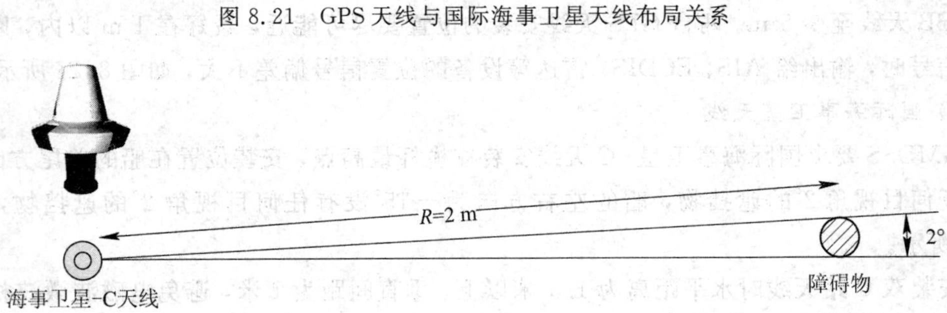

图 8.22　国际海事卫星-C 站天线与障碍物要求

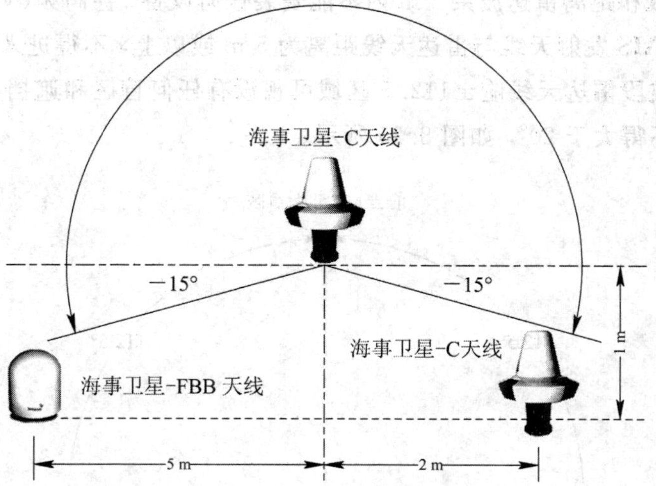

图 8.23　国际海事卫星双 C 站天线与 FBB 天线布局关系

5）雷达天线

雷达天线布置时，S 波段天线和 X 波段天线波束不能相对，S 波段天线波束和 X 波段天线波束要相互错开。另外，需要确认国际海事卫星天线、GPS 天线和 AIS 天线等不得安装在雷达波束内，避免烟囱、吊塔，桅杆造成的假回波影响。雷达天线的布局要求如图 8.24 所示。

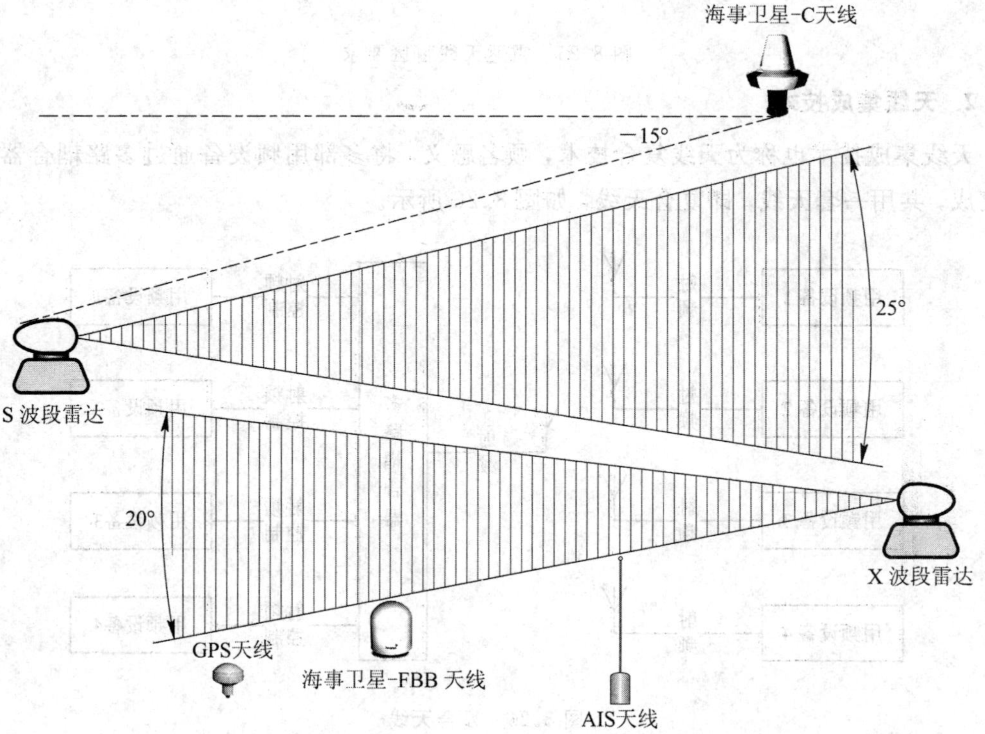

图 8.24　雷达天线布局要求

雷达 2 m 区域和距离雷达波束 5 m 内不能安装任何设备。甚高频(VHF)天线、中高频(MF/HF)天线、AIS 发射天线与雷达天线距离为 5 m 或以上，不得进入雷达波束范围内。

S 波段和 X 波段雷达天线前±112.5°区域可视没有任何盲区和遮挡物，后 135°区域内总扇形盲区大小不得大于 20°，如图 8.25 所示。

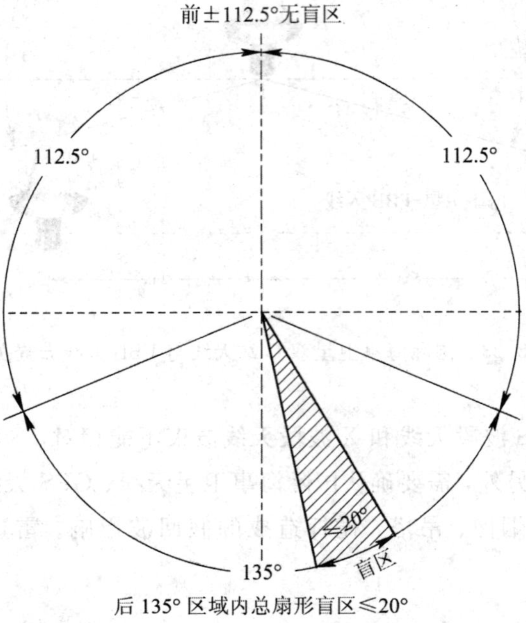

图 8.25　雷达天线盲区要求

2. 天线集成技术

天线集成技术也称为天线复合技术，顾名思义，将多部用频设备通过多路耦合器等设备集成，共用一套天线，即复合天线，如图 8.26 所示。

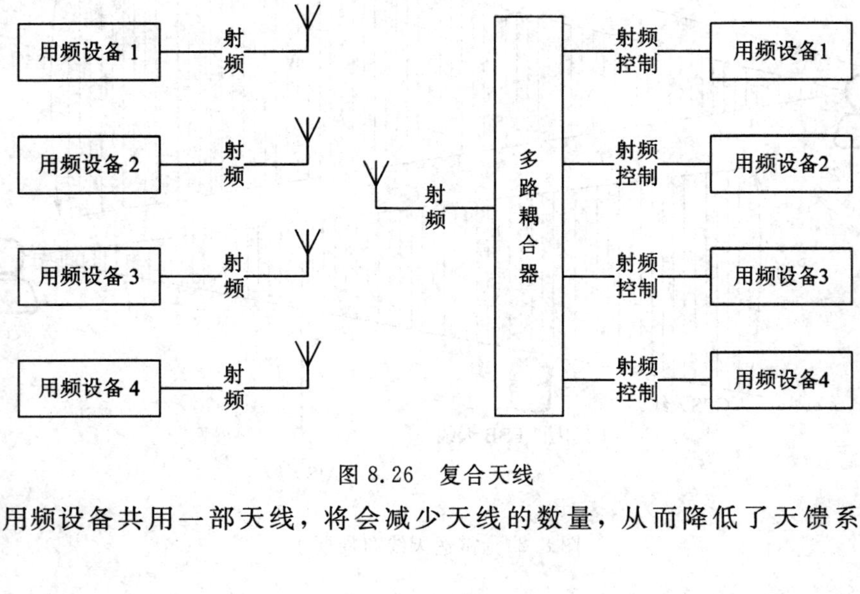

图 8.26　复合天线

多部用频设备共用一部天线，将会减少天线的数量，从而降低了天馈系统的电磁干扰。

本章小结

本章主要介绍了船舶电磁兼容实践应用技术，在进行探析电子通信系统中电磁兼容问题时，需要从系统设备的干扰源出发，任何一个电磁干扰的发生必须具备三个基本条件，称为电磁干扰三要素。其次，了解到电磁干扰的一些抑制措施。在船舶的通信与信息系统实际工作中，电磁兼容性的重要性越来越突出，其对于船舶在海上的通信起着特别重要的作用，为船舶运输、航运提供服务，可以说是海上无线通信与信息系统必不可缺的组成部分。

习题与思考题

8.1 电磁骚扰和电磁干扰的区别是什么？

8.2 电磁干扰的三要素是什么？

8.3 电磁干扰的传输方式有哪些？

8.4 电磁干扰产生的条件是什么？

8.5 电磁干扰有哪些危害？

8.6 抑制电磁干扰主要的措施有哪些？

8.7 采用滤波法抑制电磁干扰时，滤波器的设计应该注意什么？

8.8 接地有哪些方式？每种方式应用的条件是什么。

8.9 船舶电磁兼容和天馈系统的电磁兼容有哪些异同点？

附录 海上通信与信息技术缩略语

缩写	英文全称	中文全称
3GPP	3rd Generation Partnership Project	第三代合作伙伴计划
AEHF	Advanced Extremely High Frequency	先进极高频
AF	Audio Frequency	音频
AGC	Automatic Gain Control	自动增益控制
AIS	Automatic Identification System	船舶自动识别系统
ALC	Adaptive Logic Circuit	自适应逻辑电路
AM	Amplitude Modulation	调幅
AMVER	Automated Mutual-Assistance Vessel Rescue System	船舶自动互救系统
AODV	Ad hoc On-Demand Distance Vector	按需自组网距离矢量路由协议
AP	Access Point	接入点
ARGO	Array for Real-Time Geostrophic Oceanography	全球海洋观测网
ARGOS	ARGO System	全球海洋卫星数据收集定位系统
ARM	Advanced RISC Machine	先进 RISC 微处理器
ASM	Application Specific Message	特殊应用报文
ASP	Application Service Provider	应用服务提供商
ATM	Asynchronous Transfer Mode	异步传输模式
AUSREP	Australian Ship Reporting System	澳大利亚船舶报告系统
BAM	Bridge Alert Management	桥楼报警管理
BDS	Bei Dou navigation satellite system	北斗卫星导航系统
BDT	Bei Dou Time	北斗时间
BFO	Beat-Frequency Oscillator	差频振荡器
BS	Base Station	基站
BSS	Broadcast Satellite Service	广播卫星业务
BTS	Base Transceiver Station	通信基站
BN	Backbone Network	骨干网
CCIR	International Radio Consultative Committee	国际无线电咨询委员会
CCTV	Closed Circuit Television	闭路电视监控系统

续表一

缩写	英文全称	中文全称
CCK	Complementary Code Keying	补码键控
CDMA	Code Division Multiple Access	码分多址连接
CES	coast earth station	海岸地球站
CFM	Compounded Frequency Modulation	压扩频率调制
CHISREP	China Ship Reporting System	中国船舶报告系统
CNMCC	China Mission Control Center	任务控制中心
CORS	Continuously Operating Reference Stations	连续运行参考站
COSPAS-SARSAT	(俄文 COSPAS)-Search And Rescue Satellite Aided Tracking	极低轨道全球卫星搜救系统
CPA	Closest Point of Approach	最近会遇点
CPE	Customer Premise Equipment	客户前置设备
CPU	Central Processing Unit	中央处理器
CRS	Coast Radio Station	海岸无线电台
CSP	Communication Service Provider	通讯服务提供商
DAMA	Demand Assigned Multiple Access	按需分配多址
DC	Direct Current	直流
DCME	Digital Circuit Multiplication Equipment	数字电路倍增设备
DFT	Discrete Fourier Transform	离散傅里叶变换
DGNSS	Differential Global Navigation Satellite System	差分全球卫星导航系统
DGPS	Differential Global Position System	差分全球定位系统
DS	Distributed Systems	分布式系统
DSC	Digital Selective Calling	数字选择性呼叫
DSDV	Destination-Sequenced Distance-vector	目的节点排序的距离矢量路由协议
DSI	Divertless Supersonic Intakes	数字话音插空
DSR	Dynamic Source Routing	动态源路由协议
DVB	Digital Video Broadcasting	数字电视广播
DVB-RCS	Digital Video Broadcasting-Return Channel via Satellite	DVB 反向链路
EAP	Extensible Authentication Protocol	可扩展的身份验证协议
ECDIS	Electronic Chart Display and Information System	电子海图显示与信息系统
EGC	Enhanced Group Call	强化群呼
EHF	Extremely High Frequency	极高频

续表二

缩写	英文全称	中文全称
EIRP	Effective Isotropic Radiated Power	有效全向辐射功率
ELF	Extremely low frequency	极低频
eLoran	Enhanced Loran	增强罗兰系统
ELT	Emergency Locator Transmitters	(航空)紧急示位发射机
EMC	Electromagnetic Compatibility	电磁兼容
EMI	Electromagnetic Interference	电磁干扰
EMP	Electromagnetic Pulse	电磁脉冲
EMS	Electromagnetic Susceptibility	电磁抗干扰
eNB	Evolved Node B	演进型基站
EPC	Evolved Packet Core	核心网
EPIRB	Emergency Position Indicating Radio Beacon	(船用)紧急无线电示位标
ESS	Extended Service Set	扩展服务集
ETA	Estimated Time of Arrival	预计到达时间
FCC	Federal Communications Commission	美国联邦通信委员会
FDD	Frequency Division Duplexing	频分双工
FDMA	Frequency Division Multiple Access	频分多址连接
FEC	Forward Error Correction	前向纠错码
FFT	Fast Fourier Transformation	快速傅氏变换
FM	Frequency Modulation	频率调制
FSK	Frequency Shift Keying	频移键控
FSR	Fisheye State Routing Protocol	鱼眼链路状态路由协议
GBAS	Ground-Based Augmentation Systems	地基增强系统
GEO	Geostationary Earth Orbit	地球静止轨道
GEOSAR	Geostationary Earth Orbit Search and Rescue System	静止轨道搜救卫星系统
GGSN	Gateway GPRS Support Node	网关 GPRS 支持节点
GLL	General Link Layer	通用链路层
GLONASS	Global Navigation Satellite System	格洛纳斯系统
GMDSS	Global Maritime Distress and Safety System	全球海上遇险和安全系统
GMS	Geostationary Meteorological Satellite	同步气象卫星
GNSS	Global Navigation Satellite System	全球导航卫星系统
GOES	Geostationary Operational Environmental Satellite	地球静止环境业务卫星
GPRS	General Packet Radio Service	分组无线服务技术
GPS	Global Positioning System	全球定位系统

续表三

缩写	英文全称	中文全称
GRT	Gross Registered Tonnage	注册总吨
GSM	Global System for mobile communication	全球移动通信系统
GSO	Geosynchronous orbit	地球同步轨道
HEO	Highly Elliptical Orbit	高椭圆轨道
HF	High Frequency	高频
HF NBDP	High Frequency Narrow Band Direct Printing	高频窄带印字电报
HF SSB RT	High Frequency Single Side Band Radio Telephone	高频单边带无线电话
HPA	High Power Amplifier	高功率放大器
HSS	Home Subscriber Server	归属用户服务器
HUB	Hub	集线器、中枢
IALA	The International Association of Marine Aids to Navigation and Lighthouse Authorities	国际航标协会
IBS	Integrated Bridge System	综合船桥系统
IBS	Internet Business System	数字专线业务
ICD	Interface Control Document	接口控制文件
ICT	Information and Communications Technology	信息和通信技术
ICO	Intermediate Circular Orbit	中圆轨道卫星
IDC	Instantaneous Deviation Control	瞬时频偏控制
IDE	International LRIT Data Exchange	国际 LRIT 数据交换
IDFT	Inverse Discrete Fourier Transform	离散傅里叶逆变换
IEEE	Institute of Electrical and Electronics Engineers	电气和电子工程师协会
IETF	The Internet Engineering Task Force	国际互联网工程任务组
IF	Intermediate Frequency	(变换)中频
IFFT	Inverse Fast Fourier Transform	快速傅里叶反变换
IGSO	Inclined GeoSynchronous Orbit	倾斜同步轨道
IHO	International Hydrographic Organization	国际海道测量组织
IMES	Indoor Messaging System	室内定位系统
IMO	International Hydrographic Organization	国际海事组织
INMARSAT	International Maritime Satellite Organization	国际海事卫星组织
INS	Integrated Navigation System	组合导航系统
InSAR	Interferometric Synthetic Aperture Radar	合成孔径雷达
ION	Institute of Navigation	美国导航学会
IP	Internet Protocol	网络协议

续表四

缩写	英文全称	中文全称
IPN	InterPlanetary Network	行星际网络
IRIS	Internet Routing in Space	太空路由器
ISDN	Integrated Services Digital Network	综合业务数字网
ITU	International Telecommunication Union	国际电信联盟
JASREP	Japanese Ship Reporting System	日本船舶报告系统
LAN	Local Area Network	局域网
LEO	Low Earth Orbit	近地轨道
LEOSAR	Low Earth Orbit Search and Rescue System	低轨道搜救卫星系统
LF	Low frequency	低频
LHCP	Left-Hand Circular Polarization	左旋圆极化
LNA	Low Noise Amplifier	低噪声放大器
LNB	Low Noise Block	低噪声变频器(高频头)
Loran	Long Rang Navigation	远程导航系统(罗兰)
LOS	Line Of Sight	视距
LRIT	Long Range Identification and Tracking of ships	船舶远程识别与跟踪系统
LTE	Long Term Evolution	长期演进
LUT	Local User Terminal	本地用户终端
MCC	Mission Control Center	搜救任务控制中心
MCM	Multicarrier Modulation	多载波调制
MEO	Medium Earth Orbit	中地球轨道
MEOMCC	Mission Control Center of Medium Earth Orbit	中轨道卫星任务控制中心
MEOSAR	Medium Earth Orbit	中地球轨道搜救卫星系统
MES	Mobile Earth Station	(卫星)移动地球站
MF	Middle Frequency	中频(频段)
MF/HF	Middle Frequency/High Frequency	中高频
MID	Maritime Identification Number	数字水上识别号码
MIMO	Multiple-Input Multiple-Output	多入多出技术
MME	Mobility Management Entity	移动管理实体
MMSI	Maritime Mobile Service Identity	海上移动通信业务标识
MN	Mobile Node	移动节点
MS	Mobile Station	移动站
MSI	Maritime Safety Information	海上安全信息
MSS	Mobile Satellite Service	移动卫星业务

续表五

缩写	英文全称	中文全称
MUF	Maximum Usable Frequency	最高可用频率
MUOS	Mobile User Objective System	移动用户目标系统
MUSA	Multi-User SharedAccess	多用户共享接入
NAVDAT	Navigational Data	海上数字广播
NAVTEX	Navigation Telex	航行警告电传系统
NBDPT	Narrow Band Direct Print Telegraphy	窄带直接印字电报
NB-loT	Narrow Band Internet of Things	窄带物联网
NCC	Network Control Center	网络运行中心
NCS	Network Coordination Station	网站协调站
NDGPS	National Differential Global Positioning System	国际差分全球定位系统
n. m.	nautical mile	海里
NOMA	Non-Orthogonal Multiple Access	非正交多址
Non-GEO	Non-Geosynchronous orbit	非静止轨道
NRZI	No Return Zero-Inverse	不归零倒置
NTSC	National Time Service Center Chinese Academy Of Scences	中国科学院国家授时中心
OBS	Optical Burst Switching	阻挡
OCC	Operating Control Center	操作控制中心
OFDM	Orthogonal Frequency Division Multiplexing	正交频分复用
OSI	Open System Interconnection	开放系统互联
PAPR	Peak to Average Power Ratio	峰值平均功率比
PCEF	Policy and Charging Enforcement Function	策略及计费执行功能
PCRF	Policy and Charging Rules Function	策略与计费控制单元
PDA	Personal Digital Assistant	掌上电脑
PDG	Packet Data Gateway	分组数据网关
P-GW	PND-GateWay	PND 网关
PDN	Public Data Network	公用数据网
PLB	Personal Location Indicator	个人紧急示位标
PLMN	Public Land Mobile Network	公共陆地移动网
PNT	Positioning, Navigation, and Timing	定位导航授时
PPS	Precise Positioning Service	精密定位服务
PRN	Pseudo Random Noise	伪随机噪声
PSTN	Public Switched Telephone Network	公共交换电话网

续表六

缩写	英文全称	中文全称
PTT	Push to Talk	按压开关
QAM	Quadrature Amplitude Modulation	正交振幅调制
QoS	Quality of Service	服务质量
QPSK	Quadrature Phase Shift Keying	正交相移键控
RCC	Rescue Coordination Center	搜救协调中心
RDSS	Radio Determination Satellite Service	卫星无线电测定服务
RHCP	Right-hand Circularly Polarized	右旋圆极化
RHN	Regional Hub Nodes	区域中枢节点
RISC	Reduced Instruction Set Computing	精简指令集计算机
RNSS	Radio Navigation Satellite System	卫星无线电导航服务
RRM	Radio Resource Management	无线电资源管理
RX	Receive	接收
SAR	Search and Rescue	搜索救援
SBAS	Satellite-Based Augmentation System	星基增强系统
SCC	Satellite Control Center	全球星控制中心
SCMA	Sparse Code Multiple Access	稀疏码多址接入
SCPC	Single Channel Per Carrier	单载波单信道
SDMA	Space Division Multiple Access	空分多址联接
SES	Ship Earth Sution	(卫星)船载地球站
SGSN	Serving GPRS Support Node	服务 GPRS 支持节点
SOCC	Satellite Operations Control Center	卫星操作控制中心
SOLAS	International Convention for Safety of Life at Sea	国际海上人命安全公约
SPS	Standard Positioning Service	标准定位服务
SRL	Supernode—Based Reverse Labeling	基于超节点的逆向标记路由协议
SSAS	Ship Security Alert System	船舶保安警报系统
SSB	Single Side Band	单边带
SSID	Service Set Identifier	服务集标识
SS-TDMA	Satellite-Switched Multiple Access	星上交换时分多址
STA	Station	站点
TCP/IP	Transmission Control Protocol/Internet Protocol	传输控制协议/因特网互联协议
TCPA	Time to the Closest Point of Approach	抵达最近会遇点的时间
TDD	Time Division Duplexing	时分双工
TDMA	Time Division Multiple Access	时分多址

续表七

缩写	英文全称	中文全称
TD-SCDMA	Time Division-Synchronous Code Division Multiple Access	时分-同步码分多址
TEM	Transverse Electric and Magnetic Field	横电磁波
THF	Tremendously High Frequency	至高频
TSAT	Transformational Satellite Communications System	转型卫星通信系统
TVWS	TV White Space	电视白频谱
TWO-WAY VHF	Two-way VHF Radiotelephone	双向甚高频无线电话
TX	Transport	发射
UCS	The Union of Concerned Scientists	美国忧思科学家联盟
UE	User Equipment	用户终端
UHF	Ultra High Frequency	特高频
UMTS	Universal Mobile Telecommunications System	通用移动通信系统
USB	Upper Side Band	上边带
UTC	Coordinated Universal Time	协调世界时
UTRAN	Universal Terrestrial Radio Access Network	通用陆地无线接入网络
VCO	Voltage-Controlled Oscillator	调制压控振荡器
VDE	VHF Data Exchange System	甚高频数据交换
VDES	VHF Data Exchange System	甚高频数据交换系统
VDE-SAT	VDE-satellite	甚高频数据交换卫星系统
VDE-TER	VDE-terrestrial	甚高频数据交换地面系统
VHF	Very High Frequency	甚高频
VHF-DF	Very High Frequency Direction Finding	甚高频测向
VHF RT	Very High Frequency Radio Telephone	甚高频无线电话
VLF	Very Low Frequency	甚低频
VMS	Vessel Monitoring System	船舶监控系统
VSAT	Very Small Aperture Terminal	甚小型口径天线终端
VTS	Vessel Traffic Service	船舶交通管理系统
WAAS	Wide Area Augmentation System	广域扩充系统
WAG	Wireless Access Ggotway	WLAN 接入网关
WGS	Wideband Global Satellite	宽带全球卫星
WiFi	WIreless-FIdelity	无线宽带
WKR	Watchkeeping Receiver	值守接收机
WLAN	Wireless Local Area Networks	无线局域网

续表八

缩写	英文全称	中文全称
WM	Wireless Medium	无线介质
WMO	World Meteorological Organization	世界气象组织
WMN	Wireless Mesh Network	无线 Mesh 网
WR	Watch Receiver	值守接收
ZRP	Zone Routing Protocol	区域路由协议
ETSI	European Telecommunications Sdandards Institute	欧洲电信标准协会

参考文献

[1] 全球海上遇险安全系统(GMDSS)船用无线电通信设备技术要求：GB 15304－1994[S].

[2] 全球海上遇险和安全系统(GMDSS)船用单边带收、发信机技术要求：GB/T16725－1997[S].

[3] 船载自动识别系统(AIS)技术要求：GB/T20068－2017[S].

[4] 船舶自动识别系统(AIS)B类设备技术要求：GB/T 35552－2017[S].

[5] 船舶交通管理系统工程技术规范：JTJ/T351－96[S].

[6] 甚高频海岸电台工程设计规范：JTJ/T345－99[S].

[7] 甚高频(VHF)岸台技术要求：JTJ/T679－2007[S].

[8] 船舶电气与电子设备的电磁兼容性：GB/T10250－2007[S].

[9] 海上数字广播(NAVDAT)系统技术要求：JT/T1255－2019[S].

[10] M. I. 斯科尔尼克. 雷达手册[M]. 3版. 北京：电子工业出版社，2010.

[11] 张德纯，王兴亮，陈树新，等. 现代通信理论与技术导论[M]. 西安：西安电子科技大学出版社，2004.

[12] 杨永康，毛奇凰. 海上无线电通信[M]. 2版. 北京：人民交通出版社，2009.

[13] 刘人杰，柳晓鸣，等. 船舶交通管理电子系统[M]. 大连：大连海运学院出版社，1992.

[14] 李晖，王萍，陈敏. 卫星通信与空间通信系统[M]. 西安：西安电子科技大学出版社，2018.

[15] 夏明华，朱又敏，陈二虎，等. 海洋通信的发展现状与时代挑战[J]. 中国科学：信息科学，2017，47(06)：677－695.

[16] 范静丽，赵晓非. 海上无线电通信计划的现状和发展[J]. 珠江水运，2018，13：22－23.

[17] 马路阳. 多倍频程宽带天线及其阵列的研究[D]. 西安电子科技大学，2019.

[18] 何胜阳. 基于软件无线电的中波接收机研究与实现[D]. 哈尔滨工业大学，2008.

[19] 丁方平. SAILOR中高频组合电台模拟器研制与开发[D]. 大连海事大学，2011.

[20] 陈褒丹，任佳，莫惠芳. 南海环境下基于白频谱的WLAN超远距离覆盖[J]. 电视技术，2014，38(11)：116－118.

[21] 杨建姣，齐迹，刘传金，等. 船舶远程识别跟踪系统研究[J]. 安徽电子信息职业技术学院学报，2016，15(03)：27－30.

[22] 郑铭. 船舶远程识别和跟踪系统(LRIT)[J]. 船舶，2008，5：50－52.

[23] 王永明，韩玮，张大力. 船舶远程识别与跟踪系统介绍[J]. 数字通信世界，2007，9：56－60.

[24] 王睿，徐浩，张欢，等. 海洋二号卫星特点及应用[J]. 中国航天，2012，10：7－11.

[25] 雷林，等. 海洋渔业遥感[M]. 北京：海洋出版社，2018.

[26] 蒋兴伟，林明森，张有广. 中国海洋卫星及应用进展[J]. 遥感学报，2016，20(05)：1185－1198.

[27] 李春光，冯嵘，余啸野，等. 自动识别系统(AIS)在交通管理系统(VTS)中的应用[J]. 天津航海，2017，1：44－46.

[28] 刘畅. 船舶自动识别系统(AIS)关键技术研究[D]. 大连海事大学，2013.

[29] 邓拥军，陈萍，谢树磊. 卫星通信在我国海洋应用中存在的问题与发展建议[J]. 卫星应用，2018，

6：32－34.
[30] 李发强. 无线电电磁干扰查找和雷达站电磁兼容分析实践[D]. 西安电子科技大学，2012.
[31] 陈褒丹，陈星，任佳. 南海白频谱占用度的测量和分析[J]. 电视技术，201535(19)：82－85.
[32] 郎擎月. 基于 HackRF 的频谱自适应宽带通信系统设计[D]. 海南大学，2017.
[33] 陈星. TVWS 频段的 SPM 模型海上传播校正研究[D]. 海南大学，2016.
[34] 陈真佳. 基于 TVWS 的海上无线宽带通信系统软件设计[D]. 海南大学，2016.
[35] 张永辉，陈褒丹. 基于 TVWS 的海上无线宽带通信系统[P]. 中国，ZL2014208090162，2015－05－27.
[36] 李万超. TD-LTE 基站网络优化方法研究[D]. 海南大学，2016.
[37] 陈永胜. 船舶自动识别系统收发机[D]. 南京邮电大学，2018.
[38] 赵梦迪. 基于 VDES 的解调系统的研究与实现[D]. 北京邮电大学，2018.
[39] 余青. 舰载平台多天线辐射特性及电磁兼容性研究[D]. 西安电子科技大学，2011.
[40] 刘天华，王洪全. 天地一体化信息网络在我国民航领域的应用设想[J]. 电讯技术，2018，58(06)：738－744.